Index to

Seamen's Protection Certificate Applications

Port of Philadelphia

1824-1861

Record Group 36
Records of the Bureau of Customs
National Archives and Records Administration
Washington, DC

With Supplement 1796–1861

Compiled by
Ruth Priest Dixon

CLEARFIELD

Copyright © 1994
by Ruth Priest Dixon
All Rights Reserved.

Printed for
Clearfield Company, Inc. by
Genealogical Publishing Co., Inc.
Baltimore, Maryland
1994

Reprinted, with Supplement 1796–1861, for
Clearfield Company, Inc. by
Genealogical Publishing Co., Inc.
Baltimore, Maryland
1997

International Standard Book Number: 0-8063-4508-X

Made in the United States of America

Eastern District of Pennsylvania, }
Philadelphia County, ss.

Adam Waldie, Printer, }
74, South Second.

United States of America,

BE IT KNOWN, That on the day of the date hereof, before me, JOHN THOMPSON, ESQUIRE, one of the Justices of the Peace in and for the County of Philadelphia, the Commonwealth of Pennsylvania, personally appeared Henry Buchanan an AMERICAN SEAMAN, aged 25 years, or thereabouts, of the height of 5 feet 5 inches, has light hair, and fair complexion,

who being duly sworn did depose and say, That he is a native of Fredrick County Maryland in the State of Virginia and a citizen of the UNITED STATES OF AMERICA.

AND Alexander Buchanan Father of Henry Buchanan being duly sworn did depose and say, That the facts above stated are true according to the best of his knowledge and belief.

Alexr Buchanan

IN TESTIMONY WHEREOF, I have hereunto set my Hand and Seal, this day of July Anno Domini, 1824.

John Thompson

Watkin, Weaver & Fisler, Custom House Brokers, and Notary Public Office, No. 8 Library St., Philadelphia.

12547 United States  of America.

Be it Known, That on the day of the date hereof, before me, Wm Read, Notary Public for the Commonwealth of Pennsylvania, by lawful authority duly commissioned and sworn, residing in the County of Philadelphia, and by law authorized to administer oaths and affirmations, personally came and appeared

John Williams

Aged 25 years.
Stature, 5 feet 7½ inches, Eng'h.
Hair Black Woolly
Eyes Dark
Complexion Black
Scars

Who being by me duly sworn according to law, did declare and say, That he is a Native of the State of Delaware and is a Free Coloured — Citizen of the United States.

John + Williams
his mark

And being by me also duly did declare and say, that the facts above stated are true to the best of his knowledge and belief, the said John Williams having presented his Freedom papers to me under the hand & seal of Lewis Chamberlain Justice of the Peace for Milford in Kent County, attested by Robert Morr Prothonotary of said County, under his seal."

In testimony whereof, I have hereunto set my hand, and affixed my Notarial Seal, this 11th day of August 1852.

Wm Read Notary Public.

Said papers are dated the 19th and 20th of May 1851

J. J. Bonsall Protechont.

Aug. 11th 1852 Custom House Philad.

INTRODUCTION

This is an index of 18,354 names compiled from original applications for Seamen's Protection Certificates (SPC) filed at the Port of Philadelphia between 1824 and 1861. Among these names are six women who filed as stewardesses.

Seamen's Protection Certificates were authorized by Congress in 1796 to identify American merchant seamen as citizens of the United States and as such entitled to protection against impressment. The British practice of forcing American seamen to serve in the Royal Navy was a major cause of the war of 1812. Accounts of impressment by the British and other nations are found in American State Papers, primarily in volumes relating to Foreign Affairs and Commerce.

The Certificates were a kind of passport and apparently were useful to seamen in other situations for they continued to be issued up to the Civil War. They were again issued 1872-1940, and are in Record Group 41, National Archives.

These applications contain information of great significance to genealogists, sociologists, and historians. As a group, seamen were unlikely to own land and often were missed at census time. This may be the only record available for many men and women serving in the early American merchant marine. The **Index** gives the name, date of application, age at that time, color of complexion if of Afro-American or Indian descent, and state or country of birth. The **applications** contain additional information: city and/or county of birth; color of eyes, hair and skin; height; and identifying physical marks, such as tattoos, scars, injuries, deformities. All applications were witnessed by someone who swore to or affirmed the information given. They often were someone with the same surname as the seaman, sometimes identified as a relative. Scholars speculate that some female witnesses are the sailor's "wife-in-port," a common semi-permanent arrangement.

For **naturalized citizens**, birth country, and the date, name, and location of the court of naturalization are given. In 1790, Congress authorized the courts to grant citizenship to free white aliens who had resided in the country for two years, were of good character, and supported the Constitution. Most naturalized citizens came from the British Isles, Western Europe and Scandinavia. Several came from the Caribbean Islands, and one with an Anglo-Saxon name was born in China.

For **Americans of Afro-American descent**, some manumission or freedom information, and some documentation of free birth, are given. In the 1830s, up to 37% of all merchant seamen who applied for SPCs were men of color. The percentage ranged down to 10% in 1849, and up again to 25% in 1860. It is interesting to note that Frederick Douglass "borrowed" a Protection and used it as "free papers" when he escaped slavery in 1838.

While these applications were filed at the Port of Philadelphia, the geographical distribution of places of birth is extensive. Twenty-five of the thirty-four existing states are represented. All of the eastern seaboard and Gulf states appear. By the 1840s, sons born to pioneers in the second tier of states between the original colonies and the Louisiana Purchase began to return to the life at sea, and a few born in Missouri and Iowa returned.

The age range is from eight years, with many in the 12 and 13 age bracket, to older men in their 70s.

A card index to applications filed 1796-1823 at Philadelphia can be consulted in the Civil Reference Branch, National Archives, Washington, D. C. A computerized index to these earlier records is now being created by the compiler of this Index.

Additional information on these records

Dixon, Ruth Priest. "Genealogical Fallout from the War of 1812," Prologue, Vol. 24, Spring 1992, pp. 70-76.

Dye, Ira. "The Philadelphia Seamen's Protection Certificate Applications," Prologue, Vol. 18, Spring 1986, pp. 46-55, reprinted by the Archives in Our Family, Our Town.
   "Seafarers of 1812 - A Profile," Prologue, Vol. 5, Spring 1973, pp. 3-13.

Guide to Genealogical Research in the National Archives (Washington, D. C.: National Archives Trust Fund Board, 1985), pp. 189-191.

Horsman, Reginald. Causes of the War of 1812 (Philadelphia: University of PA Press, 1962).

Zimmerman, James Fulton. Impressment of American Seamen, Studies of History, Economics and Public Law, Columbia University Political Science Faculty, ed., (New York: Columbia University, 1925).

INDEX

SEAMEN'S PROTECTION CERTIFICATE APPLICATIONS

PORT OF PHILADELPHIA
1824-1861

Data in this index is given in this order:

Seaman's Name Year Age Color State Country

Key to Data:

Seaman's name: last, first, middle
Year: year application was submitted
Age: age at time of application
        00 = no age given
Color: b = black   c = colored   m= mulatto
        s= sambo   y= yellow   l= Indian
        blank = Caucasian
State: state of birth
        XX = no state given
Country: country of birth
        none given = no foreign birth country given

Abbett Salathiel B. 1858 27 DE
Abbott Edward 1857 27 ME
Abbott Jesse 1832 22 NH
Abel Francis 1841 36 PA
Abins Charles 1839 23 MA
Abrams John 1852 20 MA
Abril Thomas 1849 24 RI
Ackland Thomas R 1854 28 England
Ackley Lorenzo D 1843 26 NJ
Acley Elias 1846 20 NJ
Acworth Charles F 1843 30 MD
Adair John 1848 27 PA
Adams Aaron 1837 33 c PA
Adams Abraham P. 1829 26 NJ
Adams Charles 1855 24 PA
Adams David J. 1846 18 DE
Adams George 1824 21 PA
Adams Henry H 1835 32 CT
Adams Horatio G 1830 16 NY
Adams James 1839 22 ME
Adams Jeremiah 1857 22 NJ
Adams John 1829 40 Sweden
Adams John 1837 29 s MD
Adams John 1847 35 MA
Adams John 1854 24 LA
Adams John 1859 32 NJ
Adams John W. 1854 39 GA
Adams Jonas 1841 24 PA
Adams Joseph 1856 35 PA
Adams Noah 1857 23 NJ
Adams Richard 1861 28 c PA
Adams Samuel 1836 21 PA
Adams Washington 1836 21 NJ
Adamson Charles 1849 28 LA
Addison Isaac 1825 17 VA
Adey William 1852 28 ME
Adger Robert M 1854 17 y SC
Agnew William 1859 32 ME
Aiken Hermon 1835 26 NY
Aikin Andrew 1850 18 PA
Aitchison Samuel 1843 20 m LA
Aitken William 1852 31 NY
Akins William 1845 22 PA
Albert George Isaiah 1856 16 b NJ
Albert Nicks 1831 22 c LA
Albertson Peter 1844 26 PA
Alden Benjamin F 1847 23 ME
Alder William E. 1858 33 PA
Aldridge William 1853 25 MA
Alexander George 1854 22 NY
Alexander Jeremiah 1827 28 b DE
Alexander Squire 1839 23 PA
Alexander William 1841 27 ME
Alford Albert 1846 25 c DE
Alford James 1834 18 CT

Abbot Edward 1856 25 ME
Abbott Isaiah 1851 23 ME
Abbott Thomas 1861 21 ME
Aberdeen none 1825 56 b VA
Aborn Edward S. 1857 19 NJ
Abrams Thomas Bachs 1835 18 PA
Accou Joseph 1854 24 b NJ
Ackley Charles 1856 17 PA
Ackov Lewis 1825 19 b NJ
Acres Samuel 1828 39 MA
Adair John 1840 18 PA
Adames Joseph 1847 26 b MD
Adams Abel E 1839 17 NJ
Adams Andrew 1834 21 MA
Adams David 1838 18 NJ
Adams Ennarls 1843 30 DE
Adams Henry 1846 28 MD
Adams Henry W. 1853 28 ME
Adams Israel L. 1840 20 NJ
Adams James 1853 41 NY
Adams John 1824 15 PA
Adams John 1840 21 NY
Adams John 1833 28 PA
Adams John 1853 21 NY
Adams John 1859 22 OH
Adams John Quincy 1843 17 PA
Adams John W. 1857 21 NJ
Adams Joseph 1828 35 b MD
Adams Nathaniel 1856 18 m DC
Adams Richard 1824 21 NY
Adams Robert 1860 52 PA
Adams Thomas 1851 41 PA
Adams William 1828 25 b DE
Adare Samuel 1851 28 PA
Addison James W 1855 23 SC
Adger James 1855 17 y SC
Adkins William John 1858 33 b DE
Ahlberg Lorentz 1855 32 Sweden
Aiken John 1851 26 PA
Aikins John 1841 24 ME
Aitken John 1836 40 MD
Akin Samuel S, Jr. 1845 23 MA
Albee William 1847 23 ME
Albert John 1837 16 c MD
Albert Wheaton 1841 23 m NC
Albison Richard 1829 21 b NC
Alden Richard C. 1850 15 PA
Aldrich Charles 1853 21 MA
Alexander Elias 1840 25 PA
Alexander James C 1837 24 PA
Alexander John 1854 17 PA
Alexander Thomas 1841 48 m PA
Alexander William Henry 1857 17 PA
Alford David 1846 19 MD
Alford Shedrick J. 1844 23 CT

Alfred William 1847 25 NY
Algo Peter 1841 37 NY
Alick George 1843 26 Italy
Allan William 1854 25 OH
Allen Abraham 1840 22 NJ
Allen Banjamin F 1859 20 DE
Allen David 1828 20 NJ
Allen Edward C. 1836 25 PA
Allen Edward L. 1831 45 RI
Allen George 1844 48 MA
Allen George 1833 27 NY
Allen Henry C 1850 15 PA
Allen Horatio 1847 19 PA
Allen Jacob 1860 23 PA
Allen James 1844 27 MA
Allen James 1836 19 PA
Allen James 1841 26 PA
Allen James 1848 33 MA
Allen James 1856 39 NY
Allen James A 1832 18 PA
Allen James Harding 1825 14 PA
Allen Jervis 1839 22 PA
Allen John 1827 20 y VA
Allen John 1842 34 MA
Allen John 1835 24 NY
Allen John 1852 22 NY
Allen John B. 1846 22 NJ
Allen John H 1853 17 ME
Allen John M 1834 19 ME
Allen Joseph 1846 22 MA
Allen Joseph H 1850 27 MA
Allen Michael 1852 17 PA
Allen Peter 1833 23 b PA
Allen Richard 1853 18 NY
Allen Samuel 1846 21 c NJ
Allen Silas 1837 22 NJ
Allen Stillman 1830 20 ME
Allen Thomas 1855 23 MA
Allen Thomas J 1856 37 NY
Allen William 1824 26 c DE
Allen William 1834 21 PA
Allen William 1838 21 ME
Allen William 1852 22 ME
Allen William 1860 20 NY
Allen William G 1825 14 PA
Allen William H, Jr 1851 24 RI
Allender William 1842 21 MD
Alley James 1828 19 ME
Alliband David 1841 26 DE
Alligood John Thos 1859 24 b DE
Allison Lewis 1852 22 PA
Allison William H 1860 22 DC
Allmond Thomas C 1843 20 m VA
Allston Abraham 1833 38 b PA
Almond John 1853 26 b DC
Alsop William 1850 25 MA

Alger Osmer 1860 31 CT
Alican Antonio 1825 28 c LA
Alla Joseph 1838 54 s GA
Allbee Eben 1832 43 ME
Allen Alexander 1847 26 ME
Allen Charles 1839 25 Finland
Allen Ebenezer C. 1836 31 ME
Allen Edward J 1843 22 MA
Allen Franklen 1861 22 NY
Allen George 1841 42 MA
Allen Henry 1841 39 NJ
Allen Hezekiah 1854 13 b PA
Allen Jacob 1834 22 c DE
Allen James 1829 15 PA
Allen James 1840 29 b VA
Allen James 1839 21 DC
Allen James 1835 19 b DE
Allen James 1852 18 ME
Allen James 1861 29 PA
Allen James C 1828 17 b PA
Allen James T 1855 18 MD
Allen John 1825 26 PA
Allen John 1827 24 CT
Allen John 1844 25 ME
Allen John 1848 45 NY
Allen John 1856 21 MA
Allen John G 1827 21 PA
Allen John J 1853 22 m PA
Allen Joseph 1824 25 y MA
Allen Joseph 1847 21 SC
Allen Joseph V 1861 18 I PA
Allen Nathaniel 1854 23 ME
Allen Peter 1852 27 NC
Allen Samuel 1829 27 NY
Allen Samuel L 1831 17 ME
Allen Solomon 1837 30 s MD
Allen Thomas 1824 49 b PA
Allen Thomas J 1848 18 PA
Allen Thomas W 1847 19 NY
Allen William 1825 14 PA
Allen William 1840 48 DE
Allen William 1843 21 c PA
Allen William 1856 23 NH
Allen William C 1827 19 RI
Allen William H 1860 26 CT
Allen Wm H S 1854 19 NJ
Alley Isaac 1840 19 ME
Alley Thomas 1840 17 ME
Alligood Jacob Ludy 1824 17 PA
Alligood Joseph 1858 20 b DE
Allison Robert 1836 17 DC
Allmane Josiah 1831 23 c VA
Alloways George W 1849 32 PA
Allyn Charles Y 1844 27 MA
Alquist John 1850 28 Finland
Alstine John 1829 20 ME

Amazeen Christopher 1825 33 NH
Amblerman Thomas 1832 29 c NY
Ambruster Jacob 1842 21 NJ
Ames Thomas H 1849 20 ME
Ames William 1842 19 MA
Amy Philip 1847 27 LA
Anderson Aaron 1824 25 b DE
Anderson Alexander 1833 39
Anderson Amos 1824 16 ME
Anderson Andrew 1848 27 NY
Anderson Banjamin 1842 20 b NJ
Anderson Charles 1834 20 NJ
Anderson Charles 1860 26 Denmark
Anderson Christian 1858 29 Norway
Anderson Daniel 1829 23 ME
Anderson Daniel T. 1845 23 ME
Anderson G Frihoff 1840 25 PA
Anderson George 1840 16 PA
Anderson George 1854 22 NY
Anderson Gideon 1853 25 ME
Anderson Jacob 1829 40 Sweden
Anderson Jacob 1833 17 m DE
Anderson James 1827 45 ME
Anderson James 1859 27 c PA
Anderson James H 1860 20 MA
Anderson John 1824 23 SC
Anderson John 1828 28 y VA
Anderson John 1845 31 Denmark
Anderson John 1839 23 PA
Anderson John 1833 52 MD
Anderson John 1850 24 PA
Anderson John 1860 24 NY
Anderson John B. C 1858 16 PA
Anderson Joseph 1825 26 Sweden
Anderson Joseph 1855 20 b PA
Anderson Julius 1859 43 m VA
Anderson Paul 1855 26 PA
Anderson Peter 1848 22 Sweden
Anderson Richard 1847 15 s PA
Anderson Samuel 1825 24 NJ
Anderson Theophilus 1851 19 NJ
Anderson Thomas 1859 22 ME
Anderson William 1827 34 PA
Anderson William 1837 25 NJ
Anderson William 1839 28 s NY
Anderson William 1835 25 Sweden
Anderson William 1851 28 MD
Anderson Wm 1840 38 NH
Andress Francis 1834 19 b PA
Andrew Jesse 1831 33 NJ
Andrews Alfred 1851 20 NY
Andrews Daniel 1855 30 PA
Andrews David 1828 38 NJ
Andrews Ephram 1834 19 ME
Andrews Isaac 1844 30 y PA
Andrews John 1824 18 y PA

Amberman Thomas 1832 28 NY
Ambrose John 1842 23 NY
Ames Phineas 1854 23 ME
Ames William 1842 23 b PA
Ames William P 1849 23 s VT
Ancell Robert 1853 29 MA
Anderson Aaron 1836 18 NJ
Anderson Alfred 1851 21 s PA
Anderson Andrew 1827 37 Sweden
Anderson Andrew 1852 23 LA
Anderson Benjamin 1851 21 ME
Anderson Charles 1842 24 b NJ
Anderson Christian 1853 25 NY
Anderson Christopher 1832 23 PA
Anderson Daniel M 1855 19 PA
Anderson David 1829 17 c PA
Anderson George 1824 25 y PA
Anderson George 1841 21 MA
Anderson George 1856 21 NJ
Anderson Isaac 1826 22 b PA
Anderson Jacob 1842 22 b NJ
Anderson James 1824 41 b PA
Anderson James 1839 22 PA
Anderson James 1860 11 m VA
Anderson Jesse 1840 19 DE
Anderson John 1826 22 c DE
Anderson John 1844 29 NY
Anderson John 1840 21 Sweden
Anderson John 1841 26 PA
Anderson John 1847 32 b PA
Anderson John 1852 32 Sweden
Anderson John 1861 23 CT
Anderson John D 1853 17 NY
Anderson Joseph 1853 31 DE
Anderson Joseph P 1833 18 VA
Anderson Martin 1826 36 Sweden
Anderson Perry 1856 36 b MD
Anderson Philip 1826 33 y MD
Anderson Richard 1860 26 NY
Anderson Suel 1860 22 ME
Anderson Thomas 1840 21 b PA
Anderson William 1825 16 b PA
Anderson William 1831 21 PA
Anderson William 1838 20 MD
Anderson William 1841 28 MA
Anderson William 1847 22 MA
Anderson William H 1852 25 PA
Anderson Wm 1832 23 c PA
Andrew Gideon F 1858 46 NJ
Andrew Thomas 1841 21 MD
Andrews Daniel 1844 20 Ireland
Andrews Daniel 1859 35 Ireland
Andrews David 1840 21 MA
Andrews Henry 1852 18 PA
Andrews James 1830 18 PA
Andrews John 1848 34 ME

Andrews John J 1840 32 m PA
Andrews Joseph 1859 33 PA
Andrews Richard 1852 19 MA
Andrews Samuel E 1838 23 PA
Andrews Thomas 1833 38 PA
Andrews William J. 1854 24 NY
Anley Philip Francis 1854 22 NY
Anning Robert 1859 24 NY
Anthony George 1840 25 NY
Anthony John 1833 21 NY
Anthony John G 1843 29 NY
Anthony Sovereign 1855 33 m VA
Antonia Martz 1855 30 s LA
Antonio Lewis 1860 32 m MA
App Henry 1825 21 PA
Appleby Augustus 1853 24 ME
Applegate Samuel 1861 24 NJ
Arch Warren 1854 26 b NY
Archbold William 1847 31 England
Archibald Dayton 1827 19 PA
Archibald Robert 1837 21 m PA
Ard David 1861 32 AL
Arey Nelson 1848 18 ME
Arker John 1829 29 VA
Armand John 1831 30 MD
Armistad James 1860 28 c VA
Armstrong Abraham M 1841 45 PA
Armstrong Charles B. 1859 21 b NJ
Armstrong George Hawkesworth 1824 32 NY
Armstrong Isaac 1836 29 y PA
Armstrong James B 1855 18 b PA
Armstrong Lawrence 1829 40 Sweden
Armstrong Robert 1860 22 NY
Armstrong William 1858 19 ME
Armwood Joseph 1835 28 y MD
Arnell Augustus 1844 23 NJ
Arneth Christopher 1845 43 Denmark
Arnold Charles 1852 25 ME
Arnold Edward 1856 21 MA
Arnold James 1824 27 MA
Arnold John 1837 24 PA
Arnold John 1853 42 RI
Arnold John M 1852 45 PA
Arnold William 1835 20 NY
Arnold William L 1857 38 NJ
Aro Charley 1861 20 m CT
Arquit Joseph 1836 22 MD
Arrants Richard B 1860 42 MD
Arther Philip 1851 25 NY
Arthur William Charles 1844 18 PA
Artow John 1854 26 China
Asetas John 1840 32 MA
Ash Charles 1860 23 c PA
Ash Michael Barthe 1840 18 PA
Ash Simon 1827 21 b MD
Ashbury George 1851 22 MA

Andrews Joseph 1845 26 NY
Andrews Levi S 1858 21 ME
Andrews Robert 1828 39 MA
Andrews Solomon 1831 23 c DE
Andrews William H 1845 31 MD
Anear Charles 1854 31 NY
Annadale Robert 1827 22 VA
Anthony Charles 1834 28 c PA
Anthony George W. 1827 18 PA
Anthony John 1852 26 NY
Anthony Peter 1829 28 c SC
Antonia Jose 1852 20 b PA
Antonie John 1847 29 s MD
App George 1830 22 PA
Appel Henry F F 1853 28 NJ
Appleby William 1857 32 ME
Appleton James 1825 15 NY
Archbold George 1842 21 PA
Archer John 1854 29 RI
Archibald George 1853 24 NC
Archy William Thomas 1852 16 b PA
Arebaugh Joseph 1838 22 LA
Argoe John W. 1846 21 DE
Arkwright John 1833 22 MA
Armar Abraham 1846 27 b DE
Arms William 1853 23 NY
Armstrong Benjamin 1849 32 b DE
Armstrong George H. 1828 26 PA
Armstrong Henry 1860 24 ME
Armstrong James 1859 25 PA
Armstrong Joseph 1850 23 MA
Armstrong Robert 1857 20 MD
Armstrong Thomas 1857 20 ME
Armstrong William Green 1843 22 s PA
Arnants Richard 1854 38 MD
Arnest Benjamin N. 1848 27 VA
Arnold Benjamin E. 1846 16 ME
Arnold Daniel 1848 21 PA
Arnold George 1854 22 MA
Arnold John 1840 40 ME
Arnold John 1846 30 c NY
Arnold John 1855 45 RI
Arnold John Morris 1828 23 PA
Arnold William 1847 21 NY
Arnold William S. 1844 25 NJ
Aronne Alesandro 1846 32 Sicily
Arrants Richard B 1841 26 MD
Arrants William 1860 19 VA
Arthur Charles W 1861 34 ME
Artis Robert 1861 29 DE
Asay Jacob S 1855 23 PA
Ash Charles 1855 19 b PA
Ash Henry 1838 29 s PA
Ash Moses 1840 19 y PA
Ashburn Lucas Jefferson 1827 21 VA
Ashby George 1851 28 Malta

Ashby Henry 1852 20 m PA
Ashcraft Jesse C 1838 19 NJ
Ashford Samuel Minor 1859 40 b PA
Ashmead Charles J 1833 17 PA
Ashpaw George 1828 30 DE
Ashton Jeremih 1842 18 s PA
Ashton Joseph Sayer 1852 30 MA
Ashton Thomas 1859 28 b ME
Askin Francis 1834 28 PA
Aspey Charles 1848 27 PA
Atcherson William H 1860 24 DE
Athey George 1843 22 VA
Atkins Freeman 1844 18 ME
Atkins John 1848 22 MD
Atkins Robert C 1852 20 ME
Atkins William H 1861 18 DE
Atkins William John 1843 19 b DE
Atkinson John C 1854 24 PA
Atwill George 1836 22 MA
Atwood Henry 1846 26 MD
Auburn John 1854 22 ME
Augustine Joseph 1833 13 PA
Augustus David 1850 38 s OH
Augustus Henry 1851 21 NY
Augustus Peter Reilly 1834 30 c NJ
Ausburn John 1825 26 RI
Austin Charles 1857 31 RI
Austin Harry H 1860 27 RI
Austin James 1827 14 PA
Austin James P 1847 38 MA
Austin Joseph 1827 25 PA
Austin Sydney H 1861 23 ME
Austin William C 1842 26 CT
Avault John 1843 24 PA
Avery Daniel 1852 35 NH
Avery Russell H 1832 31 CT
Avinas John Batiske 1845 26 RI
Avis Joseph 1825 22 NJ
Ayars William H 1860 20 NJ
Ayer Thomas 1846 19 ME
Aylesbury George 1836 29 MA
Ayres Charles 1825 25 c NJ
Ayres Edward 1833 15 b PA
Ayres William 1827 20 NJ
Babcock Jacob 1825 43 NJ
Babcock Owen S 1856 19 MA
Babet Charles 1841 25 b LA
Babson James 1826 30 Wales
Backus John 1830 33 c CT
Bacon Abraham 1825 36 NJ
Bacon Eugene T. 1855 22 NY
Bacon Henry 1841 25 NJ
Bacon Isaac 1861 41 b DE
Bacon James D. 1844 24 ME
Badger Richard 1856 27 b MD
Bagget Charles 1834 22 y DE

Ashby Samuel 1861 23 ME
Asheraft Timothy G 1824 26 NJ
Ashley William 1841 23 NY
Ashmore Joseph 1849 21 MA
Ashton George 1833 14 y PA
Ashton John P 1838 38 MA
Ashton Samuel F. 1824 20 PA
Askin David 1827 18 PA
Askin Samuel 1861 21 s NY
Astbury William 1830 23 NY
Atherton Salem 1849 17 ME
Athey Matthew 1842 27 VA
Atkins John 1845 33 MA
Atkins Major 1858 32 m PA
Atkins Thomas 1840 26 MA
Atkins William Henry H 1836 26 MD
Atkinson John 1824 18 DC
Atkinson William 1845 21 NY
Atwood Benjamin, Jr 1835 17 ME
Atwood Jesse L 1835 16 ME
Audes Edward 1853 30 LA
Augustis George 1833 27 c ME
Augustus Edward 1854 24 y PA
Augustus James 1854 23 PA
Augustus William 1837 26 France
Austin Charles 1825 29 MA
Austin Charles 1858 24 MA
Austin Henry 1849 28 NY
Austin James 1828 22 c NJ
Austin John 1844 32 PA
Austin Samuel 1828 22 ME
Austin Thomas 1830 23 PA
Austing David 1846 23 ME
Averell Erick H 1828 23 NY
Avery Knowell W 1850 21 NY
Avery William 1857 44 ME
Avis James 1828 23 NJ
Axam Daniel L 1826 28 b RI
Aydelott Isaac R 1856 39 DE
Ayers William 1825 19 NY
Aylware James 1848 34 NY
Ayres Edward 1834 16 c PA
Ayres Henry 1826 25 b MD
Babcock George W 1840 25 MA
Babcock Joseph 1858 28 c CT
Babet Charles 1844 28 b LA
Babington John S 1849 27 PA
Bache Charles L. 1849 23 Spain
Backus Luther 1828 20 RI
Bacon Charles W 1834 18 NJ
Bacon Eustace 1854 30 MA
Bacon Isaac 1846 26 c DE
Bacon James 1835 52 MD
Bacon Shepard 1833 21 b DE
Bagg Henry 1858 27 NY
Baggs Mathew 1839 23 NY

Bagley Orlando J 1852 22 ME
Bagley William 1846 35 [England]
Bahn Christian, Jr 1841 20 PA
Bailey Charles 1841 22 b MD
Bailey Eli 1837 32 VT
Bailey Gamaliel, Jr 1829 21 NJ
Bailey Henry 1846 31 c VA
Bailey James J 1834 25 MA
Bailey John 1845 30 y VA
Bailey John 1841 22 MA
Bailey Levin 1825 38 b PA
Bailey Lyman J 1852 23 NY
Bailey William 1851 29 NY
Bain George 1852 38 b VA
Baird James 1847 31 NY
Baird Robert 1846 29 MA
Baites Edward 1838 30 NY
Baker Albert B. 1850 24 MA
Baker Alexander 1851 25 MA
Baker Allen M 1860 27 ME
Baker Andrew 1847 22 MA
Baker Augustus Baltus 1826 18 PA
Baker Benjamin 1847 25 MA
Baker Calvin 1841 21 MA
Baker Clothier H 1824 28 MA
Baker Ebenezar 1833 18 MA
Baker Ebenezer 1837 34 MA
Baker Ebenezer 1841 38 MA
Baker Edward 1838 37 MA
Baker Edward 1854 31 NY
Baker Edwin 1857 23 MA
Baker Edwin George Adam 1825 16 PA
Baker Elihu 1837 17 MA
Baker Elisha 1838 36 MA
Baker George M 1835 20 MA
Baker Henry 1853 21 b PA
Baker Ira 1825 19 MA
Baker J. R 1845 21 Cuba
Baker Jacob 1845 16 NJ
Baker James 1854 22 MA
Baker James G 1851 16 MA
Baker John 1828 15 PA
Baker John 1840 30 DE
Baker John 1847 47 England
Baker John R 1849 21 VA
Baker Leroy B 1853 29 MA
Baker Luther 1844 18 MA
Baker Major D 1859 59 ME
Baker Michael 1843 40 MA
Baker Nehemiah 1847 18 MA
Baker Robert S. 1833 17 PA
Baker Samuel 1856 28 MA
Baker Sidney 1854 16 MA
Baker Sylvester C 1837 19 MA
Baker Thomas 1828 25 b RI
Baker Timothy 1827 17 MA

Bagley Thomas 1842 24 ME
Bagwell Lewis 1833 31 b VA
Bailes William 1844 26 NY
Bailey Chauncey 1825 30 CT
Bailey Franklin 1841 23 MA
Bailey George 1847 26 NY
Bailey Henry 1850 32 m DE
Bailey John 1845 36 b MD
Bailey John 1841 22 b MD
Bailey John 1856 21 NY
Bailey Lewis 1835 28 c PA
Bailey Robert 1828 21 NJ
Baily William 1854 23 CT
Bainbridge Theodore V 1826 27 NJ
Baird James 1849 18 NY
Baisley John 1825 34 PA
Baker Albert 1860 23 MA
Baker Albert G 1848 23 CT
Baker Alfred 1844 16 MA
Baker Amos 1852 31 MA
Baker Anthony 1837 23 MA
Baker Benjamin 1846 28 NY
Baker Benjamin H. 1824 39 MA
Baker Charles 1846 19 PA
Baker Daniel 1829 22 PA
Baker Ebenezer 1840 17 ME
Baker Ebenezer 1839 33 MA
Baker Edward 1829 18 y NJ
Baker Edward 1854 25 MA
Baker Edward H 1853 16 MA
Baker Edwin 1861 24 MA
Baker Eleazer 1843 28 MA
Baker Elijah 1845 20 MA
Baker Elizah 1835 09 MA
Baker Henry 1844 22 MA
Baker Henry 1854 24 MA
Baker Isaac 1844 30 MA
Baker Jacob 1827 21 PA
Baker James 1838 21 DE
Baker James Barnaby 1837 17 MA
Baker Joel Alanson 1827 19 MA
Baker John 1845 21 NY
Baker John 1830 35 MA
Baker John F 1858 18 MA
Baker Joseph L 1835 00 XX
Baker Lorenzo 1858 44 MA
Baker Lyman 1861 21 MA
Baker Mark Ash 1829 28 b NJ
Baker Moses 1841 15 MA
Baker Robert 1857 25 NY
Baker Samuel 1845 20 MD
Baker Seth 1838 21 MA
Baker Solomon 1860 21 b PA
Baker T Harrison 1843 20 PA
Baker Thomas 1849 24 ME
Baker William 1825 25 b PA

Baker William 1834 19 DE
Baker William 1840 17 VA
Baker William 1846 16 m NY
Baker William 1856 26 England
Baker William M 1853 21 MA
Baker Wm 1845 27 MD
Balderson Robert 1854 31 MA
Baldwin Peter W. 1846 30 m MD
Ball James 1843 20 MD
Ballantine William, Jr. 1827 13 PA
Ballard Levi W 1848 23 MD
Ballis Francis C 1848 23 MD
Balls John G 1836 24 PA
Balys Elzy 1851 26 c DE
Bancroft Joseph J 1860 17 PA
Bang Andrew 1845 27 Denmark
Bangs Henry 1826 18 PA
Bangs Henry P 1840 00 XX
Banier John 1824 21 c PA
Banks John 1858 49 NJ
Banks Lilleston H 1827 21 MA
Banks Robert 1827 19 NY
Banks, Jr John 1838 21 MA
Banneman James 1852 23 NY
Bannington John 1852 22 NC
Bannon Peter 1856 19 MA
Bantry James 1861 27 ME
Bantum William Carney 1841 21 s PA
Barber Benoni 1840 19 CT
Barber John 1836 20 NH
Barber Samuel 1840 22 PA
Barber William 1842 28 NJ
Barclay Alexander G. 1849 38 PA
Barclay John 1825 32 MD
Barclay John D. 1855 20 PA
Barclay Samuel 1828 16 PA
Barclay William H 1827 14 PA
Barett James 1841 25 MA
Barger Joseph 1853 17 PA
Barker George 1840 40 b PA
Barker Johnson 1844 26 DE
Barker Theodore 1861 26 b DE
Barker William W 1847 19 ME
Barks John A 1857 23 MA
Barlow Isaac D 1825 25 DE
Barlow William 1837 23 NJ
Barnaby William A 1847 19 DE
Barnard George 1829 32 NY
Barnard John 1826 25 PA
Barnard Joseph 1827 14 PA
Barnard William 1837 24 NJ
Barner Elias Ginrell 1840 26 NC
Barnes Charles 1856 25 NY
Barnes Edward L. 1834 28 PA
Barnes George W 1841 23 NJ
Barnes Henry 1857 30 DE

Baker William 1834 17 MA
Baker William 1841 23 MA
Baker William 1847 18 y MA
Baker William A 1846 32 CT
Baker William M 1855 22 NY
Balcomb John 1845 30 ME
Baldwin Eben L. 1840 23 MA
Balfour James 1853 18 NY
Ball Samuel N 1850 32 PA
Ballard Garrison 1826 26 b NJ
Ballinger Enoch 1840 42 NJ
Balllentine George W 1840 23 PA
Balls William 1833 19 PA
Bambrick William 1856 21 ME
Bancroft Thomas 1836 29 Denmark
Bang Charles 1850 28 NY
Bangs Henry 1838 25 MA
Bangs Joseph L 1854 20 ME
Bankard Andrew 1839 17 France
Banks Joseph 1861 32 ME
Banks Nelson 1850 32 b NJ
Banks Thomas 1826 21 PA
Bannan Isaac H 1854 26 b NJ
Banning Samuel 1855 23 DE
Bannister Matthew 1856 18 PA
Bantram Perry 1857 26 s NY
Bantum William 1844 23 c MD
Barbados Robert H 1833 51 y MA
Barber James 1836 22 MA
Barber John 1851 32 England
Barber Samuel B. 1855 35 PA
Barber William 1840 23 NJ
Barclay Francis 1859 21 PA
Barclay John A , Jr 1843 26 PA
Barclay Samuel 1825 15 PA
Barclay Stephen E. 1854 21 NH
Bardow William 1849 21 ME
Barge William 1841 18 MA
Barger William 1846 15 PA
Barker John 1835 26 MD
Barker Major 1858 29 b DE
Barker Thomas R 1854 22 DE
Barkley John 1833 34 c MD
Barlow Arnold 1827 48 MA
Barlow Levi 1834 36 ME
Barnaby Robert 1826 14 b PA
Barnard Anthony A 1858 27 NC
Barnard H Dudley 1844 17 NY
Barnard Joseph 1825 14 PA
Barnard Robert C 1834 25 NY
Barnard William H 1834 38 CT
Barnes Abraham 1840 28 b PA
Barnes Charles W 1846 29 c NJ
Barnes George M 1861 17 PA
Barnes Henry 1834 22 c MD
Barnes James 1830 22 NY

13

Barnes James 1859 26 b PA
Barnes John 1830 24 PA
Barnes John 1859 27 ME
Barnes Joseph 1834 23 PA
Barnes Samuel 1848 24 s NY
Barnes Thomas 1831 48 PA
Barnet John 1856 17 PA
Barnett Elias H 1843 16 DE
Barnett John 1829 36 b MA
Barnett Samuel 1859 24 SC
Barnett William 1849 28 PA
Barney James 1851 22 s PA
Barney John C 1852 26 PA
Barnit John 1826 22 y NY
Barns Edward D. 1847 13 PA
Barns Joseph G 1836 15 PA
Barns Thomas 1851 29 VA
Barr Alexander 1825 21 y MD
Barr Dennis 1851 28 NY
Barr Franklin 1848 19 MD
Barr James 1849 20 NY
Barr John 1851 15 PA
Barr Joshua S 1843 31 NJ
Barram Thomas 1847 24 OH
Barren John 1861 28 ME
Barrett Daniel 1849 32 MD
Barrett James 1825 23 DE
Barrett John 1853 19 NY
Barrett Joseph 1859 23 b PA
Barrett Richard 1840 20 PA
Barrett Stephen 1824 31 PA
Barrett William 1861 16 NY
Barrington Henry 1843 15 PA
Barrow John J 1850 23 England
Barrows John 1853 25 c NC
Barry Henry C 1840 21 SC
Barry Jerrold 1860 29 IL
Barry John 1854 29 NY
Barry William Jefferson 1851 35 DE
Barss David 1852 26 none given
Barter John 1852 21 ME
Bartle George 1849 29 PA
Bartlett Alonzo B 1841 28 MA
Bartlett Hiram H 1861 22 ME
Bartlett James D. 1853 30 DE
Bartlett John 1851 26 LA
Bartlett Josephus A 1855 41 MA
Bartlett Nathaniel 1849 28 MA
Bartley William 1835 33 c PA
Barton Albert G 1833 19 RI
Barton George 1855 24 NY
Barton Reuben 1841 36 NH
Barton William 1856 37 PA
Bartram Henry 1826 18 PA
Baskerville John 1853 20 England
Bassett Darius 1843 20 MA

Barnes James, Jr. 1835 16 PA
Barnes John 1846 28 ME
Barnes John H 1843 42 VA
Barnes Samuel 1825 21 y NY
Barnes Smith 1855 28 NJ
Barnet Edmund A 1835 17 PA
Barnett Eli 1847 21 NJ
Barnett Elias H 1850 23 DE
Barnett John 1839 29 PA
Barnett William 1834 15 DE
Barney James 1846 16 y NC
Barney James 1859 38 b PA
Barney Robert 1826 43 MA
Barns Charles 1841 29 PA
Barns James 1836 35 PA
Barns Lemuel 1838 30 MD
Barnum John 1843 21 MA
Barr Daniel 1854 25 DE
Barr Duncan 1841 18 PA
Barr George 1856 31 NY
Barr John 1825 24 DE
Barr John H 1851 23 PA
Barr William S. 1848 18 PA
Barratt John 1851 21 VA
Barrett Aaron 1847 21 PA
Barrett Henry C 1860 22 PA
Barrett James Blanchard 1825 21 MA
Barrett John F 1856 23 ME
Barrett Martin Andrew 1858 19 NJ
Barrett Samuel 1837 20 NY
Barrett Thomas 1833 25 VA
Barrington Edward A 1840 30 none given
Barris Richard 1840 24 c PA
Barrows James 1824 25 MA
Barrows John 1855 25 b MA
Barry James 1852 21 PA
Barry John 1824 28 PA
Barry Thomas 1854 31 Ireland
Barsch Christoph 1825 24 PA
Bartels Frederick 1859 40 Prussia
Barth James 1841 31 PA
Bartleman Richard M 1851 18 PA
Bartlett Benjamin 1826 18 MA
Bartlett James 1853 19 MA
Bartlett James Robert 1826 28 MA
Bartlett John L 1825 25 MA
Bartlett Knott 1847 17 ME
Bartley Daniel 1839 26 b RI
Bartling Charles C 1828 15 PA
Barton Charles S. 1858 25 MA
Barton Joseph 1855 25 NY
Barton Thomas 1849 34 NH
Bartow Briggs 1829 25 MA
Basdon John J 1847 27 RI
Basset Isaac M 1831 21 MA
Bassett David F. 1843 24 MA

Bassett Deforest 1830 25 VT
Bassett Ephraim 1851 19 MA
Bassett Isaac 1841 23 MA
Bassett Jeremiah B 1860 20 MA
Bassett John 1861 23 NY
Bassett Rufus T 1855 20 MA
Batchelder John 1841 27 MD
Bateman Joel B 1830 21 PA
Bates John 1854 24 NY
Bates Thomas 1858 34 PA
Batron James 1860 26 ME
Batten James R 1842 16 NJ
Batties John 1856 41 b LA
Battis Emnuel 1832 21 c MA
Battis John 1827 46 b MD
Battis John 1844 37 b PA
Battis John 1852 25 b ME
Battle William 1830 22 NJ
Baum Daniel 1849 19 NC
Baxter Alexander 1853 21 MA
Baxter Bernan 1859 37 MA
Baxter Charles Freeman 1832 19 MA
Baxter Edward 1824 18 s MD
Baxter Ezra 1840 15 MA
Baxter John 1853 24 NY
Baxter Thomas L. 1824 20 PA
Baxton Barnabas 1857 23 MA
Bayard Christopher 1840 28 m DE
Bayard John 1841 22 s DE
Bayler Willis 1859 45 b VA
Bayley John H 1860 30 c MD
Baylis Nathan 1844 20 b PA
Baymore Henry W 1861 15 PA
Baynard Joseph 1828 25 b MD
Baynton Timothy 1855 24 b NY
Beach Henry M 1843 25 GA
Beale James M 1828 16 PA
Beale Sewall 1824 22 ME
Beals John R 1840 18 ME
Beaman Thomas R 1837 20 MA
Bean Isaac 1840 26 NH
Bean Peter 1840 28 c NY
Bean Richard 1860 33 b PA
Bear George 1855 23 MA
Beard Thomas 1840 20 PA
Beare William Henry 1845 22 MA
Bearse Eben 1848 18 MA
Beattie Benjamin 1848 23 ME
Beatty George A 1847 16 PA
Beatty Robert 1854 32 PA
Beaty Robert 1845 18 PA
Beaver Charles 1856 24 MA
Beaver Henry 1860 31 PA
Beck John 1851 41 England
Beck Peter 1840 24 PA
Becket Archibald 1839 21 PA

Bassett Edward 1828 27 CT
Bassett Henry 1824 32 MA
Bassett Isaac Mayo 1828 18 MA
Bassett John 1855 20 MA
Bassett Peter 1855 30 c PA
Bassett Sylvester W 1851 20 MA
Batchelor John A 1861 41 none given
Bateman John 1826 30 PA
Bates Thomas 1831 21 MA
Bath John 1851 33 PA
Batteese George 1859 29 b NJ
Battene John G 1861 48 Trieste
Battis Edgar 1824 22 c NY
Battis John 1824 40 b NJ
Battis John 1829 21 b PA
Battis John 1847 30 c LA
Battiste John 1840 29 b LA
Batts Erick 1846 49 Sweden
Baun Edward 1855 21 PA
Baxter Andrew 1848 31 NH
Baxter Charles 1830 20 MA
Baxter David 1835 22 RI
Baxter Elijah, Jr 1844 18 MA
Baxter Ezra E 1843 20 MA
Baxter Levi L. 1860 24 MA
Baxter William 1824 25 PA
Bayard Albert 1851 35 NY
Bayard Frances 1835 16 NY
Bayard William 1857 36 b DE
Bayless Solomon 1859 28 b DE
Baylis Henry 1859 25 NJ
Bayliss Samuel 1855 24 b DE
Baymore James 1838 30 NJ
Bayne George 1850 38 c VA
Beach Harry 1851 23 CT
Beadling Henry 1848 33 Great Britain
Beale Jonah H 1841 40 MD
Beale Thomas 1836 33 c PA
Beam Charles 1854 22 NY
Bean Benjamin 1845 19 PA
Bean Joseph 1858 25 ME
Bean Richard 1855 28 b PA
Beanes George J 1857 30 s DC
Beard James 1853 21 PA
Beard Timothy D 1835 21 SC
Bears Benjamin 1824 19 MA
Beattie Alexander 1854 22 NY
Beatts Joel 1845 27 MA
Beatty John J 1824 18 NJ
Beatty William 1830 22 NY
Beavans John D 1827 00 XX
Beaver Henry 1846 18 PA
Beck Asbury 1826 18 PA
Beck John L 1844 22 MD
Beck William 1825 21 b PA
Becket William H. 1859 25 s MD

Beckets Peter 1854 24 DE
Beckett James 1860 30 PA
Beckett William 1845 21 ME
Beckwanney William 1836 32 b DC
Beebe Samuel 1839 19 NY
Beek William 1828 23 PA
Beem James 1861 25 NJ
Beker Christian 1829 38 Great Britain
Belair Thomas W 1833 19 PA
Belknap Chauncy J 1855 25 NY
Bell Alonzo 1837 22 y MD
Bell Charles 1851 29 NY
Bell Frederick 1860 18 ME
Bell George B 1837 20 ME
Bell James 1858 18 m PA
Bell John 1854 23 b MD
Bell John 1861 55 c MA
Bell John R 1854 17 ME
Bell Peter H. 1853 25 b DE
Bell Robert 1826 28 b DE
Bell Robert F. 1824 13 PA
Bell Samuel 1826 30 b VA
Bell Thomas 1845 18 PA
Bell Thomas H. 1856 19 MA
Bell William H. 1856 20 b DE
Bellangee Benjamin 1828 30 y NJ
Bellass William 1836 22 s PA
Belrose Thomas 1847 18 PA
Bemis George W. 1833 24 PA
Bence John 1854 19 PA
Bending George M 1834 23 b PA
Benesole George W 1847 15 PA
Benjamin Samuel 1841 35 c NY
Bennet Andrew 1827 20 DE
Bennet John A., Jr 1825 32 NJ
Bennet Peter 1836 28 c MD
Bennet William 1824 19 NJ
Bennett Alfred 1859 20 c DE
Bennett Byron 1849 27 NY
Bennett Edward 1844 40 ME
Bennett George 1855 18 PA
Bennett George 1859 33 m DE
Bennett Henry 1842 28 b NY
Bennett Henry 1843 29 NY
Bennett Jacob 1839 29 PA
Bennett James 1858 26 NJ
Bennett James 1861 26 b MD
Bennett John 1837 33 b MD
Bennett John 1860 35 NY
Bennett Lawrence 1850 23 ME
Bennett Richard A 1854 20 MD
Bennett Thomas 1851 37 VA
Bennett Thomas 1852 28 NY
Bensen George 1847 26 NY
Benson Charles 1841 33 Germany
Benson Isaac 1824 23 PA

Beckett Charles H 1849 20 MA
Beckett Wesley 1860 26 b VA
Beckett William 1860 41 NJ
Becquinney Wm 1842 39 b DC
Beebee Charles 1858 35 CT
Beeler Albert L 1849 19 PA
Beesey Samuel 1853 21 DE
Beker Christian 1831 43 Hanover
Belden Josiah 1837 22 CT
Bell Alexander W 1834 19 y PA
Bell Benjamin 1826 25 NH
Bell Charles 1861 35 NY
Bell George 1856 35 DE
Bell George W 1844 26 c DC
Bell John 1827 23 y VA
Bell John 1860 27 MA
Bell John Andrew 1840 34 y MA
Bell Mary Ann 1854 24 y MD
Bell Robert 1824 24 b VA
Bell Robert 1858 22 b VA
Bell Samuel 1826 21 PA
Bell Stephen 1834 29 b PA
Bell Thomas 1836 24 Ireland
Bell Warren C 1857 51 PA
Bellamy John 1853 23 PA
Bellardis Francis 1847 23 m PA
Bellfast John 1840 22 s VA
Belville Edward M 1861 19 DE
Bems George 1860 21 CT
Bender Charles W. 1827 19 PA
Benedict William A. 1828 13 VA
Benjamin Peter Lewis 1861 16 m MD
Benners Thomas 1847 22 I CT
Bennet John 1834 19 NJ
Bennet Joseph 1841 28 NJ
Bennet Robert 1837 37 AL
Bennett Alfred 1828 21 MA
Bennett Anderson 1858 27 NJ
Bennett Chas 1854 15 PA
Bennett George 1836 29 NJ
Bennett George 1856 29 b DE
Bennett Henry 1825 25 PA
Bennett Henry 1840 17 MD
Bennett Horatio 1841 20 b PA
Bennett James 1855 29 NY
Bennett James 1860 33 NY
Bennett John 1836 18 MD
Bennett John 1850 28 PA
Bennett John W 1847 28 c MA
Bennett Petter 1845 39 FL
Bennett Samuel 1841 23 VA
Bennett Thomas 1852 36 NY
Benney Amos 1826 51 b CT
Benson Benjaman 1840 22 b DE
Benson Edward F 1833 20 NY
Benson James 1828 28 MD

Benson James 1833 32 PA	Benson John 1838 17 MA
Benson John 1843 16 MA	Benson John 1850 22 NY
Benson John C 1855 22 MA	Benson Lemuel 1853 19 ME
Benson William 1842 31 MA	Benston William 1837 22 s MD
Benton Jacob, Jr 1837 18 b MD	Benton James 1847 23 MA
Benton James L 1840 19 MA	Benton James S 1841 20 MA
Bentrick Charles 1840 24 PA	Benvennu Lewis P 1856 21 s PA
Benzie William 1852 34 MA	Berger William 1824 15 NJ
Bergner John M. 1846 46 Sweden	Bering John P 1842 14 PA
Berkley Cornelius 1851 21 MA	Bernard Albert D 1857 20 ME
Bernard Jeremiah 1854 24 b MD	Bernard William T 1859 20 NJ
Berniand Lewis 1825 17 PA	Berrimane William 1840 20 PA
Berry Albert 1853 25 PA	Berry Albert R 1840 19 MA
Berry Alford 1859 30 PA	Berry Anthony 1825 41 PA
Berry Benjah L 1843 22 MA	Berry Charles 1838 29 MD
Berry Daniel 1843 22 NY	Berry Ebenezer 1840 21 MA
Berry Edward 1840 22 NY	Berry Edward 1839 23 MD
Berry Edward 1860 24 NY	Berry Henry 1826 26 MD
Berry Henry C 1838 17 PA	Berry Henry W 1845 21 MA
Berry Horace N 1855 20 MA	Berry James 1841 14 MA
Berry James 1841 25 b PA	Berry James 1853 18 ME
Berry John 1824 43 MD	Berry John Osten 1854 27 LA
Berry Joseph 1828 30 c PA	Berry Marshall 1860 35 MA
Berry Peter 1851 28 ME	Berry Peter 1859 34 b DE
Berry Philip 1825 29 y MD	Berry Robert 1851 21 PA
Berry Robert D 1855 32 RI	Berry Samuel 1853 21 b MA
Berry Samuel 1859 19 b PA	Berry Samuel M 1861 21 NJ
Berry Vincent D 1859 25 b DE	Berry William 1848 16 PA
Berry William 1854 23 NH	Berry William Henry 1827 13 PA
Berryman Samuel H 1848 25 PA	Bersch William H 1834 16 PA
Bertram John 1840 28 PA	Bertrand Alonzo 1830 17 LA
Bess Charles 1860 29 NC	Besselievre W C 1852 17 PA
Best Eli W. 1856 20 CT	Best Henry 1855 24 CT
Best Henry D 1845 23 NY	Best Isaac 1849 23 NY
Best William James 1860 21 MA	Beswick Horatio 1841 25 MA
Betson John K 1857 19 PA	Betteley Peter 1837 26 MA
Bettey Nicholas 1852 39 MA	Betts Charles 1828 17 NY
Betts Tellus 1827 35 VA	Betts William 1837 19 NY
Betty Andrew 1846 29 Ireland	Bevan Isaac 1853 19 s PA
Bevans James 1828 29 MD	Bevans John 1825 18 NY
Beverley William C 1827 29 none given	Bevins Stephen 1836 30 c DE
Bews Charles 1854 23 PA	Bias Joseph 1826 33 MD
Bibbens Thomas W 1857 28 m VA	Bibber Thomas F. 1843 24 ME
Bibbins Henry 1827 26 MD	Bibbins Hezekiah 1837 21 y VA
Bibbins Hezekiah 1852 38 s VA	Bibbins William 1854 36 s VA
Bibby John 1849 19 MA	Bible Francis 1851 25 NY
Bibson Esau 1831 24 b MD	Bickell Edwin 1850 23 MA
Bickford Isaac 1847 18 ME	Bickmore Oliver 1846 15 ME
Bicknell John 1829 21 RI	Bicknell John 1840 32 PA
Bickner Charles 1828 27 y NJ	Biddle Alexander 1839 21 s DE
Biddle George W 1828 20 PA	Biddle George W 1861 28 PA
Biddle George Washington 1824 14 PA	Bidwell Samuel 1840 24 NY
Bigelow Charles H 1844 18 MA	Bigelow William 1856 22 MA
Biggs Abraham 1828 20 PA	Biggs George M. 1852 21 NJ
Biggs John C 1861 19 NJ	Biggs Jonas D 1861 33 NY
Bigham Walter Wallas 1850 23 MA	Biles Lewis C 1835 15 NJ

Bilger James M   1845 21 PA
Billings John 1855 23 ME
Billingsley Andrew 1849 22 NY
Bills John 1841 22 PA
Bimpton John 1836 28 b CT
Bingham John 1830 35 NY
Binnix Thomas 1856 21 MD
Binton William 1825 29 b CT
Birch William E. 1851 21 DC
Birchley Benjamin 1825 28 PA
Bird Charles 1837 20 DE
Bird Daniel 1828 32 b NJ
Bird Frederick 1855 25 NY
Bird George W   1825 14 PA
Bird Hanson 1843 21 ME
Bird Henry C   1857 23 NJ
Bird William N   1847 19 MD
Bisbee Edward F. 1857 28 ME
Bishop Charles E   1847 25 MA
Bishop Edmund 1849 22 ME
Bishop Henry F   1850 28 RI
Bishop James 1850 14 PA
Bishop John 1852 22 NY
Bishop Joseph S   1860 21 PA
Bishop Samuel C. 1853 18 PA
Bishop William 1842 24 NJ
Bixby George 1843 21 CT
Black Charles 1826 22 b PA
Black Daniel 1837 22 c NJ
Black Franklin 1856 15 PA
Black James 1855 21 b PA
Black James G   1831 20 PA
Black John 1855 25 ME
Black Joseph A   1840 18 KY
Black Stephen 1859 30 b DE
Blackburn Andrew 1825 22 PA
Blackford William B   1824 18 NJ
Blackham John 1836 21 PA
Blackiston William 1824 14 PA
Blackman Lawner T   1858 21 NJ
Blackson Samuel 1838 22 s PA
Blackstone Anthony 1857 27 c DE
Blackwood David 1844 25 NY
Blair Alexander 1838 28 ME
Blair Daniel 1860 42 ME
Blair James 1830 20 CT
Blair Robert 1859 22 ME
Blaisdell William 1838 22 NH
Blake Charles 1851 22 MA
Blake Daniel 1853 22 RI
Blake George 1851 26 CT
Blake Jacob 1826 16 b MD
Blake John 1826 28 b VA
Blake Joseph 1858 30 MA
Blake Lewis 1861 24 b MD
Blake Peter 1861 22 s MA

Billey Nicholas 1838 17 MA
Billings John 1859 46 ME
Billington Charles H   1835 18 PA
Bilwigson James 1829 25 Prussia
Bing Joseph 1829 21 c VA
Bingham Thomas, Jr. 1849 21 PA
Binns John 1846 36 PA
Birch John 1836 21 DC
Birchall James 1824 19 PA
Bird Amasa C   1840 28 MA
Bird Conrad S   1825 22 PA
Bird Francis 1861 42 NY
Bird George S. 1857 22 NJ
Bird George W   1850 38 PA
Bird Henry A   1849 20 MD
Bird Robert 1847 21 MA
Bird Zebedee 1860 23 NJ
Bishop Anthony 1824 23 PA
Bishop Charles E   1861 20 NJ
Bishop Frederick 1860 23 ME
Bishop James 1826 25 ME
Bishop John 1826 18 NJ
Bishop Joseph 1847 22 c PA
Bishop Preston, Jr 1857 20 PA
Bishop Solomon 1851 19 NY
Bissett John T   1855 28 Scotland
Black Abraham 1852 28 MA
Black Charles 1828 34 b DE
Black Ebenezer 1829 22 c PA
Black George 1833 21 b DE
Black James 1859 21 PA
Black Jesse 1841 48 s DE
Black John L   1852 23 NY
Black Samuel 1834 25 ME
Black William 1835 39 PA
Blackburn Caleb W   1829 22 VA
Blackfore John 1855 21 England
Blackington Thomas Jefferson 1827 22 ME
Blackley Dvis 1837 28 NY
Blackman Timothy H   1852 18 ME
Blackston Eben 1853 30 b DE
Blackwell John R   1840 24 DE
Blades James 1859 22 DE
Blair Alexander 1854 21 ME
Blair Ebenezer 1826 37 ME
Blair James 1854 28 NY
Blair Thomas 1859 26 FL
Blake Albert S   1852 23 ME
Blake Columbus 1845 20 MI
Blake David 1837 18 s PA
Blake Henry 1845 29 b PA
Blake John 1826 21 ME
Blake John 1860 16 m DE
Blake Levin 1826 20 MD
Blake Oliver 1848 28 b PA
Blake William 1834 29 c DE

Blake William 1840 39 DE	Blake William 1850 18 b PA
Blakely William 1861 35 m NY	Blakeman William 1841 18 m NY
Blance John 1854 30 MA	Blanchard Aaron D 1848 26 VT
Blanchard Benjamin 1841 24 NY	Blanchard George W 1860 28 ME
Blanchard Henry 1841 24 MA	Blanchard Jason 1825 27 ME
Blanchard Jason 1841 42 ME	Blanchard Tyler 1845 28 NH
Blanchard William 1824 28 ME	Bland George 1851 21 OH
Blandord Alonzo 1852 23 ME	Blanford Alonzo 1851 21 NJ
Blangberg Frederick 1830 19 PA	Blanobois William 1855 25 Prussia
Blase John 1846 37 c LA	Blatchford Andrew 1850 18 ME
Blatchford Henry 1855 24 MA	Blatchford Samuel 1825 15 ME
Blatchford Samuel 1828 19 ME	Blenck Jacob 1829 38 Sweden
Blenkow Clarles 1857 20 NJ	Bless William 1835 20 CT
Bleumortier Samuel 1848 20 ME	Blew George 1830 23 NY
Bliss John 1828 25 NY	Bliven John 1827 25 RI
Blizard Coard B 1848 27 DE	Blizard Firman 1854 18 NJ
Blizard George 1845 23 NJ	Blizard John 1837 28 NJ
Blizard Zebedy 1838 23 DE	Blizzard George W. 1852 37 PA
Blizzard Nathaniel 1851 26 DE	Bloom Isaac J. 1856 42 NY
Bloomsburg Charles 1846 23 PA	Blossom John W 1859 38 MA
Blowers Luther 1845 34 ME	Bloxsom William 1836 17 m VA
Bloxton Thomas 1856 37 b PA	Blundell James 1857 22 PA
Blyth Medar 1828 28 ME	Boardley William 1836 20 y PA
Boardman John 1827 23 CT	Boate George 1827 15 PA
Bockman/Saucom Peter 1859 26 I DE	Bocock Matthew 1830 48 c VA
Boddy Frank L 1856 20 DE	Boddy Frederick 1857 29 DE
Boden Joseph B 1835 41 VA	Bodin John H 1858 22 NJ
Bodkins William 1826 56 y NH	Bodley Stephan 1840 21 s DE
Boeman Sigler 1859 27 PA	Bogan Clement 1827 24 MA
Bogan John 1861 22 PA	Bogan Philip 1852 22 ME
Bogan Walter 1828 18 PA	Bogart Abraham 1849 36 PA
Bogart Francis B 1855 20 ME	Bogart Lewis 1842 22 NJ
Boge Hans 1839 28 NY	Boggs Henry 1852 29 b MD
Boggs John H 1852 26 b PA	Bohannon Cornelius E. 1858 18 VA
Bohn Jacob N 1856 16 PA	Bois Edwin 1826 17 y MA
Boix David 1849 21 ME	Bolan John R 1858 26 ME
Bolan Thomas 1846 29 NY	Bold Nathan 1844 27 ME
Bolden Thomas 1825 25 y PA	Boldin Jacob 1837 28 c MD
Bolitho James S. 1859 29 FL	Bolivar Nicholas G 1854 28 b NC
Bolling Thomas 1847 19 PA	Bolling Thomas 1861 32 m PA
Bolton Daniel F. 1858 21 ME	Bolton George 1843 25 AL
Boman Alexander 1833 45 PA	Bond Abraham 1859 22 b PA
Bond Daniel D 1854 17 PA	Bond Francis 1830 29 c MD
Bond Henry 1848 26 b MD	Bond William 1845 18 ME
Bondy John 1829 24 c MA	Bonewell Albert 1833 25 VA
Bonnell Samuel, Jr. 1841 17 PA	Bonner George 1849 24 MA
Bonney Andrew J 1860 28 MA	Bonney Joel 1825 25 ME
Bonney Joseph F 1840 23 MA	Bonnoffon Augustus B 1851 15 PA
Bonsall Bedford M 1855 18 PA	Bonsall Francis H 1828 19 PA
Bonsall Samuel Newbold 1824 15 PA	Bonsall Spencer 1837 20 PA
Bonstein David 1859 27 MA	Book George H 1841 18 PA
Booker Joseph A 1858 26 ME	Boon Andrew 1857 25 b DC
Boon Enoch H 1843 40 NJ	Boon John 1860 32 c VA
Boon William T 1860 35 b VA	Boone William 1832 21 NJ
Boose Thomas 1836 16 NY	Booth Timothy B 1849 36 CT
Booth William H 1861 30 CT	Bootman Charles 1845 13 PA

Bootman Samuel 1836 35 MD
Boran Lewis 1852 39 y LA
Borden Henry 1854 28 RI
Borden Jonathan 1838 34 NJ
Border Charles 1844 23 NY
Borrows William 1836 26 PA
Borton Charles 1855 21 PA
Bosier Stephen A. 1838 24 s PA
Bostick Charles 1855 15 NY
Bostick William 1856 27 b PA
Boston John 1824 18 b PA
Boston Joseph 1827 38 c MA
Bosworth Benjamin W 1839 25 MA
Boukout John 1849 26 PA
Boulger John 1861 23 Ireland
Bourne Charles H. 1859 18 MA
Bouyer Alexander 1841 23 b MD
Bovee Edward 1829 17 PA
Bowden Alvin 1843 16 ME
Bowden John 1848 25 VA
Bowden Maffett W 1861 19 ME
Bowden William F 1861 22 ME
Bowen David 1826 28 y SC
Bowen Ezekiel 1827 18 DE
Bowen George 1857 37 s DC
Bowen John 1826 21 MD
Bowen John 1860 32 RI
Bowen William G. 1833 24 PA
Bowens John D 1841 25 NY
Bowering Isaac 1824 26 NY
Bowers George 1845 35 ME
Bowers James 1833 22 b DE
Bowes Martin 1856 19 MA
Bowie James H 1833 15 NJ
Bowker Lot 1828 19 NJ
Bowles George 1851 23 NJ
Bowman Edward R 1847 18 ME
Bowman George K 1860 18 MD
Bowser Alexander 1842 27 c MD
Bowser John 1826 23 y PA
Bowser Randall 1851 27 b MA
Box William D 1838 28 m DC
Boyce Albert Gallatin 1824 15 MD
Boyce David H 1861 22 b DE
Boyce Elisha 1857 33 c DE
Boyce John Addison 1825 20 MD
Boyd Alpheus 1847 20 ME
Boyd James 1853 21 DC
Boyd Joshua 1837 17 MD
Boyd Thomas 1828 20 y NY
Boyd William 1837 25 s NJ
Boye Francis 1847 28 Denmark
Boyel Charles 1840 21 ME
Boyer Benjamin 1824 24 PA
Boyer Henry 1840 27 y DE
Boyer John 1839 22 c MD

Boran Lewis 1836 20 c LA
Borbridge Charles 1828 18 NY
Borden John 1854 28 Norway
Borden William H 1824 23 NC
Borgen George Augustus 1831 26 c ME
Borsam Frederick 1840 24 PA
Bosee Alfred 1838 20 MD
Boss Thomas 1853 25 b NJ
Bostick Isaac 1857 23 b DE
Boston Daniel 1824 39 b MD
Boston John 1834 24 b MD
Boston Samuel 1852 20 c MD
Boughton David 1853 22 NY
Boulden Joseph 1836 18 c PA
Bound Ely 1837 21 b DE
Bourne John S 1844 16 PA
Bove Charles 1835 21 MA
Bovell Thomas Walton 1843 12 PA
Bowden James 1845 21 PA
Bowden Joseph Glass 1854 18 MA
Bowden Thomas 1842 36 PA
Bowdoin Francis 1846 27 c MA
Bowen David 1846 25 MA
Bowen Frederick 1825 18 y PA
Bowen James 1825 37 RI
Bowen John 1855 40 ME
Bowen Rusling S 1849 20 NJ
Bowens David 1841 20 NY
Bower Philip J 1856 18 PA
Bowers Benjamin 1856 22 MD
Bowers Jacob 1853 29 PA
Bowers Joseph 1837 31 PA
Bowger Frederick 1828 36 NY
Bowie Raven 1860 21 PA
Bowles Benjamin 1846 25 VT
Bowly Joseph 1847 36 c MD
Bowman Edward R 1853 25 ME
Bowman Nelson 1826 18 DE
Bowser Henry 1854 18 b MD
Bowser John 1838 34 s PA
Bowser Thomas 1825 22 y PA
Boyanton William 1839 18 MA
Boyce Anthony 1841 20 b DE
Boyce David Henry 1859 22 c NJ
Boyce Hiram J 1859 23 b DE
Boyce Theodore 1846 22 c DE
Boyd George 1828 29 Turkey
Boyd John 1856 58 OH
Boyd Robert Henry 1852 25 b VA
Boyd Thomas W. 1833 17 PA
Boyden Thomas 1856 27 CT
Boyea William D. 1835 26 y DC
Boyer Alexander 1832 23 c PA
Boyer George 1835 21 DC
Boyer Henry H. 1851 39 b DE
Boyer Michael 1854 36 b DE

Boyer Thomas 1833 23 c MD
Boyer William Henry 1857 22 b DE
Boyle James de la Hooke 1860 34 NY
Boynton John W. 1825 23 MA
Braband Julius 1847 22 Prussia
Brackley William 1833 17 NY
Bradbrook George 1859 27 PA
Bradbury Ebenezer 1833 28 MA
Bradbury Thomas 1853 19 NY
Braddick John 1859 42 c NC
Bradford Henry 1840 23 c MD
Bradford Isaac 1827 25 b MD
Bradford Samuel 1834 23 MA
Bradford William 1830 18 PA
Bradley Albert 1854 27 b DE
Bradley Alfred 1859 31 b DE
Bradley Charles 1847 18 PA
Bradley Daniel 1854 23 MA
Bradley Elijah 1844 37 MA
Bradley Jacob 1826 24 b MD
Bradley John 1846 21 c MD
Bradley John 1855 26 ME
Bradley John Joseph 1848 30 PA
Bradley Joseph 1854 26 b DE
Bradley Philip 1855 19 ME
Bradley William 1841 22 NY
Bradshaw Henry 1843 18 NY
Bradshaw Thomas 1856 24 MA
Bradshaw William 1831 16 PA
Bradshaw William M. 1828 18 PA
Brady Charles G 1826 15 PA
Brady John H. 1844 20 PA
Brady Richard S 1824 24 NJ
Brady Robert 1824 43 PA
Bragg Edwin A 1861 23 NJ
Braithwate James 1852 28 RI
Brance Samuel 1836 19 s NJ
Brand James Good 1851 20 NY
Brandiff Isaac 1846 27 NJ
Brannan/Brannin George 1854 16 NY
Brannum William F 1856 22 b PA
Braser James 1827 25 PA
Bravo Manuel 1837 33 s LA
Bray Daniel 1839 33 MA
Bray Davis 1848 26 ME
Bray Elkanah 1834 26 DE
Bray Warren 1837 19 MA
Brazor Jacob 1861 23 DE
Bready Frederick Lee 1828 23 PA
Breaker John 1852 24 LA
Breinholm Albert 1840 29 Santa Cruz Is
Breslaw James 1837 20 PA
Brethoff Henry 1827 17 PA
Brett Frederick 1848 25 PA
Breveton Robert 1824 21 DE
Brevoor Henry 1830 17 PA

Boyer William A. 1847 18 PA
Boyle George 1856 34 PA
Boyle John 1851 26 ME
Boyr John 1845 30 ME
Braceland Samuel 1851 22 ME
Bracy Jacob 1833 24 b VA
Bradbury Cyrus 1833 19 ME
Bradbury Samuel L. 1853 23 ME
Braddick John 1855 37 b NC
Bradford David 1860 27 b PA
Bradford Henry 1858 37 ME
Bradford Joseph 1826 22 NY
Bradford William 1844 21 MA
Bradley Aaron 1860 28 c DE
Bradley Alexander 1829 23 DE
Bradley Arthur 1840 24 b PA
Bradley Charles 1858 22 Ireland
Bradley David 1858 24 b DE
Bradley George 1849 21 PA
Bradley Jcob 1836 23 s DE
Bradley John 1855 19 NY
Bradley John 1857 30 MA
Bradley Joseph 1853 23 DE
Bradley Joseph D. 1857 26 b DE
Bradley Thomas 1848 25 NY
Bradly Peter 1852 17 ME
Bradshaw Thomas 1825 15 PA
Bradshaw William 1824 20 PA
Bradshaw William 1860 29 MA
Bradstreet Charles 1840 21 ME
Brady John 1848 35 MA
Brady Michael 1844 22 GA
Brady Richard S 1837 39 NJ
Bragdon Darius 1861 21 ME
Bragg William 1825 47 MA
Branan John Wesley 1852 37 NJ
Brand Dennis J. 1835 22 NY
Brand Joseph 1843 24 MD
Branett Benjamin 1844 33 NJ
Brannin Harris 1847 23 NJ
Brant Peter 1852 48 Sweden
Braten Luther 1829 18 MD
Braxson Peter 1831 25 c VA
Bray David 1833 23 MA
Bray Elkanah 1824 16 DE
Bray James 1824 22 PA
Brayton Peter 1840 22 s MA
Breadner John 1852 20 PA
Breakell Richard 1847 44 MA
Brega William 1827 12 MA
Brennen Cyrus 1856 16 MA
Breslaw James W. 1858 18 ME
Breton Peter 1848 30 B MA
Brett Frederick 1853 29 PA
Brevoor Charles H 1826 15 PA
Brevoor John C , Jr 1824 16 PA

21

Brew William 1843 19 PA
Brew William 1851 26 Ireland
Brewer James 1844 24 I MA
Brewer Thomas 1861 25 England
Brewley Edward 1855 23 PA
Brewster Daniel 1857 19 PA
Brewster John C 1858 24 b CT
Brewton Daniel, Jr 1846 44 PA
Brian William 1848 27 NY
Brice Thomas 1844 21 PA
Bridges Horace W 1861 28 ME
Bridges John J 1854 18 ME
Bridges William 1846 18 MA
Briggs Daniel L 1846 20 NY
Briggs James 1834 19 VA
Briggs John P 1838 20 ME
Briggs Reuben 1828 29 ME
Bright George W 1854 32 MA
Brightgram Jacob Christopher 1843 44 Prussia
Brimagion James 1841 23 ME
Brinau Maurice 1842 24 PA
Brindley Alfred N 1845 26 NY
Brinkle Isaac Henry 1850 22 s PA
Brinkley Robert 1853 31 m DE
Brisco David 1826 25 b MD
Brister Charles 1861 35 m NJ
Britt Thomas 1836 21 MD
Britt John 1855 23 IN
Brittin Samuel T 1852 18 PA
Britton James 1858 22 DE
Britton William Evan 1825 19 NJ
Broad William 1849 19 NY
Brock Alexander 1847 33 Scotland
Brock William 1858 21 PA
Brodarick Michael 1854 19 England
Broders John 1855 27 Ireland
Brodine Henry 1843 20 MD
Brokenshire Nicholas 1855 29 PA
Broker John 1824 32 Prussia
Bromley John 1847 21 LA
Bronson John Roloff 1843 15 PA
Brooks Abel 1860 23 s NJ
Brooks Alpheus 1838 21 PA
Brooks Edward J 1855 24 MA
Brooks George 1824 38 PA
Brooks George 1852 20 NY
Brooks Jacob 1827 20 NJ
Brooks John 1859 36 m MD
Brooks John, Jr 1835 19 PA
Brooks Robert 1824 22 PA
Brooks William 1838 23 y DC
Brooks William 1859 19 MD
Broom John Stephen 1860 18 PA
Broome John Lloyd 1841 20 NY
Broome Joseph M 1835 28 PA
Brough Robert 1858 19 VT

Brew William 1832 29 NC
Brewer Henry 1844 40 PA
Brewer Joseph T 1854 20 ME
Brewer William H 1861 24 NJ
Brewsten George 1848 21 m NJ
Brewster George 1829 20 y NY
Brewster Moses 1840 22 MA
Brezeir William G. 1828 26 LA
Briant Thomas 1841 32 NJ
Bridges Hersey 1847 42 ME
Bridges John 1857 21 ME
Bridges Mark 1856 20 ME
Brien Joseph 1854 23 Newfoundland
Briggs Ethan C 1828 23 RI
Briggs John 1860 28 LA
Briggs John R 1857 22 NJ
Briggs Thomas S 1851 21 MA
Brightgram Jacob Christopher 1828 29 Prussia
Brightman Isaac W 1857 37 NY
Brimer William 1854 21 England
Brinckley Peter 1856 23 b DE
Brinham Henry W 1826 20 VA
Brinkley Alfred 1857 22 b PA
Brinton Americus L 1861 17 DE
Brister Charles 1856 28 b NJ
Bristoe Isaac 1828 21 b MD
Britt Edward 1847 29 MD
Brittin Isaac S 1836 24 PA
Brittingham William 1827 24 VA
Britton Peter 1844 26 c MA
Britz Isaac 1824 16 PA
Broadbridge Nelson 1828 16 NY
Brock William 1841 43 England
Brockerman William H 1860 19 PA
Broders John 1853 25 PA
Brodie Franklin 1859 22 MA
Brokenbury William 1829 38 c NH
Broker Daniel 1837 14 PA
Brokett Nelson 1840 28 CT
Bromley John 1858 29 at sea
Brooke Benjamin F. 1840 27 PA
Brooks Abraham 1831 24 b MD
Brooks Charles E 1847 19 CT
Brooks Enoch 1843 36 NJ
Brooks George 1828 21 PA
Brooks Henson 1828 21 c MD
Brooks James 1856 22 MD
Brooks John 1859 21 MD
Brooks May 1852 21 NY
Brooks Robert 1853 19 NY
Brooks William 1858 35 m MD
Broom Jacob 1824 15 MD
Broom Matthew D. 1829 20 MD
Broome Joseph M 1837 29 PA
Broome William 1836 12 PA
Broughton James 1855 28 PA

Broughton James 1858 31 England
Brounley John 1847 37 VA
Brower Jacob 1839 32 NY
Brown Abner 1858 22 PA
Brown Abraham 1833 23 b NY
Brown Albert J 1854 21 NJ
Brown Alexander 1835 24 b DC
Brown Amos D 1844 24 MA
Brown Andrew 1827 24 b PA
Brown Azariah 1846 35 NJ
Brown Benjamin 1828 25 b MD
Brown Benjamin 1837 16 s DE
Brown Benjamin J T 1843 21 ME
Brown Charles 1829 31 b PA
Brown Charles 1845 27 NY
Brown Charles 1838 38 MD
Brown Charles 1833 33 c RI
Brown Charles 1848 22 LA
Brown Charles 1855 33 m PA
Brown Charles 1856 18 NY
Brown Charles 1857 30 MA
Brown Charles 1859 28 LA
Brown Charles 1861 23 PA
Brown Charles T 1857 21 NY
Brown Daniel 1849 29 b MD
Brown Dansey 1850 21 c MD
Brown Ebenezer 1843 21 MA
Brown Edward 1854 26 MD
Brown Edwin A. 1858 25 MA
Brown Francis 1848 40 MD
Brown Frederick 1840 20 ME
Brown Georege 1849 37 PA
Brown George 1840 25 PA
Brown George 1848 21 MA
Brown George 1852 24 b PA
Brown George 1853 21 b DE
Brown George 1854 24 MA
Brown George 1857 31 NY
Brown George 1859 21 b PA
Brown George 1861 30 b DE
Brown Henry 1826 24 MD
Brown Henry 1828 22 b NJ
Brown Henry 1840 18 MD
Brown Henry 1847 23 NY
Brown Henry 1849 23 MD
Brown Henry C 1851 19 CT
Brown Henry Stephen 1827 22 PA
Brown Isaac 1852 25 b PA
Brown Isaac 1854 24 b DE
Brown Jackson Worthington 1859 23 NY
Brown Jacob 1858 32 m MD
Brown James 1826 49 y DE
Brown James 1837 24 PA
Brown James 1849 21 MA
Brown James 1853 28 b DE
Brown James 1855 22 s PA

Broughton William 1827 26 VA
Brower Horatio C 1859 21 NY
Brower William 1828 17 NY
Brown Abner, Jr. 1824 18 b PA
Brown Albert Allman 1854 15 OH
Brown Alexander 1826 23 NJ
Brown Alfred 1847 31 b NJ
Brown Andrew 1827 28 NY
Brown Anthony 1827 15 PA
Brown Benjamin 1827 34 VA
Brown Benjamin 1840 39 y MD
Brown Benjamin 1852 25 NY
Brown Charles 1827 29 b MD
Brown Charles 1834 20 PA
Brown Charles 1837 15 b PA
Brown Charles 1841 32 Sweden
Brown Charles 1833 27 NY
Brown Charles 1848 27 LA
Brown Charles 1856 23 s NY
Brown Charles 1856 46 Sweden
Brown Charles 1857 31 b DE
Brown Charles 1860 28 Sweden
Brown Charles B 1860 28 ME
Brown Daniel 1836 17 c ME
Brown Daniel W 1859 26 c DE
Brown David 1840 24 ME
Brown Edward 1848 33 b VA
Brown Edwin 1843 22 NJ
Brown Emory 1838 25 m DE
Brown Francis W. 1840 20 PA
Brown Frederick 1843 25 NY
Brown George 1840 27 PA
Brown George 1841 39 IN
Brown George 1848 24 RI
Brown George 1853 24 NH
Brown George 1853 41 b DE
Brown George 1854 27 NY
Brown George 1857 25 Holland
Brown George 1861 21 NY
Brown George W 1861 22 b DE
Brown Henry 1827 24 b PA
Brown Henry 1844 32 NY
Brown Henry 1839 26 s RI
Brown Henry 1848 25 b PA
Brown Henry 1861 28 Bremen
Brown Henry Christy 1831 27 b NJ
Brown Henry W 1854 20 ME
Brown Isaac 1853 30 b NY
Brown Isaac F 1836 26 RI
Brown Jacob 1856 27 b PA
Brown Jacob 1859 25 c PA
Brown James 1827 32 b RI
Brown James 1830 31 NY
Brown James 1850 20 VT
Brown James 1855 21 NJ
Brown James 1856 30 LA

Brown James 1860 29 s MD
Brown James 1861 44 ME
Brown James M 1860 28 NY
Brown James W. 1860 28 b MD
Brown Jeremiah 1841 29 NY
Brown John 1825 28 b MD
Brown John 1826 28 b MD
Brown John 1828 36 y VA
Brown John 1828 29 RI
Brown John 1831 39 b MA
Brown John 1834 21 b MD
Brown John 1845 25 NY
Brown John 1837 31 MA
Brown John 1837 28 m MD
Brown John 1843 38 c NY
Brown John 1833 32 c DC
Brown John 1833 33 b MD
Brown John 1847 23 MA
Brown John 1848 21 NY
Brown John 1850 32 DC
Brown John 1852 22 ME
Brown John 1852 20 ME
Brown John 1856 27 MA
Brown John 1857 28 NY
Brown John 1859 48 I PA
Brown John 1859 26 MA
Brown John 1861 31 MA
Brown John Alexander 1841 38 NJ
Brown John H. 1861 36 b PA
Brown John M 1851 34 b MD
Brown John W. 1840 23 DE
Brown John W 1856 39 DE
Brown John, Jr 1825 16 PA
Brown Joseph 1824 32 y MA
Brown Joseph 1828 32 ME
Brown Joseph 1836 35 MA
Brown Joseph 1851 24 PA
Brown Leverett 1837 32 CT
Brown Michael 1852 30 ME
Brown Nathaniel 1856 29 b PA
Brown Parson 1853 29 b RI
Brown Peter 1828 29 New Brunswick
Brown Peter 1839 20 s DE
Brown Peter 1860 28 PA
Brown Richard 1843 19 ME
Brown Richard N 1850 40 s PA
Brown Robert 1827 34 y NY
Brown Robert 1837 22 LA
Brown Robert 1853 23 NJ
Brown Robert H 1852 21 PA
Brown Samuel 1844 32 PA
Brown Samuel 1839 20 y NY
Brown Samuel 1841 24 b CT
Brown Samuel 1846 20 NY
Brown Samuel G 1837 27 c MA
Brown Sidney 1851 20 RI

Brown James 1860 34 b DE
Brown James C. 1830 36 b PA
Brown James M. 1861 18 ME
Brown Jeremiah 1827 28 ME
Brown John 1824 25 LA
Brown John 1825 18 b MD
Brown John 1827 24 SC
Brown John 1828 30 c NY
Brown John 1829 37 I VA
Brown John 1834 38 c LA
Brown John 1844 21 PA
Brown John 1845 22 LA
Brown John 1837 22 ME
Brown John 1841 22 NH
Brown John 1843 40 MA
Brown John 1833 31 MA
Brown John 1835 25 b MD
Brown John 1847 22 NY
Brown John 1850 23 NY
Brown John 1851 26 MA
Brown John 1852 22 NJ
Brown John 1853 35 s MD
Brown John 1857 32 ME
Brown John 1858 27 MA
Brown John 1859 22 c NY
Brown John 1860 52 PA
Brown John 1861 35 New Brunswick
Brown John H 1851 26 b PA
Brown John M 1847 23 MA
Brown John O 1841 39 m FL
Brown John W. 1848 37 NY
Brown John W 1860 37 b NJ
Brown Jonathan 1851 21 NJ
Brown Joseph 1826 25 b PA
Brown Joseph 1829 23 PA
Brown Joseph 1848 19 DE
Brown Joseph 1857 20 b PA
Brown Lewis 1849 25 LA
Brown Myers 1848 29 b DE
Brown Oliver 1833 33 LA
Brown Peter 1824 22 PA
Brown Peter 1845 37 c DE
Brown Peter 1843 30 NY
Brown Richard 1840 28 c PA
Brown Richard 1860 24 m VA
Brown Richard Paxton 1824 25 y PA
Brown Robert 1834 21 MA
Brown Robert 1846 34 m MD
Brown Robert 1859 29 MA
Brown Samuel 1828 26 b MD
Brown Samuel 1838 40 s MD
Brown Samuel 1841 28 s DE
Brown Samuel 1841 19 b PA
Brown Samuel 1853 18 y PA
Brown Samuel T 1826 17 GA
Brown Soloman 1828 25 y PA

Brown Squires 1830 23 NH
Brown Thomas 1829 19 c DE
Brown Thomas 1844 17 MA
Brown Thomas 1837 18 LA
Brown Thomas 1830 20 y NY
Brown Thomas 1848 32 NY
Brown Thomas 1849 28 MA
Brown Thomas 1851 25 NJ
Brown Thomas 1856 31 MA
Brown Thomas A 1853 20 PA
Brown Thomas H 1859 14 c PA
Brown Wesley 1844 26 c DE
Brown William 1828 22 MA
Brown William 1828 19 ME
Brown William 1834 20 PA
Brown William 1844 24 RI
Brown William 1840 35 ME
Brown William 1836 21 MA
Brown William 1839 23 VA
Brown William 1846 21 c PA
Brown William 1846 28 ME
Brown William 1847 23 DC
Brown William 1847 26 England
Brown William 1848 24 NY
Brown William 1849 34 NY
Brown William 1850 18 I MA
Brown William 1852 23 PA
Brown William 1855 21 c PA
Brown William 1855 41 SC
Brown William 1856 46 m MA
Brown William 1857 28 NY
Brown William 1860 33 b PA
Brown William 1861 23 NY
Brown William H 1859 24 PA
Brown William, Jr 1855 20 ME
Browne Henry W 1833 26 b NJ
Brownell Benjamin S 1844 22 MA
Bruce Charles 1856 36 NY
Bruce James 1833 22 PA
Bruce William 1824 18 MA
Brunsden William 1861 24 NY
Bryan Albert C. 1861 22 DE
Bryan Edward 1850 32 NY
Bryan James 1825 22 b DE
Bryan Levin 1833 19 m MD
Bryan Stephen 1826 42 b NJ
Bryan Thomas 1855 20 PA
Bryan William 1850 28 NY
Bryant Charles 1856 33 MA
Bryant Jacob 1849 20 NJ
Bryant Theodore 1861 21 m NJ
Bryant Thomas 1840 19 m PA
Bryant William 1830 25 MA
Bryer Manuel 1831 36 c ME
Bubeck Bernard 1824 23 PA
Buchanan Henry 1824 18 VA

Brown Theodore F 1847 22 ME
Brown Thomas 1829 29 NY
Brown Thomas 1836 25 MA
Brown Thomas 1830 23 VA
Brown Thomas 1847 26 MA
Brown Thomas 1848 24 MA
Brown Thomas 1850 24 VA
Brown Thomas 1855 23 NY
Brown Thomas 1857 43 NY
Brown Thomas G 1846 29 PA
Brown Thos 1829 22 c CT
Brown Wesley J 1859 27 b PA
Brown William 1828 29 MA
Brown William 1829 21 RI
Brown William 1842 20 VA
Brown William 1840 28 Germany
Brown William 1840 27 PA
Brown William 1836 30 ME
Brown William 1843 32 ME
Brown William 1846 21 c PA
Brown William 1846 21 VA
Brown William 1847 21 CT
Brown William 1848 24 s PA
Brown William 1848 23 c PA
Brown William 1850 17 MO
Brown William 1851 20 b NY
Brown William 1854 32 ME
Brown William 1855 24 OH
Brown William 1855 16 m PA
Brown William 1856 21 Ireland
Brown William 1858 26 NY
Brown William 1860 27 ME
Brown William E 1859 23 DE
Brown William R 1840 32 PA
Brown Wm 1833 20 NY
Browne Mark 1830 40 MD
Brownley George 1839 34 NY
Bruce George 1829 18 MA
Bruce Peter 1840 22 b ME
Brumfield Berry 1829 31 b NY
Bruster Robert 1858 25 b NY
Bryan Charles A 1860 20 PA
Bryan Francis Miller 1840 25 s DE
Bryan John 1825 20 b NJ
Bryan Solomon 1838 26 b PA
Bryan Thomas 1835 29 Wales, England
Bryan William 1849 23 PA
Bryant Alexander 1854 21 NY
Bryant Henry 1860 29 WI
Bryant John 1850 30 NY
Bryant Thomas 1834 24 b PA
Bryant William 1843 20 MA
Bryant William 1852 33 RI
Bryson James 1856 51 DE
Buchanan Albert H 1860 16 PA
Buchanan James 1859 16 m PA

Buchanan John 1840 33 s NY
Buchannan George 1838 22 NY
Buck Edward 1824 43 y PA
Buck Henry 1855 49 b DE
Buck John 1836 22 NJ
Buck Levi 1846 32 b DE
Buck Swain 1831 41 NJ
Buck William E 1859 26 NJ
Buckley Edward 1855 16 Cape Good Hope
Buckley William 1861 23 PA
Bucklin Isaac H 1841 23 MA
Buckson James M 1840 21 DE
Budds Charles 1847 23 NY
Buffet George 1837 23 s NY
Bukett James 1833 17 b PA
Bulerwell Benjamin 1850 23 ME
Bullock James T 1860 30 NY
Bundy Asa H 1841 17 CT
Bundy Silas 1825 33 b NC
Bundy Thomas 1857 24 b MD
Bunting Dean Braxton 1832 31 c MA
Bunting Ezra J 1845 30 PA
Bunting William Henry 1854 20 b MD
Burchell Solomon 1855 23 ME
Burden George 1846 26 m MA
Burden Jeremiah 1825 28 b NY
Burdick John C 1835 17 RI
Burgess Charles 1856 22 NY
Burgess Grandy 1856 24 NC
Burgess John 1834 22 NY
Burgess John 1853 23 PA
Burgess John Tingey 1852 22 RI
Burgess Major 1848 31 NC
Burgess Thomas 1851 18 MA
Burk James 1827 31 MA
Burk Richard 1850 31 NY
Burk William 1825 29 y NC
Burk William A 1827 33 RI
Burke Benjamin W 1853 26 PA
Burke Michael 1836 24 ME
Burke William 1853 17 PA
Burkham Person 1833 26 ME
Burkhart Isaac R 1860 26 PA
Burley Joseph M. 1836 23 NH
Burls Dennis 1840 24 c VA
Burmeister Frederick 1848 25 Germany
Burnell Zedekiah J 1833 20 m PA
Burnett George 1854 19 MA
Burnett Peter 1850 18 PA
Burnham Samuel 1827 22 ME
Burns Edward 1840 18 PA
Burns Felix 1835 17 y PA
Burns Henry Blake 1848 29 MA
Burns James 1856 23 MA
Burns John 1851 21 NY
Burns Richard 1854 21 CT

Buchanan John 1851 20 PA
Buck Edmund 1861 18 NJ
Buck Henry 1841 24 b DE
Buck Jeremiah 1836 22 NJ
Buck Joseph Smith 1857 31 b NJ
Buck Matthew 1837 15 PA
Buck William 1861 24 I CT
Buckley Charles P 1824 28 Ireland
Buckley Henry 1824 28 b NY
Bucklin Charles 1855 20 Ireland
Bucklin Richard 1830 17 MA
Buddington James 1853 23 CT
Budnick Frank 1859 18 ME
Buhre Gotleib Falenten 1827 31 Russia
Bulckens Theodore 1855 31 LA
Bull Charles 1840 24 NY
Bullock William F. 1856 26 RI
Bundy Francis 1837 20 s PA
Bundy Silas 1842 51 b NC
Bunion John 1826 38 ME
Bunting Edward 1851 21 PA
Bunting Lawrence 1832 21 NJ
Burch Aaron D 1847 22 NJ
Burd Boling 1824 26 y NC
Burden James 1847 24 c NJ
Burden Theophelus 1856 25 s DE
Burgen William 1846 28 NY
Burgess Edwin 1861 30 PA
Burgess James S 1860 30 ME
Burgess John 1850 30 y PA
Burgess John 1856 19 b CT
Burgess Joshua P 1840 29 MA
Burgess Stephen 1861 29 MA
Burickas George 1830 40 m MD
Burk John S 1852 19 PA
Burk Thomas 1851 23 ME
Burk William 1844 31 y DE
Burkart Samuel, Jr 1854 20 PA
Burke Joseph John 1854 25 NY
Burke William 1825 28 PA
Burket John 1825 29 y PA
Burkhart Charles 1834 19 PA
Burkhart Randolph 1856 23 PA
Burill Joseph 1843 21 NY
Burmeister Frederick 1847 23 MD
Burnell Hampden G 1850 25 NJ
Burnet George 1824 26 Scotland
Burnett John 1854 28 NY
Burnett William 1829 29 PA
Burns Charles H 1860 25 CT
Burns Edward 1854 18 NY
Burns Henry B 1853 55 s VA
Burns James 1851 21 MD
Burns James 1857 33 Scotland
Burns Joseph 1854 27 NY
Burns Robert 1853 23 PA

Burns Robert Henry 1852 18 m PA	Burns William 1829 22 PA
Burns William 1842 19 NY	Burns William 1832 33 MD
Burns William 1848 19 NY	Burns William A 1851 32 France
Burr Frank C 1858 16 PA	Burr Phineas 1839 25 MA
Burr William T. 1831 21 MA	Burrell Charles 1846 22 MD
Burress Charles 1861 26 Sweden	Burrill Ebenezer 1836 34 MA
Burrill Edward 1857 27 MA	Burris John 1854 23 IL
Burroughs Peter 1859 22 PA	Burrows James 1844 33 c MD
Burrows James 1851 14 s PA	Burrows Jonathan W 1841 24 ME
Burrows Michael 1829 26 c MD	Burrows Samuel 1861 25 NJ
Burrows Silvester 1835 20 MA	Burrows William 1840 20 PA
Burrows William 1848 20 DE	Burrows William 1859 31 DE
Burrs James 1861 24 b MD	Bursley George 1843 28 MA
Burt Henry 1850 24 Santa Cruz	Burt James 1848 25 MA
Burten Samuel 1826 20 PA	Burtin Lewis 1825 28 y DE
Burtin Lewis 1827 23 c DE	Burtis Samuel 1828 18 NY
Burtles James 1853 53 PA	Burton Aden F. 1856 23 PA
Burton Alfred 1850 20 s PA	Burton Alhanian 1859 26 b DE
Burton Belfast 1835 27 c DE	Burton Benjamin 1826 19 DE
Burton Brister 1825 22 b DE	Burton Charles 1840 24 ME
Burton Charles 1846 25 NJ	Burton Charles 1855 25 b DE
Burton Charles 1855 23 DE	Burton David 1853 22 m PA
Burton Elhanan 1828 23 DE	Burton Elijah 1846 22 DE
Burton George R. 1847 17 ME	Burton Henry 1826 25 b DE
Burton Henry 1857 17 b DE	Burton Henry F 1856 37 DE
Burton Horatio 1860 22 m NY	Burton James 1834 24 b DE
Burton John 1828 28 b DE	Burton John 1846 45 NY
Burton John 1857 24 b DE	Burton John 1859 26 b DE
Burton Joseph Henry 1859 18 b DE	Burton Nathniel 1837 20 DE
Burton Peter 1828 28 b DE	Burton Peter W. 1852 24 PA
Burton Purnell 1853 34 s DE	Burton Robert 1847 21 DE
Burton Thomas 1845 22 NY	Burton William 1836 28 b DE
Burton William 1851 30 DE	Burton William E 1857 28 m PA
Burus James 1846 29 NY	Burwell Albert Henry 1848 15 MA
Busby Elmer 1856 23 NJ	Bush Benjamin 1824 28 NY
Bush Jacob 1855 25 b NY	Bush John 1838 34 Germany
Busher William 1836 27 PA	Bushere Moses 1827 21 PA
Buskirk James 1827 26 PA	Bussard Lewis Augustus 1829 26 NY
Bussard Lewis Augustus 1844 42 DC	Bussey James 1846 31 NY
Buswich Francis 1840 22 Austria	Butcher Charles 1844 20 PA
Butcher George 1844 29 MA	Butcher Henry B 1854 17 PA
Butcher Robert 1849 17 PA	Butcher William F 1846 19 MD
Butler Benjamin 1861 28 PA	Butler Charles 1828 26 y MA
Butler Charles H. 1861 16 m PA	Butler David A 1858 16 c DE
Butler Edward 1855 22 ME	Butler Francis 1843 42 Italy
Butler George 1844 23 NY	Butler George 1838 16 s MA
Butler George B 1847 21 MD	Butler Henry 1848 36 s DC
Butler Henry C 1845 30 CT	Butler Hiram 1838 10 PA
Butler Hiram 1854 26 PA	Butler James 1844 27 b DC
Butler James H 1859 39 b PA	Butler John 1829 35 b MA
Butler John 1834 22 y MD	Butler John 1840 28 s DE
Butler John 1848 25 b MD	Butler John 1855 17 ME
Butler Lewis 1837 38 c MD	Butler Patrick 1852 38 MA
Butler Robert 1834 22 y MD	Butler Samuel 1825 19 PA
Butler Samuel 1840 25 MD	Butler Thomas 1847 23 m DC
Butler Thomas 1852 20 b PA	Butler Thomas 1854 19 NY

Butler William 1834 27 PA
Butler William 1833 47 MD
Butterfield Henry 1856 20 b NY
Butterly John 1850 18 NY
Byard John 1851 28 s MD
Byerly John W. 1833 16 PA
Byll John 1859 36 PA
Byrne Philip 1852 19 MD
Byrnes Francis 1851 19 ME
Bywater Henry 1832 24 PA
Cabry William 1855 22 PA
Cadet Sherry 1827 23 PA
Cadigen Daniel 1844 40 NY
Cafee Charles 1827 24 VA
Cafferty James 1860 19 NY
Cahoon Sylvanus 1853 30 MA
Cain Frederick 1847 23 NY
Cain John 1825 25 y NJ
Cain John 1849 14 NY
Cain William 1857 22 ME
Caine Daniel 1845 14 ME
Calahan James 1854 23 b DE
Calahoun Daniel 1848 36 ME
Calder Samuel 1854 23 CT
Calder William R 1828 21 NY
Caldwell Ezekiel 1827 20 b DE
Caldwell James 1852 21 CT
Caldwell John 1826 15 PA
Caldwell John 1853 21 NY
Caldwell Oliver 1829 20 c DE
Caldwell William 1827 13 PA
Cale Tully 1836 21 NC
Calhoun George 1846 24 NY
Call John 1841 22 ME
Callaghan Robert 1860 38 b DE
Callahan John 1855 19 Ireland
Callahan Thomas 1843 19 MA
Callan David 1840 24 PA
Callanan Thomas M 1837 12 PA
Callender Gustavus 1826 22 MA
Caller James 1841 42 MD
Cambell William 1824 21 y MA
Cambridge Frederick 1856 56 DE
Cambridge Henry 1833 17 PA
Cameron George W. 1852 19 PA
Cameron Richard 1855 22 NY
Cameron William S. 1859 15 OA
Camp John K 1851 44 NJ
Camp Joseph 1856 25 s NJ
Camp Richard 1861 28 b NY
Company Robert 1846 29 NY
Campbell Alexander H 1857 19 MA
Campbell Angus 1835 19 PA
Campbell Anthony, Jr 1835 19 PA
Campbell Archibald 1824 25 NY
Campbell Donald 1851 21 MA
Campbell Edward 1854 29 NY

Butler William 1836 19 c PA
Butler William H. 1859 16 c IL
Butterfield John 1861 29 c ME
Buxton John P. 1826 29 ME
Byas Joseph 1850 58 MD
Byers Joseph 1828 20 MD
Byrne Patrick 1860 22 Ireland
Byrne William 1855 24 PA
Byron James 1856 23 OH
Bywater Henry 1859 44 PA
Cade Aaron 1861 26 NJ
Cadette Stephen 1833 19 y PA
Cady Horatio W 1849 31 LA
Caffee Solomon 1829 16 NY
Cahaley James 1854 22 PA
Cain Edward 1844 24 b MD
Cain James 1860 27 MA
Cain John 1837 25 b NJ
Cain Samuel 1856 29 b MD
Cain William James 1843 15 MA
Calahan Daniel C. 1854 36 ME
Calahan James 1855 21 Ireland
Caldenser Joseph 1859 35 Two Sicilies
Calder Samuel 1855 23 CT
Caldrin Francis 1826 24 b PA
Caldwell James 1844 21 b PA
Caldwell James 1858 22 PA
Caldwell John 1827 27 b MD
Caldwell Lewis 1853 33 Ireland
Caldwell Stephen B 1843 24 PA
Cale Samuel G 1845 21 NJ
Calef Samuel 1833 23 MA
Calkin Henry 1840 22 NY
Call Thomas A. 1847 33 MA
Callahan Isaac 1852 26 s DE
Callahan Richard 1847 19 DE
Callahan William 1838 21 DE
Callanan Thomas M 1845 20 PA
Callard George 1833 17 England
Callender John 1856 27 b MD
Callum Hector M. 1854 22 ME
Camble Samuel 1847 30 MD
Cambridge George 1856 26 s DE
Cambridge Thomas 1840 20 MD
Cameron Ichabudd F 1859 28 NJ
Cameron William 1859 26 ME
Camm Alexander 1825 18 PA
Camp Joseph 1854 24 y NJ
Camp Joseph 1861 28 s NJ
Camp William 1848 15 PA
Campbell Alexander 1854 23 KY
Campbell Angus 1852 28 ME
Campbell Archibald 1824 25 Scotland
Campbell Cyrus 1858 23 NY
Campbell Duncan 1849 26 c NY
Campbell George 1849 22 ME

Campbell George C 1826 19 y PA
Campbell Henry 1831 22 b NY
Campbell Henry 1861 20 MA
Campbell James 1840 29 b MA
Campbell James 1833 20 PA
Campbell James 1846 32 c VA
Campbell James 1849 29 PA
Campbell James 1853 32 Ireland
Campbell James 1855 20 MA
Campbell James A 1849 20 PA
Campbell John 1840 23 PA
Campbell John 1852 22 ME
Campbell John 1854 21 ME
Campbell Joseph E 1857 25 PA
Campbell Major 1827 28 b VA
Campbell Robert 1845 18 MA
Campbell Robert 1857 25 MA
Campbell Samuel 1826 22 b DE
Campbell Theodore 1859 24 b DE
Campbell Thomas 1828 18 ME
Campbell William 1845 20 NY
Campbell William 1860 19 c SC
Camper William 1855 39 b MD
Canady David 1851 21 ME
Canday James R 1850 30 ME
Caniti John Peter 1848 none given
Canning George W 1843 23 DE
Canning William 1850 16 PA
Cannon David 1850 24 DE
Cannon George W 1859 42 DE
Cannon James 1852 18 b DE
Cannon John B 1851 22 DE
Cannon Lewis B 1846 19 DE
Cannon Richard P. 1859 23 Ireland
Cannon Wm 1824 24 VA
Cantermen Philip H. 1840 28 NY
Capell Horatio G 1836 23 b MA
Cappan Albin George 1860 23 MA
Cappelen Henry A 1855 22 Denmark
Capron Gideon B 1827 32 RI
Caracich Antonio 1849 28 Austria
Card George H 1832 26 RI
Cardwell Wm. W 1836 22 [England]
Carey Andrew W 1847 16 DE
Carey George 1855 22 England
Carey John 1856 19 ME
Carey Martin 1859 20 MA
Carey Richard 1849 30 NY
Carley James 1850 28 PA
Carlile Purnel 1829 19 b DE
Carlin Benjamin 1842 20 PA
Carlisle Charles 1850 19 c DE
Carlisle Robert H 1857 50 DE
Carlley Joseph 1837 22 DE
Carlow Elford 1828 18 MA
Carlton John L. 1845 22 ME

Campbell George W 1827 23 MA
Campbell Henry 1859 25 NY
Campbell James 1825 16 PA
Campbell James 1841 30 y PA
Campbell James 1835 24 b MA
Campbell James 1848 40 NY
Campbell James 1852 26 NY
Campbell James 1854 29 ME
Campbell James 1859 27 PA
Campbell Jeremiah 1852 32 ME
Campbell John 1841 29 NY
Campbell John 1852 17 ME
Campbell Joseph 1856 37 ME
Campbell Josiah L 1855 19 VA
Campbell Nicholas A 1836 25 c MD
Campbell Robert 1852 24 ME
Campbell Robert W 1852 25 ME
Campbell Samuel 1853 25 NY
Campbell Thomas 1825 34 y NY
Campbell Thomas 1841 33 NY
Campbell William 1858 21 NY
Campbell William G. 1851 19 PA
Campsall George 1834 18 MD
Canby Franklin H 1860 19 PA
Caner John C 1825 16 PA
Cann John R 1854 20 NJ
Canning Isaac 1855 10 DE
Cannon Caesar 1852 22 s DE
Cannon Ezra 1831 31 DE
Cannon Henry 1849 26 s DE
Cannon John 1852 18 VT
Cannon John Wilson 1829 36 England
Cannon Mines Adams 1837 21 DE
Cannon William 1859 34 b DE
Cant William 1845 18 PA
Cantwell James 1860 24 ME
Capie Joseph 1831 29 Great Britain
Cappel John 1825 20 PA
Capps Robert W. 1840 21 SC
Capron William 1842 50 MA
Card Benjamin W 1853 20 ME
Cardwell Francis G 1846 30 PA
Carels Henry 1849 18 PA
Carey Elisha 1838 21 DE
Carey James 1840 29 DE
Carey John F 1849 21 ME
Carey Philip 1847 23 DE
Carin Dugald 1857 23 NC
Carley Mark 1847 21 ME
Carlile Thomas 1847 38 RI
Carlin Thomas 1855 25 NY
Carlisle James 1843 19 DE
Carlisle Wilson L A. 1861 14 PA
Carlon William 1834 34 PA
Carlson Peter Augustus 1847 28 Sweden
Carlton Joseph 1834 44 NY

Carlton Thomas R 1853 22 ME
Carman John Lees 1826 14 PA
Carmichaell Angus 1839 36 NY
Carnes John 1836 19 VA
Carney George 1854 34 b DE
Carney Henry 1849 22 s PA
Carney John 1837 19 y DE
Carney Miller 1835 20 y DE
Carney Peter 1855 23 NY
Carney William Henry 1836 20 s MD
Carp Francis 1845 25 NY
Carpenter Benjamin 1849 23 DE
Carpenter Jacob 1825 22 PA
Carpenter James 1856 32 m DE
Carpenter Samuel 1840 22 PA
Carpenter Spencer 1837 36 s VA
Carpenter William P 1836 13 PA
Carr Edward 1827 37 RI
Carr George F 1840 17 ME
Carr James 1824 26 PA
Carr John 1827 31 NJ
Carr John H. 1860 23 VA
Carr Leonard 1859 21 m NY
Carr Richard 1848 23 PA
Carr Robert H. 1857 26 NY
Carr Stickney 1843 23 MA
Carrell Richard 1854 23 Ireland
Carroll Charles 1837 25 b MD
Carroll Henry 1838 23 s NY
Carroll James 1845 48 PA
Carroll James 1855 26 NY
Carroll James 1860 24 MA
Carroll John 1852 18 NY
Carroll John D 1840 20 Ireland
Carroll Joseph 1845 25 m VA
Carroll Lawrence 1855 28 MA
Carryer Lucius 1840 28 b CT
Carson Henry C 1860 16 DE
Carson William 1829 21 PA
Carter Amos 1846 27 c MA
Carter George Chandler 1845 17 PA
Carter Henry Brown 1842 15 PA
Carter James E 1860 18 DE
Carter John 1837 23 c PA
Carter John 1852 24 NY
Carter John, Jr 1825 23 ME
Carter Peter 1856 30 b DE
Carter Thomas 1856 23 b MA
Carter William 1861 22 OH
Cartonetti Dominick 1847 27 Austria
Carty John 1851 21 s DE
Carty William Seth 1827 16 PA
Carver James 1840 45 MA
Case Alexander W. 1844 30 RI
Casey James 1850 19 MA
Casey Michael 1848 23 ME

Carman Gilbert 1837 31 NY
Carmichael John C. 1851 21 MD
Carnes John 1826 16 MD
Carney Edward 1848 20 NJ
Carney Henry 1847 21 y PA
Carney James 1847 22 NY
Carney McLellan 1833 31 ME
Carney Montgomery 1844 23 y DE
Carney Thomas 1828 25 DE
Carolus John Peter 1826 17 PA
Carpenter Abraham 1845 21 DE
Carpenter Caleb 1834 27 c DE
Carpenter James 1833 31 c DE
Carpenter James A 1854 19 PA
Carpenter Samuel 1856 21 MA
Carpenter William 1833 29 b DE
Carpentier Francis 1833 22 PA
Carr Frederick F 1858 44 LA
Carr Jacob B 1840 20 PA
Carr James L 1846 19 PA
Carr John 1853 30 NY
Carr Joseph 1826 18 PA
Carr Michael 1856 23 MA
Carr Robert 1827 17 PA
Carr Samuel 1840 28 ME
Carrel James 1825 39 c MD
Carrol John 1856 27 b LA
Carroll Henry 1842 25 b NY
Carroll James 1842 22 NJ
Carroll James 1839 36 PA
Carroll James 1855 18 NY
Carroll John 1845 20 MD
Carroll John 1855 30 NY
Carroll John H. 1856 29 MD
Carroll Joseph 1837 21 c MD
Carroll Richard 1849 25 LA
Carson Benjamin 1848 23 NJ
Carson Herbert John 1855 52 PA
Carter Albert 1858 27 PA
Carter Charles G 1850 24 CT
Carter Harvy K 1852 21 PA
Carter James D 1824 21 DE
Carter James H. 1841 19 GA
Carter John 1841 42 MD
Carter John W. 1855 29 NY
Carter Joseph 1840 30 ME
Carter Samuel 1852 19 s PA
Carter William 1848 22 NY
Carter William Henry 1843 38 c VA
Cartwright Joseph 1841 35 NC
Carty Samuel 1852 22 MD
Carvan John 1824 24 MD
Carwin James 1853 29 ME
Casey Archibald H 1836 19 NC
Casey John 1844 21 c MA
Casey Richard 1854 26 VA

Casey Thomas 1856 32 NY
Cash John C. 1833 16 PA
Cash William 1829 21 ME
Cashaw George 1861 22 b DE
Cashman John 1855 21 NY
Casley Samuel 1844 24 MA
Casperson Erasmus 1851 41 Denmark
Cassabuena J G. V 1858 41 Spain
Cassady John 1847 37 Ireland
Casseadey Joseph 1851 17 NJ
Cassedy Thomas B 1835 24 PA
Cassidy Andrew 1854 20 NY
Cassidy John 1841 23 PA
Cassin Catharine 1860 33 m NJ
Casso Fier Louis 1844 23 LA
Castle John 1860 21 MA
Castledine Thomas 1825 20 PA
Caswell George W 1853 24 NY
Caswell Nathan 1843 25 ME
Cate Richard J. 1860 26 NH
Cathill Henry 1834 21 c PA
Cathrall Henry 1856 29 s PA
Catlit William 1853 35 m MD
Cattermole Thomas 1841 24 NY
Catto Barr 1824 27 b DE
Caum Franklin 1856 21 PA
Cavan William T 1844 21 NY
Cavanaugh Michael 1852 21 MA
Cavender Edmund 1848 21 MA
Ceazar Henry 1854 18 b NY
Celey Joseph R 1827 20 NH
Chadwick James 1858 19 PA
Chadwick William J 1846 31 NY
Chalke William 1839 27 ME
Chamberlain Austin 1847 18 CT
Chamberlain William 1835 40 PA
Chamberlin James 1835 19 DE
Chambers Daniel 1824 38 DE
Chambers George 1825 30 PA
Chambers James 1826 23 PA
Chambers James 1851 25 NY
Chambers John 1837 19 PA
Chambers Thaddius 1824 14 VA
Chambers William 1847 25 VA
Chambers William S 1848 27 y MD
Champion Japhet 1858 15 NJ
Champion William P 1837 16 PA
Chance David 1859 22 m MA
Chance John 1853 23 I MD
Chandler Henry 1828 26 c DE
Chandler John K 1824 26 VA
Chandler Thomas 1853 21 MA
Chandley James William 1835 27 MA
Chaney James H 1854 23 MA
Chapin Lyman 1836 19 MA
Chapin William F. 1836 14 PA

Casey Willim 1831 22 c MD
Cash Thomas M. 1844 15 PA
Cashaw Draper 1853 26 b DE
Cashley Richard 1825 35 b MD
Caskey Samuel 1845 24 PA
Casperson David 1847 37 NJ
Casperson Joseph D. 1850 17 NJ
Cassady Edward 1850 23 PA
Cassan Lewis Price 1832 15 PA
Cassedy John F 1855 15 PA
Cassely John 1850 22 PA
Cassidy George 1851 25 Ireland
Cassidy John 1854 20 NJ
Cassius John Joseph 1861 20 m MA
Castle James 1859 25 CT
Castle William 1844 21 y MD
Castro James 1830 32 NJ
Caswell John 1854 26 MA
Catanach David M 1861 18 KY
Cathcart Robert 1825 23 MD
Cathrall Charles 1828 19 PA
Catlin Henry 1846 26 PA
Cato Joshua 1829 23 m NJ
Cattle Stephen 1833 28 b MA
Caulette Benjamin 1857 23 PA
Cavallier Isaac 1831 28 c PA
Cavana Dennis 1833 24 Ireland
Cavenaugh William Vincent 1837 18 PA
Cavender Edmund Morris 1827 16 PA
Cebra Calvin J 1860 28 VA
Cevinah William 1843 25 MA
Chadwick John 1830 23 DE
Chaffin Amos 1831 31 PA
Chalonen George W. 1828 28 b RI
Chamberlain Otis J 1851 24 NY
Chamberland Richard 1824 18 NJ
Chambers Abrahm 1828 33 c VA
Chambers David 1844 19 VA
Chambers Isaac 1836 24 s MD
Chambers James 1828 20 c NH
Chambers John 1845 24 NJ
Chambers John R 1855 22 PA
Chambers William 1840 18 VA
Chambers William 1859 23 ME
Champion Ezra R 1858 23 NJ
Champion Joseph C 1833 18 PA
Chance Alexander 1837 21 NJ
Chance James 1837 20 NJ
Chandler George F 1829 14 VA
Chandler Jacob 1828 23 b DE
Chandler John W. 1861 25 MD
Chandler William D 1859 47 VA
Chandlor William 1841 41 MA
Channing Frank 1855 18 ME
Chapin William 1845 24 PA
Chaplain Charles 1847 22 MA

Chaples Albin 1861 32 ME
Chapman Christoopher 1851 22 CT
Chapman Elijah 1836 27 MA
Chapman Holmes 1830 23 MA
Chapman Peter 1839 29 b MD
Chapman William 1847 21 MA
Chapman William G. 1854 28 NY
Charlemaine Charles 1824 23 LA
Charles John 1835 25 c MA
Charles William 1824 19 Scotland
Charlton Richard 1837 27 VA
Charters George 1836 23 ME
Chase Amos 1825 30 MA
Chase Benjamin T 1858 28 MA
Chase Charles Henry 1857 18 MA
Chase Daniel 1845 25 ME
Chase David S 1841 31 MA
Chase Edwin R 1847 20 MA
Chase Henry 1836 19 b DE
Chase John 1845 22 b DE
Chase Joseph B 1857 31 b NJ
Chase Josiah 1843 20 MA
Chase Mark 1855 22 ME
Chase Sidney 1834 22 MA
Chase Stephen 1826 27 b MD
Chase Thomas S 1836 21 MA
Chase William 1851 27 ME
Chase William F 1843 15 PA
Chase William M 1861 40 MA
Chat Genry 1857 22 b MD
Chatman Joseph 1837 30 ME
Chattin Daniel H 1857 24 PA
Chauncey Mark 1846 21 PA
Cheavens Henry 1824 24 PA
Cheesborough Charles W. 1853 26 SC
Cheevers Barry 1859 26 b VA
Cheney Charles 1845 24 VT
Cheney John 1846 17 VT
Chesebrough Hallam 1828 22 CT
Chester Richard 1838 20 NJ
Chester William 1846 23 NJ
Chevallier Francis 1861 21 PA
Chew Butler 1833 26 c PA
Chidster George C 1861 28 NJ
Childs Thomas 1827 23 MA
Childs Thomas 1845 36 PA
Chilton William 1861 22 PA
Chippey John 1841 21 b DE
Chitson William 1837 36 MA
Choate Francis H. 1827 22 MA
Christian Andrew 1827 32 b PA
Christian James 1853 20 MA
Christian Peter 1840 26 PA
Christie Henry 1824 24 y NJ
Christopher James 1855 20 MA
Christopher John 1846 23 b MA

Chapman Charles 1852 21 MA
Chapman Daniel B. 1833 23 CT
Chapman George 1851 24 NY
Chapman John 1846 22 MA
Chapman William 1826 19 MD
Chapman William 1850 25 MA
Chappell William] 1841 32 MD
Charles George, Jr 1824 21 y PA
Charles Mason 1838 22 b DE
Charlot Charles 1850 27 NY
Charlton William 1833 22 c PA
Charters George 1833 23 ME
Chase Benjamin 1850 24 MA
Chase Brazilla H. 1847 22 MA
Chase Charles R 1838 36 ME
Chase Daniel 1833 34 c MD
Chase Edward 1829 28 RI
Chase Elias 1843 27 MA
Chase Herman 1826 15 MA
Chase John 1847 44 Sweden
Chase Joseph N 1829 27 c MD
Chase Luther 1845 20 MA
Chase Richard 1841 24 MA
Chase Silmon 1850 16 MA
Chase Thomas E. 1838 18 MA
Chase William 1837 24 RI
Chase William Beverly 1859 15 NJ
Chase William F 1848 22 PA
Chast Isaiah, Jr 1851 22 MA
Chater Francis 1838 26 NJ
Chatterton William 1833 27 NY
Chattin Edward H 1850 21 PA
Chavis Samuel 1824 77 b VA
Cheeks Henry 1836 16 PA
Cheese Henry 1836 43 c RI
Cheli Francesco 1852 26 Leghorn
Cheney Daniel 1827 34 NY
Cheseborough Alexander Forrester 1826 16 CT
Chester John 1855 18 MA
Chester Thomas 1824 23 b NJ
Chesterton John 1849 23 AL
Chew Benjamin Wallace 1836 20 PA
Chew Henry 1828 25 CT
Child Charles 1853 40 Great Britain
Childs Thomas 1828 29 MD
Chiles Thomas 1848 20 MD
Chinery Henry 1834 18 PA
Chism William 1860 23 ME
Chiverton William 1842 42 NY
Choate Francis H 1837 33 MA
Christian Charles 1840 29 Prussia
Christian Louis 1847 32 France
Christian Thomas 1856 18 LA
Christie John William 1833 40 PA
Christopher John 1843 20 NY
Christopher Joseph 1825 25 MD

Christopher Moses 1854 26 b NJ
Christopher William 1839 23 b DE
Christy William 1851 35 Ireland
Church Corbin 1829 19 c VA
Church Sherman 1848 25 CT
Church Wesley 1836 21 s PA
Church William Henry 1852 20 ME
Churchill David 1831 36 c MA
Churchill Lionel 1846 26 MA
Churen Samuel 1846 27 VA
Cisco John Henry 1859 41 b NY
Claggett Thomas 1834 31 MD
Clair George W 1858 31 PA
Clairmont John 1850 30 LA
Clampitt Willm J. 1828 20 DE
Claney George G 1860 22 ME
Clardy Joseph H. 1853 23 NC
Clark Albert W 1844 27 MA
Clark Benjamin 1827 15 y PA
Clark Charles 1834 24 CT
Clark Charles 1847 40 ME
Clark Conrad Bartling 1846 18 PA
Clark Daniel 1860 28 b DE
Clark Ebenezer 1825 22 RI
Clark Edmund B 1850 18 I MA
Clark Edward 1853 16 ME
Clark Eleazer 1827 42 MA
Clark Frank 1854 19 ME
Clark George 1855 27 b MA
Clark Harrison 1856 26 ME
Clark Hiram H. 1838 17 DE
Clark Isaac Henry 1831 19 ME
Clark James 1826 25 NJ
Clark James 1844 17 NC
Clark James 1830 39 MD
Clark James 1850 24 SC
Clark James 1854 36 RI
Clark Jeremiah 1859 39 c DE
Clark John 1825 25 ME
Clark John 1843 44 ME
Clark John 1849 19 PA
Clark John 1854 25 PA
Clark John 1856 19 ME
Clark John 1858 32 b VA
Clark John 1859 23 NJ
Clark John B 1846 27 MA
Clark Leonard 1860 21 NJ
Clark Nathaniel C 1850 26 MA
Clark Reuben 1849 14 ME
Clark Richard 1853 35 NY
Clark Robert 1861 19 PA
Clark Samuel 1845 43 PA
Clark Samuel H. 1846 16 ME
Clark Samuel T 1861 25 b MA
Clark Thomas 1835 18 NY
Clark Thomas 1853 17 ME

Christopher William 1829 25 DE
Christy Charles 1855 34 ME
Church Abraham 1836 37 s VA
Church James B 1825 27 RI
Church Simeon 1841 22 CT
Church Westley 1830 17 c VA
Churches Robert 1845 45 NH
Churchill Joseph 1833 45 MA
Churchill William Henry 1857 17 ME
Chute Thomas 1825 29 PA
Claber Charles 1861 26 b PA
Clair Amalie 1860 28 France
Clair George William 1857 31 PA
Clampitt John Cook 1827 16 DE
Clamtree William 1855 23 CT
Clapham William 1834 36 ME
Clare Peter C. 1839 18 NJ
Clark Amos 1838 20 ME
Clark Benjamin A. 1848 37 NH
Clark Charles 1843 23 MD
Clark Conrad 1853 29 Norway
Clark Daniel 1847 32 NH
Clark David 1831 27 ME
Clark Ebenezer 1825 18 MA
Clark Edward 1847 23 PA
Clark Edward J 1858 29 CT
Clark Enoch 1847 18 MA
Clark George 1840 20 PA
Clark George A 1841 22 MD
Clark Henry 1844 24 c DE
Clark Isaac 1826 31 NJ
Clark Israel 1825 18 ME
Clark James 1829 17 PA
Clark James 1833 33 NY
Clark James 1850 25 NY
Clark James 1851 18 ME
Clark James H 1858 21 MA
Clark Jesse S. 1858 23 NJ
Clark John 1841 18 Wales
Clark John 1835 45 m NJ
Clark John 1853 18 MA
Clark John 1855 23 NY
Clark John 1857 22 NY
Clark John 1859 19 CT
Clark John A 1857 29 LA
Clark John R 1859 32 ME
Clark Nathaniel 1827 23 I DE
Clark Peter N 1854 23 PA
Clark Richard 1851 19 MA
Clark Richard 1856 23 b VA
Clark Robert Corey 1840 18 PA
Clark Samuel Adams 1844 25 PA
Clark Samuel J 1855 19 ME
Clark Sidenham Thorn 1825 24 DE
Clark thomas 1852 24 NY
Clark Thomas 1856 23 b DE

Clark Thomas A 1824 27 NJ
Clark William 1827 25 DE
Clark William 1837 24 DE
Clark William 1839 22 MD
Clark William 1858 30 c PA
Clarke George H. 1855 20 PA
Clarke James 1843 27 MA
Clarke John 1853 27 b VA
Clarke Thomas 1850 28 PA
Clarke William 1840 33 ME
Clarkson John 1844 24 PA
Clary Thomas 1851 37 Nova Scotia
Clauson Henry 1854 27 NY
Clavell Edward 1843 22 ME
Claxton George W 1837 16 PA
Clay George 1857 20 NY
Clay William G 1859 25 ME
Clayson Thomas 1852 21 NJ
Clayton Charles 1824 23 y PA
Clayton Reece P. 1856 18 DE
Clayton Samuel 1841 21 MD
Clayton William 1831 24 DE
Cleary John 1845 23 MD
Cleaves John 1830 27 NY
Clegg Samuel 1844 26 PA
Clement Christian William 1851 29 Denmark
Clement Frank W 1858 21 ME
Clement Louis 1829 33 LA
Clements Edgar B 1855 17 NH
Clements Robert 1826 35 England
Clements Spencer 1845 29 b PA
Clements William 1830 45 CT
Clemmens Joseph 1836 48 y MD
Clemmet Leonard 1847 21 MA
Clendining William 1855 29 Ireland
Clever Robert 1855 35 NY
Clifford arthur 1841 19 MA
Clifford William 1843 27 PA
Clift James 1829 42 MD
Clifton James 1855 36 DE
Clifton Lewis 1826 19 b DC
Clifton Thomas 1843 22 DE
Cline George 1829 28 MD
Cline William 1824 25 NJ
Clinton Benjamin 1840 27 b MD
Cloak George 1847 22 DE
Clopper Darrance 1834 17 NC
Closs John 1851 26 NY
Clothier Jacob 1826 16 PA
Cluer William T 1837 24 PA
Clute Daniel 1837 33 NY
Coachman Owens 1838 18 s NJ
Coakley Charles 1836 21 c NY
Coarse James 1824 26 b NJ
Coates John 1833 16 NY
Coatling William 1860 40 ME

Clark Washington 1859 17 NJ
Clark William 1845 21 MD
Clark William 1838 21 MA
Clark William 1851 30 MD
Clark Wm. H 1839 22 y NY
Clarke Hugh 1828 21 NJ
Clarke James 1832 32 ME
Clarke John L 1861 24 MD
Clarke Thomas B 1835 27 RI
Clarkson James 1842 19 PA
Clarkson Tobias 1831 17 c PA
Classon Peter 1838 34 Prussia
Claussen Peter Cornelius 1828 29 Denmark
Claxton Charles 1852 28 NY
Clay Curtis, Jr 1824 14 PA
Clay William 1841 18 PA
Claypoole William 1827 14 MD
Clayton Andrew J. 1854 21 PA
Clayton Charles 1860 29 NY
Clayton Richard 1839 19 PA
Clayton Thomas 1849 25 MA
Clear Robert 1824 23 NJ
Cleaves John 1825 40 ME
Clegg James 1852 27 NY
Clemens William 1837 32 ME
Clement Francis 1857 24 NY
Clement James J 1828 16 PA
Clement William H. 1858 17 MA
Clements Janaro S. 1850 24 MD
Clements Robert 1830 55 c PA
Clements William 1839 21 NJ
Clemmans Elisha 1860 27 m MA
Clemment John B 1841 26 PA
Clemons Joseph 1828 38 y MD
Clengstrom Mathias 1827 39 Sweden
Cliff James 1852 57 MA
Clifford Odin C. 1860 26 ME
Cliffton Thomas 1836 25 VA
Clifton Daniel 1848 18 PA
Clifton John 1852 32 b DE
Clifton Thomas 1841 20 DE
Cline David 1856 24 DE
Cline John Washington 1834 15 PA
Clineff Samuel 1854 22 PA
Clinton Henry 1848 29 s MD
Clock Jarvis 1845 16 NY
Close Charles S 1840 23 PA
Cloth Boye 1827 43 Sweden
Clubb Frederick 1837 22 VA
Clunn Adrian 1827 16 PA
Clymer John 1836 23 PA
Coake Richard 1828 23 VA
Coan George 1826 26 Ireland
Coates George 1824 23 PA
Coates Thomas 1851 21 NY
Coats William 1830 20 PA

Cobb Frederick 1850 24 MA
Cobb Jeremiah 1861 32 NJ
Cobb Lincoln F. 1861 41 MA
Cobb Theodore 1844 15 ME
Cobb Warren 1832 26 MA
Coburn James 1857 28 NJ
Cochrane James 1849 23 NY
Coe William L 1860 23 CT
Coff Henry 1849 39 c ME
Coffin George 1846 18 RI
Coffman Henry 1855 24 NC
Coghill Daniel 1857 30 RI
Cogle Josiah 1836 24 s PA
Cohen Emanual 1844 18 c PA
Coker Charles E 1849 19 ME
Colbe John 1848 22 ME
Colbert John 1836 24 s DC
Colburn Hirum 1840 24 ME
Colby Charles B. 1856 35 MA
Cole Alvin B 1824 24 MA
Cole Benjamin 1834 34 MD
Cole Enos 1841 25 ME
Cole Gridley 1846 34 MA
Cole James 1837 32 ME
Cole John 1824 23 DE
Cole Joshua 1849 23 MA
Cole Morris B 1857 20 MA
Cole Philander 1858 21 ME
Cole William H 1860 25 MA
Coleburn Samuel S 1861 24 VA
Coleman Charles Henry 1852 21 NJ
Coleman George 1841 22 b DE
Coleman Isaac 1828 17 PA
Coleman John W 1856 20 CT
Coleman Lee William 1853 15 PA
Coleman Otis 1827 20 MA
Colerick Henry J 1856 23 PA
Coles Henry 1837 50 ME
Colesberry Samuel C 1849 14 PA
Colhoun Fitzsimons 1827 18 PA
Coll Michael 1847 22 PA
Colley William Buyess 1856 17 ME
Collier Samuel 1834 27 MA
Collier William 1841 28 NY
Colligan Michael 1857 35 PA
Colling John 1855 35 PA
Collings Samuel Robert 1836 28 MA
Collins Amaziah A 1845 25 MA
Collins Asher Howell 1829 12 c PA
Collins Benjamin D. 1857 20 NJ
Collins Charles 1856 24 b DE
Collins David 1844 16 ME
Collins Edward J 1851 35 DE
Collins George 1835 52 c MA
Collins George 1848 30 NY
Collins Henry 1828 23 DE

Cobb Harrison H 1861 20 ME
Cobb John Y 1825 19 ME
Cobb Samuel 1854 19 PA
Cobb Theodore 1857 27 MA
Cobb William 1860 36 NJ
Cochran Samuel 1848 24 NY
Cocks William 1842 31 PA
Coet John H 1859 28 c MA
Coffee George F 1837 18 PA
Coffin Stephen 1829 21 ME
Cogan William 1853 22 NH
Coghill Thomas 1855 28 MA
Cogun John 1839 18 NJ
Cohen John 1844 28 NY
Coker John 1830 26 c MD
Colbert James 1837 29 MD
Colburn Charles 1844 23 ME
Colburn Thomas 1858 39 ME
Colby James 1843 27 ME
Cole Andrew 1826 45 y MD
Cole Edward 1861 18 NJ
Cole George H 1833 32 MA
Cole James 1834 24 DC
Cole James 1856 22 s NY
Cole Joseph 1829 21 c DE
Cole Lewis 1860 17 ME
Cole Nathaniel H 1840 26 ME
Cole Thomas 1848 25 NY
Colebow Jacob 1835 24 NY
Colegate James 1852 29 b PA
Coleman George 1838 47 MD
Coleman Henry H 1859 50 DE
Coleman James W 1830 21 NH
Coleman Joshua 1824 32 s VA
Coleman Lewis 1858 17 NY
Coleman Samuel 1857 18 MD
Coles Daniel 1835 27 NY
Coles Samuel 1848 30 b PA
Coling John 1858 18 b PA
Collet George 1858 36 ME
Collier James 1825 21 PA
Collier Samuel 1844 35 Ireland
Collier William 1847 34 Ireland
Collin John 1843 20 DE
Collings Samuel C 1859 21 PA
Collins Alfred T 1847 20 DE
Collins Andrew 1853 22 ME
Collins Benjamin 1825 21 NJ
Collins Charles 1853 16 RI
Collins Christopher 1841 25 NY
Collins Edward 1848 27 MA
Collins Francis 1849 23 CT
Collins George 1847 32 NY
Collins George W 1861 43 DE
Collins Henry 1841 22 PA

Collins Henry 1854 33 MA
Collins James 1842 27 RI
Collins James 1832 32 MD
Collins Jeremiah 1856 24 b PA
Collins John 1841 26 CT
Collins John 1859 27 CT
Collins John M 1861 32 c MD
Collins Joshua 1826 19 PA
Collins Mark 1837 30 NJ
Collins Peter B 1858 28 MD
Collins Robert 1852 24 PA
Collins Thomas 1836 17 m PA
Collins Thomas 1853 20 b DE
Collins William 1824 40 y VA
Collins William 1848 23 NY
Collins William 1859 25 NY
Collinson Samuel L. 1856 24 NJ
Collison Franklin 1845 18 PA
Collison Joseph 1836 16 PA
Collons Peter 1835 54 b NJ
Colson Amos 1829 22 ME
Colson Joseph 1844 23 ME
Colver Henry 1847 30 VA
Colwell William 1861 29 b DE
Combat Samson 1851 26 MS
Combs James W. 1855 31 c PA
Comegys John 1833 17 PA
Comegys William H J 1828 19 DE
Comets Charles F 1835 41 Sweden
Comly Thomas 1849 24 PA
Commings Charles 1847 28 ME
Compton David 1861 18 NJ
Comstock William 1848 20 NY
Conant Charles 1843 25 MA
Conclin Daniel 1828 25 MA
Condon Edward 1855 19 ME
Congdon Chester 1851 21 CT
Congren John 1860 24 MA
Conklind Abraham 1826 18 NY
Conley Samuel 1841 21 PA
Conly James 1859 19 MA
Connel John 1860 32 Ireland
Connell Henry 1861 28 PA
Connelly Ephraim 1861 19 NJ
Connelly John 1861 21 PA
Conner David Henry 1861 32 ME
Conner George 1840 19 PA
Conner James R 1844 18 NY
Conner Spencer 1859 21 b DE
Conner Thomas T 1839 26 NY
Conner William 1856 23 DE
Connor Ambrose 1859 22 PA
Connor Jeremiah 1859 36 c DE
Connor John 1855 23 ME
Connor Patrick 1860 23 NY
Connor Robert Emmet 1831 19 PA

Collins Isaac 1844 24 b PA
Collins James 1841 26 PA
Collins James 1835 18 PA
Collins John 1828 28 ME
Collins John 1848 25 PA
Collins John 1860 40 PA
Collins Jonathen 1840 19 MA
Collins Lewis 1860 29 DE
Collins Peter B 1850 19 MD
Collins Robert 1846 19 y DE
Collins Robert Alexander 1846 47 NY
Collins Thomas 1841 27 NY
Collins Thomas P 1856 22 b DE
Collins William 1837 22 VA
Collins William 1855 22 MA
Collins William 1859 24 ME
Collison Daniel 1825 21 PA
Collison George 1834 15 PA
Collom John 1827 33 PA
Collyer William 1841 23 DE
Colson Amos 1844 17 ME
Colver Henry 1837 20 VA
Colwell Isaac 1847 29 NY
Comar John 1837 30 RI
Combs Daniel 1828 29 NJ
Combs Matthew 1844 23 PA
Comegys Nathaniel 1855 25 b MD
Comen John 1841 22 PA
Comly Stephen Girard 1849 14 PA
Commerrell John 1837 29 MD
Compton Albert C 1861 25 PA
Compton Franklin 1861 21 NJ
Conally Barnard 1845 41 Ireland
Conart Emanuel 1854 30 NY
Condon Asaph 1854 19 ME
Condon James 1858 25 Ireland
Congdon Henry 1825 25 RI
Conine Aaron 1855 25 NY
Conley George 1842 29 ME
Conly Francis 1828 22 PA
Connally Thomas B. 1826 22 GA
Connell Henry 1855 20 England
Connell James 1856 34 Ireland
Connelly James 1852 19 ME
Conner Daniel 1828 22 b DE
Conner Francis 1856 27 NY
Conner James 1838 18 NY
Conner John 1848 23 MA
Conner Thomas 1825 20 c NJ
Conner William 1851 18 ME
Conniff Robert 1860 16 ME
Connor James 1853 21 NY
Connor John 1854 30 NY
Connor John 1859 37 NY
Connor Richard 1839 21 NJ
Connor William Henry 1831 15 PA

36

Conquest William D 1824 22 VA
Conway Charles 1859 23 PA
Conway Edmund 1837 22 MD
Conway John H. 1859 26 CT
Conway William 1845 27 DE
Conwell William 1837 22 PA
Conyber James 1848 22 NY
Conyers Joseph 1860 17 PA
Cook Alfred J 1857 16 CT
Cook Elisha W 1843 19 ME
Cook Ezekiel 1828 22 b DE
Cook Henry 1858 36 MD
Cook Ira H 1829 20 ME
Cook James 1843 55 ME
Cook John 1844 21 MA
Cook John 1841 29 NY
Cook John 1852 20 ME
Cook Matthew H 1856 21 MA
Cook Richard 1857 10 b PA
Cook Solomon 1827 26 b MD
Cook William 1841 27 PA
Cook William 1855 31 b DE
Cooke James A 1832 23 MA
Cooke John J 1858 32 NY
Cooke Perran John 1844 29 PA
Coombs Asa 1829 28 ME
Coombs George 1850 44 NY
Coombs Isaac 1838 21 ME
Coombs John M 1828 19 ME
Coombs Timothy Mc 1840 18 ME
Coonis Isaiah 1837 44 s NJ
Cooper Asbury 1840 28 MD
Cooper Charles 1853 21 NY
Cooper Daniel 1829 17 b DE
Cooper Edward 1849 20 PA
Cooper Frederick William 1836 24 GA
Cooper Harry 1856 44 m DE
Cooper Henry 1859 22 m MA
Cooper James 1855 23 PA
Cooper Jeffreys 1860 46 c DE
Cooper John 1854 22 b DE
Cooper Joshua 1833 23 MD
Cooper Levin 1843 34 c DE
Cooper Lukens 1847 21 PA
Cooper Perry 1857 30 b MD
Cooper Samuel 1828 18 PA
Cooper Thomas C 1841 17 m PA
Cooper Waitman 1858 21 b DE
Cooper William 1861 30 s PA
Coopet Martin A 1857 26 NY
Cope Eli H 1856 18 PA
Cope Marten 1847 29 SC
Cope Philip 1830 16 PA
Cope William E 1840 24 PA
Copeland Julia 1859 28 b PA
Copes John 1854 53 c NC

Constable James E 1838 18 PA
Conway Daniel 1859 21 b NJ
Conway Edward 1850 18 ME
Conway Peter 1848 34 MA
Conwell David 1843 23 b PA
Conwill Esau 1855 19 m NJ
Conyers Joseph 1833 19 PA
Conyngham David 1836 23 PA
Cook Charles 1854 22 NY
Cook Enoch 1833 20 ME
Cook George 1827 24 NJ
Cook Hiram 1849 19 ME
Cook Jacob 1824 32 NJ
Cook John 1829 22 NY
Cook John 1840 21 PA
Cook John 1835 24 ME
Cook John J. 1852 27 NY
Cook Perran John 1854 38 England
Cook Sidney P 1856 14 MA
Cook Tobias, Jr W. 1826 17 MA
Cook William 1854 30 b MD
Cook William 1859 34 c DE
Cooke John 1854 23 b PA
Cooke Nathaniel Drew 1827 18 NJ
Cooke Timothy F., Jr 1840 30 VT
Coombs George 1833 22 MA
Coombs Henry B 1833 24 ME
Coombs Israel 1826 24 ME
Coombs Thomas 1836 23 NJ
Cooney Henry R 1851 35 MD
Cooper Alexander 1832 21 b MD
Cooper Asbury 1843 26 b MD
Cooper Charles C. 1856 23 NY
Cooper Edward 1842 19 PA
Cooper Edward 1850 26 NY
Cooper George W 1856 28 PA
Cooper Henry 1841 20 y PA
Cooper James 1851 23 DE
Cooper Jeffreys 1853 39 b DE
Cooper John 1853 19 MD
Cooper Joseph 1831 32 c DE
Cooper Levi 1843 22 NY
Cooper Levin 1854 56 b MA
Cooper Moses H. 1859 35 MA
Cooper Ralph V M. 1833 19 NJ
Cooper Samuel H 1847 19 NJ
Cooper Thomas J 1825 32 b PA
Cooper William 1827 19 y DE
Cooper William R 1846 25 c NY
Cope Benjamin S. 1847 27 NY
Cope James 1856 27 PA
Cope Perry 1828 15 PA
Cope Samuel 1852 23 NY
Cope William T 1847 24 PA
Copeland William 1847 28 PA
Copley John 1850 21 NY

Copper John A C. 1833 25 b PA
Copping Thomas 1850 21 PA
Corban William 1855 23 Ireland
Corbin Dudley M 1848 24 CT
Corbit James 1841 23 MA
Cord Henry 1858 22 b DE
Cord Thomas 1839 25 PA
Coresy Abraham 1840 34 b NY
Corinth Frederick 1830 40 Prussia
Cork Robert 1845 25 m DE
Cork Zachariah 1848 43 s MD
Corlis Larkin 1845 43 NJ
Cornelius John 1828 49 b VA
Cornelius William 1854 18 c PA
Cornell Edward H 1852 18 PA
Cornell William 1844 46 NY
Corning Calvin 1861 27 England
Cornish John 1858 15 m PA
Cornish Solomon 1859 24 b MD
Corrin Thomas 1852 22 MA
Corsey Abraham 1861 50 b NY
Corson Alexander 1857 23 NJ
Corson Cornelius S 1846 18 NJ
Corson Ebenezer 1859 44 NJ
Corson Elias 1848 21 NJ
Corson Enoch, Jr 1857 34 NJ
Corson Henry 1856 43 NJ
Corson Mulford M 1857 20 NJ
Corson Rem 1847 22 NJ
Corson Seth F 1856 18 NJ
Corson Willets 1861 19 NJ
Corson William E. 1861 21 NJ
Cosey Solomon 1840 28 b MD
Coson Joseph 1838 18 ME
Costelow Thomas 1831 16 MD
Cottingham Nathaniel 1829 28 DE
Cotton Joseph 1824 19 NH
Couch Hiram B. 1840 22 ME
Couilliard Richard S 1860 42 ME
Coulon Adolphe 1828 20 PA
Coulter Day 1841 17 PA
Coulter Stephen 1833 18 PA
Coulvin John 1840 20 PA
Coupland Robert 1853 21 MA
Coursey Abraham 1851 44 c NY
Courtland Lewis 1846 29 s MA
Courtney John 1841 38 MA
Courtney John P 1854 21 MA
Coushaw Mitchell 1827 20 y DE
Cousins Mathew 1826 35 England
Coussell John 1853 25 NY
Coutts John William 1829 28 Sweden
Coverdale Levi 1841 39 DE
Coverdale Mitchell 1841 23 DE
Covil Sylvanus 1853 17 MA
Cowan James 1859 22 NY

Copper Joseph 1833 25 MD
Corall Peter 1843 24 [Italy]
Corbin Alfred 1837 26 c NJ
Corbin William 1844 29 y NC
Corbit John 1825 22 PA
Cord Stephen A 1858 24 b DE
Coren James 1824 24 PA
Corgan Richard 1848 23 NY
Cork Charles 1843 16 b PA
Cork Robert F 1849 29 y PA
Corkrin Anthony 1825 18 PA
Cornelius Isaac 1847 20 NY
Cornelius Philip 1858 18 c PA
Cornelius William 1860 23 b PA
Cornell John 1847 26 MA
Cornell William J 1839 18 PA
Cornish George 1847 32 s MD
Cornish John Anderson 1824 15 PA
Cornwall Stephen M 1836 26 ME
Corseon Lake L 1858 20 NJ
Corsey James 1852 22 b DE
Corson Ambrose 1840 25 NJ
Corson Ebenezer 1838 22 NJ
Corson Elias 1831 30 NJ
Corson Elias L 1861 25 NJ
Corson Griffing 1861 33 NJ
Corson Isaac M 1858 19 NJ
Corson Peter C 1860 25 NY
Corson Samuel 1847 18 NJ
Corson Thomas H 1861 19 NJ
Corson William 1848 22 NY
Corson William M 1858 16 NJ
Cosgroves John 1850 16 MA
Costello Thomas 1848 18 NY
Costerisan Felix 1833 18 France
Cotton Calvin S 1854 33 ME
Cottrell Henry 1850 28 NY
Couillard Charles 1856 17 ME
Coull James 1859 28 PA
Coulston James 1859 34 PA
Coulter George A 1836 26 MD
Coultis John 1834 37 b MA
Counard Jefferson 1832 25 c VA
Coupland William 1840 14 PA
Coursey James P 1858 26 m DE
Courtney Henry B 1860 34 NY
Courtney John 1855 25 LA
Cousens George 1836 24 ME
Cousins Ebenezer 1848 17 ME
Cousins Samuel W 1841 19 ME
Coutts Douglass 1853 15 PA
Covell Edward G 1828 49 CT
Coverdale Levi 1841 22 DE
Covert Hannibal 1860 16 MA
Cowan Henry 1847 26 NJ
Cowan John 1843 19 RI

Cowan John W 1848 24 MA
Cowan Joseph W 1824 14 PA
Coward Perry 1837 42 y MD
Cowen John 1846 25 NY
Cowley Harry 1841 18 ME
Cowpland Albert 1844 21 c PA
Cowpland Jno C 1847 20 PA
Cox Benjamin F 1855 16 ME
Cox Charles 1859 37 m NJ
Cox Eli 1840 21 ME
Cox Frederick 1854 20 MA
Cox George 1860 21 NJ
Cox John Charles 1852 26 England
Cox Peter M. 1857 33 NJ
Cox Thomas 1854 22 NY
Cox William 1830 27 NC
Coxe Brabant Othello Figaro 1840 22 b PA
Coy John B 1825 19 RI
Coy William 1825 18 PA
Coyle John 1849 21 MA
Coyne John 1846 22 CT
Cracken Alexander M. 1841 30 MD
Crady Josiah C 1830 00 NY
Craig David 1824 14 PA
Craig James E 1860 45 ME
Craig London 1844 23 b DE
Craig Thomas 1841 18 b PA
Craig William 1857 22 NY
Craine Edwin C 1856 28 MA
Cramer Asa E 1861 22 NJ
Crammer Edwin A 1860 22 NJ
Crandall William H. 1856 23 RI
Crane William 1848 30 ME
Crangel Henry 1856 23 OH
Cranmer Job L 1858 19 NJ
Cranston Gardner L 1827 26 PA
Craw Henry 1843 14 NY
Crawford Daniel William 1844 25 ME
Crawford David 1833 31 ME
Crawford John 1841 19 MA
Crawford Joseph 1837 27 NJ
Crawford Marcus 1848 29 b NY
Crawford Thomas 1857 25 Great Britain
Crawford William S 1857 18 NJ
Crawley William 1858 25 b MA
Craycroft Benjamin 1833 56 VA
Creamer John E. 1858 18 MA
Credit James 1834 24 b MD
Creighton Charles 1841 20 PA
Creighton Henry 1855 23 Ireland
Crippin Ezer 1824 24 b VA
Crippin Luke 1846 26 c PA
Critch William 1842 24 ME
Croasdill Edward 1845 16 PA
Croasdill Lawrence E 1850 23 PA
Crocker Henry 1840 17 MA

Cowan Jonathan F 1861 24 MA
Cowan William C 1830 17 PA
Cowdrey Ezra W. 1845 19 MA
Cowgill William 1840 53 NJ
Cowley James 1851 26 NY
Cowpland David 1828 27 PA
Cowton Edward L 1855 21 MD
Cox Charles 1831 22 m NJ
Cox Edwin B 1851 24 ME
Cox Frank 1855 21 PA
Cox George 1849 37 NJ
Cox Henry H 1848 16 PA
Cox John Chester 1846 16 PA
Cox Samuel 1834 24 MA
Cox William 1828 21 RI
Cox William J 1829 28 NY
Coxe L Lewis 1855 18 PA
Coy Samuel 1859 24 b NJ
Coyle Francis 1843 34 FL
Coyle Michael 1855 23 MA
Cozins John 1832 13 PA
Cracklin Joseph 1834 18 MA
Craig Charles 1850 24 c PA
Craig David 1854 30 PA
Craig John 1840 22 PA
Craig Matthew 1851 23 PA
Craig William 1827 33 NJ
Craighead Jacob 1836 16 PA
Crake John 1861 22 CT
Cramer William B 1855 26 NJ
Crammer John M 1861 26 NJ
Crandell Russell 1827 28 CT
Cranford Benjamin 1834 22 NY
Cranmer Ezra W 1849 34 NJ
Cranston Gardiner C 1827 22 RI
Crasher Andrew 1841 35 [Denmark]
Crawe Frank B 1854 19 NY
Crawford David 1824 16 MA
Crawford Henry 1838 23 PA
Crawford John H 1857 23 CT
Crawford Louisa C 1858 26 MD
Crawford Miles S 1859 31 ME
Crawford William 1854 17 PA
Crawley Josiah 1833 23 MA
Cray John 1859 21 c DE
Craycroft Theodore 1827 12 PA
Creayhead John 1859 37 PA
Creighton Charles 1837 18 Ireland
Creighton Charles L 1856 36 none given
Cresse Arthur 1840 21 NJ
Crippin Joshua 1826 21 VA
Cristy Joseph 1841 25 MD
Croak John 1837 19 PA
Croasdill Edward 1859 30 PA
Croasdill William S 1824 16 PA
Crocker Peter 1849 34 CT

Crocker Rowland R 1859 30 MA
Crocker Zara 1840 18 ME
Crockett Daniel C. 1861 22 DE
Crockett John Sevey 1847 18 ME
Croft John 1843 23 NY
Crofts William 1832 20 DC
Croll Henry 1828 15 PA
Cromwell John, Jr 1834 20 b PA
Cromwell Samuel 1830 21 c PA
Crone John 1846 18 SC
Crook James W 1846 40 DC
Crook Victor V 1857 24 MD
Crookes Joseph 1851 24 England
Crooks George 1838 16 NJ
Crooks Richard 1845 36 NJ
Cropley Abraham 1854 23 ME
Cropper George Washington 1835 21 MD
Crosby David 1825 19 MA
Crosby Nathaniel D 1840 18 PA
Crosby William 1854 21 MA
Crosman James 1848 21 PA
Cross Leonard D 1859 19 NY
Crossen William Thos 1854 22 b PA
Crothers Wm 1835 19 NJ
Crouch Richard 1825 19 MD
Crouse Jesse 1838 31 MD
Crouthers George 1849 27 RI
Crowell Allen B. 1829 35 MA
Crowell Benjamin 1842 17 MA
Crowell Browning B. 1856 24 MA
Crowell Christopher 1855 21 MA
Crowell Edward 1842 18 MA
Crowell Elbridge 1843 20 MA
Crowell Ezra 1843 40 MA
Crowell Freeman Henkly 1827 17 MA
Crowell George 1856 15 MA
Crowell Gilbert W 1847 17 MA
Crowell Hatsel 1842 19 MA
Crowell Isaac 1848 26 MA
Crowell James L. 1855 21 MA
Crowell Joseph 1834 22 MA
Crowell Levi 1843 15 MA
Crowell Lott 1829 17 MA
Crowell Mulford 1843 14 MA
Crowell Oliver 1840 28 MS
Crowell Simeon 1842 34 MA
Crowell Solomon H. 1851 22 MA
Crowell Thomas 1828 41 MA
Crowell William 1847 25 MA
Crowley Cornelous 1861 28 NY
Crowley James C 1829 20 PA
Crowly Corneilous 1856 25 PA
Crozier John Erwen 1831 23 MD
Cruse Antonio 1848 23 c LA
Cruse Peter 1859 28 PA
Cruse William 1843 30 NY

Crocker William 1861 34 NY
Crocket Allen L. 1837 15 MA
Crockett Heman 1847 20 ME
Crockett William A 1852 23 ME
Croft Lyons 1834 16 PA
Croker Samuel 1827 54 y DC
Cromey William 1850 22 MD
Cromwell Samuel 1833 28 VA
Cromwell Simon, Jr 1845 23 ME
Crone St Leger C 1855 19 England
Crook John 1844 21 c MD
Crook Walter Frisby 1844 22 MD
Crookey Wellington Burt 1828 16 PA
Crooks George 1852 22 ME
Crooks William 1851 27 b DE
Cropper Alexander 1856 21 b DE
Cropper Israel 1848 25 b PA
Crosby James 1840 20 MA
Crosby Samuel 1859 40 NY
Crosby William 1855 20 ME
Cross Edward 1840 19 NY
Cross William 1851 22 ME
Crosson James 1860 35 Ireland
Crotty Andrew James 1824 26 PA
Crouch William 1844 28 NY
Crout William 1844 18 PA
Crow Robert 1852 31 s PA
Crowell Anthony 1840 18 MA
Crowell Benjamin F 1843 23 MA
Crowell Charles F 1856 21 MA
Crowell Ebenezer 1832 32 MA
Crowell Edwin H 1860 27 MA
Crowell Elijah N 1859 17 MA
Crowell Francis B 1844 26 MA
Crowell Freeman T. 1853 25 MA
Crowell George 1861 16 RI
Crowell Gosham 1843 19 MA
Crowell Howes 1853 19 MA
Crowell James 1844 50 MA
Crowell John 1830 24 NJ
Crowell Julius W 1858 21 MA
Crowell Levi 1846 18 MA
Crowell Miner B 1844 24 CT
Crowell Nehemiah 1857 23 MA
Crowell Otis 1846 19 MA
Crowell Simeon, Jr 1847 17 MA
Crowell Solomon H. 1856 26 MA
Crowell Thomas 1861 25 PA
Crowley Charles 1861 25 NJ
Crowley George 1843 28 ME
Crowley Samuel F. 1851 30 CT
Crozier George 1844 26 c DE
Crumley James 1858 31 PA
Cruse Daniel 1854 27 NJ
Cruse Samuel C 1830 21 PA
Cubbon James 1861 23 NY

Cuff John 1837 41 c MA
Cuffee John 1854 21 NY
Culbert Thomas 1850 23 MA
Culin William L 1827 18 PA
Cull William 1859 29 NY
Cullen Edward 1846 20 MA
Cullen William 1848 26 NJ
Culley Thomas 1860 28 b PA
Cullin Albertson 1838 18 PA
Cumberland Eben 1853 19 ME
Cummings Francis 1836 19 ME
Cummings Henry 1859 28 c NY
Cummings Jacob 1837 26 PA
Cummings John B 1843 30 PA
Cummings Robert 1857 25 PA
Cummings William 1861 41 NY
Cummins Robert 1834 28 c MD
Cunningham Andrew 1860 22 PA
Cunningham David 1827 21 PA
Cunningham George 1850 26 ME
Cunningham James 1852 23 NY
Cunningham Perry 1860 22 b PA
Cunningham William H 1858 28 ME
Curel Spencer 1825 19 VA
Curran Andrew 1848 28 NY
Curren Michael 1860 26 NY
Currie Robert B 1861 26 c DE
Currier Henry M. 1852 29 MD
Currier John P 1849 17 MA
Curry Isaac 1857 22 NJ
Curry John R 1844 20 PA
Curry Peter 1855 31 ME
Curry William 1858 28 Ireland
Curtis Edward 1846 21 CT
Curtis Greenfield 1839 18 ME
Curtis Horace S 1854 33 NY
Curtis Jacob 1861 31 ME
Curtis James W 1847 22 ME
Curtis Joseph 1833 31 c MA
Curtis Peter P 1858 18 m PA
Curtis William 1828 28 ME
Curtis William L 1833 35 NJ
Curvill Charles 1860 21 MA
Cushing Nehemiah 1857 27 MA
Cushman Alexander 1858 35 MA
Cushman Benjamin W 1853 25 MA
Cushman William H 1861 41 MA
Custis Peter P 1861 21 m PA
Custis William 1832 15 m PA
Cutler Henry 1846 24 CT
Cutler Rufus Y 1846 26 ME
Cutter Calvin C 1854 28 NH
Cuzine George 1826 22 NY
D'Lyon Levi S 1846 32 I GA
Daggett Elisha H 1861 31 ME
Dagnew Thomas 1846 22 MD

Cuff John 1855 30 s PA
Cuffy Darius 1828 23 y NY
Culbertson Jeremiah T 1837 27 NY
Cull James 1856 21 MA
Cullen David 1858 16 NJ
Cullen James 1859 36 MA
Culleny George 1837 18 VA
Culley Thomas F 1860 21 VA
Cullum William E 1849 22 VA
Cumming John M 1825 24 MA
Cummings Henry 1834 22 MD
Cummings Isaac 1838 25 s NY
Cummings James 1859 30 ME
Cummings Robert 1828 19 b PA
Cummings Robert 1859 25 m PA
Cummins Charles L 1827 14 y PA
Cunningham Albert 1856 21 ME
Cunningham Charles 1844 22 Ireland
Cunningham George 1830 21 MA
Cunningham James 1833 20 NY
Cunningham John 1824 19 PA
Cunningham W Ross 1847 23 PA
Curbright Simon 1825 16 y PA
Curl Randall 1826 21 MD
Curren Henry B 1858 21 PA
Currie Robert B. 1855 23 b DE
Currie William P. 1860 25 b DE
Currier Henry M 1853 32 MD
Curry David 1833 22 b DC
Curry John 1839 28 Denmark
Curry Joseph 1851 19 LA
Curry William 1840 16 ME
Curtis Daniel 1843 27 MA
Curtis Edward K 1827 15 PA
Curtis Henry F 1854 33 CT
Curtis J D Morris 1856 15 PA
Curtis James 1841 23 NY
Curtis John 1827 16 ME
Curtis Lyman 1854 36 CT
Curtis Samuel W 1859 21 ME
Curtis William B 1859 34 MA
Curvellier William F 1834 28 b GA
Curving Francis 1830 31 NY
Cushing William Freeman 1836 18 PA
Cushman Beets 1827 22 MA
Cushman Samuel H 1853 39 MA
Custis Edmund R., Jr 1827 38 VA
Custis William 1827 26 y NY
Custis William S. 1829 20 y PA
Cutler John B 1854 17 PA
Cutler Thomas 1825 17 DE
Cutter Edward W 1829 19 MA
D'Lynn Richard 1859 24 PA
Da Costa John 1850 22 FL
Daggett John 1847 38 ME
Dahlgren Charles G 1827 16 PA

41

Dahlgren John H 1825 15 PA
Dailey Samuel 1852 17 PA
Daisy George W. 1856 31 PA
Daley William Marshall 1825 26 NY
Dallas James C 1849 24 PA
Dalsen Charles M. 1844 17 PA
Daly James 1837 18 ME
Daly Thomas 1858 45 MD
Dame Supply 1840 24 NH
Damstar John Jacob 1861 21 PA
Dana John 1861 37 RI
Danelson Charles 1838 29 s MD
Danforth Albert 1844 24 ME
Daniel George 1852 22 VA
Daniell Edward 1837 19 NY
Daniels Charles 1837 14 NJ
Daniels Joseph 1861 20 MA
Daniels Samuel Wilson 1853 27 IL
Daniels William 1851 31 NY
Danielson Charles 1850 35 Sweden
Dardine Theodore 1827 21 PA
Dare Collin 1855 35 NJ
Darling Andrew 1851 21 NY
Darlington William 1859 21 MA
Darnell Henry 1824 21 PA
Darrell James 1833 23 SC
Daselow Augustos 1827 21 b PA
Dauset John 1830 19 c DE
Davenport James E 1840 19 MA
Davey Joseph 1852 20 ME
David John 1843 20 MA
Davidson Charles H 1845 19 MD
Davidson David, Jr 1824 13 PA
Davidson James 1828 27 DC
Davidson James 1856 38 PA
Davidson Matthew 1828 22 VA
Davidson Robert 1842 21 VA
Davies John 1860 22 ME
Davis Adams 1859 32 ME
Davis Aron 1825 24 PA
Davis Benjamin 1847 30 NY
Davis Charles 1851 23 PA
Davis Charles E. 1855 21 MA
Davis Charles L 1839 40 PA
Davis Charles R 1860 18 PA
Davis Cornelius H 1846 27 MD
Davis Daniel 1850 25 PA
Davis David 1851 36 NY
Davis Edward 1840 21 b PA
Davis Edward 1860 33 MA
Davis Eli 1827 23 MD
Davis Ellis 1855 27 ME
Davis Evan 1835 20 ME
Davis Francis 1837 28 s NH
Davis George 1827 29 ME
Davis George 1840 28 NY

Dahlgren William T. 1846 26 PA
Daily Daniel 1841 19 ME
Daley John 1854 19 PA
Dallas Jacob M 1856 22 PA
Dalling William M. 1849 24 NY
Dalton Peter 1850 23 PA
Daly Thomas 1833 21 MD
Daly William 1826 18 PA
Damkjen Thomas P. 1833 23 Germany
Dana Andrew J. 1859 28 NH
Dancliff Henry 1855 22 Denmark
Daney Otis 1860 23 FL
Danforth Thomas 1834 23 MA
Daniel Henry H 1837 14 DE
Daniels Aaron 1828 27 NJ
Daniels Charles 1857 22 CT
Daniels Joseph P 1849 25 NJ
Daniels Thomas 1841 17 NY
Daniels William J 1857 37 NY
Dannenberg Charles 1828 18 PA
Dare Alfred 1854 21 PA
Darley Alfred 1834 19 NY
Darling William 1837 31 ME
Darnaby Joseph 1837 25 VA
Darnell William 1858 34 s DE
Darrington William Henry 1837 26 MD
Daud Edwin F 1860 21 MA
Davenport Edward 1861 28 MA
Davenport John 1856 18 MD
David James 1846 19 c PA
David Tolbert 1833 25 b DE
Davidson David 1846 22 ME
Davidson George 1850 26 PA
Davidson James 1845 25 NY
Davidson John 1845 33 Sweden
Davidson Peter 1840 22 MA
Davidson William 1825 30 VA
Davinger Joseph 1847 23 y PA
Davis Alexander 1824 28 y NY
Davis Atwood 1853 24 ME
Davis Charles 1846 17 PA
Davis Charles 1855 23 VA
Davis Charles E 1858 49 MA
Davis Charles P 1845 19 ME
Davis Christopher 1843 18 MA
Davis Daniel 1831 27 DE
Davis Daniel 1859 23 ME
Davis Dilazon 1857 38 CT
Davis Edward 1857 24 ME
Davis Edwin 1850 25 NY
Davis Eli 1833 28 PA
Davis Erastus B 1857 27 MA
Davis Francis 1844 29 b CT
Davis Frederick 1854 26 b VA
Davis George 1828 15 PA
Davis George 1836 28 s PA

Davis George 1836 23 s PA
Davis George 1848 24 ME
Davis George 1856 24 NY
Davis George W 1858 30 c MD
Davis Harpin 1843 18 CT
Davis Henry 1837 23 MD
Davis Henry 1856 25 ME
Davis Henry A 1841 23 Bermuda
Davis Isaac 1853 23 c DE
Davis James 1827 24 NJ
Davis James 1833 20 PA
Davis James 1853 22 b VA
Davis James 1854 30 MA
Davis Jeremiah Perry 1830 45 MD
Davis Job 1841 37 NJ
Davis John 1828 43 b NY
Davis John 1845 28 NY
Davis John 1836 17 s DE
Davis John 1838 31 ME
Davis John 1841 43 b RI
Davis John 1833 20 MA
Davis John 1835 16 PA
Davis John 1848 21 MA
Davis John 1851 23 c NJ
Davis John 1855 38 MA
Davis John 1858 26 MA
Davis John Delaware 1836 21 b RI
Davis John Henry 1833 27 c DE
Davis Jones 1826 22 VA
Davis Joseph 1846 45 c PA
Davis Joseph Manuel 1843 21 NY
Davis Lewis 1852 24 b DE
Davis Myers 1837 28 b DE
Davis Paul A. 1828 19 PA
Davis Pearson K 1840 28 TN
Davis Peter 1831 31 b NJ
Davis Richard 1834 20 MD
Davis Richard 1849 26 PA
Davis Richard 1858 35 MA
Davis Robert 1828 19 VA
Davis Samuel 1845 18 b PA
Davis Samuel 1854 37 MA
Davis Thomas 1827 28 PA
Davis Thomas 1848 38 ME
Davis Thomas D 1861 42 ME
Davis Thomas K. 1850 23 ME
Davis Westley 1853 27 b DE
Davis William 1831 39 c MD
Davis William 1838 43 NY
Davis William 1839 28 PA
Davis William 1835 31 PA
Davis William 1854 25 NY
Davis William 1855 27 b DE
Davis William E B 1861 22 MA
Davis William H. 1858 21 m MA
Davis William S. 1853 28 CT

Davis George 1836 24 NJ
Davis George 1853 28 ME
Davis George S 1860 34 NY
Davis George William 1826 16 ME
Davis Henry 1827 35 y MD
Davis Henry 1847 24 MA
Davis Henry 1858 25 ME
Davis Howell R. 1859 23 NJ
Davis Isaac W. 1861 44 c PA
Davis James 1844 19 PA
Davis James 1846 22 NY
Davis James 1854 30 MD
Davis James 1855 25 NY
Davis Jesse 1858 21 RI
Davis Job 1848 45 NJ
Davis John 1834 18 PA
Davis John 1836 35 MD
Davis John 1837 17 ME
Davis John 1841 20 NY
Davis John 1833 26 LA
Davis John 1833 36 y PA
Davis John 1835 19 NY
Davis John 1849 25 b NY
Davis John 1854 34 NJ
Davis John 1855 25 b DE
Davis John 1861 24 VA
Davis John H. 1860 27 MA
Davis John, Jr 1826 20 MA
Davis Joseph 1840 19 NY
Davis Joseph A. 1850 21 NC
Davis Leonard 1853 31 DE
Davis Moses 1827 25 c DE
Davis Owen 1846 22 ME
Davis Paul Armon 1841 30 PA
Davis Peter 1825 18 y VA
Davis Peter 1854 18 NJ
Davis Richard 1841 27 PA
Davis Richard 1852 22 PA
Davis Robert 1828 18 PA
Davis Robert L. 1849 34 MI
Davis Samuel 1848 19 DE
Davis Samuel I 1828 18 VA
Davis Thomas 1834 28 VA
Davis Thomas 1852 26 MA
Davis Thomas Dawes 1826 27 PA
Davis Tolbert 1824 18 b DE
Davis William 1829 22 MD
Davis William 1840 21 PA
Davis William 1838 36 ME
Davis William 1843 39 LA
Davis William 1851 26 NJ
Davis William 1855 22 CT
Davis William 1859 27 b PA
Davis William H. 1855 22 ME
Davis William J. 1861 21 DE
Davison Edward 1831 23 PA

Davison James 1860 19 MA
Davison Peter 1850 34 NY
Dawes John 1850 22 ME
Dawley George W 1840 27 VA
Dawley John Edward 1847 28 VA
Dawson Elijah 1838 23 c DE
Dawson Isaac Tatem 1842 20 PA
Dawson Samiel 1850 28 c PA
Day Daniel 1852 32 b NJ
Day Jacob 1840 22 b DE
Day John 1838 32 c NY
Day Samuel C. 1861 23 ME
Day Thomas 1839 21 NY
Day William Henry 1848 21 I VA
Dayton James 1856 25 CT
Dayton Lewis 1824 23 NY
de Rizzuto Antonio 1840 22 Sicily
Deakyne Baymon 1855 19 DE
Deal Daniel 1838 26 ME
Deamer John C 1860 19 PA
Dean John 1847 21 Ireland
Dean John 1853 27 I DE
Deane William R 1847 22 MA
Dearborn Josiah 1826 28 ME
Deaves John P 1849 20 PA
DeBolle M Wm 1848 14 PA
Decan Peter 1826 14 PA
Decker George G 1844 25 ME
Decker John 1834 23 ME
DeCost Joseph 1849 28 SC
Deen Aber 1825 56 b VA
Deeny John 1858 22 PA
Deering James 1849 22 PA
Deering William H 1859 31 ME
Deets Archibald 1851 32 PA
Deforest Samuel 1836 23 NY
DeGrope William 1860 23 PA
DeGruss John Albert 1858 25 ME
Deinker Landwith 1829 20 NJ
Deith William 1856 14 PA
DeKay James 1855 20 NY
Delacour James 1855 25 NY
Deland Frederick 1855 17 ME
Delangley Charles L 1849 19 CT
Delano Benjamin 1836 30 MA
Delano William 1836 25 MA
Delany John 1855 19 Ireland
Delany William S 1841 18 PA
Delauney Greenberry 1825 47 y MD
Dellany Charles 1841 17 PA
Dembee Andrew 1845 20 b DE
Demby James 1858 24 b DE
Demer William 1837 62 c VA
Dempsey Matthew 1856 41 b NC
Dempsey William 1840 37 PA
Dempster James 1841 25 MA

Davison John B. 1827 23 PA
Daw James 1846 35 ME
Dawes John 1860 24 NY
Dawley Henry James 1824 19 VA
Dawson Banjamin S 1857 22 NJ
Dawson Francis 1852 31 NY
Dawson James B 1860 21 DE
Day Daniel 1824 22 VA
Day Henry S 1854 24 PA
Day Jerome B. 1841 19 MA
Day John 1856 27 LA
Day Thomas 1829 39 VA
Day Willard 1849 20 ME
Dayton Charles W. 1855 39 PA
Dayton John C 1857 25 NY
Dazey William W 1845 27 DE
Deaf Charles 1839 20 PA
Deakyne John 1849 28 DE
Deal William 1835 22 b PA
Dean John 1829 16 c PA
Dean John 1850 40 NY
Dean John A 1856 27 b MA
Dearborn David P 1848 18 ME
Deauner Joseph 1825 21 PA
Deaves Orlando E. 1844 15 PA
Debrix William H. 1837 30 c VA
Decan Robert R 1838 16 PA
Decker Henry 1842 23 b DE
Deckers Matthias 1825 18 PA
DeCowrey Frederick 1861 39 ME
Deen Daniel 1830 51 NY
Deer John 1842 21 MA
Deering Lawrence 1855 23 MA
Deering William S 1849 22 ME
Deets Banjamin F 1852 19 m PA
DeGoey John 1854 18 MD
DeGross Henry 1837 30 PA
DeHaven Alfred 1827 18 PA
Deith Charles 1852 33 PA
DeJoye Alfred F 1857 26 At sea
Dekin Benjamin 1856 39 NY
Delacroix Charles 1827 16 PA
Deland John 1837 23 MA
Delano Albert G. 1847 40 MA
Delano Harper 1858 39 MA
Delany George 1854 21 NY
Delany William 1826 16 PA
Delatour John 1828 39 MD
Delbuf Lewis 1851 37 NY
DeLong Richard 1850 29 NY
Demby James 1851 38 c DE
Demby Nathan 1855 25 b DE
Dempsey Lewis 1856 24 MA
Dempsey Thomas 1850 25 MA
Dempsey William 1861 46 PA
Denby Isaac 1836 21 s DE

Denby Samuel 1857 34 b DE
Denickson Nathaniel M 1844 29 DE
Denike Isaac 1824 27 PA
Dennett Benning 1825 35 ME
Denney Isaac 1829 27 b DE
Dennis Albert 1841 27 NJ
Dennis George 1834 22 b NY
Dennis James 1836 25 s PA
Dennis John 1858 24 VA
Dennis Theophilus 1841 20 m NY
Dennis William P 1837 23 DE
Dennison Samuel A 1836 24 ME
Denny Henry 1844 41 c MD
Denslow William J, Jr 1849 15 PA
Denvir Patrick 1855 23 MA
Depradines Charles 1843 29 MA
Deputy Jeremiah 1859 30 b DE
Derias James Adams 1842 23 c DE
Derickson Abraham 1838 25 b NJ
Derickson William R 1833 19 DE
Dermoodey Lawrence 1848 22 PA
Deroy Gill 1825 23 b VA
Derr David 1860 28 m PA
Derricks Richard 1839 23 b NY
Derrickson Henry 1859 26 c DE
Derrickson Jacob 1843 23 b DE
Derrickson James 1840 27 b DE
Derrickson Samuel 1859 25 b DE
Derror James 1840 22 ME
Derry John 1841 25 b DE
Derwort Edwin 1851 18 CT
Desilva Joseph 1848 23 Portugal
Desney John 1856 37 New Brunswick
Devans John 1847 23 MA
Devine Benjamin 1860 23 LA
Devine John 1828 29 y NJ
Devine Thomas 1856 18 LA
Devine William 1852 28 NY
Devitt Peter 1828 21 PA
Devlin James 1849 26 NY
Dewar John Young 1846 21 MA
Dewey Nelson 1837 21 RI
DeWitt Charles 1847 20 PA
Dexter Daniel 1852 18 ME
Dexter Jesse 1852 18 b PA
Dexter William 1861 34 CT
Deyo William H 1860 30 NY
Diammond David 1855 27 PA
Diamond John 1855 19 ME
Dibby Lewis 1843 25 ME
Dick William 1861 25 NY
Dickerly Samuel J 1861 26 MA
Dickerson Benjamin 1851 21 DE
Dickerson John 1860 24 MD
Dickerson Richard 1853 29 b DE
Dickey Allen 1828 22 ME

Denham John 1852 29 DC
Denight Sylvester 1833 22 NJ
Denike Samuel 1829 19 PA
Dennett Samuel 1838 21 NH
Denney Thomas 1836 25 m MD
Dennis Franklin 1857 22 NJ
Dennis Henry 1829 16 c PA
Dennis John 1837 35 West Indies
Dennis Josiah 1855 26 b MD
Dennis William P 1836 22 DE
Dennison Benjamin 1837 18 ME
Dennisson George 1830 51 c MA
Deno George M 1861 18 PA
Denston Casper 1843 22 MD
Depee Smuel 1831 18 c PA
DePutron John H. 1847 18 PA
Deputy Thomas 1837 22 m DE
Derias Stanley 1838 25 s DE
Derickson Albert L 1843 25 DE
Derks Cornelius 1857 32 France
DeRonceray Milford 1838 22 MD
Derr David 1855 23 c PA
Derrick Edmund 1834 16 PA
Derrickson Daniel 1843 30 c DE
Derrickson Henry 1860 26 b DE
Derrickson Jacob 1846 24 c DE
Derrickson John H 1840 16 DE
Derring Thomas 1851 24 MA
Derry Benjamin 1826 25 b NY
Derry Thomas George 1834 31 none given
Desham Clayton 1826 23 y PA
DeSilver Thomad 1855 32 m NY
Deters John 1845 23 PA
DeVaul Jefferson 1846 40 VA
Devine James 1858 27 NY
Devine Patrick 1856 24 Ireland
Devine Thomas H 1861 19 NY
Deviney Joseph 1840 19 PA
Devitt William 1825 21 NY
Devo Francis 1838 16 PA
Dewees Daniel L 1827 20 PA
Dewey Thomas 1827 29 NY
Dexter Charles 1843 23 RI
Dexter Henry 1841 27 MA
Dexter John 1843 30 RI
Deyer William 1843 21 PA
DeYoung Peter 1847 32 Holland
Diamond James 1836 21 NY
Dias John 1825 26 y SC
Dick John B. 1861 43 NY
Dickens David 1848 36 s PA
Dickerson Benjamin 1844 32 VT
Dickerson Jacob 1837 21 c DE
Dickerson Nathan P 1852 22 NY
Dickes Frederick 1851 28 PA
Dickey William 1851 25 ME

Dickinson Alfred 1848 23 DE
Dickinson Daniel 1859 24 m NJ
Dickinson James 1837 30 MA
Dickinson John 1858 47 PA
Dickinson Robert 1833 25 b MA
Dickson George 1847 20 MD
Dickson Jacob 1842 23 MA
Dickson James 1849 22 ME
Dickson John 1854 25 B PA
Dickson Thomas K M. 1853 19 NJ
Dicus William H. 1856 24 MD
Diggs David H 1833 40 c DE
Diggs William J. 1861 32 VA
Dilks Charles Edward 1848 15 PA
Dill Benjamin 1844 21 DE
Dill David W. 1860 22 NC
Dill Josiah 1856 40 MA
Dill Samuel 1836 22 MA
Dillin John 1826 15 PA
Dillman George J 1849 15 PA
Dillon John P. 1855 20 PA
Dimibu Demetrius William 1841 25 LA
Dinan Michael 1852 18 ME
Dingle John 1861 23 b DE
Dingman Sylvester 1841 22 NY
Dirham Edward 1860 25 MD
Discorny John 1824 30 PA
Disley John W. 1839 18 MD
Disney John W 1857 34 MD
Disney Thomas H 1851 30 MD
Divine John 1861 33 Gr Br &Ireland
Dix James 1835 23 PA
Dixcy Charles C. 1847 16 PA
Dixon Daniel W 1842 27 b VA
Dixon Edwin L 1827 18 DE
Dixon Jacob 1838 37 b MD
Dixon John Campbell 1826 26 MD
Dixon Peter 1838 19 LA
Dixson Edward 1859 20 DE
Doan Benjamin 1831 21 ME
Doan Seth P 1840 22 MA
Doane Fuller 1861 18 MA
Doane John G 1843 26 MA
Doane Reuben H 1833 13 MA
Dobelbower Henry 1824 16 PA
Dobing Henry 1841 25 NY
Dodd Charles W 1843 22 ME
Dodd James 1847 20 MA
Dodd Thomas 1857 23 DC
Dodge Benjamin 1857 35 NH
Dodge Edwin James 1824 27 NY
Dodge Joseph W 1824 19 MA
Dodge Samuel S. 1859 23 ME
Doggett Samuel D 1847 32 MA
Dolan Christopher 1855 25 NY
Dolbow John 1840 34 NJ

Dickinson Cato 1857 25 b PA
Dickinson Francis 1829 21 b PA
Dickinson John 1839 25 NY
Dickinson John R 1858 30 NY
Dickson Chesterfield 1856 18 m PA
Dickson George 1857 25 b MD
Dickson James 1844 24 Canada
Dickson John 1854 28 LA
Dickson Robert 1854 28 c VA
Dickson William 1831 22 b NY
Diggs Albert F 1858 18 VA
Diggs John B 1842 21 VA
Dilkes Calvin 1848 22 NJ
Dill Adam Roy 1845 19 b PA
Dill Charles 1859 19 b PA
Dill Joseph L 1826 16 PA
Dill Samuel 1834 44 b DE
Dillehunt Jacob 1852 23 b PA
Dillin Owen Edwin 1849 25 PA
Dillon John 1854 22 MD
Dillon Peter 1852 40 ME
Dimick John D. 1859 19 NJ
Dingle Henry 1856 22 b DE
Dingle John 1861 24 c DE
Dinvill Robert 1841 23 ME
Dirrickson George C 1828 31 c DE
Dishrown Arthur 1848 20 ME
Disney John W 1854 33 MD
Disney John W. 1858 37 MD
Divine George 1858 20 PA
Dix George T. 1851 24 MA
Dix William 1848 21 ME
Dixon Benjamin 1839 25 NY
Dixon Daniel W 1860 45 b VA
Dixon Handy 1851 18 ME
Dixon John 1840 16 s DE
Dixon John H 1835 21 DE
Dixon Richard 1827 21 MA
Dixson Joseph 1824 39 b NY
Doan Freeman 1826 22 MA
Doane Abid C. 1841 23 MA
Doane Hezekiah 1859 36 MA
Doane Joseph, Jr. 1840 28 MA
Dobbie Thomas 1838 47 Scotland
Dobelbower Lewis H 1824 18 PA
Dockendorff Solomon 1834 29 ME
Dodd Henry 1841 29 MA
Dodd John Edward 1843 21 PA
Dodd William Edward 1859 18 DE
Dodge Edward P 1846 21 ME
Dodge George 1847 20 ME
Dodge Moses 1839 19 MA
Dodson John 1847 19 b NJ
Doherty Thomas 1855 21 ME
Dolbare Joseph 1829 32 MA
Dolbow John 1861 55 NJ

Dolby Charles 1854 24 b DE
Dole Aladın 1838 15 NJ
Dole Jerman 1844 18 NJ
Dole Joseph 1858 31 NJ
Donaldson Albert 1846 20 MA
Donley Joseph M. 1833 21 PA
Donlin John 1859 23 NY
Donnele Thomas O 1840 16 PA
Donnelly Edward 1847 34 PA
Donohue William 1854 26 PA
Donovan John 1847 43 ME
Doran Andrew 1860 22 ME
Dorety James 1824 27 b MD
Dority George F 1861 19 ME
Dorman Joseph 1855 29 b DE
Dorothy William 1827 27 PA
Dorp Victor P 1856 25 France
Dorr Franklin 1848 20 ME
Dorset John W 1854 43 c NY
Dorsey Andrew 1824 25 y NH
Dorsey Elias 1846 28 b MD
Dorsey Isaac 1829 22 b MD
Dorsey Samuel 1854 30 b PA
Dorsey Thomas 1838 35 s MD
Dorwich Pitter 1847 35 Austria
Doten Joseph M 1849 23 MA
Doty Charles 1852 23 PA
Dougherty Charles 1857 22 PA
Dougherty Daniel 1858 22 b MD
Dougherty James 1827 15 DE
Dougherty James 1853 35 PA
Dougherty John 1850 19 MA
Dougherty John O 1830 22 NJ
Dougherty Michael D. 1827 26 PA
Doughty James 1855 19 ME
Douglas John 1847 28 NY
Douglas William 1853 49 l MA
Douglass Alexander 1861 30 NJ
Douglass Charles 1850 39 ME
Douglass Gardner 1833 20 ME
Douglass George 1855 34 PA
Douglass Henry 1828 25 NY
Douglass John 1828 22 RI
Douglass John 1853 32 PA
Douglass Levi 1833 23 y PA
Douglass Robert 1859 21 PA
Douglass Theodore 1859 19 m PA
Douglass William 1826 27 NJ
Douner Charles William 1845 28 l CT
Dove James 1832 24 c NC
Dow Duncan 1856 20 ME
Dow James E 1859 26 ME
Dow Thurston 1854 20 ME
Dowdy Nathaniel 1848 20 NJ
Dowling Felix 1833 24 SC
Downer John H 1856 26 RI

Dolby John 1826 12 MD
Dole Danforth 1840 16 ME
Dole John M 1857 28 NJ
Doman James 1834 25 b NJ
Donaldson William 1849 20 NJ
Donley Joseph P 1846 38 PA
Donnaldson Matthew 1841 26 PA
Donnell John, Jr. 1831 33 ME
Donnelly James 1858 28 NY
Donohue William 1859 20 ME
Dool Lewis 1860 22 PA
Doran James 1841 24 MD
Dorian John 1853 22 NY
Dorleay William 1855 26 MA
Dorman Rodney 1841 24 CT
Dorothye George 1846 31 MA
Dorr David W 1848 24 NY
Dorran Rubin M 1859 23 ME
Dorsey Alfred 1840 14 m MD
Dorsey Christopher 1828 23 NY
Dorsey Horatio 1835 17 c PA
Dorsey Joseph 1853 18 MA
Dorsey Thomas 1829 26 b MD
Dorsey William 1849 22 ME
Dossman Charles 1855 22 WI
Doten Lucius H. 1849 17 MA
Dougherty Alexander Edmund 1825 16 PA
Dougherty Cornelius 1827 27 NY
Dougherty George W. 1859 48 NJ
Dougherty James 1828 33 PA
Dougherty John 1849 19 ME
Dougherty John 1853 22 NJ
Dougherty Michael 1848 35 NH
Dougherty Philip 1860 42 PA
Douglas George 1838 35 c MD
Douglas William 1847 18 ME
Douglass Abraham 1861 50 ME
Douglass Charles 1836 22 s NY
Douglass Frank 1856 46 s CT
Douglass George 1828 36 NH
Douglass George H 1826 19 PA
Douglass Isaac C 1856 20 ME
Douglass John 1843 21 NJ
Douglass John 1854 25 NY
Douglass Robert 1827 29 PA
Douglass Samuel 1853 31 ME
Douglass Thomas 1853 20 s NY
Douglass William T 1859 34 m MD
Douse Simon, Jr 1851 19 b PA
Dovler John 1824 23 MA
Dow James E 1857 21 ME
Dow Thurlow 1855 32 ME
Dowding John 1841 27 b PA
Dower John 1841 18 PA
Dowling Mathew 1830 17 Ireland
Downes Isaac 1836 19 MA

Downey James 1852 28 MA
Downey John 1830 45 SC
Downie Michael 1860 22 PA
Downing Jesse 1824 25 y VA
Downing John 1858 32 VA
Downs Daniel 1849 27 Sweden
Downs John B. 1858 22 NY
Downs William 1848 28 NH
Dowrick Nicholas 1856 26 NC
Doyle George 1861 22 PA
Doyle John 1854 32 PA
Dpee Thomas . 1830 17 PA
Drain Halsey 1849 21 DE
Drain James 1852 20 DE
Drake Henry 1854 25 NY
Drane John 1858 23 DE
Draper Thomas 1852 21 PA
Drew George 1824 33 MA
Drew Stephen 1833 20 MA
Drewett Charles 1852 22 NY
Drinkwater David, Jr. 1846 18 ME
Drinkwater William 1843 19 ME
Driscoll John 1845 31 England
Drody Allen G , Jr 1852 24 MA
Drummond James 1825 22 NJ
Drury James 1826 23 MD
Dryden George 1844 20 PA
Dryhurst William 1839 18 PA
Dubarry John F 1826 18 PA
Dubois Benjamin F 1843 17 PA
DuBois Samuel T 1861 26 PA
Dubose Lewis 1836 32 France
Dubs Evans 1825 19 PA
Duck Ebinezar 1824 39 b NJ
Ducoing Augustus 1831 15 PA
Dudley Peter 1837 21 c MD
Duffell George 1851 38 ME
Duffield Henry 1851 24 b MD
Duffy John 1828 23 PA
Dugalais Wulbean 1861 27 NJ
Dugan Joseph, Jr. 1825 15 PA
Dugville Horatio 1841 35 y NY
Dukes Mines 1847 33 DE
Dulin James 1835 17 MD
Dun Francis 1844 36 ME
Dunbar Ansell 1859 42 ME
Dunbar Bennett 1825 23 ME
Dunbar George 1860 22 NY
Dunbar John 1824 21 y NY
Dunbar John B 1855 46 m NY
Dunbar William 1838 28 MA
Duncan Bennett 1844 24 b MD
Duncan Henry 1826 19 PA
Duncan John 1857 23 PA
Duncan Jonas L 1841 21 VT
Duncan Thomas 1852 22 MD

Downey James 1853 30 MA
Downie John 1854 22 NY
Downing Benjamin C 1825 15 PA
Downing John 1848 21 VA
Downs Charles H 1861 19 MA
Downs George 1840 35 NY
Downs William 1837 23 MD
Downs William Henry 1852 30 DE
Doyle Edward 1825 27 PA
Doyle James 1859 25 c PA
Doyle Peter 1825 38 Ireland
Drain Daniel 1854 24 Ireland
Drain Jacob 1852 22 DE
Drake Barton 1849 22 MA
Drake Jonathan 1836 34 PA
Draper Samuel Arthur 1849 19 MA
Draper William 1859 19 GA
Drew John 1845 26 PA
Drew William 1825 22 MD
Drewy Peter 1829 22 b NY
Drinkwater Jacob 1841 21 MA
Drinkwater William Taylor 1837 24 ME
Drisdale Andrew 1834 28 Denmark
Drummond David Smith 1837 21 NJ
Drummond John 1844 39 b MD
Drury William 1855 19 MA
Dryden John M 1843 15 PA
Drysdale Andrew 1861 26 PA
Dubberly Joseph 1854 23 Great Britain
Dubois John 1828 28 NY
Dubose Lewis 1834 28 none given
Dubose Louis 1831 25 LA
Dubs Evans 1844 38 PA
Duckett Washington 1847 16 PA
Ducommun Henry, Jr 1844 23 PA
Duffee James 1855 22 NY
Duffey Francis 1857 19 PA
Duffy Daniel 1857 26 PA
Duffy John 1859 22 NY
Dugan Charles 1849 33 MA
Duggin William 1848 20 ME
Duhaney William 1854 27 b PA
Dukes Peter 1838 22 DE
Dumpson George 1839 21 b NY
Dunbar Albert 1845 23 b PA
Dunbar Augustus 1850 31 RI
Dunbar George 1834 15 XX
Dunbar James 1858 35 MD
Dunbar John 1861 32 WI
Dunbar Luther W 1833 26 MA
Dunbar William M 1840 16 MA
Duncan Francis 1839 21 NY
Duncan James 1828 23 NJ
Duncan John W 1855 18 NY
Duncan Malcolm 1857 27 Ireland
Duncan William 1846 23 PA

Duncan William 1853 23 ME
Duncen Peter 1847 25 PA
Dungan Hudson B 1828 16 PA
Dunham Benjamin 1849 23 c PA
Dunham John 1846 35 b NY
Dunham John, Jr 1826 18 MA
Dunlap Joseph B 1838 21 PA
Dunlevy John 1856 23 NY
Dunlevy Richard M 1836 28 PA
Dunlop Ludweg A 1847 31 Denmark
Dunmore Hezekiah 1861 32 m PA
Dunn James 1829 48 NY
Dunn James A 1844 28 c PA
Dunn Richard 1849 21 NY
Dunovan John 1861 25 NY
Duntlin John T 1855 26 MA
Dunton Charles 1849 17 MA
Dunton Joseph E 1845 22 ME
Dunwell Samuel 1827 39 RI
Dupin Freeman 1834 21 y LA
Dupray Francis L 1852 36 NH
Durant Joseph 1829 21 MA
Durfee Levi 1841 20 RI
Durgan James 1861 24 NY
Durham Amos 1839 16 PA
Durham Nathanel 1841 20 m PA
Durham Vincent 1839 25 I PA
Durkee John A 1842 42 MD
Durkin William 1861 23 PA
Durnell James 1855 25 PA
Durney Edward A. 1847 16 PA
Durr David 1861 30 m PA
Dutch Holley 1860 21 ME
Dutcher William 1839 29 s DC
Dutton Joseph H 1847 26 DE
Duval Adam 1829 39 c DE
Duy Henry 1827 41 y NY
Dwelley Christopher L 1854 17 ME
Dwight Sullivan 1824 17 MA
Dwyer Edward 1847 27 MA
Dwyer James 1847 22 NY
Dwyer Thomas 1859 21 ME
Dyall John 1843 18 ME
Dyer Benjamin 1841 35 ME
Dyer George W 1852 24 ME
Dyer John 1826 25 PA
Dyer John B 1860 19 MA
Dyer Mark A. 1843 23 ME
Dyes Willim 1837 17 MA
Dyre Timothy J., Jr 1854 34 MA
Eachus Francis J 1852 15 PA
Eames Albert 1852 40 c NY
Earle John 1845 15 PA
Earlick George 1827 26 NY
Early George 1829 27 NY
Earnest Franklin 1859 22 NJ

Duncan Zacheus 1829 20 NJ
Dungan Charles 1839 16 PA
Dungan Hudson B 1830 19 PA
Dunham Henry M C 1835 28 MA
Dunham John Andrews 1844 18 ME
Dunham Samuel 1827 27 NJ
Dunlevey James 1850 19 ME
Dunlevy Richard 1824 18 PA
Dunlevy Robert Wake 1845 17 PA
Dunmore Hezekiah 1849 19 m PA
Dunn Eli 1838 25 MA
Dunn James 1837 21 m PA
Dunn Nathan, Jr 1837 23 NY
Dunning Charles 1859 28 I DE
Dunston John 1847 41 m GA
Dunton Albert 1854 21 ME
Dunton John L 1824 17 PA
Duntze John 1835 19 CT
Dupen George 1828 28 England
Duplaine Edmund A C 1850 19 PA
Durand Edward 1860 30 MA
Durant William 1843 42 NY
Durfee William C 1847 26 RI
Durgin Hiram 1852 21 ME
Durham Elijah 1847 16 PA
Durham Samuel 1852 22 I PA
Durham William 1833 26 DE
Durkin John 1856 23 PA
Durnell James 1830 22 PA
Durnett William A 1856 16 NY
Durney Henry 1857 34 PA
Dustin David 1840 21 ME
Dutch Samuel A 1852 16 ME
Dutton Abraham 1824 31 y MD
Dutton Manlef 1853 21 DE
Duviniaux Peter 1835 34 PA
Dvis Charles 1839 22 PA
Dwelly Warren 1861 25 MA
Dwyer Daniel 1858 19 PA
Dwyer George R. 1831 26 CT
Dwyer John 1846 25 MA
Dwyer William 1847 17 MA
Dyer Alpheus 1861 21 PA
Dyer Eben 1851 22 ME
Dyer Henry 1831 18 b PA
Dyer John 1852 33 NJ
Dyer Joshua 1843 23 MA
Dyer Nathan 1834 21 ME
Dyre Stephen 1851 30 NJ
Dyson Robert 1824 23 OH
Eager James 1857 24 VT
Earl William 1837 19 MA
Earley Thomas 1859 21 NY
Early Edward 1854 23 PA
Early John W. 1848 17 DE
Easson David 1840 24 NY

Easterbrook Samuel 1830 21 MA
Easton John 1860 31 NY
Easton Steven 1830 28 NY
Eastwood Enos 1847 35 NJ
Eastwood James 1855 20 m PA
Eaton George 1831 47 MA
Eaton William 1857 24 ME
Eberall James 1855 20 PA
Ebling Robert 1830 18 PA
Echeverria John 1830 15 PA
Edan Henry 1826 18 b PA
Eddington William J 1848 22 DE
Eddowes William 1854 19 NY
Edger Benjamin 1830 17 PA
Edgerly Samuel 1857 42 MA
Edmonson Charles 1855 24 ME
Edmunson John 1830 23 b NY
Edup George B 1838 21 MA
Edward Sterling 1840 25 CT
Edwards Charles 1828 23 m LA
Edwards Charles 1851 26 PA
Edwards Daniel D 1858 42 m VA
Edwards George 1848 23 PA
Edwards George 1859 13 m NY
Edwards Henry 1840 28 NY
Edwards James 1825 43 NY
Edwards John 1824 25 NY
Edwards John 1829 25 MA
Edwards John 1850 28 NY
Edwards John 1860 38 b DE
Edwards Joseph 1831 16 PA
Edwards Joseph 1852 25 NJ
Edwards Nathaniel 1852 22 MA
Edwards Robert 1827 22 y LA
Edwards Samuel 1835 32 I MA
Edwards Thomas 1845 27 NY
Edwards Victor 1858 21 b PA
Edwards William 1836 37 NY
Edwards William 1848 20 NY
Eells Edward F 1856 49 PA
Egales William 1844 21 NY
Egans William 1825 13 PA
Egee Richard 1836 17 PA
Eggers Christian 1841 31 [Germany]
Eggleton John 1860 24 MA
Egner William 1841 14 PA
Ehlers Peter 1833 29 Germany
Eimers Harry 1845 23 NY
Ekins Charles 1846 19 PA
Elbourn William 1850 23 MA
Elder William S 1841 18 PA
Eldredge Jehu 1841 24 NJ
Eldredge Joshua 1838 22 MA
Eldridge Alden B 1849 27 MA
Eldridge Asa 1832 22 MA
Eldridge George Rodman 1835 15 I MA

Eastman John 1854 25 MA
Easton Ormond 1830 35 NC
Eastwood Edward W 1853 22 VA
Eastwood Francis 1850 37 England
Eathforth Henry 1859 25 LA
Eaton George M 1829 17 MA
Eaves Richard 1853 27 NY
Eberman Lewis 1861 24 b NJ
Ebson John Francis 1833 18 RI
Eck William 1826 17 PA
Eddey John 1845 19 c PA
Eddins Henry 1827 21 b NY
Edgcomb Willard W 1861 24 ME
Edgerly George 1836 46 NJ
Edgett Hiram 1852 23 ME
Edmunds Eli D 1858 18 NJ
Edson Louis 1851 28 MA
Edward James W 1830 23 PA
Edwards Abraham 1829 23 c PA
Edwards Charles 1836 30 c MA
Edwards Charles Gale 1843 16 PA
Edwards Elmer 1846 22 NJ
Edwards George 1856 27 OH
Edwards George W 1846 22 NY
Edwards Isaiah 1844 15 MA
Edwards James W. 1827 48 VA
Edwards John 1827 17 MA
Edwards John 1829 27 [England]
Edwards John 1853 28 LA
Edwards Joseph 1829 26 b PA
Edwards Joseph 1849 21 NJ
Edwards Morgan 1827 15 NJ
Edwards Richard 1844 28 MD
Edwards Samuel 1845 39 I MA
Edwards Smith 1847 27 NY
Edwards Thomas 1852 21 MA
Edwards Warner 1858 14 PA
Edwards William 1846 29 c PA
Edwards William T 1848 21 MA
Eells Nathaniel 1855 18 PA
Egan Thomas 1855 25 MA
Egdill Edward 1857 45 NY
Egers John 1841 23 PA
Eggleston Joseph A 1824 16 PA
Egner Conrad 1856 39 PA
Ehler David 1854 23 ME
Eils Henry 1849 28 Germany
Eisenhut Andrew Lambertus 1826 13 PA
Elbert John 1860 39 m MD
Elder Samuel H 1838 22 ME
Elders Wm 1840 25 SC
Eldredge John S 1861 17 NJ
Eldredge William B. 1829 34 MA
Eldridge Alden B. 1857 35 MA
Eldridge Elihu M 1831 25 NJ
Eldridge Isaiah, Jr 1828 19 NY

Eldridge Isaiah, Jr 1845 31 MA
Eldridge James G. 1835 27 ME
Eldridge Joseph 1826 18 MA
Eldridge Joshua W. 1852 18 MA
Eldridge Phinias Edgar 1828 17 NY
Eldridge Sidney 1843 17 MA
Eldridge Uriah L 1855 18 MA
Eldridge Zenas, Jr. 1840 24 MA
Elem Charles 1827 32 MD
Elkington James 1848 25 NY
Ellard James 1858 19 MD
Ellefson Robert K 1842 29 Norway
Ellick George 1838 21 b NY
Ellingston Charles 1858 24 s NY
Elliot Aaron 1861 23 NJ
Elliot James 1840 42 b LA
Elliot Josiah 1855 32 b DE
Elliott Henry 1838 22 MA
Elliott James 1830 25 c DE
Elliott John 1836 24 s DE
Elliott John 1854 19 ME
Elliott Joseph 1861 28 PA
Elliott Robert S 1852 34 PA
Elliott Thomas M 1852 16 PA
Ellis Albert 1840 16 m RI
Ellis George 1840 25 NY
Ellis Henry 1833 21 NH
Ellis John 1856 22 PA
Ellis John W 1861 27 MA
Ellis Joseph 1831 21 NJ
Ellis Thomas 1826 23 NJ
Ellis Thomas 1837 28 ME
Ellis William 1855 23 NJ
Ellison Gilbin 1840 21 PA
Elliston Robert 1839 19 NY
Ellmore Amos 1828 39 SC
Elmy Thomas 1853 20 MD
Elsprey Benjamin 1854 26 MA
Elsworth John P. 1848 25 NY
Elwell Albert 1837 19 ME
Elwell John 1835 21 ME
Ely Edward 1845 17 PA
Emel Martin 1839 30 NJ
Emerson Edward 1826 25 NC
Emerson John 1827 22 ME
Emerson John P. 1857 38 NY
Emery Amaziah 1860 22 ME
Emery Isaac 1858 20 b NJ
Emery John 1837 26 ME
Emery John 1857 37 ME
Emery William 1848 25 b MD
Emley George P 1860 21 NJ
Emmerson John 1837 47 ME
Emmes John 1837 23 PA
Emmons Thomas By 1835 22 c PA
Emory Charles H 1859 33 b PA

Eldridge James 1847 26 NY
Eldridge John 1847 28 NY
Eldridge Joseph A. 1849 20 MA
Eldridge Phineas 1843 21 PA
Eldridge Pierce 1847 22 MA
Eldridge Thomas 1837 23 PA
Eldridge William 1842 22 NJ
Eldrige Ephraim 1827 32 MA
Elger Daniel 1849 19 NY
Elkins Thomas 1848 44 s DC
Elleek George 1855 24 b NY
Ellett Stephen 1837 21 s VA
Ellick Philip 1837 23 PA
Ellingsworth Jacob F 1856 28 DE
Elliot Charles 1848 28 MA
Elliot James O. 1859 39 MD
Elliott Elias B 1850 21 ME
Elliott Hooper 1837 21 MD
Elliott James 1847 47 c PA
Elliott John 1846 22 ME
Elliott Joseph 1846 21 c PA
Elliott Josiah 1852 22 c DE
Elliott Samuel 1826 16 PA
Elliott William 1827 19 MD
Ellis Elethan 1827 18 MA
Ellis George M 1852 22 VA
Ellis James 1853 30 MA
Ellis John S 1849 26 DE
Ellis Joseph 1825 19 NJ
Ellis Nathan S 1847 21 ME
Ellis Thomas 1834 32 PA
Ellis Truman Bartlett 1848 18 MA
Ellis Ziba 1844 28 MA
Ellison J Wharton 1841 29 MA
Elliston William 1860 21 c MA
Ellwood Thomas 1852 23 PA
Elson Francis 1860 26 NY
Elspy Samuel 1856 35 b PA
Elvin Charles 1852 28 NY
Elwell Henry, Jr 1843 24 PA
Elwell Samuel 1827 30 MA
Ely John 1827 16 NY
Emerick John Bultis 1824 16 PA
Emerson George 1852 27 MA
Emerson John E 1853 22 ME
Emerson Thomas 1856 30 ME
Emery Hiram 1830 21 ME
Emery James 1834 16 NH
Emery John 1848 38 Sweden
Emery John K 1852 17 ME
Emery William 1857 18 b PA
Emmens Samuel 1828 21 PA
Emmes Carson 1845 20 PA
Emmons Benjamin 1854 31 NY
Emmott John W 1860 17 PA
Emory Frederick 1855 25 PA

Emory Jno. 1840 26 NC
Enar John Baptist 1829 29 b LA
Endicott James S 1857 25 NJ
England Erasmus 1825 42 Denmark
England Thomas 1824 50 b PA
Engles Sylvanus 1827 16 PA
English George 1826 35 Denmark
English James F 1851 22 NY
English James T. 1856 23 Ireland
English Lewis S 1860 24 NJ
English William D 1852 33 NC
Ennis Frederick R 1859 25 DE
Ennis Peter R 1846 28 DE
Enslow George 1824 40 VA
Enty Samuel 1824 22 y PA
Eppright William 1853 23 PA
Erickson John C T 1853 31 none given
Ermour Samuel 1860 28 NY
Errickson William 1850 36 NJ
Erskine George 1842 42 ME
Erskine Micah P 1845 34 ME
Ervins William 1836 21 s PA
Erwin Charles 1851 26 PA
Erwing Thomas 1838 20 c PA
Esher George 1844 24 PA
Esherick Frederick A 1844 22 PA
Esling George Jackson 1830 15 PA
Esling Nicholas Henry, Jr 1835 18 PA
Essex James William 1853 25 NY
Eustace John 1858 20 MA
Evans Britton,Jr 1841 18 PA
Evans David R 1846 22 DE
Evans George 1840 25 NY
Evans Henry 1856 19 m DE
Evans Henry 1861 33 c CT
Evans Henry M 1839 18 WT
Evans Hugh 1856 27 Ireland
Evans James 1825 25 MA
Evans James H 1859 28 b DE
Evans Job 1847 23 NJ
Evans John 1825 40 DE
Evans John 1852 18 PA
Evans John 1856 27 NY
Evans Mark 1838 24 m DC
Evans Robert 1828 19 PA
Evans Robert J 1827 18 PA
Evans Samuel 1849 23 MA
Evans Thomas 1855 29 VA
Evans William 1847 22 MA
Eves Abraham 1841 18 DE
Ewbank James 1860 28 VA
Ewell Solomon, Jr 1856 15 PA
Ewen Thomas 1847 30 MA
Ewing Charles 1854 22 s PA
Ewing George H 1855 47 Great Britain
Ewing Joseph J 1824 17 PA

Empson Henry 1841 22 NY
Endicott Isaac 1852 36 NJ
Endsor Henry 1861 25 DE
England Robert 1858 23 ME
Engle Isaac 1854 22 PA
Engles William 1827 17 PA
English George 1828 24 MA
English James T 1855 22 Ireland
English John 1848 24 MA
English Simon 1843 35 PA
Enis William 1840 20 y MD
Ennis James J. 1844 41 PA
Ennis Robert 1852 31 m PA
Entwisle William 1849 18 PA
Epley Charles A 1846 27 PA
Epps Francis 1830 36 c VA
Erler Herry 1850 22 MA
Errickson Bearkley C. 1850 19 NJ
Erskine Alexander 1829 19 DE
Erskine George 1837 42 ME
Ervin Edmund A 1860 23 ME
Erwen Robert 1832 26 PA
Erwin Miles F 1846 26 NY
Escot James 1834 39 c PA
Esher William R 1855 24 Ireland
Esling Geo W 1858 17 PA
Esling John V. 1836 15 PA
Esnwair George 1861 40 NY
Ethridge Andrew 1829 21 NH
Evans Alexander 1855 24 m PA
Evans David H 1849 20 NJ
Evans Elijah 1856 26 DE
Evans Henderson 1851 26 s PA
Evans Henry 1860 23 m DE
Evans Henry C 1859 18 PA
Evans Hugh 1850 22 PA
Evans Isaac 1858 25 NJ
Evans James 1845 20 y PA
Evans Jedediah D. 1825 20 DE
Evans John 1824 27 y NY
Evans John 1840 37 b DE
Evans John 1855 45 b DE
Evans John W 1831 39 y VA
Evans Richard 1836 31 LA
Evans Robert C 1827 19 PA
Evans Samuel 1832 25 MA
Evans Stephen H 1844 21 DE
Evans William 1847 21 NY
Everhart Anthony 1837 13 PA
Ewart Robert 1853 20 ME
Ewell Jedediah 1828 22 VA
Ewell William H 1861 26 PA
Ewer Henry R 1861 44 NY
Ewing Edward F 1824 15 PA
Ewing George Washington 1828 19 NY
Ewing Thomas 1856 16 NJ

Ewing Thomas 1859 19 NJ
Eyguem Jean 1840 29 England
Eyre George W. 1826 15 PA
Eyre Joseph 1832 21 PA
Fabens Joseph 1849 44 MA
Fabry Henry Smith 1840 27 PA
Fader David 1857 21 ME
Fagan Peter 1845 23 m PA
Fagandus Gabriel K 1837 20 PA
Faigens Alexander 1834 20 c PA
Fair Charles 1838 28 MD
Fairbanks Thomas 1846 19 NY
Fairbrothers David 1858 19 NJ
Fairfield Joseph 1842 25 y PA
Fairfowl James 1824 29
Fairfowl James Gray 1840 17 PA
Fairweather James 1861 28 ME
Falkenburg Samuel R 1861 20 NJ
Fallon Michael 1850 24 ME
Falls Thomas J 1860 49 ME
Faries William 1837 25 MA
Farmer George 1854 22 MA
Farnham John H 1861 29 ME
Farquhar Edward York 1826 15 PA
Farral Thomas 1856 23 c DE
Farrell John 1835 18 MD
Farrell Joseph 1829 23 PA
Farren William 1846 23 Ireland
Farrington James 1852 18 ME
Farron William 1855 30 PA
Farrow John D. 1854 16 NJ
Farwell Henry L 1860 40 ME
Faucett Isaac 1838 24 s MD
Faulkner John Hill 1824 39 England
Faunce George 1840 25 MA
Fauset Redman 1854 22 s PA
Favier John 1832 35 PA
Fawcett William 1847 21 SC
Fayeweather James 1836 24 CT
Fearon Hugh 1853 24 NY
Fearson Enoch 1841 26 DE
Feeny William 1826 22 NY
Feiling John 1847 21 ME
Felker Benjamin C. 1841 23 MA
Fell Henry 1835 26 b VA
Fellows Seth 1857 21 NY
Fender John 1854 30 Prussia
Fenimore George W 1861 22 NJ
Fenlin John, Jr 1853 17 PA
Fenner Charles 1845 35 PA
Fentin Herbert McElroy 1843 18 PA
Fenton Andrew J 1840 20 PA
Fenton Daniel 1857 29 MA
Fenton Edward 1835 24 PA
Fenton Henry 1848 21 PA
Fenton John H 1860 22 NJ

Eyde Theodore 1842 24 NJ
Eyre Caleb C 1840 18 PA
Eyre James 1851 25 PA
Eyre Mahlin Dickerson 1840 19 PA
Fabien Charles 1828 12 NY
Facemire William P 1861 21 NJ
Fader George 1855 24 Nova Scotia
Fagan Peter 1841 16 m PA
Fagans Lucius 1843 30 c CT
Failey James 1859 23 NY
Fairbairn Alexander H 1860 32 ME
Fairbrother George 1853 20 NY
Fairchild William 1860 38 CT
Fairfowl Charles B 1847 15 PA
Fairfowl James G 1843 20 PA
Fairthorn Joseph 1846 20 ME
Fales Nelson S 1852 24 ME
Falkinburg Joseph 1833 21 NJ
Falls Michael 1840 25 PA
Fanning Charles P 1849 18 KY
Farker David 1845 18 NY
Farnham Benjamin 1830 26 CT
Farnsworth William 1860 23 ME
Farr Daniel 1827 27 ME
Farrell James 1852 21 NY
Farrell John 1847 19 ME
Farrell William 1840 26 NY
Farrington Benjamin 1832 32 NY
Farrington John L 1846 34 MA
Farrow Austin 1861 27 ME
Farson James 1844 17 PA
Faubber Henry 1845 25 PA
Faulkner John 1841 25 MA
Faulkner William 1854 28 Ireland
Faunee George 1861 29 PA
Faven Bernard S 1846 28 France
Fawcett Curtis 1840 21 VA
Fawls William 1835 23 PA
Fearing Frederick 1832 17 RI
Fearsitt Joseph 1832 19 DE
Feeler John 1825 22 NY
Feer John Batties 1841 39 France
Felker Benjamin 1839 22 MA
Felker James 1828 26 ME
Fellow Marks 1850 16 MA
Fells James 1852 26 y PA
Fenimare William G 1825 19 PA
Fenimore Isaiah R 1861 20 NJ
Fenn Alfred H 1856 17 PA
Fenno John 1841 32 MA
Fenton Andrew J 1834 14 PA
Fenton Charles H 1849 21 NJ
Fenton Daniel G 1827 18 NJ
Fenton George 1827 13 PA
Fenton Henry 1853 27 PA
Fenton Robert H 1833 16 NY

Fenton Thomas 1825 19 PA
Fenton William M. 1832 22 NY
Ferat John 1836 18 PA
Ferguson Allen 1856 27 PA
Ferguson David 1841 28 NY
Ferguson David 1858 24 NY
Ferguson James 1828 41 NY
Ferguson James L. 1848 24 MA
Ferguson Robert 1850 25 PA
Ferguson Thomas 1856 27 VA
Ferguson Wm J 1845 19 PA
Fernon John W 1840 29 PA
Ferren William 1837 24 NJ
Ferris Amos 1850 22 MA
Ferris James 1854 24 NY
Ferris John 1859 56 NY
Fetherston Lewis 1860 21 NY
Fidget James 1827 21 VA
Field Daniel 1848 26 NY
Field Isaac W 1860 32 PA
Field John 1825 25 c PA
Field John 1848 23 b NC
Fielder Frederick 1835 25 SC
Fielding John 1856 30 NY
Fields Anthony 1854 17 MD
Fields Edward 1826 32 DC
Fields John 1848 20 y NY
Fields William M. 1858 43 VA
Fimeton Thomas M. 1825 19 PA
Finley Alexander 1855 23 s NY
Finn Austin 1854 26 PA
Finn Henry 1828 17 PA
Finn Thomas 1854 25 SC
Finnell Francis 1834 17 VA
Finney Joseph 1834 18 ME
Fireng Jacob E 1847 26 PA
Fish George 1828 28 b NY
Fish William D 1838 22 NY
Fisher Alfred L. 1827 19 y NY
Fisher Benjamin Franklin 1834 17 DE
Fisher Boyer 1852 27 s PA
Fisher Caleb 1844 22 PA
Fisher Chamberlain 1837 19 c DE
Fisher Charles 1849 23 NY
Fisher Charles R 1840 31 MA
Fisher Edward 1843 21 NJ
Fisher Edward, Jr. 1861 14 PA
Fisher Ezekiel 1838 18 DE
Fisher George 1846 21 NJ
Fisher George 1855 24 ME
Fisher Isaac 1852 24 b MD
Fisher James 1847 22 PA
Fisher James 1855 20 b PA
Fisher Jeremiah 1840 21 NJ
Fisher Jeremiah P 1847 23 b NJ
Fisher John 1824 25 PA

Fenton William 1847 15 PA
Feran John 1846 17 ME
Ferbulow Edward 1835 42 c NY
Ferguson Asbury 1860 24 PA
Ferguson David 1854 19 MA
Ferguson Henry 1848 18 LA
Ferguson James 1845 21 NY
Ferguson Richard 1824 40 b NY
Ferguson Thomas 1841 23 b PA
Ferguson William 1841 28 NY
Ferlaw William 1848 30 NY
Ferrel Peter 1827 37 NY
Ferrick James 1846 25 NY
Ferris Amos 1850 22 MA
Ferris John 1851 29 PA
Ferris Thomas 1855 23 NY
Fetters John A 1848 21 PA
Fidly Daniel G. 1853 22 NJ
Field George 1830 19 PA
Field Jessee 1837 20 PA
Field John 1839 21 PA
Field Thomas 1829 22 DE
Fielder William 1844 21 MD
Fielding John 1858 21 I MA
Fields Edgar 1828 20 CT
Fields John 1843 21 NY
Fields Oliver 1851 17 b PA
Fife Andrew 1844 26 PA
Finch John 1826 44 RI
Finley Eli George 1838 25 PA
Finn Daniel Francis 1838 22 MA
Finn Henry 1838 20 PA
Finnegan James 1851 22 NY
Finney Edward 1855 18 MA
Finney Nathaniel 1848 32 ME
Fish Benjamin 1829 25 MA
Fish Spencer 1853 21 CT
Fisher Abraham 1825 22 NJ
Fisher Alonzo 1852 22 MA
Fisher Boyer 1845 19 c DE
Fisher Boyer 1860 36 c DE
Fisher Chamberlain 1842 23 c DE
Fisher Charles 1827 35 ME
Fisher Charles Augustus 1858 23 PA
Fisher Edward 1825 18 MA
Fisher Edward 1861 39 NJ
Fisher Elijah 1826 15 b PA
Fisher Frank 1861 22 PA
Fisher George 1847 22 NJ
Fisher George W 1857 26 PA
Fisher James 1826 27 MA
Fisher James 1848 25 MD
Fisher James 1859 23 b NJ
Fisher Jeremiah 1861 20 NJ
Fisher Jesse 1827 21 y PA
Fisher John 1825 14 DE

Fisher John 1845 26 NY
Fisher John B 1860 39 NJ
Fisher Robert 1826 17 PA
Fisher Robert K. 1826 40 PA
Fisher Stephen H 1824 13 MD
Fisher Thomas C 1861 43 s DE
Fisher William 1846 21 PA
Fisher William 1847 22 NJ
Fisher William 1857 21 m DE
Fisher William D 1852 33 MA
Fisk Henry 1853 22 CT
Fisk Uriah B 1849 21 MA
Fitch Elisha J 1861 20 MA
Fitch Francis 1861 19 NY
Fitcher Joseph 1851 35 MD
Fitzgearles James 1848 38 s DC
Fitzgerald Jacob 1835 20 c PA
Fitzgerald Joseph 1854 28 b PA
Fitzgerald Michael 1854 17 MA
Fitzgerald Ready 1848 19 c PA
Fitzgerald William 1851 22 NY
Fitzhenry Charles 1855 33 SC
Fitzpatrick Arthur 1857 21 MA
Fitzsimmons Henry 1840 15 PA
Flagg Charles 1843 31 MA
Flagg Henry C 1848 19 RI
Flanagan Henry M 1852 22 NJ
Flanigen John Westly 1842 31 PA
Flaven John 1856 22 NY
Fleming Andrew 1855 23 Scotland
Fleming James 1850 24 NY
Fleming John 1860 19 MD
Fleming Saml 1855 36 b DE
Flemings William 1853 30 s NY
Flestram Isaac 1840 54 MD
Fletcher Enoch 1859 23 MD
Fletcher John 1848 25 NY
Fletcher William 1856 28 SC
Flick George 1834 15 PA
Flinn John S. 1849 20 DE
Flinn William Warren 1840 18 MA
Flint John E 1854 19 ME
Flint William H. 1842 21 PA
Flood Isaac 1827 39 NY
Flowers John 1835 25 PA
Floyd Henry 1828 19 PA
Flurio John 1856 42 Two Sicilies
Flynn George 1849 26 MA
Flynn John 1849 24 NY
Fobes John 1858 21 ME
Foley James 1857 22 MA
Foley William E. 1849 31 MD
Follett Hiram 1859 24 PA
Follins Richard 1833 26 PA
Folsom Artemas L. 1852 26 ME
Fontaine F. J. 1843 23 PA

Fisher John 1856 15 NY
Fisher John H 1861 25 PA
Fisher Robert 1827 18 c DE
Fisher Samuel 1854 22 DE
Fisher Thomas C 1849 31 s DE
Fisher William 1840 27 PA
Fisher William 1846 20 NJ
Fisher William 1855 27 MA
Fisher William 1861 34 NJ
Fisher William Henry 1853 21 b PA
Fisk Luther 1849 17 MA
Fiss Isaac E 1856 32 PA
Fitch Elisha Miles 1840 22 NY
Fitch Samuel 1847 21 y CT
Fitterman Henry 1850 36 c VA
Fitzgerald Isaac 1859 24 RI
Fitzgerald John 1837 21 y PA
Fitzgerald Lehman 1834 18 PA
Fitzgerald Michael 1857 23 Ireland
Fitzgerald Ready 1860 31 c PA
Fitzgerald William 1860 18 NY
Fitzosborn Henry 1847 28 England
Fitzpatrick Peter 1852 25 LA
Flagg Asa E 1860 20 ME
Flagg Coffin 1837 19 ME
Flamer Edmund 1840 25 b PA
Flanigen John W 1855 45 PA
Flavan Thomas 1845 28 NY
Fleetwood George S 1848 27 NJ
Fleming Charles 1848 34 Denmark
Fleming John 1825 16 PA
Fleming Mark 1856 23 b LA
Flemings John H 1852 21 DE
Flemming David 1827 19 PA
Fletcher Charles A 1842 20 MA
Fletcher Henry 1834 17 c NY
Fletcher Vance 1856 21 b MD
Fletcher William H 1861 21 ME
Fling Joseph 1855 24 PA
Flinn Joshua 1850 17 ME
Flint Andrew J. 1858 23 RI
Flint Miles S 1824 18 MA
Flock Prince 1836 32 s NJ
Flood William 1845 34 MA
Flowers John T 1860 17 NC
Floyd William R 1836 27 MA
Flynn David 1847 23 MA
Flynn James H 1861 28 NY
Flynn John 1861 21 PA
Fogg Samuel 1828 17 ME
Foley Thomas 1843 30 NY
Folk James 1845 23 b PA
Follinius Gustavus E 1840 30 Prussia
Follis John 1858 22 ME
Folson Richard 1843 31 ME
Foot James 1842 20 OH

Foraker Robert 1847 20 DE
Forbes Charles 1830 23 MA
Forbes Robert 1860 25 ME
Force William 1841 22 PA
Ford James 1824 26 c PA
Ford James 1829 20 c MA
Ford John 1848 23 NY
Ford John S 1825 21 MD
Ford Nicholas 1830 30 b MD
Ford Richard 1830 27 MA
Fordham James 1829 27 b NY
Foreman Matthew 1840 45 PA
Forester James D 1858 34 Scotland
Forman Washington 1834 17 c PA
Forrest John 1847 26 NY
Forrest John T 1827 23 NY
Forrest William H 1849 23 ME
Forrester William Jas 1853 23 b PA
Forsyth William 1831 20 CT
Forsythe William 1856 18 PA
Forte Charles 1851 19 CT
Fortune William 1828 30 c MA
Fosky James N 1843 19 DE
Foss Charles 1829 29 Sweden
Fossett Aaron P 1838 38 s PA
Foster Albert P 1851 25 MA
Foster Charles 1839 18 ME
Foster David 1825 23 b DE
Foster Franklin J C 1854 35 NJ
Foster Hiram 1855 41 PA
Foster James 1859 22 AL
Foster John L 1837 22 MA
Foster John W. 1860 23 ME
Foster Tully 1828 40 MA
Foster William 1860 25 s NY
Foster William H 1851 23 ME
Foster William S 1846 24 NJ
Foster Wm J. 1841 21 PA
Foulguer Chas 1834 18 LA
Fountain Alexander 1845 33 NY
Fountain Jacob 1853 18 b DE
Fourison Ashield Stephen 1825 14 PA
Fowler Alexander C 1846 25 MA
Fowler Christian 1845 25 CT
Fowler John 1854 22 NY
Fowler Robert H 1855 20 PA
Fowler Samuel P 1837 18 DE
Fowles Willis 1836 26 y VA
Fox Daniel D 1838 24 c DC
Fox Henry 1841 27 NJ
Fox John 1834 29 DE
Fox John 1850 22 MA
Fox Nathaniel 1835 20 PA
Fox Samuel 1854 20 b PA
Fox William A 1861 18 VA
Foxell Francis 1843 20 VA

Forbes Charles 1844 17 CT
Forbes James 1834 35 PA
Force George 1844 21 PA
Ford George W 1836 21 NY
Ford James 1827 26 b DE
Ford John 1827 25 NY
Ford John 1857 17 PA
Ford Joseph 1839 55 s NJ
Ford Philip JC. 1850 18 NJ
Ford Robert 1828 17 PA
Fordney Henry 1829 19 PA
Foreman William 1861 26 c MA
Forman John W 1848 23 PA
Forran Aaron 1825 20 b NJ
Forrest John 1847 27 MA
Forrest Richard H. 1827 20 NY
Forrester Joseph 1833 40 b MD
Forsyth Archibald 1845 21 Bahama
Forsyth William 1854 14 PA
Fort James 1859 30 PA
Fortis Joseph 1827 35 Italy
Fosdick Stephen 1828 25 MA
Fosque John 1825 21 VA
Foss Jeremiah C 1845 23 NH
Fossett James 1838 20 s DE
Foster Archibald 1851 25 PA
Foster Charles 1851 19 CT
Foster Franklin 1836 15 NJ
Foster Franklin John Clement 1833 12 NJ
Foster James 1825 19 VA
Foster James M 1858 23 PA
Foster John M 1856 47 DE
Foster Return B 1842 22 NJ
Foster Walter Andrew 1840 14 DC
Foster William B. 1849 28 ME
Foster William H 1851 21 NJ
Foster William, Jr 1845 13 NY
Fougy Alphonso 1853 28 France
Foulkes Charles 1837 21 none given
Fountain Cloud 1861 24 DE
Fountain John B 1854 27 b DE
Fouse Probus 1860 19 PA
Fowler Benjamin 1854 21 NJ
Fowler James H 1861 21 NJ
Fowler Morgan 1840 21 CT
Fowler Royal 1861 20 ME
Fowler William George 1825 29 Great Britain
Fox Charles 1833 20 c MD
Fox Daniel D 1854 44 VA
Fox James B A 1844 19 PA
Fox John 1837 38 CT
Fox John G 1848 25 PA
Fox Peter, Jr 1824 14 PA
Fox Sidney B 1847 41 VA
Foxcroft John H 1853 16 MD
Foxwell George 1827 26 MD

Foxwell George 1838 29 MD
Foy Peter 1826 24 LA
Frail James 1860 22 NY
Fraine Samuel 1826 18 PA
Frambes Somers S 1861 23 NJ
Frame George 1852 20 DE
Frame Nathan Theodore 1831 29 PA
Francis Abraham 1827 49 y MA
Francis Constantine 1825 40 b LA
Francis Edward 1849 31 s PA
Francis George B. 1832 21 c PA
Francis Jacob 1828 27 y VA
Francis John 1827 25 c PA
Francis John 1842 26 LA
Francis John 1841 24 LA
Francis John 1832 29 c MD
Francis John 1846 28 NY
Francis Joseph 1827 22 PA
Francis Joshua 1858 25 m MA
Francis Thomas 1837 43 b PA
Francis William 1824 19 y VA
Francis William 1836 23 m PA
Frank Adam 1836 27 NY
Frank Cato S 1859 25 b DE
Frank Jacob 1861 21 b DE
Frank Peter 1858 22 b DE
Franklin Francis B 1837 23 NY
Franklin Arnold 1836 38 s MD
Franklin David B 1860 18 m ME
Franklin Francis 1839 22 VA
Franklin George 1856 29 m DE
Franklin Peter 1831 28 y MD
Franklin Urias 1853 30 b NJ
Frantoni Christy 1844 18 b PA
Fraser John 1825 22 NJ
Frasier Theodore Lewis 1830 22 MD
Frauen Christopher 1845 25 NY
Frazer Joseph 1829 36 Madeira
Frazer Richard 1844 23 MA
Frazier David 1853 24 SC
Frazier James 1826 32 NC
Frazier James 1855 29 b DC
Frazier Joseph 1852 48 c PA
Frazier Peter 1854 38 MA
Freathey Robert 1860 20 NY
Frederick Nicholas 1849 29 none given
Frederickson George 1855 21 Denmark
Frederickson John 1854 30 PA
Free Benjamin 1827 16 PA
Freeland James 1829 19 b NJ
Freeman Amos 1844 26 c PA
Freeman Daniel 1837 28 m CT
Freeman Edwin B. 1851 21 ME
Freeman Elisha 1843 23 MA
Freeman Frederick 1829 17 y MA
Freeman George 1852 22 Ireland

Foxwell George 1861 51 MD
Foye Peter 1852 22 England
Frailing William 1849 27 MA
Frambes Samuel 1856 21 NJ
Frame Daniel 1848 20 MA
Frame George W 1858 23 c DE
Frame Peter Handy 1853 25 b DE
Francis Charles W 1850 31 CT
Francis David M 1840 28 MD
Francis Gabriel 1851 30 PA
Francis Henry B 1855 17 PA
Francis James 1855 18 MA
Francis John 1834 24 c DE
Francis John 1836 15 PA
Francis John 1843 20 y NY
Francis John 1835 35 c NY
Francis John M 1858 26 c PA
Francis Joseph J. 1856 21 MA
Francis Lorenzo 1832 21 MD
Francis William 1824 21 VA
Francis William 1827 42 MA
Francis William Henry 1844 21 DE
Frank Cato 1856 22 b PA
Frank Jacob 1858 20 b DE
Frank John 1854 26 RI
Frank William 1855 26 MA
Franklin Albert 1859 31 m NY
Franklin Benjamin 1846 19 PA
Franklin Edward 1828 31 c NY
Franklin Francis William 1824 17 PA
Franklin Henry 1828 17 PA
Franklin Peter 1831 35 c NY
Franklin William 1825 14 PA
Fraser Alexander Hugh 1825 26 VA
Frasier Samuel 1847 22 SC
Frates Samuel 1837 18 PA
Frazer John H. 1828 34 MS
Frazer Joseph 1832 23 c NY
Frazer William, Jr 1824 13 PA
Frazier George W. 1830 14 PA
Frazier James 1854 22 ME
Frazier John 1847 29 ME
Frazier Matthias 1827 19 PA
Frears William 1837 26 MA
Fredd Maris H 1840 17 PA
Fredericks Edward 1854 30 PA
Frederickson George 1857 22 Denmark
Fredson Calvin H. 1856 29 ME
Free Joseph 1826 23 PA
Freeman Alonzo 1837 23 s CT
Freeman Charles H 1841 19 RI
Freeman Edward 1855 19 PA
Freeman Elisha 1844 24 MA
Freeman Felix 1836 19 b MA
Freeman George 1826 25 MA
Freeman George 1857 30 m PA

Freeman George W   1853 25 b NJ
Freeman Griffith 1835 24 PA
Freeman James 1844 34 MA
Freeman James B. 1838 20 PA
Freeman John 1846 20 VA
Freeman John 1856 28 b NJ
Freeman Joseph 1826 28 b MA
Freeman Lyman 1839 21 s CT
Freeman Lyman 1846 24 l CT
Freeman Obed 1829 19 MA
Freeman Oscar F 1852 28 b ME
Freeman Robert 1836 33 PA
Freeman Robert 1848 21 MA
Freeman Samuel G 1861 20 c NY
Freeman Thomas P. 1852 27 c PA
Freeman William P. 1860 30 DE
Freer Matthew 1845 24 NY
French Alexander 1845 18 PA
French Charles T 1858 37 ME
French George 1828 30 England
French George H 1834 17 MD
French James S. 1859 46 PA
French Martin P 1854 20 IL
French Sumner 1840 33 MA
French William 1826 20 ME
Frezier Charles 1848 49 s NY
Friend Charles 1835 30 b MD
Friend Moses 1849 22 ME
Fries James L. 1838 23 NJ
Frightess Joquin 1828 25 Portugal
Friman A F. 1860 33 none given
Frisbee John 1855 22 s MA
Frisbie James 1861 31 b NJ
Frisby Adam L. 1854 21 b PA
Frisby James 1847 43 c MD
Frise James 1854 21 Scotland
Fritzinger Henry W. 1858 30 NJ
Frost Eben H. 1851 21 ME
Frost Henry 1851 23 NY
Frost Joseph 1852 27 AL
Frost William E 1826 18 PA
Fry Thomas 1829 23 NJ
Frytis Anthony 1836 45 Portugal
Fuller Benjamin S 1832 43 ME
Fuller Collingwood E 1859 23 ME
Fuller Cyrus T 1840 18 NY
Fuller Henry 1843 27 MA
Fuller John 1833 15 PA
Fuller Paul 1861 35 ME
Fuller William 1849 25 PA
Fullerton William T. 1824 19 PA
Fulton Samuel 1827 17 PA
Fults George 1841 31 DE
Furbaw Olford 1856 21 b MA
Furbish George W 1843 19 ME
Furbish Stephen 1828 27 ME

Freeman Griffith 1836 24 y PA
Freeman Jacob 1842 33 b NJ
Freeman James 1846 28 MA
Freeman John 1824 21 y NC
Freeman John 1853 26 VA
Freeman John F 1855 22 b PA
Freeman Jusland 1837 24 c NJ
Freeman Lyman 1843 22 m CT
Freeman Nelson Henry 1855 35 b CT
Freeman Oliver 1832 32 c NY
Freeman Richard 1840 29 MA
Freeman Robert 1847 40 MA
Freeman Samuel 1849 38 s MA
Freeman Samuel Tobias 1836 23 c NY
Freeman William Henry 1834 17 PA
Freeman Willm 1835 21 m PA
Fremont John 1840 24 NY
French Benjamin B 1845 44 ME
French Elisha 1855 15 ME
French George 1859 40 ME
French James L 1840 27 PA
French John 1835 21 c DE
French Moses 1853 18 ME
French Thomas S. 1857 42 NJ
Freymuth William 1824 16 PA
Friel William 1853 24 Ireland
Friend James 1858 45 MA
Fries Henry J 1827 26 NJ
Fries John 1856 21 PA
Frill Wm. O. 1844 21 PA
Frink Samuel J 1826 40 MA
Frisbie James 1856 24 b NJ
Frisbie Robert 1856 34 b DE
Frisby Alexander 1848 22 b DE
Frisby Stephen 1824 25 y DE
Fritz James 1824 27 NJ
Frost Charles 1833 23 VA
Frost George W 1843 24 NH
Frost John 1835 25 ME
Frost Noah 1831 23 VA
Fry Elmer 1851 19 NJ
Frye Joseph W 1848 16 ME
Fubbler Francis 1834 33 c NY
Fuller Charles F 1841 22 PA
Fuller Cyrus 1837 15 NY
Fuller Henry 1834 23 MA
Fuller John 1841 29 ME
Fuller Joseph, Jr 1829 28 MA
Fuller Warren C 1846 21 MA
Fullerton Isaiah D. 1857 27 PA
Fullington Henry 1859 21 IA
Fults George 1838 27 DE
Funk William H 1855 21 PA
Furbelou Daniel 1825 64 b PA
Furbish John 1860 26 b MD
Furbish Stephen 1830 27 ME

Furdge Henry 1824 29 PA	Furlong Andrew 1841 27 NY
Furlong George 1852 22 NY	Furlong George 1852 22 NY
Furls John 1856 18 MA	Furman James 1859 30 MA
Furman Robert 1826 27 y NY	Furneau George 1854 21 MA
Furshee Richard 1844 44 PA	Furze William 1834 17 PA
Gable Andrew 1827 25 PA	Gable Samuel 1829 25 PA
Gadfrey Thompson 1861 22 NJ	Gage Alexander 1838 24 MA
Gage Edward 1843 25 MA	Gage Lemuel 1837 14 RI
Gage Thomas 1828 23 MA	Gage Zeno 1837 23 MA
Gage, Jr Lemuel 1842 18 RI	Gaines Daniel 1854 24 y DE
Gaines Henry 1841 24 ME	Gais John 1825 21 MA
Gaiter Abraham 1856 26 b MD	Gaiter Abraham 1860 27 b MD
Galbraith John 1856 19 PA	Gale Alexander 1845 28 NJ
Gale Alexander 1839 22 NJ	Gale Benjaman 1847 23 m MD
Gale Benjamin 1847 29 c MD	Gale Coltson 1835 27 VA
Gale Edmund 1840 41 MA	Gale John 1851 20 VA
Gale Joseph 1826 20 VA	Gale Noel L 1826 25 MA
Galephen Joseph 1840 24 MD	Gales Hyorum A 1860 13 m PA
Gales Thomas W. 1856 18 b PA	Gales William 1837 22 s PA
Gall Samuel 1824 39 b NY	Gall Thomas 1858 27 England
Gallagher Banjamin E. 1857 41 PA	Gallagher Benjamin E 1841 22 PA
Gallagher Charles 1825 21 MA	Gallagher Dennis 1856 16 ME
Gallagher Francis 1838 31 NJ	Gallagher James 1853 21 Ireland
Gallagher John 1845 22 PA	Gallagher John 1849 35 PA
Gallagher John, Jr 1861 20 PA	Gallagher Michael 1859 19 ME
Gallagher Thomas 1844 19 MD	Gallagher William B 1850 19 PA
Gallaher John 1824 17 PA	Gallaher John 1847 17 MA
Gallegro Roeplar 1840 29 Sylvania	Galligher Michael 1832 38 PA
Gallop William 1859 17 PA	Galloway James 1836 25 MD
Galloway John 1830 22 MD	Gambell James 1845 26 PA
Gamble James 1847 18 MA	Gamble John 1830 23 PA
Gamble Joseph W 1858 20 PA	Gamble Washington 1851 16 PA
Gamble William 1840 24 PA	Gamble William 1851 23 MA
Game Benton 1847 22 s DE	Game Daniel 1826 23 y MD
Gammal Neil 1848 27 NY	Gandy Francis 1861 24 NJ
Gandy John J 1861 21 NJ	Gandy Maurice 1853 45 NJ
Ganges Moses Henry 1842 15 b PA	Gannett Ephraim 1855 21 MA
Ganno John W 1837 19 DE	Gannon James 1840 23 m MD
Ganson Robert 1833 49 b PA	Gard Charles 1824 30 CT
Gard William B 1851 39 CT	Gardiner Grancis 1846 23 c PA
Gardiner James 1858 32 NY	Gardiner James M 1833 32 MA
Gardiner Samuel 1855 23 ME	Gardiner Thomas 1824 21 PA
Gardiner William 1848 32 NY	Gardiner William 1853 21 MA
Gardna John 1841 22 Austria	Gardner Abraham 1835 24 c MD
Gardner Albert A. 1840 24 MA	Gardner Alexander 1832 19 PA
Gardner Charles 1856 21 MA	Gardner Edwin 1855 18 MA
Gardner George 1824 16 PA	Gardner George 1829 29 NY
Gardner George 1841 25 s ME	Gardner Gilbert C 1829 38 NY
Gardner Henry 1841 38 MA	Gardner Henry 1848 21 NJ
Gardner Hiram 1846 30 MA	Gardner James 1824 26 RI
Gardner James 1854 30 ME	Gardner John 1834 22 RI
Gardner John 1840 38 DE	Gardner John 1855 24 ME
Gardner John A 1844 42 MA	Gardner John, Jr 1825 14 PA
Gardner Nelson 1831 26 MA	Gardner Richard 1847 22 m MD
Gardner Richard 1849 33 NH	Gardner Richard 1853 19 NY
Gardner Thomas 1841 28 NY	Gardner Thomas 1856 27 LA

Gardner William 1848 25 LA	Gardner William 1849 20 y PA
Gardner William 1856 18 MD	Gardner William C. 1853 37 RI
Garey Henry 1827 28 b VA	Garland George 1838 21 RI
Garland Seth 1847 23 ME	Garner George 1858 29 SC
Garnett George 1854 19 b PA	Garnett John G 1838 19 ME
Garnett William 1840 21 b MD	Garnwell Neal 1861 40 Great Britain
Garratt Ralph 1861 23 NY	Garretson Jefferson 1859 23 DE
Garrett Charles 1852 28 VT	Garrett Ezra L F 1841 17 PA
Garrett Hugh 1824 25 PA	Garrison Cyrus 1829 26 c VA
Garrison George W 1859 24 NY	Garrison Jacob 1834 18 NJ
Garrison John 1829 19 NJ	Garrison John 1835 30 c NJ
Garrison John 1847 37 s NY	Garrison Joseph C 1856 40 NJ
Garrison Levi 1825 22 NJ	Garrison Powell 1844 22 NJ
Garrison Swain 1847 14 NJ	Garrison William 1840 19 b NJ
Garrison William 1835 20 c NY	Garrison William 1856 24 PA
Garrison William 1860 35 b NY	Garrisson John 1844 22 NY
Garrisson Lehman J. 1859 21 NJ	Garrity John M 1860 19 NY
Garrow George 1860 23 m VA	Gartland William 1826 15 PA
Garton Lot 1828 17 NJ	Gartrell William 1840 30 PA
Gartrell William 1860 51 PA	Garver John H M 1850 19 m PA
Garvey George 1848 22 MA	Garvin George Washington 1825 16 PA
Garvin John J. 1839 20 PA	Garvin John J., Jr 1848 28 PA
Gaseway Augustus 1847 47 b MA	Gaskill David 1844 24 NJ
Gaskill Samuel 1832 36 NJ	Gaskins D'Arcy May 1859 16 VA
Gaston George 1851 21 NJ	Gatar James 1824 18 b MD
Gaten Tobias 1838 32 b PA	Gates Charles E 1860 26 ME
Gates Samuel C 1861 21 MA	Gates Stephen 1825 42 NY
Gates William 1831 24 MA	Gaul William 1851 21 MA
Gaul William Henry 1841 16 PA	Gaulen Peter 1861 30 Canada
Gaw Gilbert C 1850 16 PA	Gaw Thomas 1836 14 PA
Gaw Wesley 1860 16 PA	Gaw William A 1848 23 PA
Gay Samuel 1835 18 c PA	Gaylard George W. 1859 29 NC
Gebler Henry 1826 18 PA	Geddes Robert 1855 51 NY
Gee Samuel 1849 40 ME	Geel Henry L. 1861 32 ME
Geer Ira C 1858 26 CT	Geirey Martin 1861 29 ME
Gelette Joseph S 1856 21 MA	Gelson John 1844 24 NJ
Geneet Peter 1843 30 NY	Gent Eleander 1840 21 PA
Gentry Charles 1840 18 VA	George Anthony, Jr 1825 14 PA
George Francis 1849 30 MA	George Henry 1839 16 s VA
George James T 1857 25 AL	George John 1848 21 MA
George Joseph 1860 25 b MA	George Robert 1825 38 b PA
George William 1847 31 PA	George William 1852 27 b DE
Gerden Thomas 1843 25 MD	Germain Richard 1853 25 LA
Germon John S 1827 21 PA	Gerreld David 1826 25 MA
Gest William H. 1848 17 PA	Getchell Emery 1846 19 DE
Getchell John F 1860 22 ME	Geter Tobias 1824 24 b MD
Getins William 1845 23 NY	Giard Charles Piter 1828 26 LA
Gibb David 1844 18 PA	Gibb John 1854 21 NY
Gibb Richard 1840 27 b MD	Gibbons John F 1853 20 b NY
Gibbons John F 1856 23 b PA	Gibbons Richard 1848 22 ME
Gibbons Thomas 1851 16 Ireland	Gibbs Archibald R. 1824 25 y VA
Gibbs Clark 1829 29 MA	Gibbs Edward C. 1824 20 NJ
Gibbs Henry 1829 19 PA	Gibbs Morris 1837 20 PA
Gibbs Saml Henry 1848 16 s PA	Gibbs Thomas D 1848 25 NY
Gibbs Wesly 1847 16 NY	Gibbs William 1836 20 s NY
Gibbs William 1857 19 NC	Gibbs William Bartoll 1851 31 MA

Gibney John 1840 21 NY	Gibson Alexander 1832 23 VA
Gibson Charles 1858 15 PA	Gibson Elijah 1829 24 c MD
Gibson Jacob 1834 23 c MD	Gibson James 1824 42 NY
Gibson James 1836 22 s NJ	Gibson James 1838 27 ME
Gibson James 1854 30 b DE	Gibson John 1844 19 CT
Gibson John 1846 26 MD	Gibson John 1853 19 b PA
Gibson John 1857 21 b PA	Gibson Joseph 1857 27 b DE
Gibson Richard H. 1853 26 RI	Gibson Robert 1854 24 MA
Gibson Thomas H 1832 19 MD	Gibson William C 1860 22 NY
Gideon William 1846 26 c DE	Giet Nicholas 1842 18 PA
Giffney Thomas 1845 21 ME	Gifford A. B 1846 36 PA
Gifford Aaron 1843 20 NJ	Gifford Alden B 1828 17 PA
Gifford Asa W 1861 24 MA	Gifford Edward W. 1861 26 MA
Gifford George Charles 1854 23 MD	Gifford James 1838 28 NJ
Gifford John 1847 18 NJ	Gifford William H 1854 26 RI
Gihon John H, Jr. 1827 16 PA	Gilbert Bengaim 1851 24 b NY
Gilbert Charles 1851 25 SC	Gilbert Daniel 1850 26 PA
Gilbert Henry 1826 20 MA	Gilbert John 1824 38 NJ
Gilbert John 1836 18 b PA	Gilbert Richard 1853 29b PA
Gilbert Richard 1860 32 NY	Gilbert Solomon 1826 25 b NJ
Gilbert William 1830 31 c MD	Gilbert William 1847 25 MA
Gilbreth James 1848 26 ME	Gilchrest Albion 1861 30 ME
Gilchrist Cornelius 1853 38 ME	Gilchrist James 1858 16 NY
Gilcrest Andrew 1824 30 VA	Gildersleeve John 1850 18 NY
Giles Henry 1824 30 y NJ	Giles Henry 1830 21 c MD
Giles Henry 1830 28 y MD	Giles Robert 1830 43 VA
Giles William 1828 27 MA	Gill Henry 1855 26 NY
Gill James 1840 17 MD	Gill Matthew 1851 24 NY
Gill William 1855 25 Ireland	Gillard John 1861 43 NY
Gillchrist Robert 1844 25 ME	Gilles Henry 1829 32 NY
Gilles John 1845 19 NY	Gillespie John 1858 30 NY
Gillespie Thomas 1851 25 NY	Gillespie William 1855 15 PA
Gilley Lewis W ? 1834 23 ME	Gilley William 1856 32 ME
Gilliard George 1824 16 PA	Gilliard John 1824 21 PA
Gilliard John G 1831 28 PA	Gillies James 1844 29 VA
Gilliland Samuel B 1837 33 none given	Gillin Edmund P 1855 18 PA
Gillin Robert 1843 17 PA	Gillion Battelme 1843 38 France
Gillis Benedict 1840 19 ME	Gillis John 1850 23 MA
Gillis John 1852 27 PA	Gillis Joseph 1846 19 MA
Gillis Joseph 1858 30 Nova Scotia	Gillison Edward 1824 38 NY
Gillmoore Jules 1859 23 LA	Gillpatrick Edward 1843 17 ME
Gillson James Francis 1852 25 MA	Gilmore Abner 1849 19 ME
Gilmore Albert 1845 19 ME	Gilmore Andrew J 1857 19 NJ
Gilmore David 1853 24 ME	Gilmore George 1835 20 PA
Gilmore James 1859 23 NY	Gilmore Rufus 1852 27 MD
Gilmore William 1855 22 NY	Gilpatrick Joseph 1836 23 ME
Ginaia Michael 1855 19 NY	Gincotta Antonio 1848 32 Naples
Ginder William Augustus 1834 19 PA	Ginnety Joseph 1858 24 PA
Ginnings John 1828 28 b NY	Girard Charles 1838 36 c PA
Girard John Francis 1851 38 France	Girtler Daniel Wistar 1828 23 PA
Gitchell David S 1850 25 ME	Githens Joseph 1824 34 NJ
Githens Thomas S 1854 35 NJ	Gitsingr George A 1860 22 SC
Given Freeman L 1853 22 ME	Given Harding 1852 19 ME
Given John L 1854 20 ME	Givens John 1852 22 MD
Glace Isaac 1825 26 PA	Gladding Francis 1861 26 RI
Glade Peter 1848 39 LA	Gladin James 1827 29 y VA

Glading Joseph McM 1853 19 PA
Glaister George 1841 21 PA
Glanton Charles 1848 27 s NY
Glass George R. 1848 20 NY
Glazier Henry 1854 21 PA
Gleason James 1853 14 ME
Gleeson Martin 1861 22 Ireland
Glenn Benjamin 1827 21 PA
Glenn Samuel 1834 23 MD
Glentworth Alfred 1834 21 PA
Glover Charles 1855 17 b CT
Glover George 1825 21 MA
Glover Jacob E 1860 19 c PA
Glover Stephen Elisha 1824 23 MA
Glue Robert 1852 23 MA
Glynn William 1843 24 PA
Godet Eugene 1843 31 France
Godfrey Alexander 1858 25 b DE
Godfrey Amos 1840 27 NJ
Godfrey Edward 1841 19 MA
Godfrey John 1837 30 NY
Godfrey Leaming 1861 33 NJ
Godfrey Swain 1843 20 NJ
Godkin William 1857 21 NY
Godwin James M 1832 19 MD
Godwin William Thos 1855 17 PA
Goff James 1854 21 NY
Gold David 1836 30 s MD
Golden Benjamin 1830 22 c PA
Golding Joseph 1843 22 NJ
Goldsborough Charles W 1828 20 MD
Goldsmith George W. 1859 24 ME
Gomez Henry 1855 25 Portugal
Gominger Jacob 1827 21 PA
Good Samuel H. 1857 29 ME
Gooden William H 1856 27 m PA
Goodin John 1861 21 m PA
Goodness Peter 1826 16 NY
Goodrich James 1846 23 MA
Goodridge Simon 1843 22 MA
Goodspeed George N 1855 29 MA
Goodun John 1824 22 PA
Goodwin Charles 1845 22 PA
Goodwin Edward 1851 30 PA
Goodwin James 1831 22 ME
Goodwin Joseph C. 1861 16 PA
Goodwin William H. 1850 25 RI
Gookin John M 1845 22 ME
Goould Ephraim 1853 22 PA
Gordon Archibald J 1840 50 c MA
Gordon Charles 1835 31 NY
Gordon Frederich 1835 24 MD
Gordon Henry 1857 23 ME
Gordon John A. 1854 21 PA
Gordon John S 1853 20 ME
Gordon Robert 1841 25 PA

Glady Edward 1832 24 LA
Glancy Edward 1852 17 PA
Glass Daniel 1857 22 England
Glass William 1856 21 RI
Glazier John Smith 1835 19 PA
Gleason Thomas 1828 20 MA
Glencross William 1856 26 RI
Glenn Henry 1853 35 b VA
Glenn Stephen 1825 24 MD
Glentworth John Watsin 1842 19 PA
Glover Charles 1859 21 b CT
Glover Jacob 1852 22 NJ
Glover Richard H 1840 18 y MD
Glover William 1848 17 MA
Glynn William 1841 29 PA
Goddard Benjamin 1829 51 NY
Godfray Charles 1851 19 NJ
Godfrey Alonzo 1855 19 NY
Godfrey Cornelius 1855 25 b DE
Godfrey Gilbert 1859 29 NJ
Godfrey Knowles 1827 39 MA
Godfrey Peter S 1861 29 NJ
Godfrey Thomas 1839 19 PA
Godrich John 1851 20 NY
Godwin Joseph L. 1840 21 England
Goentner Charles B. 1849 27 PA
Goines Joseph 1859 24 s CT
Gold George 1852 27 NJ
Golden Joseph Henry 1853 18 b PA
Goldring William 1849 20 AL
Goldsborough John T 1859 22 DE
Gomer Francis 1847 35 s CT
Gominger Charles 1854 26 PA
Gommow Thomas W 1858 42 LA
Good William 1859 35 m OH
Goodfellow Robert 1856 19 LA
Goodly John 1837 35 FL
Goodrich Ambrose S 1848 22 NY
Goodrich Warren 1860 22 ME
Goodridge Stephen W 1841 28 NH
Goodspeed William 1859 14 MA
Goodwin Benjamin A. 1861 21 ME
Goodwin David 1826 26 MA
Goodwin Henry L 1859 26 MA
Goodwin James P. 1858 23 ME
Goodwin Thomas 1833 21 b PA
Goodwin William T 1841 19 NJ
Goold Joseph 1847 35 ME
Gordon Alexander 1826 30 Scotland
Gordon Charles 1826 20 NH
Gordon Francis 1841 28 MD
Gordon Frederick 1835 24 MD
Gordon Henry 1860 22 NY
Gordon John H 1860 21 ME
Gordon Richard 1847 19 MI
Gordon Thomas 1826 28 b PA

Gordon William 1860 25 PA
Gorham Alfred 1839 20 MA
Gorman James 1847 37 NH
Gorman Joseph 1836 18 PA
Gorman Joseph T 1854 17 NJ
Gorum Frederick 1855 19 ME
Goss John 1853 21 NY
Gott Alpheus S 1834 23 ME
Gott Daniel 1856 18 ME
Gough Henry 1853 26 NY
Gould Elisha 1825 20 ME
Gould John 1827 41 NY
Gould Joseph 1838 28 ME
Gould Samuel 1838 15 s PA
Gould William 1833 26 b NJ
Gower Lewis 1826 20 ME
Grace Andrew 1827 30 y MD
Grace Jesse 1858 19 NJ
Grace Robert 1850 24 MA
Grace William 1856 19 m VA
Gracie Harry R 1854 18 MA
Grady John 1858 38 Ireland
Graffam Jocob, Jr 1843 28 ME
Grafsmen Wesley 1835 20 NJ
Graham Arthur 1858 26 ME
Graham Ezekial A. 1846 23 DE
Graham George 1847 24 NC
Graham Henry 1837 34 PA
Graham James 1849 21 NY
Graham John 1840 22 MD
Graham John Owen 1861 37 England
Graham Matthew 1852 23 NY
Graham Thomas, Jr 1828 18 PA
Graham Wesley 1850 40 DE
Graham William 1833 27 MA
Graham William 1855 22 MA
Graham William C 1835 19 PA
Gramsby George 1830 17 PA
Grant Alexander 1854 23 NJ
Grant Edwin 1857 23 MA
Grant George William 1854 27 MD
Grant James 1825 17 PA
Grant John 1853 20 ME
Grant John 1859 36 NY
Grant Josiah 1825 28 y NY
Grant Samuel 1845 28 NH
Grant William 1837 29 s PA
Granville Henry 1850 22 MA
Grauel John 1850 26 PA
Graves Henry 1844 23 NY
Graves Joseph Y. 1856 34 ME
Gray Albion P 1850 22 ME
Gray Andrew 1836 24 c VA
Gray Bayard 1854 21 b DE
Gray David C. 1842 24 ME
Gray Enoch 1827 23 DE

Gordon William 1860 23 PA
Gorham Timothy 1849 22 NJ
Gorman James 1851 36 PA
Gorman Joseph 1860 28 NJ
Gort Orson W. 1848 18 NY
Gosling William 1848 26 ME
Goss Philip 1846 18 ME
Gott Benjamin R 1848 18 ME
Gott David 1836 28 NH
Gould Daniel, Jr 1851 46 ME
Gould James 1854 24 b DE
Gould John 1855 43 MA
Gould Joseph Dexter 1825 20 MA
Gould Stephen 1841 27 ME
Gould William 1835 22 MA
Gowins Thomas 1824 24 s PA
Grace James 1837 32 b MD
Grace Levi C 1859 25 NJ
Grace Samuel S 1846 24 NJ
Grace William T 1861 19 NJ
Gracy Oliver 1859 18 CT
Grady Thomas 1854 19 NY
Graffam Oliver J 1843 22 ME
Grafton James 1853 52 ME
Graham Charles C 1838 21 NY
Graham George 1843 20 PA
Graham George C 1836 15 MD
Graham James 1840 23 MD
Graham James 1856 29 Ireland
Graham John 1841 21 PA
Graham Joseph 1861 17 PA
Graham Thomas 1847 26 NY
Graham Walter 1841 18 PA
Graham William 1839 22 PA
Graham William 1853 21 NJ
Graham William 1858 26 NY
Grain James 1858 30 b NJ
Grandy George 1852 30 rl
Grant Alexander 1859 24 SC
Grant Frank 1861 18 ME
Grant Isaiah W 1853 23 b MD
Grant James 1851 42 ME
Grant John 1854 30 Canada
Grant Joseph 1861 33 m NY
Grant Robert 1841 40 ME
Grant Vincent C. 1838 22 NY
Grant William 1841 29 b PA
Grassett Joseph 1853 22 NY
Graves Anthony Simmons 1825 21 PA
Graves Henry 1833 40 SC
Graves William 1829 29 b PA
Gray Alexander 1824 23 Scotland
Gray Banjamin 1857 22 b DE
Gray Charles 1847 35 MD
Gray Edward 1828 14 PA
Gray George R 1824 18 DE

Gray Henry 1840 31 DE
Gray Henry J 1845 39 NH
Gray Hiram 1836 25 MA
Gray Jacob 1830 23 c RI
Gray James 1853 21 b DE
Gray James 1860 24 c DE
Gray Jerome K 1861 20 ME
Gray John R 1837 20 DE
Gray Randolph 1838 24 c MD
Gray Rufus 1844 13 MA
Gray Samuel 1855 40 NJ
Gray Thomas Martin 1841 15 NJ
Gray William 1841 21 b MA
Gray William H 1859 24 CT
Gray William W. 1843 20 PA
Gray Winslow L. 1847 15 MA
Greaves Casper 1828 23 PA
Greble Alexander 1825 15 PA
Green Alexander 1841 47 PA
Green Benjamin 1825 22 PA
Green Ceasar 1825 25 b DE
Green Charles 1834 18 PA
Green Charles M 1840 34 PA
Green David 1855 50 ME
Green George 1825 19 b NJ
Green George 1837 25 m NC
Green Henery 1826 31 DE
Green Henry F 1845 20 PA
Green Jacob 1850 28 c DE
Green James 1834 39 ME
Green James 1830 21 NJ
Green James 1855 20 CT
Green James 1861 43 NY
Green James M 1844 27 NY
Green Jeremiah 1833 27 MD
Green Jesse 1856 42 b PA
Green John 1827 35 b NY
Green John 1848 21 NY
Green John 1852 22 MA
Green John A 1853 51 b PA
Green John W 1835 23 DC
Green Joseph 1845 18 ME
Green Joseph 1853 21 NY
Green Joseph 1855 22 NY
Green Lewis 1860 16 c MD
Green Paul 1843 29 b PA
Green Peter 1828 27 [Sweden]
Green Robert 1848 25 ME
Green Thomas 1827 21 NY
Green Thomas 1846 27 NY
Green William 1834 30 b PA
Green William 1845 22 CT
Green William 1830 22 c DC
Green William 1856 22 NY
Green William, Jr 1827 16 England
Greenbank Richard A 1856 20 PA

Gray Henry 1833 24 DE
Gray Henry J. 1833 27 PA
Gray Isaac 1848 25 b NJ
Gray James 1826 37 b NJ
Gray James 1856 25 ME
Gray James L 1859 25 OH
Gray John 1836 21 c ME
Gray Peter 1824 25 c MD
Gray Richard 1850 22 b DE
Gray Samuel 1825 25 PA
Gray Thomas 1828 24 MD
Gray Thomas W. 1855 38 PA
Gray William 1855 19 NY
Gray William Henry 1859 19 b DE
Gray Willim L. 1828 16 PA
Grayson Thomas 1856 23 PA
Greaves Joseph 1825 23 MD
Green Alexander 1844 12 y NC
Green Benjamin 1825 21 PA
Green Benjamin 1855 19 MA
Green Charles 1827 32 b MA
Green Charles H. 1837 23 PA
Green Daniel 1837 24 RI
Green Durestus 1829 21 NJ
Green George 1829 49 c DE
Green Hendrick 1855 26 b NY
Green Henry 1860 27 MA
Green Isaiah 1846 27 PA
Green Jacob H 1857 37 NJ
Green James 1833 21 b MA
Green James 1855 22 MA
Green James 1860 34 Ireland
Green James H 1860 28 b DE
Green James, Jr 1824 19 b PA
Green Jesse 1833 20 b PA
Green John 1826 33 none given
Green John 1838 23 PA
Green John 1849 18 MD
Green John 1853 23 MA
Green John O 1860 26 DE
Green Joseph 1824 70 b MA
Green Joseph 1835 22 c MA
Green Joseph 1855 33 m PA
Green Joseph D 1829 25 OH
Green Lott 1847 26 s VA
Green Peter 1828 30 MD
Green Peter 1829 33 c NY
Green Samuel 1858 20 NY
Green Thomas 1828 26 NJ
Green William 1828 24 b PA
Green William 1844 19 b PA
Green William 1837 17 PA
Green William 1855 45 ME
Green William 1859 20 ME
Greenall George 1839 22 ME
Greenbank Thomas John 1853 21 PA

Greene Charles 1841 18 b NJ
Greener Richard 1842 28 c MD
Greener William 1848 27 NY
Greenlaw Ebenezar 1845 19 ME
Greenlaw Solomon B 1861 23 ME
Greenville James H 1824 27 MD
Greenwood David 1841 24 NY
Greggs Samuel 1846 36 ME
Gregory Mark 1828 25 NC
Gregson James 1847 21 NY
Grew Thomas 1850 29 MA
Grey Jeremiah 1837 13 s PA
Grice Chs B 1824 24 NC
Griffeths William 1833 19 MA
Griffin Arthur 1857 22 b DE
Griffin Erasmus 1855 19 m VA
Griffin George 1853 25 England
Griffin Jacob 1854 21 NY
Griffin John 1847 18 y PA
Griffin Joseph 1853 26 MA
Griffin Samuel L 1853 16 MS
Griffin Stephen 1861 23 y NJ
Griffin William 1833 12 ME
Griffin William 1847 29 I MA
Griffis Montgomery P. 1856 16 NJ
Griffith James 1831 21 c PA
Griffith John 1848 22 MD
Griffith William 1858 28 m PA
Griffiths David 1833 40 England
Griffiths John 1838 16 PA
Grigg Samuel 1861 30 NJ
Griggs Silas A 1853 36 b PA
Grimes Henry 1857 36 c PA
Grimshaw James C 1857 28 MA
Grindell Matthew 1849 17 ME
Grindle Isaiah H 1844 20 ME
Grobes Benjamin 1837 20 y PA
Groebe Jacob S V. 1843 39 West Indies
Grofton John 1854 12 ME
Groom Thomas 1844 20 RI
Grooms Nathaniel 1826 24 b MD
Gross David 1839 24 b MD
Gross Thomas 1852 16 b PA
Gross William B 1861 30 ME
Grove James 1840 20 PA
Grover Henry 1847 23 DE
Grover Thomas D 1833 23 PA
Groves John 1851 20 DE
Groves William 1829 14 c NJ
Gruber Jacob 1853 27 Germany
Grugan James 1838 17 PA
Guider John W 1861 29 NY
Guise John H 1854 28 s NY
Gulliver Joseph 1841 51 b MD
Gumm Richard 1826 23 b NY
Gunby John L. 1858 19 MD

Greene James R 1828 19 DE
Greener Richard 1836 23 c MD
Greenham Frederick 1848 21 MA
Greenlaw James 1850 24 ME
Greenough John 1847 20 ME
Greenway William 1847 25 ME
Greenwood James B 1834 23 MD
Gregory Frederick G 1857 26 m CT
Gregory William 1857 24 NY
Greon Shadrack 1851 26 b NY
Grey Charles 1852 25 b DE
Gribbin Thomas 1848 21 MA
Grieve John 1843 24 NJ
Griffin Alexander 1857 24 b DE
Griffin Edwin T. 1854 28 DC
Griffin George 1830 18 PA
Griffin Henrey 1848 23 ME
Griffin John 1824 32 MD
Griffin Joseph 1851 27 OH
Griffin Michael 1859 24 FL
Griffin Samuel L 1860 23 MS
Griffin Thomas 1851 32 MA
Griffin William 1835 25 c MD
Griffin William 1847 20 m PA
Griffith Frederick 1856 54 NC
Griffith John 1844 21 NY
Griffith Orlando C 1849 15 PA
Griffiths Aaron 1829 25 y PA
Griffiths Horam 1852 26 PA
Griffiths John 1843 23 ME
Grigg Zebulon B 1829 26 NJ
Grime Henry 1829 19 c PA
Grims Charles A. 1833 40 PA
Grinage George 1852 14 y PA
Grindle Daniel G 1854 24 ME
Griswold James H. 1850 40 CT
Groce Samuel 1833 57 b MD
Groff Nathan 1848 18 NJ
Grogan Thomas 1849 22 MA
Groomer Samuel 1830 21 c NY
Gross Dana 1847 31 b MD
Gross Eli 1860 23 b DE
Gross William 1831 22 c MD
Grouard Francis 1838 19 MA
Grover Charles B 1850 20 PA
Grover Joseph 1857 26 PA
Groverman Frederick C. 1824 28 VA
Groves Theodore 1837 18 PA
Grow Matthew 1840 23 PA
Grubs William 1841 28 PA
Gubbins Daniel 1828 41 MD
Guier William 1829 20 PA
Guizzes Joseph F 1860 41 b India
Gulliver Nathaniel 1825 26 ME
Gumphert William 1855 20 PA
Gunderson Nicholas P 1839 51 Norway

Gundy Joseph 1839 21 s NY
Gunnerson William 1847 50 PA
Gunning Robert 1848 24 NY
Gunyon John B. 1855 29 France
Guptill Thomas 1844 21 ME
Gurley Noah 1829 24 c DE
Gurney James 1832 19 DE
Gurrere Constantine 1853 22 Portugal
Guthrie James Charles 1838 33 NY
Guthrie Nicholas 1847 27 Austria
Guy Ephraim 1827 18 c PA
Guy Henry 1849 30 DE
Guy James 1861 27 m DE
Guyger George A 1825 14 PA
Gwillim William A 1860 38 PA
Gwinn William 1848 36 PA
Gyllick Jacob 1854 25 b MA
Haas Daniel 1843 25 PA
Hackett Abner L 1838 41 MA
Hackett William 1854 22 MA
Hadley Henry 1855 22 MA
Hafford Lawrence 1834 28 PA
Hagan Caesar 1836 23 c NJ
Hagan Henry O 1858 23 Ireland
Hagarty Matthew H 1840 32 NY
Hagedorn Jacob P. 1852 22 PA
Hagermann James 1859 35 m PA
Haggerty William 1833 28 PA
Hagner William H 1846 18 PA
Hague James 1858 22 c NJ
Haines Francis 1858 21 NJ
Haines Jesse B 1856 19 PA
Haines Joseph 1830 37 PA
Haines Martin V 1854 19 PA
Haines Reuben W 1840 20 PA
Haines Thomas D 1855 24 PA
Haldeman Peter, Jr 1844 17 PA
Hale John 1851 24 MD
Haley John 1839 21 NJ
Haley Nelson 1860 18 NJ
Haley Thomas 1855 21 RI
Halfmann Lambert Whilldin 1861 19 PA
Hall Alexander, Jr 1825 13 PA
Hall Alfred S 1843 17 MA
Hall Benjamin 1829 00 XX
Hall Charles 1837 28 s PA
Hall Cyrus 1842 24 MA
Hall Daniel 1852 30 ME
Hall Darrius 1846 14 MA
Hall Edmund 1846 21 PA
Hall Edward 1854 28 NY
Hall Elijah 1829 33 y MA
Hall Freeman C 1860 27 ME
Hall Henry W 1860 15 MA
Hall Isaac 1833 23 MD
Hall James 1837 26 PA

Gunner John 1861 21 ME
Gunning Richard 1858 22 NY
Gunvy Andrew 1846 24 c DE
Guptile Francis 1833 18 ME
Gurley Noah 1827 22 m DE
Gurn Charles 1826 15 PA
Gurrell John 1847 21 ME
Guthrie Isaac S 1838 20 DE
Guthrie Jesse H 1843 31 NY
Guttry Peter 1826 35 y MD
Guy Hendrick 1850 25 NY
Guy Isaac 1824 21 y DE
Guy James W 1860 26 b DE
Gwillim James W. 1854 25 PA
Gwillin William A. 1855 30 PA
Gyles Edwin 1854 21 CT
Gymer Charles 1841 51 PA
Hacker Caleb 1828 33 RI
Hackett Charles W 1840 20 VT
Hadley Charles 1858 19 SC
Haffey Thomas 1843 19 NY
Hagaman Jacob 1837 28 NY
Hagan Charles 1855 29 Ireland
Hagans Alexander P 1840 26 b PA
Hagarty Michael 1855 19 PA
Hagerman Charles 1856 21 b PA
Hagerty William 1847 20 NY
Hagget Henry 1830 24 m PA
Hagthrop J Stanley 1854 16 MD
Haines Dudley 1852 22 ME
Haines Jacob Ridgway 1838 18 PA
Haines John C 1843 29 c NY
Haines Josiah 1837 26 PA
Haines Nathaniel 1843 28 MA
Haines Richard W 1845 21 NJ
Haislett Samuel 1838 32 MD
Hale Frederick T 1859 28 MA
Haley Edward 1838 22 MD
Haley John 1849 20 m PA
Haley Richard 1854 21 MD
Haley William 1837 26 y NY
Halin Thomas 1826 46 MD
Hall Alfred S 1845 19 MA
Hall Azariah 1858 25 MA
Hall Benjamin F 1847 25 MA
Hall Charles William 1828 35 Sweden
Hall Daniel 1834 18 NH
Hall Darius C 1853 21 MA
Hall David T T 1840 29 PA
Hall Edward 1827 20 MD
Hall Edward 1855 32 b PA
Hall Frank C 1858 16 PA
Hall George 1840 26 MD
Hall Hiram, II 1838 16 MA
Hall Isaac 1855 25 b DE
Hall James 1855 21 s MD

66

Hall James Jacks 1851 25 SC	Hall James P. 1835 25 ME
Hall John 1824 32 y MD	Hall John 1828 36 RI
Hall John 1829 24 ME	Hall John 1838 23 b PA
Hall John 1838 23 MA	Hall John 1843 27 c PA
Hall John 1846 15 b NC	Hall John 1854 21 VA
Hall John 1855 26 PA	Hall John 1856 23 CT
Hall John B 1853 30 CT	Hall John E 1856 52 NJ
Hall John G 1830 24 VA	Hall John M 1861 28 NJ
Hall John S. 1838 27 MD	Hall Joseph 1828 34 c MA
Hall Joseph 1847 15 MA	Hall Joseph 1853 26 s NJ
Hall Joseph 1860 23 b MD	Hall Joseph B 1829 19 PA
Hall Joseph S 1828 32 RI	Hall Joshua 1853 23 s PA
Hall Josiah 1843 24 England	Hall Lewis 1840 26 VA
Hall Richard 1840 23 y PA	Hall Richard 1855 25 b DE
Hall Robert 1856 23 ME	Hall Robert B. 1851 18 PA
Hall Robert B 1854 21 PA	Hall Samuel, Jr 1841 21 MA
Hall Seth 1857 21 MA	Hall Stephen 1826 36 b DE
Hall Thomas 1824 45 SC	Hall Thomas 1826 30 PA
Hall William 1828 21 PA	Hall William 1842 22 NY
Hall William 1840 16 PA	Hall William 1840 18 ME
Hall William 1841 22 NY	Hall William 1854 24 MA
Hall William 1855 18 CT	Hall William 1856 22 c NY
Hall William H. 1826 32 ME	Halleck Thomas V 1861 34 NY
Halles Joseph 1850 34 MA	Hallet Daniel 1833 22 ME
Hallett John M 1858 28 MA	Hallett William E. 1847 21 MA
Hallett William S 1856 22 RI	Hallick Henry 1828 28 b NY
Halliday Francis 1829 34 c LA	Halloek Thomas D 1859 31 NY
Hallowell William E 1840 23 PA	Halsey William 1836 41 b NY
Halstead John J 1831 41 NY	Halzell John 1853 32 PA
Haman Michael 1853 26 Prussia	Hamblen Seth 1853 19 MA
Hamblett Henry G 1848 32 VA	Hamblin William 1857 25 ME
Hamel Charles 1837 24 MD	Hamer Nicholas 1840 32 PA
Hamerton John 1848 40 Sweden	Hamett William 1824 25 b MD
Hamilton Ambrose 1825 37 VA	Hamilton Charles Henry 1840 30 NY
Hamilton George 1829 29 MD	Hamilton Henry 1826 24 b DE
Hamilton James 1836 28 MA	Hamilton James 1849 29 NY
Hamilton James Augustus 1843 16 NJ	Hamilton John 1841 20 PA
Hamilton John 1835 15 PA	Hamilton John 1848 38 NY
Hamilton John 1854 22 IL	Hamilton John R. 1842 21 PA
Hamilton Robert 1861 43 Ireland	Hamilton Thomas 1844 20 I MD
Hamilton Thomas 1837 36 s NY	Hamilton William 1840 28 NY
Hamilton William 1841 24 b MD	Hamilton William 1849 20 ME
Hamilton William 1857 21 PA	Hamin Mathias 1849 20 NC
Hamlen Albert 1837 15 MA	Hamlen William 1824 21 MA
Hamlet Lewis Henry 1857 19 VA	Hamley Charles 1847 29 MA
Hamley Joseph 1844 35 PA	Hamlin Edward 1854 25 ME
Hamm William 1827 22 b NY	Hammitt John H 1851 17 PA
Hammmitt Thomas 1827 26 PA	Hammond Charles 1835 32 MA
Hammond Charles H 1861 19 MA	Hammond Henry 1830 14 NJ
Hammond John 1836 19 b PA	Hammond Joseph 1850 24 NH
Hammond Nathaniel B 1851 19 DE	Hammond Peter 1851 22 SC
Hammond Philip 1849 21 PA	Hammond Philip Joseph 1854 28 Island Jersey
Hammond Thomas 1845 24 NY	Hammond W. H. 1845 24 NY
Hammond William 1830 22 RI	Hammond William H 1834 34 NY
Hampson Benjamin 1859 22 NY	Hampton Francis 1840 20 PA
Hamrick Henry 1833 17 PA	Hana Lemuel 1841 22 VA

Hanbury Cornelius 1841 28 NY
Hancock William R. 1855 21 PA
Hand Andrew J. 1844 16 PA
Hand Firman 1851 28 NJ
Hand James 1827 21 PA
Hand Joseph L. 1840 27 NJ
Handlin Edward 1853 15 NJ
Handy Henry 1855 26 b MD
Handy John 1860 35 c DE
Handy William 1828 20 b MD
Haney James 1825 21 VA
Haney William W. 1854 24 ME
Hankins George 1860 21 NJ
Hankins John 1860 22 NJ
Hankins William 1860 25 NJ
Hanley Francis 1852 41 England
Hanley John 1847 23 c DE
Hannaberry Edward 1852 36 VA
Hannaks Lemuel W 1861 30 NJ
Hannam George 1829 39 NY
Hannon Francis o 1833 19 VA
Hanscheldt Jacob G 1846 22 SC
Hanscome Charles 1840 21 ME
Hanser Carey 1837 17 m DE
Hanson Alphens Turner 1843 18 DE
Hanson Christian 1856 20 m NY
Hanson Jacob 1834 25 NY
Hanson Samuel C. 1851 19 ME
Hansor James 1831 17 l DE
Hanzsche John S 1839 21 MD
Hard Samuel 1826 29 VT
Hardey Emery 1824 21 y MD
Hardie Robert 1856 14 MD
Hardin John 1833 65 b DE
Harding Bristol 1847 34 b PA
Harding David 1831 19 MA
Harding Edward 1851 25 ME
Harding George 1846 22 c PA
Harding Henry 1832 18 c NY
Harding Joseph 1843 20 MA
Harding Nathaniel 1839 21 ME
Hardister Abraham C. 1848 39 MD
Hardy Francis George 1854 20 PA
Hardy George W 1844 19 NY
Hardy Laurence 1830 19 PA
Hardy Thomas 1825 16 PA
Hardy William 1859 23 LA
Hardy William Thomas 1858 16 c PA
Harger Charles 1857 27 NY
Hargis Thomas G 1858 17 PA
Harker James V 1839 17 NJ
Harkill Reading 1833 29 b NC
Harkness John H 1843 16 PA
Harley Columbus Wesley 1859 21 MD
Harm William 1847 17 SC
Harman Frederick 1853 22 m DE

Hancock John 1841 19 MA
Hancocks James 1838 26 PA
Hand Enoch 1840 32 NJ
Hand Humphrey 1827 31 y DE
Hand John 1848 22 PA
Hand Zelepheard 1843 24 NJ
Handy Henry 1838 20 NY
Handy John 1854 30 b DE
Handy Thomas 1844 22 b DE
Handy William 1851 22 s MD
Haney John 1853 24 ME
Hanigan Thomas 1840 17 NY
Hankins Harrison 1838 20 NJ
Hankins Richard 1830 21 NJ
Hanks John 1824 28 England
Hanley James N. 1848 28 ME
Hanna Francis 1848 21 Ireland
Hannaday Joseph 1828 25 y SC
Hannal Joseph 1840 16 PA
Hannessy Thomas 1846 19 NY
Hanover William F 1829 26 ME
Hanscom Thomas R 1856 22 ME
Hansen Hans J 1835 28 Denmark
Hansey Samuel 1840 20 m DE
Hanson Andrew 1841 23 MD
Hanson Ezra L. 1861 23 NJ
Hanson John 1828 34 NY
Hansor Alexander 1836 31 y DE
Hanzer Thomas Robeson 1858 19 l DE
Harad David 1824 16 y PA
Hardalle Nicholas 1853 40 MA
Hardey James 1825 23 PA
Hardie Samuel 1825 17 PA
Hardin Joseph 1855 32 b MD
Harding Daniel 1852 25 MA
Harding Edward 1835 22 c PA
Harding George 1840 26 b DE
Harding George 1860 36 m PA
Harding Isaac G 1840 32 MA
Harding Matthew 1855 25 MA
Harding Thomas 1845 15 ME
Hardy Edward 1824 18 MA
Hardy George 1847 19 NY
Hardy John K 1860 29 DE
Hardy Lewis 1826 18 ME
Hardy Thomas 1828 19 PA
Hardy William 1861 25 LA
Hare William F. 1849 23 PA
Hargis John 1859 25 b DE
Hargust John 1859 31 m DE
Harker John C 1836 30 NC
Harkins James 1856 27 RI
Harlan Brinckle 1858 20 PA
Harling Edward 1848 24 ME
Harman Elisha 1837 31 PA
Harman Henry 1855 38 MD

Harman Henry 1857 23 DE
Harman John 1825 21 PA
Harman John 1861 24 c DE
Harman Leonard 1827 27 b NJ
Harman Lewis C 1825 21 PA
Harman Samuel 1828 22 c PA
Harman Wilson 1835 35 b PA
Harmon Thomas 1860 28 I DE
Harmon William 1860 35 c PA
Harper George 1825 19 y PA
Harper Joseph 1860 18 ME
Harper William 1846 17 ME
Harper William 1847 24 MD
Harrel Charles M 1856 39 NY
Harrid Jacob 1833 15 b DE
Harrington Charles M 1861 22 ME
Harrington George 1843 49 NY
Harrington John 1859 24 b DE
Harrington Joseph H 1850 21 MA
Harrington William 1854 25 Bremen
Harrington Wm 1854 18 ME
Harris Alexander 1844 26 b PA
Harris Andrew J 1858 25 NJ
Harris Asa 1840 27 ME
Harris Benjamin R 1852 32 b VA
Harris Daniel 1847 21 NY
Harris Daniel 1854 22 b DE
Harris David P 1858 27 b DE
Harris Edward 1851 21 PA
Harris Emanuel 1836 25 s PA
Harris Frederick C 1855 24 MD
Harris George 1855 43 b PA
Harris George J 1857 18 PA
Harris Henry 1829 28 b MD
Harris Henry 1860 23 ME
Harris James 1849 29 ME
Harris James S 1849 27 PA
Harris John 1826 21 y VA
Harris John 1854 28 NY
Harris Joseph 1840 21 NJ
Harris Joseph 1852 27 ME
Harris Levin 1833 25 b MD
Harris Orlanda 1853 29 m MD
Harris Richard 1843 31 VA
Harris Robert 1856 37 c DE
Harris Samuel 1830 29 c MD
Harris Theodore 1854 23 b DE
Harris Thomas B 1831 20 NY
Harris Walker 1853 26 NY
Harris William 1826 56 b PA
Harris William 1834 39 b MD
Harris William 1837 15 England
Harris William 1851 22 b DE
Harris William 1853 18 NJ
Harris William 1858 22 PA
Harris William 1861 28 NY

Harman James 1856 20 s MS
Harman John 1836 25 c DE
Harman Joshua 1858 34 s DE
Harman Levi 1856 55 DE
Harman Parnell 1831 15 b DE
Harman Simon 1858 23 s DE
Harmon Lewis N 1829 10 c PA
Harmon William 1851 26 s PA
Harney Richard 1838 19 MD
Harper Henry 1835 26 NY
Harper William 1824 38 NH
Harper William 1846 21 m MA
Harrat William 1826 22 NH
Harrell William 1858 22 NC
Harriman Jonathan 1855 19 NH
Harrington Edward 1838 27 MA
Harrington John 1855 21 b DE
Harrington John 1861 40 ME
Harrington Peter 1840 23 NY
Harrington William J 1860 24 PA
Harris Abraham 1854 28 b NJ
Harris Almon 1852 24 RI
Harris Anthony 1833 26 y NJ
Harris Asarelak M 1830 30 ME
Harris Charles 1855 36 NY
Harris Daniel 1854 21 b DE
Harris Daniel W 1849 45 b MD
Harris Edmund 1835 21 RI
Harris Edwin A 1854 27 MA
Harris Francis 1837 18 y PA
Harris George 1849 23 MA
Harris George B 1857 28 PA
Harris Greensburg 1859 24 b DE
Harris Henry 1833 27 MA
Harris Henry 1861 33 RI
Harris James L 1852 25 NJ
Harris Jeremiah 1829 28 b PA
Harris John 1836 21 PA
Harris John 1855 21 NY
Harris Joseph 1841 42 CT
Harris Joshua 1860 22 b DE
Harris Lewis 1843 21 b NY
Harris Richard 1838 28 b MD
Harris Robert 1856 34 m DE
Harris Robert 1861 39 b DE
Harris Samuel 1854 20 NJ
Harris Thomas 1834 42 NY
Harris Vincent 1837 23 MD
Harris Willard 1852 20 y ME
Harris William 1834 28 b PA
Harris William 1844 34 NJ
Harris William 1839 25 MA
Harris William 1852 21 ME
Harris William 1856 20 ME
Harris William 1860 22 ME
Harris William H. 1857 26 c MD

Harris William H 1861 30 y MD
Harris William T 1860 21 NC
Harrison Daniel 1848 27 NY
Harrison Francis M. 1844 14 PA
Harrison Henry 1859 32 Portugal
Harrison Henry Rousell 1835 14 c MD
Harrison James E. 1847 18 VA
Harrison John 1843 27 PA
Harrison Joseph 1855 20 CT
Harrison Samuel 1852 25 DC
Harrison Thomas 1843 17 PA
Harrison William 1844 23 VA
Harrison William 1855 20 VA
Harrison William 1860 18 LA
Harrison William F 1849 21 PA
Harrod Hiram 1828 17 b DE
Harrold Nathaniel 1826 22 NH
Harrys Thomas 1855 23 b DE
Harsum John C 1860 20 m MD
Hart Benjamin, Jr 1840 20 NY
Hart James 1834 34 ME
Hart James W. 1857 38 b DE
Hart John 1840 23 DE
Hart John 1839 21 MA
Hart John R. 1861 26 PA
Hart Russell N B 1844 21 ME
Hart Williamm S 1848 22 PA
Hartford Lobieski E 1860 20 ME
Harthorn Samuel 1840 18 ME
Hartland Isaac 1855 22 MA
Hartley William 1824 20 PA
Hartman Joseph W 1847 18 PA
Hartnet Frederick 1854 23 ME
Hartson Lewis 1855 19 NY
Harty John 1833 33 MD
Harvey David 1852 26 ME
Harvey George 1861 15 PA
Harvey Henry 1846 25 c NY
Harvey James 1829 22 MA
Harvey James D 1835 19 PA
Harvey John 1855 14 PA
Harvey Nathaniel 1853 20 ME
Harvey Samuel 1843 23 ME
Harvey Thomas 1829 23 PA
Harvey Thomas E 1856 24 PA
Harvey William 1853 21 MA
Harwick John 1849 38 NY
Harz Frederick Christian 1860 51 CA
Haskel Mark 1841 23 ME
Haskell Charles H. 1825 22 MA
Haskell George 1835 25 NY
Haskil George 1855 21 s MA
Haskins Bartlett 1844 34 MA
Haslam Charles 1851 28 PA
Haslam Thomas 1844 19 PA
Hassan William W 1849 22 VA

Harris William S 1847 18 ME
Harrison Charles 1854 25 ME
Harrison Edward J 1841 17 PA
Harrison Henry 1846 22 MA
Harrison Henry L 1860 16 MS
Harrison James 1860 21 c DE
Harrison John 1837 20 MA
Harrison John 1848 26 MA
Harrison Richard M 1832 18 PA
Harrison Thomas 1836 21 Great Britain
Harrison William 1824 24 NJ
Harrison William 1841 21 RI
Harrison William 1856 21 LA
Harrison William E. C. 1848 16 MD
Harrod Clement 1825 14 y PA
Harrold David 1826 22 NY
Harrow Charles J 1843 26 PA
Harshpool Mathew 1854 23 b MA
Hart Andrew 1845 35 NY
Hart Edward 1827 21 PA
Hart James 1848 25 PA
Hart Jesse 1851 25 PA
Hart John 1838 33 MA
Hart John M , Jr 1851 14 PA
Hart Oliver 1826 23 b NY
Hart Thomas 1827 38 b NY
Hartery John 1855 27 MA
Hartgan Thomas M. 1851 17 Ireland
Hartigan Richard 1855 14 MA
Hartley John E 1856 28 New Foundland
Hartley William N 1832 30 ME
Hartmeyer Henry 1847 25 MA
Hartsgrove Thomas 1833 22 ME
Hartt John A 1853 30 NY
Harvey Alexander 1852 24 NJ
Harvey David H 1839 16 PA
Harvey George F 1853 20 PA
Harvey Henry 1856 20 NY
Harvey James 1856 30 MA
Harvey John 1831 25 b VA
Harvey Joseph, Jr 1834 18 RI
Harvey Norman 1843 28 ME
Harvey Theodore 1837 32 NH
Harvey Thomas 1856 55 b RI
Harvey William 1840 22 ME
Harvey Wm Henry, Jr 1824 18 NH
Harwood Benjamin 1828 16 MD
Hasell Andrew 1847 20 NY
Haskell Benjn F 1858 26 ME
Haskell Farnum 1854 26 ME
Haskell L P 1855 21 OH
Haskill Robert 1852 24 ME
Haskins Edwin 1844 31 MA
Haslam John Buckley 1824 28 Great Britain
Hassan William 1856 31 MD
Hassinger John A 1854 17 PA

Hastings Hiram C. 1848 23 DE
Haswell John 1854 22 MA
Hatch Daniel 1833 29 ME
Hatch Henry 1851 24 ME
Hatch Lemuel L 1855 20 ME
Hatch William 1852 18 ME
Hatchard Thomas 1861 24 ME
Hathaway Enis 1827 18 MA
Hathorn Hugh 1841 16 NJ
Hatter Reuben 1836 33 s VA
Hatton Michael 1840 19 NY
Haulton Michael 1853 18 NY
Haven Henry 1861 26 c NY
Havens John P 1859 22 NJ
Havens Richard M 1854 22 NY
Havlin John 1849 20 MA
Hawes Benjamin H 1856 20 MA
Hawes Elijah 1855 55 ME
Hawes Nathaniel 1856 22 ME
Hawey James 1827 21 NY
Hawkes John Laskey 1834 38 MA
Hawkins Charles 1829 26 b NY
Hawkins Daniel 1827 45 b MD
Hawkins Francis 1860 22 b PA
Hawkins George 1856 33 b MD
Hawkins James H 1856 17 c PA
Hawkins John 1852 30 RI
Hawkins Simon 1826 66 b PA
Hawley Joseph 1827 16 PA
Hawthorn Andrew 1846 20 ME
Hayden Charles Henry 1832 17 GA
Hayes Henry 1846 30 NY
Hayes Isaac Austin 1824 22 PA
Hayes John 1852 25 PA
Hayes John 1857 25 VA
Hayes Peter 1828 27 Ireland
Hayes Robert 1835 46 MA
Hayes Samuel J 1826 28 NJ
Hayes William 1829 28 NY
Hayman Robert 1859 29 MI
Haynes William 1844 22 PA
Hays Henry 1846 38 s DE
Hays Thomas 1824 28 NJ
Hayward Joseph 1838 21 PA
Hayward William P 1858 20 PA
Hazard George 1860 38 m DE
Hazard Jacob 1835 23 b DE
Hazard John 1833 24 b DE
Hazel Isaac B. 1855 25 DE
Hazeltine Saml G 1846 20 ME
Hazlett James W 1857 22 ME
Hazzard Isaac 1848 45 b PA
Hazzard John 1843 31 c PA
Head Alexander 1835 16 PA
Head Jonathan 1858 24 NY
Headman Francis W 1840 19 PA

Hastings John, Jr 1826 22 Ireland
Hatch Asa 1825 26 VT
Hatch Durand 1852 32 NC
Hatch Joseph 1858 37 ME
Hatch William 1834 18 CT
Hatch William H 1861 19 NJ
Hateny Edmund 1833 33 b MD
Hathaway Reuben 1836 36 MA
Hathway Allen 1828 28 MA
Hatton James P 1831 22 PA
Hattrick James R , Jr. 1846 14 PA
Hauptman Wesley 1853 34 NY
Haven Richard 1854 21 PA
Havens Noyes B 1861 32 CT
Haverstock John 1860 23 PA
Hawes Augustus 1855 21 ME
Hawes David P 1840 25 MA
Hawes George L. 1849 24 MA
Hawes Prince O. 1838 20 ME
Hawey James 1846 24 NY
Hawkins Abraham 1834 30 b MA
Hawkins Charles 1856 25 NY
Hawkins Daniel 1844 23 NY
Hawkins George 1836 25 s NY
Hawkins James 1858 23 DE
Hawkins John 1848 28 b DE
Hawkins Joseph 1845 24 PA
Hawley John 1848 22 ME
Hawley William 1833 16 PA
Hawthorn Ward 1828 29 ME
Hayes George 1845 21 NY
Hayes Henry 1859 27 c MD
Hayes John 1845 22 PA
Hayes John 1855 24 NY
Hayes Joseph 1839 24 MA
Hayes Richard 1859 34 MD
Hayes Robert 1851 28 NY
Hayes Thomas George 1845 21 NY
Hayes Wm. J 1840 21 CT
Haynes James 1846 25 NJ
Hays Elijah 1844 30 NJ
Hays Moses 1829 27 c DE
Hays William 1834 23 ME
Hayward Spencer 1835 21 c MD
Hazard David 1853 23 s DE
Hazard Harry W 1850 16 PA
Hazard Jery 1824 26 y DE
Hazard William 1854 17 b DE
Hazeleton George 1859 21 ME
Hazelton Peter M 1833 30 NY
Hazzard Abraham 1840 23 RI
Hazzard James 1837 24 m PA
Hazzard William Henry 1851 16 PA
Head Jackson S. 1827 28 VA
Head Samuel T 1841 24 NJ
Heagan Samuel 1851 24 ME

Heald George 1845 40 NH
Healon Aaron, Jr. 1826 19 NJ
Heard Oliver 1850 24 ME
Heat Henry 1848 25 LA
Heath Isaac 1829 24 NH
Heath Zebediah 1836 21 ME
Heather Thomas 1861 27 DE
Heavner Elias R 1861 20 ME
Heaxt Charles 1845 36 NY
Heckman Arthur 1829 18 PA
Hedden Russel 1827 30 NJ
Hedges Charles 1851 26 b NY
Hedtee Thomas E 1861 27 DE
Heiffer Lawrence 1828 23 PA
Height John B 1839 41 s MD
Heiser James 1859 18 PA
Helford Alfred 1861 37 b DE
Heligar Alfred 1833 22 b PA
Hellett Charles 1840 46 MA
Hellyer Joseph 1854 22 NY
Helmes Aaron 1829 22 PA
Helton Charles 1833 28 b NJ
Hemminway John 1829 23 CT
Hemple Charles 1824 16 PA
Henderson Eben 1852 25 ME
Henderson George C 1849 34 PA
Henderson James 1858 30 NJ
Henderson John 1845 23 ME
Henderson John 1861 24 NJ
Henderson Lorenzo 1854 18 NJ
Henderson Robert 1833 19 PA
Henderson Wesley 1860 18 MD
Hendren James 1855 21 MA
Hendrick Henry 1852 41 Holland
Hendricks Frederick J 1833 24 MA
Hendrickson Andrew 1843 25 NJ
Hendrickson Henry 1825 40 NJ
Hendry Hugh 1858 28 Ireland
Henk John G. 1828 34 PA
Henley Richard 1826 25 b MD
Hennessy John 1828 19 ME
Henright Augustus M 1852 24 ME
Henry James 1825 19 b PA
Henry James 1848 24 s DE
Henry John 1837 24 s PA
Henry John 1856 23 I AL
Henry Joseph 1828 21 SC
Henry Passmore 1853 23 b PA
Henry Robert B 1825 19 PA
Henry Samuel 1861 20 PA
Henry Thomas 1857 21 s RI
Henry William 1842 36 Scotland
Henry William 1833 17 PA
Henry William 1851 45 DE
Henry William 1853 23 c PA
Henry William 1858 27 MA

Healey William 1849 27 LA
Heaney William 1852 22 NY
Heard William 1859 38 MD
Heath Henry 1840 32 VA
Heath William Henry 1841 17 PA
Heather George M 1858 34 DE
Heaton William S 1846 16 PA
Heavner James R 1860 23 ME
Hebbarn George Washington 1854 24 b VA
Hedden Aaron 1824 18 PA
Hedge Elisha 1825 21 MA
Hedges William 1849 28 England
Heffrn Andrew D 1852 26 none given
Height Daniel 1841 24 b MD
Heinzeman Christian Frederick 1825 31 Prussia
Helen David 1851 38 c NY
Helgeson Andrew 1846 32 Norway
Heller Edward 1846 39 ME
Hellmerick Frederick 1858 28 MA
Helmers Jno J 1834 45 Germany
Helms Oliver 1833 35 b NY
Hemmery William 1860 27 MA
Hemphill Stephen Girard 1836 16 PA
Henderson Azzle C. 1857 19 NJ
Henderson George C 1840 27 PA
Henderson Jacob 1827 30 y MD
Henderson Jesse 1828 29 y PA
Henderson John 1843 22 CT
Henderson Joseph 1826 43 Sweden
Henderson Robert 1840 27 NY
Henderson Thomas 1851 22 ME
Henderson William 1852 31 NY
Hendrian Thomas 1855 19 NY
Hendricks David W 1827 32 NJ
Hendricks George 1829 17 PA
Hendrickson Henry 1825 39 PA
Hendrickson John 1838 21 DE
Henion Joseph 1836 24 s NY
Henley James 1848 23 MA
Henly Henry 1829 25 CT
Henriek John Peter, Sr 1852 33 PA
Henry George 1841 22 NY
Henry James 1843 21 CT
Henry James H 1853 24 b PA
Henry John 1848 31 NY
Henry John C 1861 21 b NJ
Henry Joshua 1856 28 c DE
Henry Patgrick 1848 22 NY
Henry Samuel 1852 47 b MA
Henry Thomas 1846 23 c PA
Henry Timothy 1841 38 MA
Henry William 1840 40 DE
Henry William 1848 35 s NY
Henry William 1852 22 NY
Henry William 1854 27 b DE
Henry William E. 1856 21 PA

Henry William P 1858 22 PA
Hensel John A 1849 24 PA
Henshaw George 1857 32 NY
Henson William 1855 22 b MD
Henton William 1841 23 Nova Scotia
Henzey John 1856 21 LA
Herbert Arthur 1855 22 MA
Herbert James B. 1847 17 PA
Herbert John 1854 32 NY
Herbert Michael 1855 24 ME
Herbert William 1838 52 c PA
Hercules David 1830 41 c CT
Hering John W 1857 30 DE
Herman Eli 1853 24 I DE
Herman James 1843 28 NY
Herod Perry 1827 16 y PA
Heron James L 1852 40 ME
Herring George Albert 1856 25 MA
Herring Joseph 1831 27 NY
Herrington Henry 1861 35 ME
Herron George 1840 21 NJ
Hess Edmon 1861 19 NJ
Hess William 1824 21 PA
Heston George T. 1849 23 PA
Hetrick James 1854 30 PA
Hevelo John 1856 22 b DE
Hevelo John 1861 27 c DE
Hewes John H 1861 27 PA
Hewit Isaac 1856 19 NJ
Hewitt George 1840 15 PA
Hewitt Lewis 1825 22 NJ
Hewitt Smith 1849 20 NJ
Hewlett James Mor-- 1860 18 CT
Hewson Richard 1829 18 MA
Heyes George 1841 24 ME
Heyl John B. M. 1837 17 PA
Heyliger Albert E 1829 23 m PA
Heyligger James 1859 29 b NJ
Heywood Horatio Q. 1859 25 ME
Hibberd George 1838 34 England
Hicken Benjamin 1854 19 MA
Hickhan John 1840 21 PA
Hickman Daniel 1861 28 b DE
Hickman Francis 1836 19 PA
Hickman Handy 1845 22 DE
Hickman Henry H. 1861 38 DE
Hickman Joshua 1845 57 MD
Hickman William 1846 22 VA
Hicks Charles 1824 26 b PA
Hicks John 1844 22 MA
Hicks John G 1853 20 MD
Hicks Silas 1841 20 s NY
Hicks William 1857 25 m NY
Hide John 1840 21 NY
Higgin William 1836 35 c NJ
Higgins Calvin C 1857 25 ME

Henry Willim 1836 36 CT
Hensey George 1851 25 b NY
Henson Thomas 1859 37 b NY
Henson William C 1861 23 RI
Hentz Henry 1847 13 PA
Heper William A. 1846 20 PA
Herbert Jacob 1840 22 PA
Herbert John 1826 26 PA
Herbert John 1858 38 GA
Herbert William 1837 25 y PA
Herbert William P. 1825 21 PA
Herde Judson 1832 23 c PA
Herman Edmund H 1846 20 ME
Herman Elisha 1828 25 b DE
Hernando Joseph 1858 36 NY
Heron Andrew 1858 23 NY
Herring Charles A 1855 19 NY
Herring James 1861 22 NY
Herrington Daniel B 1855 23 NY
Herron Fredrick Saml. 1826 22 SC
Herster Joseph M 1835 17 PA
Hess Job 1861 19 NJ
Hess William 1857 25 PA
Hetherton John 1847 22 NY
Hettrick Thomas 1852 14 PA
Hevelo John 1860 25 m DE
Hevelo William John 1860 22 b DE
Hewet Benedick W. W. W 1832 36 c MA
Hewitt Charles 1854 18 NJ
Hewitt James E. 1844 19 NJ
Hewitt Richard 1849 24 NY
Hewitt Thomas 1861 23 NJ
Hewlett Richard J 1847 17 MD
Heyer Isaac 1858 28 ME
Heyl David L 1832 18 PA
Heyl Theodore C. 1853 15 PA
Heyliger Charles 1858 15 m PA
Heyser William H 1830 20 PA
Heyzer John 1836 20 NY
Hickamn Enoch S 1847 20 NJ
Hickey Charles E 1846 26 NH
Hickman Daniel 1860 28 b DE
Hickman Erwin 1842 23 NJ
Hickman George 1847 22 NY
Hickman Henry H 1857 35 DE
Hickman James H. 1856 23 b DE
Hickman Richard 1835 22 DE
Hickok Roswell Franklin 1837 25 VT
Hicks James 1854 32 NY
Hicks John 1850 26 MA
Hicks Robert 1832 14 c PA
Hicks Stillman H 1856 22 ME
Hickson John 1847 21 MA
Higbee Charles 1843 14 PA
Higgins Abner 1841 19 MA
Higgins Cornelius 1827 22 PA

Higgins Cyrus 1837 15 ME
Higgins Elijah 1841 19 MA
Higgins George W. 1860 21 ME
Higgins Joseph, Jr 1843 26 MA
Higgins Royal 1827 21 ME
Higgins Thomas 1847 18 ME
High Ezekiel 1850 33 NJ
Higham James 1855 24 England
Hignat George 1827 27 MD
Hill Abraham 1846 28 c NJ
Hill Arthur 1834 43 c DE
Hill Charles 1832 17 PA
Hill David 1840 22 s PA
Hill Edward 1857 35 c DE
Hill George A 1831 22 PA
Hill George W 1857 38 c DE
Hill Henry 1859 39 c DE
Hill Isaac 1847 23 m NJ
Hill Jacob 1826 29 b DE
Hill Jacob 1855 40 b DE
Hill John 1830 18 NC
Hill John 1855 36 b PA
Hill John N. 1847 26 VT
Hill Joseph 1831 19 PA
Hill Joseph 1861 23 y DE
Hill Nathaniel 1824 27 CT
Hill Peter 1858 28 b PA
Hill Richard 1830 30 MA
Hill Samuel 1829 21 PA
Hill Thomas E 1836 17 PA
Hill William 1845 23 b PA
Hill William 1855 25 b MD
Hiller Summers 1855 26 MA
Hillerman Jacob 1847 18 NJ
Hillis Robert 1857 22 NY
Hills Henry 1860 23 LA
Hilman Thomas 1842 28 MA
Hilt John 1849 27 NY
Hilton Charles 1855 19 MA
Hilton Winslow 1841 23 ME
Hinchman Joseph B, Jr 1846 23 PA
Hinde Joseph 1830 19 NY
Hinds Joseph 1831 34 PA
Hinds Watson 1834 21 ME
Hines Samuel D. 1860 28 MD
Hines Watson 1838 24 ME
Hingle Solomon 1845 21 y PA
Hinkley Horace 1860 20 ME
Hinkley Peter 1824 18 PA
Hinson Benjamin F 1841 21 DE
Hinson Henry 1854 22 b MD
Hinson James 1831 20 b MD
Hinson Thomas 1842 21 NY
Hinton Henry 1838 23 m MD
Hinton William 1846 17 LA
Hiorth Christian G, Jr. 1853 09 PA

Higgins David H 1826 39 PA
Higgins Francis 1830 17 RI
Higgins James 1855 30 Ireland
Higgins Judah 1840 21 MA
Higgins Thomas 1842 26 ME
High Andrew 1856 24 NJ
High John 1850 19 NJ
Highland John 1833 21 PA
Hile Francis 1842 31 CT
Hill Alphens 1857 24 b CT
Hill Charles 1827 28 y OH
Hill David 1825 14 PA
Hill Davis 1829 19 y NJ
Hill George 1855 26 MD
Hill George R 1842 20 NJ
Hill Henry 1840 20 s DE
Hill Irvin S 1858 25 DE
Hill Jacob 1825 35 b DE
Hill Jacob 1848 39 c DE
Hill John 1836 30 s MD
Hill John 1849 37 LA
Hill John 1861 45 Sweden
Hill John T 1830 25 NY
Hill Joseph 1840 32 c NY
Hill Levin 1828 20 b DE
Hill Peter 1824 27 b DE
Hill Prisley 1854 40 b DE
Hill Richard J 1827 25 b PA
Hill Thomas 1824 24 c NJ
Hill William 1845 44 NJ
Hill William 1852 22 c NY
Hiller John B. 1855 30 MA
Hiller William P 1848 25 MA
Hillerson Francis 1852 43 Germany
Hillmon George W 1861 22 ME
Hillyard Jacob 1860 32 NJ
Hilsee William H 1826 19 PA
Hilt John 1854 39 NY
Hilton Lloyd 1834 30 c MD
Himmelwright Samuel 1858 21 PA
Hinckley James T 1833 28 MA
Hindle Joseph 1841 42 MA
Hinds Noble P 1841 19 MA
Hinds William 1851 22 NY
Hines Thomas 1825 20 PA
Hinesly Risdan L 1834 31 c DE
Hinkley Harrison 1854 17 ME
Hinkley Leonard 1846 19 ME
Hinsley Joseph 1836 31 PA
Hinson Henry 1830 54 c MD
Hinson Jacob 1859 25 b NJ
Hinson James 1853 19 b DE
Hinson William 1832 25 VA
Hinton Joseph 1846 21 PA
Hiorth Andrew D 1856 17 PA
Hiorth Christian George 1837 29 Denmark

Hirons William 1859 22 DE
Hitch Robert J. 1856 23 MD
Hitchens George 1859 22 c NJ
Hitchins Elisha 1855 38 c DE
Hitchins James H 1861 26 c PA
Hitchins John Henry 1856 24 b DE
Hitchins Nathaniel 1837 24 m DE
Hitchins Shelby 1858 16 DE
Hix Samuel 1824 38 ME
Hobbs William 1860 21 WI
Hodge Charles 1856 20 s CT
Hodges Christopher C 1857 28 m PA
Hodges Henry High 1846 16 NY
Hodges Madison 1837 21 VA
Hodgkins William 1851 23 ME
Hodgson John 1851 26 NY
Hoey Bernard W. 1861 22 PA
Hoff Friday 1833 21 c SC
Hoff Joseph S Morris 1853 16 VA
Hoffman Adam 1825 39 PA
Hoffman Philip 1843 44 NJ
Hoffman Silas 1850 22 NJ
Hoffman William S. 1849 24 NJ
Hoffner Richard 1837 18 PA
Hoffses Elmas 1855 20 ME
Hogan Charles G 1840 24 NJ
Hogan Thomas 1858 24 c MD
Hogate Joseph 1837 23 NJ
Hohnes Robert A. 1853 27 RI
Holbert John 1828 21 b PA
Holbrook Griffin 1852 21 NY
Holbrook Samuel H 1836 17 ME
Holden Africa 1837 23 b RI
Holden Lewis 1856 31 NH
Holderness William 1824 19 PA
Holdt Christian J 1853 21 Denmark
Holiday Alfred 1851 37 ME
Hollahan John 1828 22 PA
Holland Daniel 1838 32 b DE
Holland David 1824 21 DE
Holland Edward Jas 1855 25 b DE
Holland Isaac 1839 24 MD
Holland John 1844 21 DE
Holland Joseph 1834 28 b PA
Holland Robert Burton 1854 18 b DE
Holland Thomas 1849 19 NY
Holland William 1844 22 MD
Holland William S 1852 23 DE
Hollier John 1841 24 b MA
Hollingsworth Charles Wharton 1833 19 PA
Hollingsworth Samuel H 1858 21 PA
Hollis Alfred 1840 20 DE
Hollis Lawrence 1834 21 NY
Hollis Moses 1856 22 b MD
Hollowbush William 1840 25 PA
Holly George 1858 26 b MD

Hiskell John 1841 24 ME
Hitchens George 1837 45 c DE
Hitchings James Henry 1852 27 c DE
Hitchins George 1845 50 m DE
Hitchins John 1838 12 m DE
Hitchins Luke 1836 25 y DE
Hitchins Peter 1856 22 m PA
Hitchins William 1861 23 DE
Hoadley Thomas 1852 18 NJ
Hocking Richard 1851 29 ME
Hodge Thomas 1848 17 ME
Hodges David M 1840 27 GA
Hodges John 1853 31 Scotland
Hodgkins Alfred 1853 20 ME
Hodgkinson Joel Page 1831 23 RI
Hodgson Samuel 1850 33 NY
Hoff Charles W 1858 24 PA
Hoff John C. 1838 21 PA
Hoffer John 1845 20 SC
Hoffman Joseph 1835 22 NJ
Hoffman Samuel T 1829 21 PA
Hoffman William 1840 20 NJ
Hoffner George D 1858 39 PA
Hoffses Andrew J 1852 21 ME
Hoffses George 1861 24 ME
Hogan Edward 1861 21 MA
Hogan William Henry 1854 19 PA
Hogg James 1851 21 MD
Holahan John 1858 18 PA
Holbrook Alexander 1849 27 PA
Holbrook Jotham W 1858 39 NH
Holcomb Alfred 1833 14 b PA
Holden Francis 1860 28 MA
Holden Nathan 1854 18 b VA
Holding Charles 1841 30 b RI
Holeroft William 1858 28 NJ
Holkridge Thomas 1854 19 NY
Holland Charles 1835 21 b MD
Holland Daniel 1830 18 y PA
Holland Edward James 1848 17 b DE
Holland Henry 1843 29 MA
Holland James 1838 21 y PA
Holland John 1855 17 PA
Holland Robert B 1860 23 b DE
Holland Shedrick Crippen 1835 35 c VA
Holland Thomas 1861 41 MA
Holland William 1847 24 RI
Holley Charles P 1846 18 MA
Hollingsby William S 1840 21 MA
Hollingsworth John Smith 1832 14 PA
Hollingsworth Thomas G 1841 16 PA
Hollis Charles Barry 1825 20 PA
Hollis Lewis Gray 1828 18 DC
Hollis Wesley H. 1847 28 PA
Holly Charles 1861 23 b DC
Holm Niels M 1841 26 Denmark

Holman Charles 1846 17 MA
Holman Richard 1826 23 PA
Holmes Bartlett B. 1827 31 MA
Holmes Daniel 1850 22 ME
Holmes Ephraim 1851 20 SC
Holmes Francis 1856 23 NY
Holmes Gustavus M 1836 26 MA
Holmes James 1848 21 NJ
Holmes John 1824 16 PA
Holmes John 1859 32 NY
Holmes Joseph 1841 21 ME
Holmes Philip 1829 27 y VA
Holmes Samuel 1858 28 NY
Holmes Thomas 1854 28 NY
Holmes Thompson 1856 24 PA
Holmes William 1849 26 LA
Holson Isaac 1856 47 NJ
Holstein Emanuel 1854 28 PA
Holstein Richard 1825 22 y PA
Holston Charles 1830 17 b PA
Holt Christopher F. 1857 27 MA
Holt Henry 1841 25 NY
Holton Ephram 1856 17 NJ
Hom Thomas 1825 18 PA
Homer Francis 1847 22 NY
Homes James 1840 23 NJ
Hood James L. 1857 28 m DE
Hoodrod John 1836 25 m PA
Hook Peter 1833 21 b PA
Hooper David Henry 1859 22 b DE
Hooper Henry H 1857 21 b DE
Hooper Joseph 1856 20 b PA
Hooper Nathan 1860 38 b DE
Hooton Charles B 1824 23 NJ
Hoover James 1831 31 NJ
Hoover Samuel 1856 23 PA
Hope Richard 1856 35 b MA
Hopkins Caesar 1860 23 b DE
Hopkins Charles 1860 40 ME
Hopkins David 1848 26 RI
Hopkins Francis N. 1831 24 PA
Hopkins George W 1856 21 ME
Hopkins John 1853 16 PA
Hopkins John P 1860 23 PA
Hopkins Joshua A 1859 23 MA
Hopkins Levin 1856 25 s MD
Hopkins Nathan 1830 25 MA
Hoppe Henry 1840 34 Hanover
Horen William 1848 21 MA
Horn Francis 1855 28 Prussia
Horn Isaac 1849 24 ME
Horne Edward 1855 22 LA
Horner Hezekiah 1860 26 NJ
Horner Roger 1833 16 PA
Horron Abraham 1828 59 y DE
Horton John 1861 29 b NY

Holman Jesper H. 1857 19 PA
Holmes Anthony Francis 1830 14 PA
Holmes Charles 1855 28 LA
Holmes Daniel 1859 22 NY
Holmes Fordyce 1833 21 MA
Holmes George 1859 22 CT
Holmes James 1834 32 MA
Holmes Jeremiah 1850 17 NJ
Holmes John 1839 37 NJ
Holmes John W. 1830 23 NY
Holmes Luke 1848 21 ME
Holmes Samuel 1833 19 c VA
Holmes Thomas 1846 23 NJ
Holmes Thomas A 1858 29 NJ
Holmes William 1842 33 ME
Holmes William Vincent 1827 14 PA
Holst William 1832 42 Norway
Holstein Levin 1827 27 VA
Holston Charles 1828 21 b DE
Holston Richard 1831 27 c DE
Holt George 1833 26 c PA
Holt Stephen 1825 23 y VA
Holton Horace W. 1855 20 GA
Homan Hiram A. 1850 20 NJ
Homes Daniel 1854 20 NY
Homewood Josiah Boydell 1846 27 Great Britai
Hood Joseph 1838 25 s PA
Hook Albert 1861 24 ME
Hooper Benjn 1854 23 b DE
Hooper Edward 1853 25 b DE
Hooper Isaac 1849 17 ME
Hooper Nathan 1853 31 b DE
Hooper Thomas Allen 1854 24 b DE
Hoover Henry 1824 16 PA
Hoover Samuel 1841 43 NJ
Hope George 1842 19 PA
Hopkins Aaron 1856 27 b PA
Hopkins Charles 1854 23 c DE
Hopkins Daniel 1848 34 b MD
Hopkins Edward 1848 23 SC
Hopkins George W 1856 32 NY
Hopkins James Asbury 1831 13 y DE
Hopkins John M 1838 27 NY
Hopkins Joseph G 1853 19 MA
Hopkins Josiah 1861 33 DE
Hopkins Mitchell K. 1860 42 DE
Hopkins Richard 1851 35 c PA
Horace Alfred 1839 19 b DE
Horgan John 1855 21 MA
Horn Garret 1843 16 PA
Horn Phillip 1837 21 MA
Horner Charles M 1860 20 NJ
Horner James 1827 21 PA
Hornsby Alfred 1859 20 ME
Horseford James 1828 17 PA
Horton John 1861 29 b NY

Horton Peter S 1839 16 b NY
Hoskins John Robinson 1837 17 PA
Houlse Henry 1851 17 NY
Hourd George 1858 17 NY
House Hamilton 1848 24 NY
House John 1844 22 PA
House William 1846 26 PA
Housman James 1836 15 PA
Houstin David 1829 29 y DE
Houston Spencer 1833 22 m MA
Hovington James 1854 21 y DE
Howard Benjamin A 1848 28 DE
Howard Charles 1839 27 MA
Howard David 1835 16 PA
Howard Francis 1825 21 MA
Howard Francis 1861 23 PA
Howard James 1861 21 NY
Howard John W 1861 22 DE
Howard Philip 1846 21 c DE
Howard Richard 1855 40 PA
Howard William 1825 24 b PA
Howard William 1847 26 NY
Howard William 1854 25 MA
Howe John J. 1857 32 CT
Howell Albert G 1828 20 PA
Howell Charles M 1833 20 PA
Howell George D 1861 39 CT
Howell James 1841 21 CT
Howell Joseph 1852 27 PA
Howes Caleb B. 1835 26 MA
Howes Daniel W 1857 22 MA
Howes John C 1841 24 ME
Howes William 1840 21 RI
Howes Zenus R 1840 20 MA
Howlett Thomas 1854 28 MA
Howzelot Charles 1824 22 MD
Hoy Charles 1838 22 b DC
Hoyt Amherst 1836 24 MA
Hoyt Nathaniel 1829 29 NH
Hubbard Isaac 1859 35 b MD
Hubbard Roland 1859 21 ME
Hubbard Thomas B. 1825 24 MA
Huber George 1853 16 PA
Huddart Thomas 1851 20 NY
Hudson George W 1861 21 DE
Hudson Henry 1856 28 NY
Hudson James 1856 21 s NY
Hudson William 1857 23 c MD
Huff Jason 1860 28 ME
Huff Thomas 1841 24 PA
Hufty Edward 1825 15 PA
Hughes Edward 1846 27 NY
Hughes Francis 1840 19 PA
Hughes George 1856 31 s DE
Hughes Henry 1845 22 NY
Hughes John 1824 36 MD

Horton William 1848 24 ME
Hosmer Henry Thomas 1851 19 MA
Hounslea Charles W 1825 27 MA
Houring John 1840 21 DE
House Henry 1856 26 PA
House Samuel 1852 31 PA
Houseman Samuel 1845 28 PA
Housted Willim 1836 19 NJ
Houston Joseph R 1840 21 PA
Houston Stephen 1860 28 m DE
Hovy Charles H 1825 28 ME
Howard Calvin 1859 23 b DE
Howard Charles H 1849 32 ME
Howard Edward 1838 26 England
Howard Francis 1861 23 PA
Howard George N 1838 29 NY
Howard John S. 1825 30 MA
Howard Luke 1850 26 ME
Howard Richard 1829 15 DE
Howard Russel P 1854 19 MA
Howard William 1846 42 I MA
Howard William 1848 24 NY
Howden Henry 1825 21 b MD
Howe Moses 1824 27 NJ
Howell Andrew 1857 21 b PA
Howell George 1852 22 LA
Howell Henry 1858 23 PA
Howell John H. 1833 21 NJ
Howes Allen 1840 21 MA
Howes Calvin C 1854 14 MA
Howes Horatio 1860 41 MA
Howes William 1845 37 PA
Howes William 1839 19 NY
Howey Hillman 1827 17 NJ
Howshall Francis 1832 16 PA
Hoxie William L 1846 22 RI
Hoyer Frederick 1858 38 Denmark
Hoyt Andrew 1859 21 b DE
Hubbard Charles H 1847 21 MS
Hubbard Oswin 1857 22 CT
Hubbard Sylvester A 1854 21 NY
Hubeli Daniel 1830 20 Switzerland
Hubert William 1853 18 ME
Hudson Elisha 1833 24 b DE
Hudson Henry 1825 17 DE
Hudson Henry C 1854 18 DE
Hudson Robert J 1844 30 PA
Huey Thomas 1843 21 ME
Huff Thomas 1836 21 PA
Huffington Jeremiah 1836 26 s DE
Hughes Abijah 1828 44 NJ
Hughes Emanuel 1824 19 c PA
Hughes Frederick 1848 40 MA
Hughes Griffith 1827 28 NY
Hughes James, Jr 1840 17 PA
Hughes John 1849 19 VA

Hughes John 1851 30 NY	Hughes John 1852 21 NY
Hughes John 1854 22 MD	Hughes Joseph 1845 22 PA
Hughes Matthew 1861 21 PA	Hughes Moses 1857 22 NJ
Hughes Samuel 1835 27 VA	Hughes Thomas 1841 22 PA
Hughes Thomas 1853 48 AL	Hughes Thomas D 1853 18 b NC
Hughes William 1846 19 LA	Hughes Willim 1828 24 MA
Hughes Zorababel 1827 18 MD	Hughey Samuel 1856 20 ME
Hulings Peter 1828 21 NJ	Hulins Peter 1830 23 NJ
Hull David 1828 23 CT	Hull Henry 1860 25 NY
Hull James 1852 23 NY	Hull Samuel 1833 22 RI
Hullett Charles H 1861 23 MA	Hulm Cornelius 1844 24 Great Britain
Hulsman Matthew 1826 25 CT	Hults Joseph 1850 27 NJ
Huly John 1853 38 ME	Humble William 1826 31 NY
Hume George 1853 19 ME	Hume Joseph M 1853 21 LA
Humes John 1832 32 NC	Humes Samuel 1844 25 PA
Humphrey Daniel 1828 24 NJ	Humphrey David 1843 22 MA
Humphrey Edwin W. 1860 20 OH	Humphrey George 1843 33 NY
Humphrey George 1847 37 Scotland	Humphrey Richard 1840 35 NY
Humphreys Daniel 1828 24 NJ	Humphreys Daniel 1836 17 s NJ
Humphreys Ebenezer 1839 34 ME	Humphreys George 1836 26 s NJ
Humphreys John 1825 22 b PA	Humphreys John 1833 27 NJ
Humphreys Robert 1834 22 c NJ	Huneker Francis 1825 15 PA
Hungerford Charles 1840 22 NY	Hunkings Harrison M 1852 18 MA
Hunt Albert 1825 21 MD	Hunt Bradford R 1853 23 RI
Hunt Cyrus, Jr 1829 26 NY	Hunt Edward 1850 25 ME
Hunt Edward D 1824 32 MA	Hunt Francis 1856 24 PA
Hunt James 1851 23 Ireland	Hunt John 1831 30 CT
Hunt John 1850 25 NY	Hunt John 1853 34 NH
Hunt John 1855 18 PA	Hunt Silas 1850 21 ME
Hunt Thomas 1840 23 NJ	Hunt Thomas 1855 39 b MA
Hunt William 1843 21 NY	Hunt William 1857 29 ME
Hunter Charles 1859 19 MI	Hunter Charles W 1859 14 PA
Hunter Francis A 1847 30 PA	Hunter Henry 1853 19 MA
Hunter Henry C 1856 22 IN	Hunter Isaac 1832 32 b VA
Hunter J Warnack 1835 17 PA	Hunter James 1851 28 ME
Hunter James 1859 30 m ME	Hunter John 1826 36 NY
Hunter John 1835 25 NY	Hunter Matthew 1845 21 MD
Hunter Matthew 1851 21 PA	Hunter Moses 1859 21 b NY
Hunter Peter 1854 46 NY	Hunter Robert 1845 21 PA
Hunter Robert 1840 32 ME	Hunter Robert 1843 23 NH
Hunter Thomas 1847 33 NY	Hunter William 1831 26 c VA
Hunter William 1847 32 b MA	Hunter William W 1859 27 PA
Huntington Joseph B. 1825 22 MA	Huntington William B 1828 35 ME
Huntington Zebamiah 1835 54 CT	Huntress Edmund 1846 19 ME
Hup George 1851 27 Germany	Hupper Joel 1841 19 ME
Hurd Charles 1860 22 MA	Hurley Henry A 1853 17 NJ
Hurley John 1824 22 PA	Hurley Morris 1855 24 NY
Hurley Thomas 1844 22 PA	Hurst William 1847 28 PA
Hurt William 1860 39 m DE	Huse Joseph 1830 17 NY
Huse Samuel E. 1844 23 VT	Huser Joseph 1856 24 PA
Husted Henry 1857 25 b MD	Husted Jeremiah M 1825 28 NJ
Husted Samuel G 1851 22 CT	Husted William 1839 21 NJ
Husted William 1847 28 NJ	Huston Calvin 1851 21 ME
Huston Robert M., Jr. 1861 25 PA	Huston William 1856 56 b MD
Hutchenson Elisha R 1824 44 y DE	Hutchin John William 1828 25 c PA
Hutchings Charles 1847 26 MA	Hutchings John 1853 23 PA

Hutchings Richard B. 1861 26 PA
Hutchins Charles 1828 24 NH
Hutchins Luther 1840 33 ME
Hutchins William 1824 41 MA
Hutchinson Benjamin H 1837 16 PA
Hutchinson John 1841 23 m NJ
Hutchinson John 1857 19 PA
Hutchinson Samuel 1852 27 b PA
Hutchinson William 1836 28 ME
Hutchison James C. 1851 43 DE
Huttleston Benjamin 1849 25 MA
Hvid Dominicus 1846 31 Denmark
Hyatt Edward 1858 22 DE
Hyde Perkins K 1830 23 CT
Hyer Henry A 1837 16 PA
Hyers Garret G 1848 45 NJ
Hyland Stephen B 1858 21 MD
Ibbetson John 1858 27 LA
Ihrie Ross 1847 19 PA
Iler Stephen 1839 18 MD
Ingalls John D 1836 20 MA
Ingersoll Daniel 1861 20 NJ
Ingersoll Thomas 1861 24 NJ
Ingraham Isaac B 1855 22 c DE
Ingram Isaac 1834 27 b
Ingram Richard H 1848 20 MD
Innes Alexander 1859 32 Scotland
Inslee Cyrus 1860 23 DE
Irelan Hosea 1847 30 NJ
Ireland Daniel L 1848 20 NJ
Ireland Joseph 1858 20 NJ
Ireland Samuel 1824 17 PA
Ireton George A. 1856 21 NJ
Irons Joshua H 1852 20 DE
Irons Levi 1837 47 s PA
Irvin James 1844 27 CT
Irvin Matthew 1856 33 b PA
Irvin Thomas 1854 26 ME
Irving Cornelius 1844 21 NY
Irving William 1840 21 MD
Irwin James 1852 21 NY
Irwin John 1860 29 NY
Irwine William John 1856 26 Ireland
Isaacs Andrew 1845 30 MD
Isard James 1856 19 PA
Isard Smith L. 1834 16 NJ
Isick Christopher 1825 16 PA
Isson Thomas 1847 22 MD
Ives John 1845 40 c MA
Ivory Henry 1845 32 MA
Jackson Alexander 1844 28 PA
Jackson Andrew 1834 41 c NY
Jackson Andrew 1859 21 MD
Jackson Benjamin 1827 22 b MA
Jackson Charles 1827 25 b NY
Jackson Daniel 1861 35 MA

Hutchings William H 1828 22 NY
Hutchins George 1857 35 ME
Hutchins Seth C 1855 26 MA
Hutchins William 1828 28 c PA
Hutchinson Caleb 1830 30 c DE
Hutchinson John 1835 28 VA
Hutchinson Martin V B 1861 20 NJ
Hutchinson William 1825 27 NY
Hutchison Hugh 1851 27 Scotland
Huttlesten Peleg 1841 39 MA
Hutton Benjamin V 1825 16 PA
Hyatt Edward 1827 20 m NY
Hyde Henry 1852 32 NY
Hyer Frederick C 1843 25 NY
Hyers Garret 1837 32 NJ
Hyland Lambert 1855 25 MD
Hynsley Load 1825 22 b DE
Ievers Robert 1847 19 NY
Iland Samuel 1857 20 m DC
Illidge Alfred G 1858 21 RI
Ingersol Daniel 1843 16 PA
Ingersoll Miles 1857 24 NJ
Ingles William W 1828 20 ME
Ingraham John L 1828 29 CT
Ingram John 1841 38 MD
Inman William F 1839 25 PA
Innes Thomas A 1852 14 PA
Inson William 1829 26 ME
Ireland Andrew 1845 28 DE
Ireland Henry C. 1861 23 NJ
Ireland Lewis 1847 23 NJ
Ireland William B 1860 26 NJ
Ireton James 1852 19 NJ
Irons Lemuel 1836 22 s DE
Irvin George 1858 22 LA
Irvin John 1843 23 NY
Irvin Thomas 1843 17 ME
Irvine David 1847 19 ME
Irving Matthew 1845 22 MA
Irving/Irwin Daniel S. 1859 20 NJ
Irwin John 1830 32 PA
Irwin Thomas 1858 26 NY
Isaacks Samuel 1824 32 y MD
Isard Eleazar 1836 21 PA
Isard John 1829 18 NJ
Isham George 1840 23 NY
Isilton Elias 1852 40 NJ
Iverson Hanse 1828 31 Denmark
Ives Thomas 1859 23 MA
Jabes William 1826 34 b NY
Jackson Anderson B 1827 32 b DC
Jackson Andrew 1855 21 b MA
Jackson Andrew Oliver 1845 23 Sweden
Jackson Benjamin 1844 35 b DC
Jackson Daniel 1846 28 PA
Jackson David 1824 18 b DE

Jackson	Edward	1838	19	y	PA	Jackson	Edward	1833	26	b MD
Jackson	Edward W	1837	25	SC		Jackson	Elisha	1857	28	m NJ
Jackson	Ellis	1840	23	b	PA	Jackson	Francis	1858	20	m PA
Jackson	Francis	1861	23	RI		Jackson	Frederick	1838	26	s NY
Jackson	George	1827	20	b	NJ	Jackson	George	1847	28	y DE
Jackson	George	1856	33	ME		Jackson	George	1861	26	m NJ
Jackson	George W.	1845	27	c	PA	Jackson	Harman	1855	23	c NY
Jackson	Henry	1826	26	b	RI	Jackson	Henry	1829	32	y DC
Jackson	Henry	1840	29	y	VA	Jackson	Henry	1852	21	NY
Jackson	Henry	1856	23	b	MD	Jackson	Henry	1861	20	b NJ
Jackson	Isaac	1856	23	b	DE	Jackson	Jacob	1826	26	b PA
Jackson	Jacob	1828	16	PA		Jackson	Jacob B	1835	20	b NJ
Jackson	James	1836	27	c	PA	Jackson	James Henry	1854	28	b NY
Jackson	James M.	1833	25	MA		Jackson	James T	1837	26	MA
Jackson	Jeremiah	1845	21	c	NJ	Jackson	John	1824	24	c NY
Jackson	John	1825	18	y	DE	Jackson	John	1828	29	c NY
Jackson	John	1829	18	ME		Jackson	John	1831	35	c RI
Jackson	John	1834	42	c	MD	Jackson	John	1844	19	NY
Jackson	John	1836	25	s	NJ	Jackson	John	1837	35	c NY
Jackson	John	1841	22	m	NY	Jackson	John	1843	26	MA
Jackson	John	1835	19	c	NY	Jackson	John	1847	21	MA
Jackson	John	1847	21	c	NY	Jackson	John	1856	41	b MD
Jackson	John	1856	22	NY		Jackson	John	1858	40	b NY
Jackson	John N	1826	28	b	NJ	Jackson	John P.	1829	48	NH
Jackson	Joseph	1851	21	ME		Jackson	Joseph	1856	24	MA
Jackson	Joseph G	1860	42	NY		Jackson	Joseph S.	1830	35	none given
Jackson	Lewis	1846	35	c	DE	Jackson	Morris	1859	27	s NY
Jackson	Nathaniel	1824	21	MD		Jackson	Nathaniel	1838	44	MA
Jackson	Peter	1828	26	y	MD	Jackson	Peter	1840	22	b NY
Jackson	Richard	1828	24	c	NY	Jackson	Richard	1854	26	MA
Jackson	Richard	1858	29	MA		Jackson	Richard	1861	28	m VA
Jackson	Richard K	1848	26	MA		Jackson	Robert	1826	26	y DE
Jackson	Robert	1845	25	m	DE	Jackson	Robert	1857	22	NY
Jackson	Samuel	1829	29	b	MA	Jackson	Samuel	1853	23	b DE
Jackson	Shephard	1848	16	m	PA	Jackson	Shepherd	1852	20	l PA
Jackson	Stephen	1838	29	s	DE	Jackson	Thomas	1843	36	MA
Jackson	Thomas	1851	40	m	PA	Jackson	Thomas H	1861	38	c NY
Jackson	Warner	1856	24	b	DE	Jackson	Washington	1857	31	m DE
Jackson	William	1825	16	PA		Jackson	William	1827	25	b NY
Jackson	William	1829	29	b	NJ	Jackson	William	1844	26	MD
Jackson	William	1840	28	DC		Jackson	William	1836	22	y VA
Jackson	William	1837	20	s	NY	Jackson	William	1837	31	s MA
Jackson	William	1841	25	PA		Jackson	William	1846	19	NY
Jackson	William	1847	24	ME		Jackson	William	1847	23	MD
Jackson	William	1849	25	NY		Jackson	William	1852	30	b MA
Jackson	William	1852	21	b	MA	Jackson	William	1854	23	NY
Jackson	William	1854	23	MA		Jackson	William	1855	21	VA
Jackson	William	1855	20	m	DE	Jackson	William	1855	42	MD
Jackson	William	1856	33	PA		Jackson	William	1857	22	NY
Jackson	William	1859	28	MA		Jackson	William	1860	25	s DE
Jackson	William J	1857	23	b	MD	Jackson	William K	1833	26	DC
Jackson	Wilmot	1840	21	ME		Jacobs	Alexander W	1851	22	c PA
Jacobs	Charles	1846	26	b	DE	Jacobs	Charles Henry	1854	25	b DE
Jacobs	Isaac	1850	22	c	DE	Jacobs	Isaiah	1824	18	y NJ
Jacobs	James	1828	14	PA		Jacobs	Jesse	1840	35	s PA
Jacobs	Levi	1837	24	s	NJ	Jacobs	Samuel	1845	30	Russia

Jacobs William 1825 14 PA
Jacoby Christopher H 1847 25 PA
James Charles 1855 28 b NY
James David 1828 19 NY
James Frederick 1828 50 LA
James Henry 1847 32 MA
James Isaiah 1842 21 b PA
James Robert P 1846 17 PA
James Thomas 1826 21 none given
James William 1851 21 PA
Jameson Alexander 1826 18 DE
Jameson James 1825 37 Scotland
Jamieson Charles 1860 20 b PA
Jamieson Peter 1845 27 Ireland
Jamison John 1827 17 PA
Jamison John 1849 23 PA
Jamison William 1826 14 PA
Janson John 1851 35 RI
Jaquett Abraham N 1847 28 NJ
Jarden George W. 1851 17 PA
Jarrad Abraham 1861 40 I MA
Jarvis James Barton 1851 39 England
Jarvis Joseph R 1832 22 PA
Jarvis Thomas 1830 27 NY
Jasper William 1836 38 y VA
Jay George 1840 15 ME
Jefferis David 1851 41 b PA
Jefferis Enoch 1857 21 NJ
Jeffers James 1826 19 b NY
Jeffers Joseph 1851 21 NJ
Jefferson George 1851 18 SC
Jefferson James 1829 27 b MA
Jefferson William 1840 20 MA
Jeffrey Asa 1835 24 y CT
Jeffreys David 1861 22 NJ
Jeffries Richard 1844 49 MA
Jeffries Thomas 1830 19 c PA
Jeffs James M 1848 26 MA
Jellison John J 1839 27 ME
Jenis Lewis 1840 26 Austria
Jenkins Daniel 1834 33 England
Jenkins Edward 1838 22 MA
Jenkins Jacob 1825 18 b PA
Jenkins Joseph 1854 22 b DE
Jenkins Samuel A 1851 32 b NY
Jenkins Zadoc 1828 22 b DE
Jenks William H 1849 26 ME
Jenney William F 1848 22 MA
Jennings Garrey 1840 33 b MA
Jennings Nathaniel W 1826 22 PA
Jennisson Robert 1843 25 MD
Jestrey John 1834 31 RI
Jewell John 1853 20 ME
Jggens Lawyer 1848 16 MA
Jiner Amos 1851 25 b VA
Jinsin Martin 1858 44 Sweden

Jacobs Zebedee 1848 31 b DE
Jaggard James 1827 29 NJ
James David 1828 28 ME
James David 1855 30 b DE
James George 1835 23 NY
James Isaac 1826 21 y NY
James Josiah 1841 20 b PA
James Samuel 1859 38 m DE
James Thomas 1855 40 b MA
James William 1851 26 ME
Jameson Charles 1852 17 ME
Jameson James H 1844 18 MA
Jamieson James 1836 19 NY
Jamison Alexander 1834 30 PA
Jamison John 1831 35 c NY
Jamison Thomas 1835 20 DE
Janson Andrew 1827 50 b VA
Jaquet John 1844 23 NJ
Jaquins William K. 1839 24 NY
Jarden John L 1856 31 ME
Jarves Bannister H. 1825 19 NC
Jarvis Joseph E. 1843 28 NY
Jarvis Samuel 1846 17 NY
Jasper James 1827 47 NC
Jassop Samuel 1855 26 ME
Jckson Emanuel 1831 25 c DE
Jefferis David H. 1840 19 DE
Jeffers Ebmund 1860 27 NJ
Jeffers John 1826 21 y NY
Jefferson Daniel 1857 27 b PA
Jefferson Henry 1851 25 b DE
Jefferson Jeremiah 1860 47 b DE
Jefferyes Daniel 1860 17 NJ
Jeffrey Littleton 1826 20 VA
Jeffries David 1825 21 y PA
Jeffries Thomas 1830 18 c PA
Jeffries Thomas 1830 18 PA
Jellison John 1829 30 ME
Jenckes Lewis 1831 26 c MD
Jenkins Charles C 1832 18 MA
Jenkins David 1851 35 PA
Jenkins Henry W 1859 22 MA
Jenkins James 1838 22 c MD
Jenkins Philip 1835 21 MA
Jenkins William 1837 21 MD
Jenks John 1848 24 NY
Jennett Joseph 1844 21 MA
Jennings Everett 1824 23 MA
Jennings George 1855 44 MD
Jennis Alexander 1860 18 PA
Jerome Joseph 1828 18 m PA
Jewell Henry 1841 21 NY
Jewett John F. 1827 37 c NY
Jillson Franklin 1846 26 RI
Jinks Benjamin 1861 28 RI
Jirrel Thomas C 1861 27 NJ

Jobson James 1825 19 PA
John Frederick 1844 37 France
John William 1836 27 s PA
Johns Isaac L 1846 36 c MD
Johns Thomas 1836 28 England
Johns Walter S 1861 16 PA
Johnson Abraham 1843 22 m NJ
Johnson Abraham 1850 40 c NJ
Johnson Adolph 1849 29 LA
Johnson Alex B 1830 24 MA
Johnson Alexander 1841 22 c PA
Johnson Alfred Henry 1857 23 MA
Johnson Amos 1843 26 Sweden
Johnson Ananias D 1853 23 DE
Johnson Andrew 1859 24 b DE
Johnson Arthur 1857 26 NY
Johnson Benjamin 1848 26 MD
Johnson Benjmin 1833 27 MD
Johnson Charles 1824 23 y NJ
Johnson Charles 1828 31 y LA
Johnson Charles 1837 39 Denmark
Johnson Charles 1852 24 c LA
Johnson Charles 1857 17 ME
Johnson Christian F 1861 35 Denmark
Johnson Daniel 1824 22 y PA
Johnson David 1840 24 c PA
Johnson David 1853 19 MA
Johnson E F. H 1833 24 England
Johnson Edward 1841 26 NY
Johnson Edward F 1859 23 PA
Johnson Francis Manuel 1860 35 Sweden
Johnson Frederick 1841 22 PA
Johnson Frederick 1855 29 Scotland
Johnson Gabriel 1829 36 Finland
Johnson George 1824 30 y VA
Johnson George 1844 30 b PA
Johnson George 1855 30 MA
Johnson George 1856 22 m DE
Johnson George H 1841 34 y VA
Johnson Gillet 1833 22 VA
Johnson Henry 1844 26 VA
Johnson Henry 1837 18 PA
Johnson Henry 1843 27 NY
Johnson Henry 1847 30 c DE
Johnson Henry 1852 38 PA
Johnson Henry 1853 21 ME
Johnson Henry L 1846 18 PA
Johnson Isaiah 1853 45 b PA
Johnson James 1824 26 c DE
Johnson James 1826 36 b ME
Johnson James 1828 21 b MD
Johnson James 1836 37 c PA
Johnson James 1841 22 ME
Johnson James 1846 49 b MA
Johnson James 1852 33 s DE
Johnson James 1858 20 m PA

Johine William 1843 32 NJ
John Frederick 1840 32 none given
Johns Daniel 1859 19 NY
Johns Stephen 1834 18 NY
Johns Uriah 1836 25 s MD
Johnson Aaron 1857 19 b NJ
Johnson Abraham 1847 24 b PA
Johnson Abram 1841 20 m NJ
Johnson Albert 1860 34 b MD
Johnson Alexander 1834 29 b MD
Johnson Alexander 1847 17 ME
Johnson Amos 1825 28 b NH
Johnson Amos 1835 20 NJ
Johnson Andrew 1838 40 VA
Johnson Ansel 1849 25 Greece
Johnson Austin 1833 18 PA
Johnson Benjamin 1850 26 ME
Johnson Caleb 1854 27 b DE
Johnson Charles 1824 26 Sweden
Johnson Charles 1842 19 DE
Johnson Charles 1849 28 PA
Johnson Charles 1853 20 LA
Johnson Charles D. 1846 26 CT
Johnson Cyrus 1828 31 b VA
Johnson David 1827 38 b DE
Johnson David 1846 21 c DE
Johnson David 1860 35 b DE
Johnson Edward 1826 20 y PA
Johnson Edward 1832 23 c RI
Johnson Elmer 1851 21 DE
Johnson Franciss 1830 18 c NY
Johnson Frederick 1849 23 MD
Johnson Freeman 1831 23 b MD
Johnson Garret 1860 25 b DE
Johnson George 1824 40 PA
Johnson George 1847 27 b NY
Johnson George 1855 44 b MD
Johnson George E. 1857 20 b MD
Johnson Gilbert 1856 31 m PA
Johnson Henry 1829 19 DE
Johnson Henry 1837 22 b VA
Johnson Henry 1841 28 Germany
Johnson Henry 1833 27 MA
Johnson Henry 1847 20 PA
Johnson Henry 1852 25 MA
Johnson Henry 1855 35 PA
Johnson Hilary C 1860 25 England
Johnson Jacob 1845 28 NY
Johnson James 1826 28 MD
Johnson James 1827 27 y ME
Johnson James 1831 17 PA
Johnson James 1841 27 NY
Johnson James 1830 36 c RI
Johnson James 1851 29 b MA
Johnson James 1855 18 PA
Johnson James A 1860 19 PA

Johnson James E 1857 35 b MA
Johnson James H. 1846 26 m PA
Johnson Jesse P. 1859 22 NJ
Johnson John 1825 21 ME
Johnson John 1829 19 y PA
Johnson John 1840 24 PA
Johnson John 1836 32 MD
Johnson John 1837 47 Sweden
Johnson John 1841 25 m PA
Johnson John 1833 23 PA
Johnson John 1846 26 c PA
Johnson John 1851 23 LA
Johnson John 1855 21 s NY
Johnson John 1860 22 b NY
Johnson John B. 1851 21 s DE
Johnson John H 1860 19 PA
Johnson John P 1833 19 PA
Johnson John William 1825 28 CT
Johnson Joseph 1844 29 b RI
Johnson Joseph M. 1829 22 PA
Johnson Joshua 1839 20 b DC
Johnson Lewis 1836 23 b MA
Johnson Lewis 1839 24 s MD
Johnson Lewis 1850 34 NY
Johnson Magnus 1827 28 none given
Johnson Nathan 1827 37 b DE
Johnson Nathaniel W 1824 22 DE
Johnson Peter 1841 31 Denmark
Johnson Peter 1833 24 b NY
Johnson Peter 1830 25 LA
Johnson Peter 1847 20 NH
Johnson Peter Giles 1831 18 PA
Johnson Richard 1845 23 c PA
Johnson Richard 1851 20 b NJ
Johnson Robert 1826 48 b NY
Johnson Robert 1847 45 b VA
Johnson Robert B 1854 30 NY
Johnson Robert R. 1835 45 c DC
Johnson Samuel 1826 26 MD
Johnson Samuel 1840 39 VA
Johnson Severn 1854 35 b PA
Johnson Simeon 1846 23 MA
Johnson Spencer 1838 34 b PA
Johnson Stewart 1834 20 b MD
Johnson Thomas 1834 38 b MD
Johnson Thomas 1837 28 b PA
Johnson Thomas 1847 28 MD
Johnson Thomas 1860 26 b PA
Johnson Thomas, Jr 1848 15 s PA
Johnson William 1825 20 b NY
Johnson William 1827 20 y DE
Johnson William 1828 32 b RI
Johnson William 1845 32 b PA
Johnson William 1836 21 VA
Johnson William 1837 47 MA
Johnson William 1841 28 m VA

Johnson James G 1851 23 ME
Johnson James P 1849 21 b DE
Johnson John 1824 33 NY
Johnson John 1826 21 y PA
Johnson John 1834 21 KY
Johnson John 1840 29 P
Johnson John 1837 17 NJ
Johnson John 1838 21 b DC
Johnson John 1841 36 PA
Johnson John 1846 40 MA
Johnson John 1847 31 PA
Johnson John 1853 17 b PA
Johnson John 1855 25 b MD
Johnson John 1861 21 NJ
Johnson John C 1847 27 m DE
Johnson John M 1851 30 s MA
Johnson John W 1861 22 NJ
Johnson Joseph 1826 30 b DE
Johnson Joseph 1846 25 m DE
Johnson Joseph M 1834 19 MD
Johnson Joshua 1857 27 b DC
Johnson Lewis 1836 23 s MA
Johnson Lewis 1841 25 NY
Johnson Luke 1856 24 b NY
Johnson Major 1836 16 y DE
Johnson Nathaniel H 1840 21 m MD
Johnson Perry C 1853 30 DE
Johnson Peter 1843 34 MD
Johnson Peter 1830 37 c MA
Johnson Peter 1835 22 s DE
Johnson Peter 1852 21 PA
Johnson Randall 1832 19 PA
Johnson Richard 1836 22 s VA
Johnson Richard Wood 1852 23 VA
Johnson Robert 1840 28 b NY
Johnson Robert 1854 25 PA
Johnson Robert P 1850 29 b DE
Johnson Robert, Jr 1855 19 b PA
Johnson Samuel 1829 24 PA
Johnson Samuel 1856 16 m PA
Johnson Severn 1860 30 c PA
Johnson Sovereign 1842 22 b MD
Johnson Stephen 1856 21 b NY
Johnson Thomas 1825 29 b PA
Johnson Thomas 1837 23 s PA
Johnson Thomas 1839 31 s MD
Johnson Thomas 1859 30 LA
Johnson Thomas H 1841 20 PA
Johnson Walter 1845 44 ME
Johnson William 1826 21 b PA
Johnson William 1828 17 NY
Johnson William 1829 19 c PA
Johnson William 1845 32 Sweden
Johnson William 1837 18
Johnson William 1841 29 MD
Johnson William 1835 19 ME

Johnson William 1848 22 PA	Johnson William 1848 20 PA
Johnson William 1849 25 MA	Johnson William 1850 25 c MA
Johnson William 1851 22 c DE	Johnson William 1852 21 b PA
Johnson William 1852 19 MA	Johnson William 1853 26 b NY
Johnson William 1854 26 ME	Johnson William 1854 18 MI
Johnson William 1855 44 VA	Johnson William 1855 26 b DE
Johnson William 1855 31 I MA	Johnson William 1856 23 b PA
Johnson William 1858 21 b NY	Johnson William 1859 29 VA
Johnson William 1859 24 b DE	Johnson William 1860 29 Oldenberg
Johnson William 1860 30 b MD	Johnson William C 1849 22 PA
Johnson William H 1852 18 MA	Johnson William H. 1855 15 c PA
Johnson William H 1858 18 NY	Johnson William H 1859 27 m VA
Johnson William H 1861 39 ME	Johnson William M 1860 22 MD
Johnson William, II 1847 42 b PA	Johnson Wilson 1856 33 b MD
Johnson Zachariah 1855 21 b DE	Johnsten Andrew 1843 27 Denmark
Johnsten Robert 1839 32 DE	Johnsten William 1853 20 b DE
Johnston Alexander 1846 32 ME	Johnston Banjamin L 1827 16 MD
Johnston Charles 1827 21 PA	Johnston Charles 1849 27 NY
Johnston Charles G 1857 17 PA	Johnston Francis 1854 26 NY
Johnston George 1836 33 NJ	Johnston George 1830 38 b PA
Johnston George W 1834 36 MA	Johnston Henry 1825 23 NY
Johnston John 1844 33 DE	Johnston John 1845 35 NY
Johnston John 1841 21 PA	Johnston John 1848 22 PA
Johnston John 1854 23 b DC	Johnston Leman 1825 22 b NY
Johnston Levi 1856 21 m PA	Johnston Levy 1828 21 NJ
Johnston Perry 1824 36 b MD	Johnston Perry 1852 22 b DE
Johnston Peter 1824 24 b MD	Johnston Peter H 1852 32 Scotland
Johnston Robert 1829 25 PA	Johnston Samuel 1829 29 b DE
Johnston Thomas 1844 15 PA	Johnston William 1848 19 PA
Johnston William 1854 29 NY	Johnston William 1856 45 ME
Joiner Pleasant 1827 21 c VA	Joint William 1848 18 NY
Jolly Christopher 1851 29 NY	Jolly John 1827 23 b MD
Jones Albert 1834 18 c PA	Jones Alexander 1857 27 ME
Jones Alfred Casimir 1824 15 PA	Jones Alfred W 1843 19 MD
Jones Amos 1834 28 c MD	Jones Andrew 1826 50 VA
Jones Anthony 1859 25 c NY	Jones Archibald 1828 37 b NY
Jones Augustus F 1842 19 MA	Jones Benjamin 1860 24 MA
Jones Cad 1852 38 c VA	Jones Cad 1852 38 c VA
Jones Celak W 1849 22 NJ	Jones Charles 1828 24 MA
Jones Charles 1829 17 m PA	Jones Charles 1838 34 m VA
Jones Charles 1841 24 LA	Jones Charles 1847 27 PA
Jones Charles 1849 19 MA	Jones Charles 1859 29 NJ
Jones Charles B 1846 38 RI	Jones Charles H 1858 31 ME
Jones Charles J 1854 35 NH	Jones Clayton 1828 23 y PA
Jones Curtis 1825 19 y PA	Jones Daniel 1832 27 b NY
Jones David 1834 46 NY	Jones David 1834 26 MA
Jones David 1838 23 PA	Jones David 1841 42 MA
Jones David 1841 24 ME	Jones David 1833 36 CT
Jones David D 1851 31 PA	Jones Edward 1824 16 PA
Jones Edward 1824 19 b MD	Jones Edward 1836 33 c MD
Jones Edward 1855 29 b DE	Jones Edward John Henry 1836 29 s PA
Jones Edwin 1854 22 MA	Jones Eleazar 1859 52 NY
Jones Ephraim 1858 34 c DE	Jones Eugene 1855 22 NY
Jones Evan 1834 22 c FL	Jones Francis 1828 44 c NY
Jones Francis B 1839 15 PA	Jones Frederick A 1859 25 NY
Jones George 1844 28 MD	Jones George 1855 21 b PA

Jones George H 1861 26 m VA	Jones George W. 1846 21 NY
Jones Gershom 1854 36 MA	Jones Gilbert E 1839 20 CT
Jones Henry 1826 26 NY	Jones Henry 1827 22 PA
Jones Henry 1831 30 b MD	Jones Henry 1840 32 b MD
Jones Henry 1839 21 PA	Jones Henry M 1853 28 VA
Jones Herman 1824 17 VA	Jones Isaac 1829 26 b DE
Jones Isaac 1844 38 PA	Jones Isaac I 1836 25 NY
Jones Jacob 1827 27 y NY	Jones James 1837 54 I VA
Jones James 1837 24 b MD	Jones James 1838 21 NJ
Jones James 1846 27 Great Britain	Jones James 1847 19 ME
Jones James 1848 20 MD	Jones James 1853 48 NY
Jones James T. 1847 22 NY	Jones Jeremiah 1859 18 m PA
Jones Jesse 1840 30 s PA	Jones John 1826 12 MA
Jones John 1826 28 NC	Jones John 1827 17 DE
Jones John 1844 23 MA	Jones John 1841 21 MA
Jones John 1841 29 PA	Jones John 1843 28 MD
Jones John 1846 21 c NY	Jones John 1848 22 MA
Jones John 1849 25 DE	Jones John 1850 21 MD
Jones John 1851 24 CT	Jones John 1852 21 ME
Jones John 1855 23 c VA	Jones John 1860 33 s DE
Jones John 1860 25 NY	Jones John 1861 19 MA
Jones John 1861 22 NY	Jones John C. 1856 24 b PA
Jones John D 1848 19 PA	Jones John M. 1828 17 DE
Jones Joseph 1826 22 NJ	Jones Joseph 1854 21 NY
Jones Joseph L. 1853 15 PA	Jones Joshua 1840 36 b PA
Jones Lemuel 1826 33 y MD	Jones Littleton 1826 28 y MD
Jones Luke 1855 26 England	Jones Major 1828 22 MD
Jones Nelson 1830 22 NY	Jones Noah 1858 22 m PA
Jones Owen Henry 1841 31 Wales?	Jones Patrick 1851 24 DE
Jones Perry 1859 18 b PA	Jones Perry H. 1828 15 PA
Jones Richard 1837 27 ME	Jones Richard 1856 19 NY
Jones Robert 1824 26 b PA	Jones Robert 1825 19 c PA
Jones Robert 1826 23 PA	Jones Robert 1844 20 NC
Jones Robert 1837 18 MA	Jones Robert 1833 34 b MD
Jones Robert 1849 35 PA	Jones Robert 1851 23 NY
Jones Samuel 1845 18 VA	Jones Samuel 1830 20 c MA
Jones Samuel B 1859 14 m PA	Jones Samuel B 1860 15 m PA
Jones Stephen 1824 18 PA	Jones Thomas 1824 20 MD
Jones Thomas 1826 23 b PA	Jones Thomas 1840 24 RI
Jones Thomas 1836 21 s ME	Jones Thomas 1836 19 NY
Jones Thomas 1843 38 PA	Jones Thomas 1847 26 LA
Jones Thomas 1852 18 NJ	Jones Thomas 1852 28 MA
Jones Thomas 1854 30 MA	Jones Thomas 1855 22 DE
Jones Thomas 1858 20 NY	Jones Thomas 1859 22 b MD
Jones Thomas 1860 38 MA	Jones Thomas Warren 1858 40 England
Jones William 1824 28 SC	Jones William 1825 24 c MD
Jones William 1826 26 b NY	Jones William 1826 16 NJ
Jones William 1834 21 ME	Jones William 1844 17 CT
Jones William 1840 30 NJ	Jones William 1840 34 PA
Jones William 1836 17 NC	Jones William 1837 20 PA
Jones William 1839 29 PA	Jones William 1841 24 PA
Jones William 1841 31 b MD	Jones William 1833 43 c SC
Jones William 1830 21 NY	Jones William 1848 23 I CT
Jones William 1849 23 NY	Jones William 1849 23 NY
Jones William 1850 29 NJ	Jones William 1851 28 b MA
Jones William 1851 20 MA	Jones William 1851 21 s PA

Jones William 1852 21 s PA
Jones William 1855 21 PA
Jones William 1859 21 NY
Jones William 1859 20 c PA
Jones William H 1855 20 m MD
Jones William Henry 1838 21 s PA
Jones William P 1846 22 MD
Jones Wm. 1845 29 PA
Jope John 1844 28 MA
Jordan Eben 1847 28 ME
Jordan Edward 1851 37 b NY
Jordan Edward 1859 21 MA
Jordan George P 1833 23 PA
Jordan James 1854 31 MD
Jordan John 1852 22 DC
Jordan John Henry 1852 19 b PA
Jordan Ward S 1848 22 ME
Jorden Stephen 1840 25 NY
Joseph Frederick 1853 28 b MA
Joseph Thomas 1849 23 MA
Josselyn Peter, Jr 1844 17 ME
Joy Charles Louis 1852 17 MA
Joy Peter 1842 26 ME
Joyce Samuel R 1825 27 DE
Joynes Thomas 1830 20 VA
Judd Daniel B. 1851 21 NY
Judis Henry 1844 23 c PA
Juless James 1837 36 s PA
Julius Theodore 1854 25 y PA
Jullis Thomas 1826 27 b VA
Junot Thomas 1843 20 NY
Justice Robert 1842 24 MA
Justis John 1824 36 VA
Kade William Alfred 1825 14 SC
Kallahan James 1829 17 PA
Kane Daniel 1848 24 PA
Kane Henry 1861 27 s MD
Kane John N 1834 28 b MD
Kane Thomas 1843 23 LA
Karney Edward 1849 17 PA
Karr William H 1841 26 PA
Katland John 1825 21 NY
Kay Edmund 1858 30 England
Kean Henry 1824 37 PA
Kee Andrew 1824 17 PA
Keef Isaac 1846 18 ME
Keefe Nicholas F 1846 16 PA
Keefler Abraham 1858 19 ME
Keeler Andrew Jackson 1851 19 ME
Keeling Robert Wm 1846 17 VA
Keemle John H 1837 15 PA
Keen George M 1859 18 MA
Keen Peter B 1853 18 ME
Keene Bernard 1855 30 MA
Keene George W 1860 25 MD
Keep John 1847 29 PA

Jones William 1855 35 NJ
Jones William 1856 22 ME
Jones William 1859 17 b PA
Jones William A 1853 25 MD
Jones William H 1860 22 DE
Jones William J. 1858 36 PA
Jones William Samuel 1836 27 NY
Jonson Abraham 1826 28 c MD
Jordan David 1851 25 ME
Jordan Edward 1825 23 MA
Jordan Edward 1858 21 Ireland
Jordan George P 1833 22 PA
Jordan George W 1836 17 PA
Jordan James 1860 38 PA
Jordan John 1859 25 RI
Jordan Peter 1846 25 DE
Jorden Samuel 1844 24 NJ
Joseph Charles 1848 27 LA
Joseph Louis L 1834 19 PA
Josselyn Ezra 1841 25 NY
Jove Peter 1843 28 AL
Joy Cyrus Eugene 1840 17 MA
Joyce George 1854 21 WI
Joyce William 1858 18 CT
Jreton Thomas 1851 20 NJ
Judge William 1855 18 NY
Jukins William K 1842 40 ME
Julius Charles Th 1859 21 Hamburg
Julius Theodore, Jr 1861 21 PA
Junior Manuel J 1857 24 b PA
Justice John 1826 14 PA
Justin William 1825 25 RI
Justrobe Nicholas 1827 33 LA
Kaighle Patrick 1858 19 Ireland
Kalleson Francis B. 1837 27 MD
Kane Daniel 1858 36 PA
Kane John 1861 22 RI
Kane John P 1860 22 PA
Kany William 1825 18 PA
Karr Thomas 1824 24 PA
Kathrens Robert 1840 33 MA
Kavenaugh James 1854 38 NY
Kay John H 1857 24 NY
Kearney John 1856 32 m DE
Keech George W 1838 46 NY
Keefe John J 1840 19 PA
Keefe Thomas 1857 23 MA
Keegan Terence 1838 31 NY
Keelhy Barnerd 1857 22 ME
Keelty John 1851 17 PA
Keen Abraham 1825 16 PA
Keen Lorenzo 1843 21 ME
Keen Samuel J 1839 37 c PA
Keene Charles 1848 34 DC
Keene Richard 1860 20 NJ
Keepers Joseph 1825 47 MD

Keffe Charles 1856 24 MA
Keffer John B 1850 24 Switzerland
Keiller John 1850 21 MA
Keith Kingman 1847 35 ME
Keith Matthew 1861 23 PA
Kelland William 1860 21 MA
Kellep Lewis 1825 35 b LA
Keller Henry 1840 22 NY
Kelley David M 1844 19 NJ
Kelley George 1854 28 MA
Kelley James 1842 19 PA
Kelley James 1856 19 MA
Kelley Matthew 1847 26 b VA
Kelley Sears 1840 21 MS
Kelley William B 1861 33 MA
Kellogg Warren 1857 27 ME
Kellum John 1837 21 NJ
Kelly Andrew 1840 28 MA
Kelly Benjamin 1854 23 MA
Kelly David 1853 25 NJ
Kelly Henry 1836 25 PA
Kelly Hugh 1856 29 PA
Kelly James 1847 30 NY
Kelly James 1855 29 Ireland
Kelly John 1826 39 England
Kelly John 1828 22 NY
Kelly John 1836 48 s DE
Kelly John 1841 21 NY
Kelly Joseph 1825 21 NY
Kelly Joseph D. 1859 23 VA
Kelly Robert 1851 16 PA
Kelly Samuel G. 1832 20 PA
Kelly Thomas H 1856 22 MA
Kelly William 1838 19 PA
Kelly William 1859 20 PA
Kelsey Abraham 1829 23 c PA
Kelsey Walter P 1841 20 NY
Kelsy William 1843 19 RI
Kelton Joseph A 1827 16 PA
Kemp James, Jr 1836 26 MA
Kenard George 1848 21 c DE
Kendall Charles L 1849 32 NJ
Kendall Kimball R 1853 25 ME
Kendel Abraham W 1853 30 NJ
Kendrick George F 1858 22 MA
Kendrick James 1846 29 MA
Kendrick Simeon 1848 20 MA
Kennar James 1854 25 NY
Kennedy Andrew 1859 42 NJ
Kennedy Charles 1861 28 b NY
Kennedy John 1847 24 NY
Kennedy Peter 1859 35 Ireland
Kennedy Robert 1860 45 m VA
Kennedy Thomas D 1836 24 PA
Kennedy William H 1849 21 MA
Kenney James 1828 27 MA

Keffer Frederick A 1854 15 PA
Kehoe Patrick 1857 27 Ireland
Keith Jeremiah 1860 20 RI
Keith Matthew 1857 19 m PA
Keizer Samuel P. 1851 20 PA
Kellar William 1846 20 ME
Keller Charles D. 1841 16 PA
Kelley Alonzo 1859 27 MA
Kelley Edward T 1845 17 ME
Kelley Isaac 1825 17 PA
Kelley James 1840 23 PA
Kelley John S 1839 16 MA
Kelley Orick H 1851 19 MA
Kelley Washington 1828 29 MA
Kellogg Richd. H 1852 24 ME
Kellum Gilbert 1828 17 NJ
Kellum Samuel 1859 26 b ME
Kelly Benjamin 1843 18 PA
Kelly Charles 1842 19 MA
Kelly Francis 1840 23 PA
Kelly Henry 1837 19 MA
Kelly James 1826 23 c PA
Kelly James 1853 22 NJ
Kelly James S 1860 18 ME
Kelly John 1828 35 b SC
Kelly John 1840 35 NJ
Kelly John 1838 23 MD
Kelly John H. 1851 24 NY
Kelly Joseph 1846 15 MA
Kelly Michael 1861 39 Scotland
Kelly Samuel E 1841 40 MA
Kelly Shubach 1838 36 MA
Kelly William 1834 19 MA
Kelly William 1849 37 c VA
Kellye Norman J 1859 27 VT
Kelsey Furman 1839 43 NJ
Kelso James 1835 23 NY
Kelton Banjamin 1848 17 ME
Kemble William 1851 22 ME
Kemp William 1837 32 MA
Kendale Samuel 1844 20 PA
Kendall John G 1844 30 PA
Kendall William 1835 21 ME
Kendrick David S 1843 24 MA
Kendrick Henry H 1859 18 MA
Kendrick John 1840 22 MA
Kenedy Mifflin 1835 17 PA
Kennard James 1853 35 s DE
Kennedy Brice 1853 27 NY
Kennedy George 1834 26 c DE
Kennedy John 1849 22 ME
Kennedy Robert 1847 23 ME
Kennedy Robert J 1855 22 PA
Kennedy William 1824 24 PA
Kennedy William J 1848 21 MA
Kenney John 1826 33 ME

Kenney John 1846 22 DC
Kenney Joshua W 1847 21 NH
Kenngott Gottlieb F 1851 24 Germany
Kenny Richmond 1854 22 ME
Kensley Jacob 1851 24 Germany
Kent George 1848 20 PA
Kenton Thomas S. 1830 19 PA
Kenyon Andrew D. 1848 21 NY
Kenyon William 1828 22 NY
Ker William, Jr. 1833 16 PA
Kerker Frederick 1858 22 Wurtemburg
Kerlin George B 1848 26 PA
Kern James H 1855 26 NY
Kerns Augustus M 1856 16 PA
Kerns John W 1826 22 NJ
Kerr Jonathan 1849 27 MA
Kerwin John 1860 26 LA
Key William 1847 30 PA
Keys John 1836 25 s NC
Keys Thomas 1841 24 NY
Keyser John 1827 19 LA
Keyser William E. 1826 19 PA
Kickofer John 1848 28 MA
Kidd William 1848 25 NY
Kidney William 1847 23 NY
Kief Michael 1857 22 ME
Kiernan James A 1853 20 NJ
Kilgore William H 1855 22 ME
Killen James 1839 24 NY
Killey David 1838 50 MA
Killey Lafayette 1851 21 MA
Killick James 1849 26 NY
Killmun Robert 1847 20 ME
Kimball James M 1851 22 NH
Kimble John G 1837 28 MA
Kimmey John 1824 22 DE
Kindred Charles 1853 29 NJ
King Adam 1860 26 PA
King Charles 1859 22 ME
King David 1833 29 b OH
King Dickson 1855 22 PA
King Edwin 1844 23 MA
King Francis H 1849 24 MA
King George 1852 21 OH
King George Washington 1834 20 VA
King James 1825 18 NJ
King James O D 1840 22 PA
King John 1844 28 NY
King John 1856 29 Austria
King John Marshall 1852 24 b PA
King Joseph 1848 22 Portugal
King Philip 1852 39 s NY
King Thomas 1853 18 England
King Thomas 1861 21 NY
King William 1854 20 NJ
King William B 1861 21 NY

Kenney John 1855 27 ME
Kenney Nehemiah 1851 19 b MA
Kenny Peter 1858 27 NY
Kensey Samuel 1840 19 b NY
Kent David 1846 17 ME
Kent George 1859 32 b MD
Kenworthy James 1848 25 PA
Kenyon William 1828 21 NY
Keohan James 1853 20 MA
Kerby David E 1853 33 NJ
Kerlin Charles W 1847 16 PA
Kermode William 1861 30 PA
Kerney John 1843 25 c DE
Kerns John Brunner 1846 15 PA
Kerns Ridgely M. 1843 17 PA
Kerr Samuel 1837 34 PA
Kessler Henry 1828 21 NJ
Keyes James Gibson 1834 21 PA
Keys John 1830 24 c NC
Keyser Jacob 1840 48 PA
Keyser Robert 1855 30 m VA
Kibble Andrew 1841 17 MA
Kidd Joseph 1841 20 NJ
Kidney William 1846 23 ME
Kief Daniel 1857 21 ME
Kierman John 1852 23 NY
Kiff Almon 1855 22 ME
Kille John H 1861 25 PA
Killess David 1847 26 s NY
Killey Joseph 1827 20 MA
Killey Warren 1826 38 MA
Killingsworth Francis S 1851 17 PA
Kimball Benjamin 1840 23 ME
Kimble James 1839 22 NJ
Kimble John Henry 1849 24 MD
Kinching Hezekiah E 1849 22 c NJ
Kindsmann B J Herman 1857 23 Prussia
King Arthur B. 1846 30 NY
King David 1840 16 PA
King David 1855 21 NY
King Dixon 1858 25 Ireland
King Francis 1848 21 Portugal
King George 1845 36 MA
King George 1861 18 MA
King Henry 1861 28 NY
King James 1831 16 SC
King John 1827 27 b PA
King John 1838 17 PA
King John F F 1827 21 NY
King Joseph 1829 45 NY
King Michael 1840 33 NY
King Thomas 1842 31 PA
King Thomas 1855 23 NY
King Thomas J 1861 19 ME
King William 1860 29 b PA
King William J. 1841 26 NY

Kingdon John 1824 42 MD
Kingsbury James 1846 25 PA
Kingsley Freeman A 1858 21 ME
Kinkade William 1854 21 PA
Kinney Edward 1835 15 PA
Kinney James H 1860 24 ME
Kinney Tracy 1840 26 MA
Kinnikin George 1846 23 DE
Kinsey George W 1825 28 PA
Kintzing William F 1833 15 PA
Kirby David 1843 24 NJ
Kirby David 1848 29 NJ
Kirby Nicholas 1844 35 MA
Kirby Thomas 1853 20 NY
Kirk James 1840 22 England
Kirk Timothy 1825 44 PA
Kirkly Robert 1828 31 MA
Kirkpatrick Hollis 1843 21 ME
Kirwin Robert 1861 21 MA
Kitchen James L 1851 23 MA
Kittridge Sylvester S 1853 26 NY
Klapp Henry 1833 18 PA
Kline Frederick W 1846 29 PA
Kline George W. 1854 18 PA
Kline James 1840 19 ME
Klippert Christian 1834 44 Germany
Knapp Joseph 1861 20 PA
Knapp Rufus 1861 25 MA
Kneass Robert W 1840 25 PA
Knecht Charles 1844 18 PA
Knight Daniel 1857 18 ME
Knight George 1841 26 PA
Knight George Henry 1852 30 England
Knight James 1836 15 NJ
Knight John 1855 23 NY
Knight Joseph 1855 41 NJ
Knight Richard L 1860 21 VA
Knights James 1856 22 ME
Knott Richard 1854 21 MA
Knowles A Henry 1848 19 NY
Knowles Francis 1848 31 MA
Knowles Sylvanus D. 1857 28 MA
Knox Henry M 1846 24 VA
Knox William 1847 22 ME
Koehler John Green 1852 15 PA
Kolling Charles W 1858 51 Hamburg
Koopman James 1838 21 none given
Kragh James Andrew 1833 35 Denmark
Kreider John 1837 20 PA
Kreplin William 1840 15 PA
Krim James 1840 23 PA
Krumshield Charles 1857 19 PA
Kunkel Peter 1836 21 PA
Kurstead Hezekiah 1850 21 ME
Lacey Richard 1830 27 MD
Lacount Isaiah 1824 21 DE

Kingsbery James 1837 21 MA
Kingsland James 1859 24 s NJ
Kingsley Robert 1858 22 NY
Kinney David 1841 16 ME
Kinney Henry 1858 26 NH
Kinney James P 1860 17 DE
Kinney William 1838 29 DE
Kinred Robert 1855 38 PA
Kinsley Daniel 1824 39 PA
Kirby David 1834 16 NJ
Kirby David 1847 28 MD
Kirby James 1828 14 MD
Kirby Robert 1826 14 MA
Kirk David H 1861 32 NJ
Kirk John 1861 26 CT
Kirk William 1849 23 PA
Kirkman James 1854 20 b DE
Kirvan Thomas 1855 22 SC
Kissick John L 1848 38 PA
Kittell Noel 1855 23 MA
Kitts Michael 1830 23 PA
Klefeld John Gotfried 1848 33 Prussia
Kline George 1829 20 PA
Kline Henry 1833 24 MD
Kline William 1848 23 DE
Knaggs Thomas 1831 21 NY
Knapp Noah Bartlett 1848 32 NY
Kneale Charles 1851 23 NY
Kneass William S 1843 25 PA
Knie Louis 1849 18 MA
Knight Edwin D 1857 18 ME
Knight George H 1858 36 MD
Knight James 1844 25 RI
Knight Jerome 1852 19 ME
Knight John Henry 1860 18 PA
Knight Oliver 1847 19 NJ
Knight Stephen 1846 35 b NY
Knights Tilghman 1858 30 b DE
Knowland Francis 1847 21 MA
Knowles Anthony 1842 21 b NJ
Knowles John 1833 32 CT
Knowlton Joseph 1835 17 ME
Knox James H 1861 25 DE
Knutsson William 1848 26 Sweden
Koker John 1834 28 y MD
Kolling Charles William 1829 21 Germany
Kraft John 1860 41 Prussia
Krausz William 1848 18 PA
Kreplien John Frederick 1835 34
Krewson Henry W 1824 16 NJ
Krogman Samuel B 1833 16 MA
Kruse Antonio Anthony 1846 23 y LA
Kunsell John 1851 28 AL
L'Estrange Henry C 1861 27 PA
Lackey William 1844 20 PA
Ladd James Henry 1854 23 b NY

Ladd William Huse 1833 24 MA
Ladsen James T 1860 56 England
Lafferty John 1847 28 ME
LaGrange Charles 1852 22 NY
Laing Charles Samuel 1837 35 CT
Lake Henry 1861 25 NJ
Lake Thomas 1845 30 PA
Lamar Joseph 1828 19 b PA
Lamb John 1844 19 PA
Lamberd George 1839 23 NY
Lambert William 1847 22 s CT
Lamble Elias 1851 32 NY
Lamborn Thomas 1854 21 b DE
Lamon James 1859 26 PA
Lampher James G 1855 20 ME
Lampley Albert 1829 26 PA
Lancaster Adonisam J. 1851 22 ME
Lancaster Joseph 1830 22 s PA
Lancy John 1845 30 ME
Landers John 1836 35 CT
Landers Samuel H. 1851 19 MA
Landikin Richard 1837 17 ME
Landry James 1846 26 NY
Lane Aaron 1828 53 y VA
Lane Benjamin F 1831 25 NH
Lane Edward 1827 37 CT
Lane James D. 1850 23 ME
Lane John E L 1858 24 PA
Lane Michael 1824 28 PA
Lane Philip 1840 17 b NJ
Lane Sands M 1861 19 NY
Lane William 1851 26 ME
Lanford Edward H 1858 18 MD
Lang Francis J 1849 40 DC
Lang Henry 1853 35 PA
Lang John 1825 20 PA
Lang Richard 1829 39 MA
Langford George 1837 33 NY
Langham George 1858 26 PA
Langley Benjamin 1849 30 c VA
Langley Joseph B 1854 25 NH
Langster Thomas 1829 21 y VA
Laning John C 1836 20 NY
Lankford John 1840 22 MD
Lanman John G 1824 37 MA
Lantoni Francisco 1847 27 LA
Lapham James L 1859 27 MA
Lapsley J. B 1844 20 PA
Larence Edward 1829 17 c PA
Larkin Edward 1856 21 Ireland
Larkin William 1841 35 NH
Larkins Frederick 1854 22 MD
LaRoche Peter F 1861 33 PA
Larraway Wallace 1855 20 MI
Lascum William 1859 24 PA
Lashbrook Charles 1851 17 OH

Ladow Rangel 1826 24 NJ
Laechey Joseph C. 1840 25 Austria
Lafleur John Louis 1831 34 b PA
Laighton Alfred S 1860 16 NH
Lake Abraham 1851 20 NJ
Lake Joseph 1833 17 VA
Lake William 1846 30 NJ
Lamb James H 1860 25 PA
Lambdin William H 1847 18 DE
Lambert George 1844 25 ME
Lambert William 1855 32 GA
Lamborn James H 1858 27 b DE
Lame John A 1855 19 PA
Lamoth Edmon D 1859 24 PA
Lample John 1827 23 y VA
Lanaway Henry 1837 24 NY
Lancaster Charles 1835 26 b DC
Lancey William 1840 24 ME
Lander Maurice 1836 36 MA
Landers Robert H. 1851 21 MA
Landerson David 1833 23 c MA
Landis Michael G 1824 19 PA
Lands James 1828 25 b NY
Lane Anthony 1856 21 m PA
Lane David 1857 17 NJ
Lane Franklin 1847 17 NY
Lane John 1824 15 PA
Lane Joseph M 1855 32 ME
Lane Peter 1828 26 PA
Lane Richard 1835 19 ME
Lane William 1829 21 b PA
Lane William R 1854 35 RI
Lang Benjamin 1825 35 y PA
Lang Henry 1848 31 m PA
Lang John 1824 32 y PA
Lang Joseph 1858 24 ME
Lang William 1825 32 c PA
Langford George W 1856 33 NY
Langhoff George 1846 41 Denmark
Langley Elkanah 1855 18 NJ
Langman George 1855 39 NY
Langton Thomas, Jr. 1826 18 PA
Lank Uriah 1844 18 DE
Lanman Elias 1825 35 MD
Lannigan Thomas 1842 17 MA
Lanyon John 1829 24 England
Lapier Francis 1837 24 OH
Lard Samuel 1829 22 NJ
Larger Lewis 1850 22 Italy
Larkin John 1847 23 NY
Larkins Ephraim 1829 34 c MD
Larkins Jacob 1831 19 m MD
Laroche Peter Francis 1839 39 CT
Larsen Jacob 1828 29 Sweden
Lasells Richard 1845 28 NY
Laster Henry 1841 30 NC

Lathrop James 1833 21 CT
Latimer Charles 1834 38 CT
Laton Major 1848 25 m DE
Laton Samuel 1860 33 c DE
Latten Solomon 1825 27 c NY
Lauer Collins Reed 1855 31 PA
Laughlin Isaac R. 1850 22 NY
Laurence Stephen 1830 13 y PA
Laurence William H 1856 21 PA
LaVance James H 1861 22 NY
Lavery William 1856 23 PA
Law Thomas 1860 26 NC
Lawler John Joseph 1856 27 Ireland
Lawrance Ephran 1828 18 b PA
Lawrance William 1840 30 s VA
Lawrence Bradley V 1832 22 MA
Lawrence Charles 1860 30 NY
Lawrence Edmund 1824 26 MA
Lawrence Henry M. 1854 35 y PA
Lawrence James 1833 16 NY
Lawrence John 1833 27 NY
Lawrence Joseph 1831 22 PA
Lawrence Samuel 1837 37 PA
Laws Alexander 1852 28 b DE
Laws Cyrus 1854 23 b DE
Laws Edward 1825 39 c VA
Laws George 1847 24 s DE
Laws James Naro 1856 18 b DE
Laws Johb 1849 28 c DE
Laws Joseph 1850 32 c DE
Laws Sipple 1836 19 c DE
Laws Wallace 1853 26 b DE
Laws William 1832 26 c DE
Lawson Christian 1841 23 PA
Lawson Henry 1828 32 y DE
Lawson James 1859 30 c MA
Lawson John 1857 35 Ireland
Lawson Joseph 1835 24 y NY
Lawson Nathaniel W 1859 26 DE
Lawson William 1845 22 PA
Lawton Isaac 1829 24 c RI
Lawton William 1840 22 NY
Layfield Henry 1838 25 CT
Layton David H 1855 18 ME
Layton James 1859 41 b DE
Layton John 1855 24 ME
Layton Lowdon Wm 1860 33 b DE
Le Poidwin Henry 1855 22 NY
Leach Daniel 1845 23 NJ
Leacy John 1847 28 NY
Leaming Swain 1826 35 DE
Leap Luke 1830 17 NJ
Leask William 1841 21 PA
Leatch William 1852 21 NY
Leavey Hugh C 1827 20 ME
Leavitt James 1851 32 ME

Latimer Augustus 1833 17 c NY
Latimer Henry 1826 28 CT
Laton Samuel 1853 30 m DE
Latour Charles J 1845 17 PA
Lattimer James 1861 27 Ireland
Laugare Peter 1840 29 France
Laurence Joseph 1824 26 b NY
Laurence William 1856 33 m MA
Lauriston George 1849 33 MA
Lavery Francis 1836 16 MA
Law Robert 1859 29 c MD
Lawis James H 1861 32 b DE
Lawller John 1847 19 RI
Lawrance Simeon 1828 22 ME
Lawrence Anthony 1826 23 y VA
Lawrence Charles 1829 33 GA
Lawrence David 1828 23 b VA
Lawrence Ephram 1828 19 b PA
Lawrence James 1828 21 NY
Lawrence James 1849 38 NY
Lawrence John D 1846 22 NH
Lawrence Josiah 1832 24 MA
Lawrence Samuel C 1853 22 VT
Laws Augustus 1859 22 c DE
Laws Dennis 1827 24 b DE
Laws Edward 1834 26 c DE
Laws James 1841 21 m NY
Laws Jehu 1861 21 b DE
Laws John 1860 19 b DE
Laws Robert 1856 22 b DE
Laws Thomas 1859 23 b DE
Laws Watson 1847 22 c DE
Laws William 1860 54 b DE
Lawson Francis 1837 24 RI
Lawson James 1852 16 MA
Lawson John 1850 27 NY
Lawson John B 1855 32 NY
Lawson Levin 1833 20 MD
Lawson Thomas 1861 24 DE
Lawson William 1849 38 PA
Lawton Thomas 1848 25 NH
Lawton William H 1850 30 PA
Layne Edward J 1858 21 VA
Layton Ellis 1846 30 NY
Layton John 1850 20 c DE
Layton Louder Wm 1850 22 b DE
Layton Major M 1860 29 b DE
Lea John 1834 14 c RI
Leach John W 1847 24 ME
Leamer Hiram J 1841 14 PA
Leanard James 1837 32 y MA
Leary Henry 1855 43 MD
Leaske Peter 1852 32 Scotland
Leavey Daniel 1841 21 ME
Leavey Nathaniel 1846 26 ME
LeBaron Frederick 1833 18 MA

LeBran Solomon 1833 43 y MD
Leby Elijah 1825 35 MA
Lechler Samuel 1854 19 PA
Ledent John 1827 18 PA
Ledger Joshua 1852 20 c DE
Ledine John 1846 25 c DE
Lee Charles 1847 19 NY
Lee Charles W 1854 20 NY
Lee Enoch S 1854 31 NJ
Lee George 1835 20 y PA
Lee George W 1840 23 NJ
Lee Henry 1838 25 m VA
Lee James 1834 22 DE
Lee John 1827 23 y DE
Lee John 1838 28 NY
Lee John W 1852 35 PA
Lee Moses 1828 23 NY
Lee Noah 1855 24 MA
Lee Robert 1857 28 NY
Lee Samuel B 1831 22 NJ
Lee Thomas 1841 48 CT
Lee William 1855 23 NH
Leech William 1848 23 MA
Leeds Joseph C 1849 15 MA
Leekie James 1857 24 Scotland
Leeman Samuel 1843 21 ME
Lees George D 1858 20 ME
Lees William 1856 22 NJ
Leeson James 1836 26 MA
LeFevre Joseph 1853 18 PA
Legg George 1851 29 NJ
Lehman George W, Jr 1852 18 PA
Leible George 1826 22 PA
Leighton Curtis 1853 40 ME
Leighton Samuel N 1859 26 ME
Leitch John 1841 38 none given
Lelan Robert G 1832 17 PA
Leland John 1829 19 RI
Leland William 1825 23 ME
Lelarge Henry 1860 19 PA
LeMar Henry 1839 30 LA
Lemont John B 1860 45 LA
Lengen James F 1856 22 ME
Lennon William 1860 20 NY
Lennox William 1856 21 NY
Lentz Herman W 1860 22 PA
Leon Joseph 1851 25 b RI
Leonard Jesse L 1836 25 NJ
Lerch George Andrew 1852 17 PA
Lesher William 1825 21 PA
Leslie Charles 1859 24 NY
Leslie Thomas C 1855 34 MD
Leslie Walter 1856 28 VA
Lester Thomas 1860 26 NY
Letherman Samuel B 1854 46 DE
Leveneur John 1841 39 France

LeBrou John F. 1841 18 MD
Lechler Adam A 1825 21 PA
Lecraft Alexander 1848 29 NY
Ledent William 1830 28 PA
Ledger Joshua 1860 27 c DE
Lee Andrew 1834 52 b MA
Lee Charles 1861 24 NY
Lee Enoch 1845 23 NJ
Lee Francis 1846 27 y DC
Lee George M 1853 31 DE
Lee Henry 1836 23 MA
Lee Israel S 1851 22 NJ
Lee James 1846 25 MA
Lee John 1833 23 MA
Lee John 1854 55 b NJ
Lee John W. 1858 36 NJ
Lee Nathan 1826 30 MA
Lee Peter 1842 35 b NJ
Lee Robert 1860 22 ME
Lee Theophilus 1840 16 NJ
Lee William 1849 21 b DE
Leech Lewis 1829 22 PA
Leeds Edward B. 1841 24 ME
Leek Thomas 1825 21 b NJ
Leeman David 1825 32 ME
Leery James 1852 23 NY
Lees Thomas 1855 27 MA
Leeson George 1837 22 PA
Leeves Nicholas 1828 29 Denmark
Legay George J 1836 28 m NY
Legue Francis 1837 21 PA
Lehman James 1847 27 ME
Leick Robert 1827 14 PA
Leighton George C. 1848 21 MA
Leilass Thomas 1861 26 NY
Lelan Edwin 1834 21 PA
Leland Herbert H 1855 24 ME
Leland John 1855 34 MA
Lelar Charles 1833 17 PA
Leman Samuel 1841 18 ME
Lerner Robert C 1854 19 PA
Lendos Augustus 1833 36 b PA
Lennon Thomas 1848 22 NY
Lennox Henry 1848 21 VA
Lentner Humphrey 1842 18 PA
Lentz Jacob H 1845 21 PA
Leonard James 1827 23 DE
Leonard Solon 1853 23 ME
Leroy Peter 1857 31 NY
Lesley James 1826 17 VA
Leslie John 1860 24 MA
Leslie Walter 1854 24 VA
LeSon Pierre Louis 1845 38 France
Lester William 1847 22 NH
Levan Charles 1855 25 PA
Lever William 1854 21 ME

Levering Charles T 1841 22 PA
Levy Benjamin 1825 19 PA
Lewin John 1833 25 NY
Lewis Armstrong I 1834 16 PA
Lewis Brister 1853 22 c DE
Lewis Cato 1854 34 y DE
Lewis Charles 1826 23 y MA
Lewis Charles W 1861 18 MA
Lewis Daniel 1847 21 b DE
Lewis Edward 1845 29 MA
Lewis Edward 1856 24 NY
Lewis Edward, Jr 1834 19 ME
Lewis Emanuel 1841 27 s MD
Lewis Francis C 1837 23 MA
Lewis George 1824 19 PA
Lewis George 1829 22 PA
Lewis George 1846 31 MA
Lewis George 1846 28 LA
Lewis George 1850 37 MD
Lewis George 1860 24 MA
Lewis Gideon B 1855 23 b DE
Lewis Henry 1827 25 OH
Lewis Henry 1859 32 CT
Lewis Jacob 1825 23 b DE
Lewis James 1825 18 b PA
Lewis James 1829 17 MA
Lewis James 1838 22 MA
Lewis James 1839 29 MA
Lewis James 1835 21 c PA
Lewis Jesse 1856 19 c NJ
Lewis Jno. 1840 43 b PA
Lewis John 1828 19 VA
Lewis John 1845 27 c PA
Lewis John 1839 28 VA
Lewis John 1832 48 FL
Lewis John 1850 39 m MD
Lewis John 1853 18 NY
Lewis John 1854 34 ME
Lewis John 1859 25 b MD
Lewis John R 1860 34 England
Lewis Joseph 1837 17 MA
Lewis Joseph 1841 35 DE
Lewis Joseph 1858 25 MA
Lewis Lawrence Fielding 1851 17 VA
Lewis Nathan B 1860 23 RI
Lewis Peter 1850 42 b DE
Lewis Reuben 1847 19 s PA
Lewis Robert 1827 21 PA
Lewis Samuel 1835 17 c PA
Lewis Samuel 1848 50 s CT
Lewis Silas W 1841 23 MA
Lewis Stephen 1858 25 b DE
Lewis Theodore 1824 23 CT
Lewis Thomas 1840 24 none given
Lewis William 1831 28 m MA
Lewis William 1846 28 PA

Levington William J K. 1861 35 m MD
Levy William P 1840 24 GA
Lewis Alfred S 1849 19 MA
Lewis Augustus 1824 20 PA
Lewis Brister 1861 28 c DE
Lewis Charles 1824 24 c DE
Lewis Charles 1854 22 NH
Lewis Daniel 1833 25 b DE
Lewis Daniel 1854 18 b PA
Lewis Edward 1836 29 ME
Lewis Edward 1856 24 VT
Lewis Edwin 1845 22 PA
Lewis Ezra 1841 21 MA
Lewis Frederick 1826 16 PA
Lewis George 1825 22 b NJ
Lewis George 1845 18 PA
Lewis George 1846 28 LA
Lewis George 1846 31 MA
Lewis George 1855 37 b DE
Lewis George W 1824 25 SC
Lewis Henry 1825 17 PA
Lewis Henry 1851 23 MA
Lewis Henry N 1831 19 PA
Lewis Jacob 1856 21 b DE
Lewis James 1827 41 y PA
Lewis James 1831 26 I RI
Lewis James 1839 21 NY
Lewis James 1833 23 MA
Lewis James F 1860 15 PA
Lewis Jesse 1861 23 s NJ
Lewis John 1825 22 b PA
Lewis John 1828 32 NY
Lewis John 1840 22 NY
Lewis John 1841 22 MD
Lewis John 1848 23 SC
Lewis John 1851 24 England
Lewis John 1853 21 NY
Lewis John 1854 19 NJ
Lewis John H 1849 18 VA
Lewis Joseph 1824 25 PA
Lewis Joseph 1839 24 b NY
Lewis Joseph 1841 27 NJ
Lewis Joseph H 1859 27 b NY
Lewis Levi 1830 19 MD
Lewis Nicholas 1854 18 MD
Lewis Peter 1854 49 b DE
Lewis Richard 1835 23 PA
Lewis Samuel 1824 22 PA
Lewis Samuel 1846 24 s NY
Lewis Samuel C 1850 22 PA
Lewis Spalding D. 1854 21 ME
Lewis Sumner M. 1854 17 ME
Lewis Thomas 1840 32 England
Lewis Thomas C 1857 32 NY
Lewis William 1841 23 m NY
Lewis William 1848 19 NY

Lewis William 1854 22 MA
Lewis William 1856 25 b PA
Lewis William F. 1838 20 c NJ
Lewis William J 1826 25 VA
Lewis Zenas W 1846 17 ME
Leyferhelt George 1825 20 PA
Libby Charles 1857 33 MA
Libby Daniel 1858 30 ME
Libby Eben G. 1855 22 ME
Liddle George C. 1836 31 Ireland
Liddle William 1845 25 MA
Liden John 1851 29 NY
Light Alfred 1851 24 s PA
Lighthall Nelson 1848 23 NY
Lightman Marte George 1836 28 [Germany]
Lillebridge Liman 1861 29 CT
Lilly George 1855 25 VT
Limas James 1852 23 b PA
Linas William 1840 21 b VA
Lincoln William 1833 26 MA
Lindrink George 1843 22 LA
Lindsay Edward W. 1855 23 ME
Lindsay James P. 1846 24 Ireland
Lindsay William 1830 29 NJ
Lindsey James W. 1843 20 NY
Liner Washington 1856 39 PA
Lingo Levi 1827 28 DE
Linn Henry 1831 48 Sweden
Linn S S. 1844 25 PA
Linor Washington 1844 23 PA
Linor Washington 1860 39 PA
Lint Thomas 1851 21 ME
Linton James C 1855 23 PA
Lippincott James B. 1855 20 PA
Lipple Daniel 1827 29 b DE
Liscomb William B 1848 28 MD
Lisson Elisha 1834 18 SC
Lister Henry 1834 36 c MD
Litchfield Henry 1825 24 NC
Little David 1859 22 NY
Little John 1841 45 LA
Little John 1851 18 NY
Little Robert Emmett 1836 15 PA
Little Thomas 1848 25 NY
Little William 1824 21 b PA
Little Wm H 1834 21 PA
Littlefield Joseph F 1858 16 ME
Littlefield Samuel 1861 28 MA
Lively Hammond 1825 30 b NJ
Lively John H 1857 20 b MD
Livingston Duncan 1853 27 ME
Livingston Henry W 1849 20 PA
Livingston James 1849 28 MA
Livingston William 1833 24 MD
Livington William 1854 25 y PA
Lloyd David 1861 33 GA

Lewis William 1855 24 b PA
Lewis William 1858 24 PA
Lewis William H 1855 28 MA
Lewis William W 1835 19 VA
Ley Samuel 1833 24 NY
Libbey Eben G. 1846 26 ME
Libby Charles H S 1851 24 MA
Libby Eben 1838 18 ME
Liberton Robert Walker 1836 33 LA
Liddle John 1847 22 SC
Lideback Robert 1854 28 NY
Liebbe Francis Augustus 1824 27 MA
Light Horatio Nelson 1851 21 PA
Lightman James 1857 29 m NY
Ligon James Henry 1854 27 B MD
Lilly Edward 1830 20 PA
Lilly John 1851 23 MA
Liming Davilda 1831 21 PA
Lincoln Nathaniel 1827 31 MA
Lindgaard Henry 1856 34 Hamburg
Lindsay Christopher E 1857 23 NY
Lindsay James 1825 20 b NY
Lindsay Samuel 1824 17 PA
Lindsey George 1846 21 RI
Liner George H. 1856 23 MA
Lingen Joseph 1849 29 VA
Link Henry 1834 22 MA
Linn Joseph 1855 20 NY
Linnott Jacob 1828 27 ME
Linor Washington 1836 17 PA
Linscott William C 1851 26 ME
Linton Alexander 1851 22 NY
Linton John Morton 1828 15 PA
Lippincott William P. 1826 21 NJ
Liscom Uriah 1845 45 NY
Liset Thomas 1852 26 MA
Lister Alfred 1860 24 PA
Liston Charles 1827 14 y PA
Litle Joseph 1828 21 y NJ
Little Horatio M. 1849 17 PA
Little John 1835 33 b NJ
Little John P. 1824 17 PA
Little Thomas 1829 26 NY
Little Thomas Jmes 1835 17 PA
Little William H. 1859 22 c NY
Littlefield Charles B. 1841 32 ME
Littlefield Robert 1837 28 MA
Lively Francis 1832 21 c NJ
Lively Hugh 1834 23 c NJ
Livick John 1840 22 MD
Livingston Henry 1856 29 MA
Livingston Horace C G. 1856 24 VA
Livingston Thomas 1856 22 NJ
Livingston William 1854 24 LA
Lloyd Augustus 1855 18 MD
Lloyd Edward 1824 19 VA

Lloyd Felix Theodore 1826 23 NJ	Lloyd George 1833 18 y MD
Lloyd George L 1859 18 DE	Lloyd James Austice 1828 17 illegible
Lloyd Jeddiah 1855 15 NJ	Lloyd Joseph 1836 27 PA
Lloyd Robert 1837 27 PA	Lloyd Sylvester 1853 17 MA
Lloyd Thomas 1826 25 c NJ	Lloyd William 1854 25 NY
Lloyd Wood, Jr 1843 17 PA	Loan John 1829 34 y NY
Lobb Peter F. 1843 18 PA	Lobson John 1848 34 RI
Lochart George T 1852 23 PA	Lochman James 1856 27 NY
Lock James W 1853 27 RI	Locke John A 1845 23 NH
Locke John Langdon 1828 24 NH	Locke Samuel 1838 25 PA
Lockerman Richard 1855 34 b NJ	Lockermn Samuel 1840 20 b PA
Lockey John 1828 27 VA	Lockhart Jeremiah J 1827 13 PA
Lockhart John 1824 53 PA	Lockhart John 1845 23 PA
Lockhart John 1848 35 ME	Lockhart Nicholas 1825 35 Norway
Lockhead William H 1855 19 ME	Lockland William 1841 18 ME
Lockman Joseph L 1841 32 NY	Lockwood Adam 1845 35 RI
Lockwood Charles 1843 27 DE	Lockwood George 1829 24 b DE
Lockwood James 1824 31 b MD	Lockwood William 1847 21 PA
Lockwood William H 1831 26 DE	Locust James 1846 27 c GA
Lodge Erastus 1843 21 NJ	Lodge Rufus 1840 19 NJ
Lodine James 1854 31 b DE	Lodor Richard 1824 24 PA
Lofland James A 1824 12 PA	Lofley David 1838 24 b DE
Logan George 1853 22 NY	Logan John 1853 24 b VA
Logan Joseph B 1845 18 PA	Logan Samuel 1848 20 ME
Lombaert Henry W. 1843 19 PA	Lombard Benjamin 1844 35 MA
Lombard Elbren A 1846 16 MA	Lombard John E 1854 18 ME
Lombard Richard L 1833 21 MA	Lomer Charles 1852 30 NY
Lonal John C 1834 21 PA	Londerback David 1858 18 NY
Lone John 1827 27 y NY	Long Charles 1826 17 y PA
Long Dennis 1848 24 MA	Long Edward 1829 22 PA
Long Edward 1853 30 ME	Long George 1861 24 Prussia
Long Isaiah 1861 34 DE	Long James 1830 15 DE
Long James 1854 45 PA	Long John 1837 22 PA
Long John 1851 23 NH	Long John H 1840 24 PA
Long Joseph A 1835 28 MD	Long Lloyd 1837 23 s CT
Long Robert Tucker 1833 19 PA	Long Silvenieus 1840 24 NJ
Long William 1859 18 PA	Longacre William 1829 30 PA
Longan Edward 1852 25 PA	Longcope George W 1828 19 PA
Longcope Harding F 1825 18 PA	Longcope Thomas M 1842 41 PA
Longfellow William 1850 24 c DE	Longhead Thomas, Jr 1825 22 PA
Longley Henry 1833 25 MA	Longpoint James 1840 28 PA
Longsberry Francis M 1831 23 PA	Longshore Thomas E 1854 26 PA
Longstreth Peter 1847 26 s PA	Longwell James 1851 22 NY
Look James B 1840 20 ME	Look Walter W. 1859 31 ME
Lookadoo Samuel 1849 22 VA	Loose James 1840 52 b MA
Loovelling William 1826 21 y MA	Lopeman Abraham 1836 24 s DE
Lopen George 1852 30 NJ	Loper Isaac 1853 25 s DE
Loper John 1858 21 m DE	Loper John 1861 24 m DE
Loper Major 1860 30 m DE	Loper Major 1861 31 s DE
Lopes Joseph 1852 27 m MA	Lopes Major 1853 25 s DE
Lophley James 1855 37 b DE	Lops Peter 1861 19 b MD
Loratte John 1844 17 MA	Lord Alexander 1824 26 ME
Lord John G. 1858 18 ME	Lord Nathaniel 1836 32 MA
Lorden William 1834 39 c DE	Lore Seth 1840 20 NJ
Lore Seth 1837 18 NJ	Loring George A 1847 23 ME
Loring Gilman 1827 32 MD	Loring John 1853 22 NY

Loring Judah 1840 18 MA
Lotman Joseph 1856 37 b DE
Louder Casper 1825 25 PA
Loughlin Martin O 1860 25 PA
Louis John 1854 27 England
Lounes Abel S 1834 22 ME
Loury James 1841 17 DC
Love Daniel 1841 32 MA
Love Henry 1861 27 b PA
Lovelan Charles S 1858 19 b NJ
Lovett William 1856 25 England
Low John R 1831 25 ME
Low Thomas 1857 22 b PA
Lowber Caleb G 1856 21 b DE
Lowell Benjamin C 1841 17 MA
Lowell William 1853 24 ME
Lowery Antonia 1843 22 LA
Lownes George 1825 17 PA
Lowrey Martin 1825 47 Naples
Lowry Richard 1858 34 ME
Lowry William 1824 25 MD
Lowry William 1841 33 c VA
Loyd John J 1833 22 MD
Loyd Stewart 1825 21 NJ
Lucas Frederick 1836 12 PA
Lucas John 1846 26 GA
Lucas John 1856 31 b VA
Lucas Thomas 1841 30 c MD
Luce Jacob R. 1861 18 MA
Luckley James 1841 26 ME
Ludlam Clinton H 1845 22 NJ
Ludlam Richard L 1860 24 NJ
Ludlow David 1827 28 ME
Luff Nathanial 1827 23 b DE
Luff Thomas 1845 24 Gibraltar
Lukens Jackson 1858 30 PA
Lumberd Samuel 1833 16 VA
Lumbert Solomon S 1859 49 ME
Lun Charles 1844 23 b PA
Lund C Anderson 1838 37 Norway
Lund Charles 1848 32 Germany
Lundberg Gustavus 1836 35 Sweden
Lunt Henry P 1827 22 MA
Lurvey Cyrus 1861 30 ME
Lurvey Lemuel 1861 22 ME
Lutz Charles W 1851 20 PA
Luzenberg Albert 1859 19 PA
Lyle James P 1858 17 PA
Lyman Henry 1848 23 CT
Lymons Charles H 1854 21 ME
Lynch Davis 1852 25 PA
Lynch James 1830 23 c NY
Lynch John W 1829 25 MA
Lynch Richard 1845 23 NY
Lynch Thomas 1847 26 NY
Lynch William 1854 20 PA

Lorty James 1837 26 MD
Loud Harry G. 1857 19 PA
Louder Joseph 1840 36 PA
Louis Albert 1860 20 NY
Louis William 1834 28 b NH
Lourie John 1859 32 Scotland
Louza John 1835 36 Madiera Island
Love Henry 1851 33 NH
Love Robert 1858 18 PA
Lovett John 1833 45 MA
Low Francis 1842 21 NY
Low Joseph 1853 20 MA
Lowber Caleb B 1833 23 c DE
Lowell Abner, Jr 1840 25 ME
Lowell Thomas 1861 19 ME
Lowersby Robert 1856 21 NJ
Lowery Justus 1847 23 DE
Lowrey James 1856 20 b PA
Lowrie James 1831 32 NH
Lowry Walter 1843 17 PA
Lowry William 1825 27 y PA
Loyd Charles W. 1839 42 b MD
Loyd Robert 1840 23 MA
Lucas Charles 1846 20 NY
Lucas James 1857 18 PA
Lucas John 1851 53 PA
Lucas Obediah 1847 36 DC
Lucas Thomas 1855 57 s MD
Luckado Samuel 1849 22 l VA
Lucy Thomas 1839 23 PA
Ludlam Richard A 1856 26 NJ
Ludlam William 1830 19 NJ
Ludlow Joseph W. 1854 25 NJ
Luff Nathaniel 1825 20 b DE
Luke William 1854 24 NJ
Lukens Lustre 1847 24 b PA
Lumberd Thomas, Jr 1833 12 VA
Lumes James 1837 20 DE
Lun Charles 1845 24 c PA
Lund Charles 1841 25 Germany
Lund William 1850 30 Denmark
Lundergate James 1851 26 MA
Luray Joseph 1850 35 France
Lurvey Gilbert L 1861 19 ME
Luttman Paul E 1855 22 France
Lutz William N 1847 32 PA
Lybrand Joseph H 1832 18 PA
Lyman George F C 1841 20 MA
Lyman Isaac 1842 21 ME
Lynch Barney 1860 23 NJ
Lynch Francis 1860 24 NY
Lynch James W 1841 23 PA
Lynch Peter 1860 22 LA
Lynch Samuel N 1841 20 DE
Lynch Thomas B 1851 24 PA
Lynch William 1855 29 Ireland

Lyndall Joshua M 1850 25 DE
Lynmire Ellison B 1856 44 NJ
Lynn Robert, Jr. 1858 21 PA
Lyons Francis C 1857 23 NY
Lyons Joseph 1824 50 PA
Lyons William 1844 24 MA
Lyons William H 1848 24 NY
Maase Francis 1829 22 Sardinia
Macallister George 1849 32 NY
MacCarty Dennis 1840 24 ME
Maccomber Charles 1853 22 MA
MacEwin Robert 1840 29 m PA
Macferran Samuel 1828 23 PA
Mack John 1850 32 MA
Mack Washington 1825 18 PA
Mackay James 1851 18 MA
Mackenzie John 1859 24 PA
Mackey Joseph 1859 24 NY
Mackie Henry 1830 17 PA
Mackney Richard 1831 26 c MD
Macollo John 1855 35 Prussia
Macormmerick Robert 1861 23 DE
Macray Montgomery 1836 23 s MD
Maddoch Mordecai 1826 23 PA
Maddock William 1853 35 MA
Madison John 1847 23 RI
Madsen Christian 1829 22 LA
Maffit William 1829 19 NJ
Magee James 1849 23 ME
Maggs William J. N 1857 23 MA
Magill James 1848 23 NY
Magin William 1857 22 Great Britain
Maguire Lawrence 1859 21 PA
Maguire William D 1860 21 MD
Maher John Francis 1850 24 PA
Mahoney Daniel 1852 23 NY
Mahoney Timothy 1836 27 NJ
Maiden George 1835 34 b VA
Maine Edward 1853 25 ME
Maker Bartlett 1855 24 ME
Makin Daniel Yates 1854 23 MA
Maland Francis 1826 17 PA
Malcolm Alexander 1841 23 m NY
Malcom John 1856 23 ME
Malich Stephen 1852 38 Austria
Mallet Alford 1838 17 PA
Malloy Edward 1841 22 Ireland
Malone Gregory J 1846 22 MA
Maloney Daniel 1840 16 PA
Malony George 1858 22 New Brunswick
Malony Joseph 1833 27 NY
Malony Thomas 1833 30 ME
Manchester Leonard 1841 21 RI
Mandley William 1847 22 s VA
Mangan John 1847 27 NY
Manley George G 1828 26 VA

Lyndon Henry 1854 25 MA
Lynn Jacob A 1860 32 PA
Lyon Parker C 1841 17 PA
Lyons Isaac 1846 22 VA
Lyons Samuel 1825 17 PA
Lyons William 1856 21 NY
Lythgoe Wm H 1846 22 GA
Mabee Benjamin 1842 35 ME
Macarnan Bernard A 1849 26 DE
MacCobb Joseph 1840 32 ME
Mace Charles 1828 19 MA
Macfarlane Robert 1848 26 ME
Mack Edward 1844 21 MA
Mack Peter 1857 25 NY
Mack William 1852 24 NY
Mackenzie Isaac 1845 26 MA
Mackey Allan 1853 46 c PA
Mackey Robert D 1826 17 PA
MacKirdy William 1840 25 SC
Macnamard James 1842 22 RI
Macomber Edward 1849 21 NY
MacPherson James 1853 22 ME
Macy Stephen 1824 63 MA
Maddock James 1855 17 MA
Maddocks Walter D. 1845 23 ME
Madix John Bell 1848 23 ME
Maes Joseph 1854 23 Belgium
Maffitt Emory 1861 22 MD
Magee William A 1824 15 PA
Magher William T 1846 21 ME
Magill James 1849 18 PA
Maginnis John 1825 20 PA
Maguire Philip 1855 23 Ireland
Mahan James 1855 21 PA
Mahn Johan 1826 39 Germany
Mahoney George 1861 18 ME
Mahony John 1837 32 NH
Maillard Charles 1860 32 France
Maine John 1858 23 b MA
Maker Robert 1856 24 MA
Malaley Joseph 1854 21 CT
Malarkay John 1849 21 MA
Malcolm Edward 1860 23 NY
Maley Donald M. 1826 23 PA
Maling Thomas H 1826 24 MA
Mallett Edwin B. 1847 23 ME
Malone Charles L. 1859 27 PA
Malone William J 1851 25 PA
Maloney Solomon 1824 26 b PA
Malony Jacob 1825 23 b PA
Malony Michael 1853 24 NY
Mamaux Eugene 1846 27 France
Manderson Ferdinand 1843 17 PA
Mandliff Danial 1829 22 b DE
Manlaff George 1835 16 b DE
Manley William 1861 25 m PA

Manlove Alexander Carpenter 1837 17 s PA
Mann George W 1844 28 ME
Mann Miles 1834 23 NY
Mann Simeon 1856 33 b PA
Manning Edward 1856 233 NY
Manning John 1855 19 MA
Manning Peter 1851 21 CT
Manning William E 1857 20 NY
Manses Charles 1826 19 MA
Mansfield John 1828 23 MA
Mansfield Jonathan 1830 28 MA
Mansfield William 1827 26 NY
Mansides John H 1844 45 PA
Manuel Alexander 1852 33 m NY
Marander Peter 1826 26 NY
Marble William 1850 34 RI
Marchant Peter 1840 20 MA
Marcovich Joan 1848 30 Austria
Marden John 1828 26 NH
Marey Sumner 1845 22 CT
Mariae John 1829 41 c MD
Marico Keronie 1836 22 FL
Mariner John 1833 22 PA
Markham Martin 1835 32 CT
Marks Anthony 1834 14 b PA
Marks Girard S 1843 25 PA
Marks Henry H 1826 14 VA
Marks James A 1856 22 m DC
Marks Joseph 1830 34 NY
Marks Peter 1836 18 PA
Marley John 1840 17 DE
Marothey Joseph 1840 32 y DE
Marr Dennis 1854 18 ME
Marr William A 1832 22 PA
Marsden Joseph H 1843 26 England
Marsh Danforth D 1861 21 MA
Marsh George L. 1860 18 MA
Marsh James H 1861 26 ME
Marsh William 1852 18 NY
Marshall Alexander 1828 32 DC
Marshall Charles Lee 1849 25 PA
Marshall Denton 1836 21 MD
Marshall Edward 1858 30 MA
Marshall James H 1861 45 MD
Marshall James R 1847 18 PA
Marshall Jeremiah 1848 33 NJ
Marshall John A 1825 31 Dominique,W I
Marshall Joseph 1836 28 MA
Marshall Justice 1847 29 m NY
Marshall Levi 1860 29 ME
Marshall Richard 1861 22 ME
Marshall Thomas 1853 19 ME
Marshall William 1824 15 PA
Marshbank Alexander 1860 16 MD
Marson Stephen, Jr. 1838 33 ME
Marston Edward G. 1840 28 NH

Manlove Daniel L 1852 22 PA
Mann James 1848 18 IL
Mann Samuel 1830 19 MA
Mann William 1847 28 NY
Manning John 1851 19 MA
Manning Napolean B 1833 16 PA
Manning William 1854 40 PA
Manro James 1841 22 MD
Mansfield Bartlett 1840 28 VA
Mansfield John 1846 26 PA
Mansfield Lyman A 1838 36 CT
Mansides John H 1829 32 MA
Manter Jeremiah 1836 27 MA
Manuel James 1837 29 c MA
Marble William 1850 34 RI
Marchant Nathaniel 1843 20 MA
Marche John 1845 15 DC
Marcus William 1839 28 NY
Mareno Mark 1843 25 LA
Margetts Philip 1852 19 ME
Marian Joseph 1842 26 LA
Marine Francis 1840 18 LA
Mariner John B 1848 21 ME
Markoe Francis 1842 19 m NY
Marks Anthony 1832 16 c NY
Marks Henry 1824 20 PA
Marks Henry J. 1825 24 PA
Marks John 1827 43 MD
Marks Joseph 1847 29 PA
Markward George W 1824 16 PA
Marley John 1851 18 PA
Marotti Hezekiah 1837 25 y DE
Marr William A 1824 16 PA
Mars James S 1853 18 ME
Marselis Nicholas H 1848 18 PA
Marsh Frederick 1841 32 MA
Marsh Isaiah 1844 25 PA
Marsh John 1850 38 AL
Marshal Charles 1855 23 England
Marshall Augustus 1843 27 ME
Marshall Daniel 1861 21 MA
Marshall Eben 1843 20 ME
Marshall George 1855 20 b PA
Marshall James M 1851 18 ME
Marshall Jeremiah 1846 26 NJ
Marshall John 1854 27 NY
Marshall John, Jr 1851 20 DE
Marshall Joseph 1846 43 c SC
Marshall Justus 1859 39 m NY
Marshall Mayo 1834 34 b PA
Marshall Samuel 1857 21 m PA
Marshall Thomas L 1827 24 MA
Marshall William 1857 22 LA
Marshman Charles 1828 22 ME
Marsteller Thompson 1824 17 PA
Marston James 1826 27 b PA

Marston Oliver 1826 23 MA
Marten Peter 1837 38 NY
Martin Abel 1848 18 CT
Martin Andrew 1859 26 MD
Martin Charles 1852 21 MA
Martin George 1860 51 Denmark
Martin George S 1848 16 PA
Martin Henry E 1842 16 PA
Martin James 1825 21 b PA
Martin James 1827 25 RI
Martin James 1853 26 NY
Martin John 1845 18 PA
Martin John 1848 28 PA
Martin John 1855 20 Ireland
Martin John D 1845 23 ME
Martin John L 1854 22 PA
Martin John S 1835 13 PA
Martin Joseph 1851 24 DE
Martin Luke 1845 22 VT
Martin Michael 1841 23 NY
Martin Samluel 1855 45 b NY
Martin Samuel 1858 23 b MA
Martin Simeon 1826 15 RI
Martin Thomas G. 1834 29 ME
Martin Thoms 1845 34 DE
Martin William 1829 22 MA
Martin William 1851 23 SC
Martin William Kennedy 1832 15 PA
Martin William Thos 1855 22 b DE
Marts Samuel B. 1857 18 NJ
Marvel Robinson P 1854 42 DE
Marvil P M. 1843 27 DE
Mase Horace 1826 26 MD
Mason Charles 1838 23 RI
Mason Daniel 1853 28 m DE
Mason David J 1860 20 DE
Mason Georege 1846 23 c NY
Mason George 1826 26 Barbados
Mason Isaiah 1840 16 b MD
Mason James S 1843 24 MD
Mason John 1845 22 NJ
Mason Paul Jones 1851 24 s PA
Mason Thomas 1855 20 NY
Mason Thomas H 1860 21 c DE
Mason William 1825 24 MD
Mason William 1857 25 b DE
Mason William Morris 1826 21 PA
Massey James 1856 45 b MD
Massey John W 1833 26 VA
Massey Robert 1853 19 MO
Massey William P 1838 24 PA
Masters C. 1861 43 Denmark
Masterson John 1841 26 PA
Matchett Richard 1861 27 Ireland
Mathes George 1857 25 NH
Mathiot James H 1853 28 b PA

Marstrand Peter F. 1852 25 Denmark
Marthers James P 1828 19 PA
Martin Alexander L 1848 19 PA
Martin Charles 1846 32 MA
Martin Enoch 1857 20 NJ
Martin George F. 1850 16 NY
Martin Gideon 1831 22 NH
Martin Hugh 1846 25 ME
Martin James 1826 20 NY
Martin James 1836 23 MD
Martin John 1828 29 NH
Martin John 1843 30 MA
Martin John 1851 23 ME
Martin John 1860 16 PA
Martin John H 1861 18 CT
Martin John R 1825 24 RI
Martin Joseph 1827 33 PA
Martin Levi L 1844 36 c RI
Martin Martha Jane 1857 28 b DE
Martin Pole 1840 22 Austria
Martin Samuel 1848 23 ME
Martin Samuel 1860 26 ME
Martin Thomas 1827 40 NJ
Martin Thomas H 1854 22 NY
Martin Vincent 1852 22 Cuba
Martin William 1841 34 VA
Martin William 1859 29 MA
Martin William P 1854 24 DE
Martin Wilmot P C 1834 19 PA
Marvel Prettyman 1840 25 DE
Marviel Thomas R 1840 16 DE
Marvil Robert 1843 20 DE
Mason Andrew 1860 29 ME
Mason Daniel 1852 40 ME
Mason David 1844 21 y PA
Mason Frederick 1857 34 b MD
Mason George 1826 18 PA
Mason Henry 1850 19 NY
Mason James 1855 31 NY
Mason John 1844 29 MA
Mason Lysander G 1847 19 MA
Mason Smith D. 1859 19 NJ
Mason Thomas 1860 32 NH
Mason Thomas S 1850 30 PA
Mason William 1854 33 ME
Mason William 1861 28 b DE
Massey Henry P 1840 21 DE
Massey John 1843 19 MD
Massey Peter 1838 40 PA
Massey Samuel 1844 16 PA
Masson William 1829 40 NC
Masters William 1843 18 MA
Maston Alexander 1853 22 b DE
Mather Elisha C 1850 25 CT
Mathews William 1837 37 c MD
Mathis Joseph A 1861 20 NJ

Maticks John 1826 29 NJ	Matsinger Samuel 1840 20 AP
Matson Charles 1852 20 NJ	Matt George 1838 19 PA
Matthew Samuel 1860 25 m NY	Matthews Alexander H 1855 23 MA
Matthews Charles 1824 32 y MD	Matthews Edmond 1857 23 NJ
Matthews Edward 1853 20 ME	Matthews Francis 1839 28 b NJ
Matthews Henry 1828 25 NY	Matthews Isaiah 1856 32 b NJ
Matthews James 1827 29 PA	Matthews James 1860 22 PA
Matthews James 1861 23 b NY	Matthews James A. 1854 16 VA
Matthews John 1828 22 ME	Matthews John 1840 23 b NY
Matthews John H 1845 25 PA	Matthews Robert 1852 19 MA
Matthews Seleck H 1840 21 MA	Matthews Theodore 1846 22 b DE
Matthews Thomas 1859 26 Ireland	Matthews William 1826 33 MD
Matthews William 1838 21 s MD	Matthews William 1853 34 NY
Matthews William 1859 40 NY	Matthias John 1854 38 VA
Matthis Caleb 1840 23 NJ	Mattin Anthony 1834 48 Germany
Mattison Edward 1846 31 KY	Mattix Daniel 1861 38 NJ
Mattson John 1855 23 PA	Maull Joseph 1859 21 DE
Maxfield Robert 1845 28 MA	Maxwell David 1841 24 ME
Maxwell George 1853 19 RI	Maxwell John 1850 18 NY
Maxwell John 1858 19 PA	Maxwell Joseph 1840 31 b DE
Maxwell Robert A 1825 16 PA	Maxwell William 1841 21 ME
Maxwell William 1855 30 b NJ	Maxwell William H. 1829 21 PA
May Henry D 1861 20 DE	May John 1842 24 PA
May John W 1854 26 ME	Mayes Joseph 1840 28 b MD
Mayfield William 1856 21 NY	Mayhew Thomas 1860 21 c PA
Maylan William 1853 24 PA	Mayland Robert 1851 25 CT
Maynard Joseph 1840 19 NY	Maynes John 1856 27 Great Britain
Mayo Amariah 1830 25 MA	Mayo John, Jr. 1849 26 NH
Mayo Sejanus 1845 32 ME	Mayo Washington 1842 20 ME
Mays John 1837 29 s NY	McAfee George 1824 19 PA
McAllester George 1830 21 MA	McAllister Arthur 1847 22 PA
McAlmun Elijah 1842 17 ME	McAlpin Samuel 1848 25 PA
McAlwee David 1828 18 NY	McAnally Francis 1837 23 NY
McAnulty Joseph 1825 22 Ireland	McArthur David 1827 23 DE
McAvoy John 1856 19 PA	McAvoy William 1859 19 PA
McBride Archibald 1839 17 NY	McBride Charles 1859 27 b MD
McBride James 1855 27 PA	McBride John 1824 28 PA
McBride John 1861 21 DE	McBride Robert 1852 19 DE
McBride William 1860 20 PA	McCabe Joseph 1861 25 PA
McCabe William 1839 24 DE	McCaffery Stephen 1856 23 NY
McCall James 1834 29 c GA	McCall John 1858 25 CT
McCall Joseph 1848 24 MD	McCall Thomas 1824 18 DE
McCall Thomas 1847 22 NC	McCallen John C 1856 20 KY
McCalvey John 1824 14 NY	McCammon Francis J 1859 14 PA
McCann Daniel 1859 21 PA	McCann Thomas 1849 26 PA
McCann William 1837 20 Ireland	McCaraher James 1833 22 PA
McCarren Charles 1826 22 PA	McCarren Jacob Stevenson 1825 15 PA
McCarren Robert H 1828 14 PA	McCarren Robert, Jr. 1824 20 PA
McCarteny Thomas 1853 25 NY	McCartney James 1844 27 MA
McCartney Robert M 1858 23 NY	McCarty Charles 1842 18 PA
McCarty Charles 1854 32 ME	McCarty James 1850 26 NY
McCarty James 1859 19 b NY	McCarty Jeremiah 1838 20 NJ
McCarty Levi 1829 28 NJ	McCarty Owen 1851 19 PA
McCarty William 1827 30 CT	McCauley Alexander 1852 21 PA
McCauley James 1849 19 MA	McCauley Lenard 1854 29 b DE
McCausland James 1827 00 XX	McClain George 1834 24 c RI

McClain Meredith 1841 21 Ireland
McClaskey Henry 1841 23 PA
McClaster Hiram B 1856 45 PA
McClean Robert 1849 20 PA
McClellan William A 1840 20 ME
McClemens Alexander 1834 24 c DE
McClintock Charles A 1847 23 PA
McCloskey James 1852 31 NY
McCloud Robert 1827 40 NY
McCloud William 1840 24 MA
McClure Charles 1845 21 PA
McClure James H 1857 16 PA
McClure William 1831 33 c PA
McCobb Alexander A 1841 21 ME
McColgan William 1855 22 Ireland
McCollum Edward 1834 22 NY
McConaughon James 1830 18 DE
McConnell Daniel 1861 32 PA
McCoomb Samuel 1826 19 NY
McCord James C. 1847 23 PA
McCore Henry P. 1847 24 PA
McCormick Elmer B 1860 28 NJ
McCormick John 1844 19 PA
McCormick William 1841 45 NY
McCourt Owen 1848 18 MA
McCoy Edward 1838 19 y NJ
McCoy John 1860 23 MA
McCoy Thomas 1855 26 OH
McCready Dennis 1852 23 PA
McCulley Joseph 1826 18 NJ
McCurdy Abner 1831 27 ME
McCutcheon Sanders 1845 22 ME
McDermit Thomas 1841 25 NY
McDevitt Hugh 1853 22 Ireland
McDevitt Patrick 1824 17 PA
McDonald Allen C 1858 27 ME
McDonald Edward Sylvester 1828 20 MA
McDonald Hugh 1829 23 NY
McDonald James 1850 28 MA
McDonald James 1852 22 MA
McDonald James 1861 27 PA
McDonald John 1843 18 LA
McDonald John 1856 21 NJ
McDonald Joseph 1836 19 MD
McDonald Nathan 1845 24 ME
McDonald Roderick 1828 22 ME
McDonald Stephen 1860 47 PA
McDonald William 1844 16 SC
McDonnald Archabold 1840 30 NJ
McDonnell John 1848 21 PA
McDonough Galloway S. 1849 30 c PA
McDowell Edward Sayres 1861 22 PA
McDowell James 1829 24 DE
McDowell William 1838 18 GA
McDuffie Ebenizer 1841 19 ME
McElwee William 1835 27 PA

McClane John 1841 20 SC
McClasky John 1824 17 PA
McClatahie John 1828 19 PA
McClean William 1854 20 PA
McClelland James L. 1848 26 ME
McClennan John 1861 21 NY
McClintock William H. 1835 18 PA
McCloud Daniel 1853 23 ME
McCloud Thomas 1826 35 MA
McCloud William 1850 42 ME
McClure Clarence 1851 19 ME
McClure John 1855 22 PA
McCoard Thomas 1846 19 m VA
McCobb William S 1853 18 ME
McCollin Samuel 1829 21 PA
McComas Henry 1835 20 MD
McConnele John 1858 29 MA
McConway Robert 1857 42 Ireland
McCord Henry P. 1840 23 PA
McCord John 1827 15 PA
McCormick Andrew 1830 28 ME
McCormick George 1857 19 DC
McCormick Philip 1848 23 NY
McCormir Joshua J 1843 19 DE
McCowen Charles 1833 19 PA
McCoy John 1854 21 MA
McCoy Jona 1836 30 s NJ
McCrea Thomas P 1841 23 PA
McCubbin William 1858 22 Scotland
McCully Samuel 1829 21 PA
McCurdy Jesse 1825 20 PA
McDaniel Daniel 1829 19 ME
McDermott Patrick 1849 16 Ireland
McDevitt John 1852 20 NY
McDonald Alexander 1840 25 MA
McDonald Daniel 1857 28 RI
McDonald Henry 1835 18 b PA
McDonald Hugh 1843 22 Ireland
McDonald James 1851 22 NY
McDonald James 1852 20 MA
McDonald John 1838 21 MA
McDonald John 1854 19 NY
McDonald John H 1861 24 ME
McDonald Malcolm 1854 32 MA
McDonald Robert 1838 35 CT
McDonald Samuel 1835 14 c PA
McDonald William 1827 26 NC
McDonald William 1851 22 ME
McDonnell George 1851 22 MA
McDonough David 1855 32 MA
McDonough Henry 1828 17 ME
McDowell George 1835 23 NH
McDowell John 1824 38 PA
McDowell William 1855 23 NJ
McElmell Thomas 1859 18 PA
McEntier Robert 1825 18 PA

McEwen Christopher A 1847 24 Scotland
McEwen Stinson 1846 16 PA
McFadden Daniel 1850 30 NY
McFadden George 1847 22 ME
McFadden Samuel 1852 17 PA
McFarland Charles E. 1853 28 ME
McFarland Israel 1843 30 ME
McFarland Thomas 1843 18 ME
McFarland Thomas 1859 23 RI
McFarlin John H 1838 24 DE
McGarvie James 1850 30 ME
McGee James 1836 32 DE
McGee John 1832 28 PA
McGeehan John J, Jr 1855 21 PA
McGeoy Thomas 1846 15 PA
McGill William 1861 19 b MA
McGinley James 1827 22 PA
McGinley Townsend 1838 23 PA
McGinnes Charles 1824 29 VA
McGinnes John L. 1835 19 PA
McGinnis James 1854 23 MD
McGinnis Thomas 1843 26 PA
McGlathery James, Jr 1855 17 PA
McGlauchlen Hugh 1855 25 PA
McGonegal William 1858 48 MA
McGonigle John 1840 20 PA
McGough John 1825 16 PA
McGowan Farrel 1843 28 NY
McGowan James 1859 22 PA
McGowen James 1837 16 PA
McGrath Jerry 1847 24 NY
McGraw William 1853 23 MA
McGuire William 1847 26 Ireland
McHenry Thomas 1848 24 NY
McIlherron John 1844 17 PA
McIntire James 1824 21 y SC
McIntire Lorenzo D. 1851 27 ME
McIntosh John 1846 23 NY
McIntosh William 1859 33 NY
McIntyre Archibald 1841 23 PA
McIntyre Beward 1855 41 Ireland
McIntyre John 1851 20 NY
McKahan William 1855 21 NY
McKalvie John 1857 33 Scotland
McKay Matthew Hood 1847 17 PA
McKay William Frank 1852 28 MA
McKechnie Alexander 1852 30 NY
McKeever Edwin 1848 18 PA
McKell Robert 1844 24 LA
McKenna Michael 1855 18 PA
McKenney Henry H. 1860 19 ME
McKenzie Dongald Doelgg 1861 27 MA
McKeown Henry 1825 30 NJ
McKever James 1840 28 Scotland
McKibbin David B. 1849 18 PA
McKillip Hugh 1836 30 none given

McEwen Robert 1849 38 b DE
McEwing Daniel 1844 17 PA
McFadden Dennis 1848 18 PA
McFadden John 1855 25 PA
McFarlan James 1838 28 PA
McFarland Edward M. 1861 24 ME
McFarland Rubin 1845 21 ME
McFarland Thomas 1853 23 ME
McFarlane Wm. 1840 27 MD
McGan Peter 1829 25 NY
McGavin John 1846 29 Great Britain
McGee James 1858 18 England
McGee Joseph 1846 33 PA
McGeoy Edward 1849 15 PA
McGill John 1845 17 PA
McGiniss Thomas 1851 33 PA
McGinley John 1853 26 MA
McGinley Townsend 1835 21 PA
McGinnes John 1827 24 MD
McGinnis Edward 1858 28 PA
McGinnis Michael 1853 15 ME
McGirr Robert 1853 30 Scotland
McGlathery William 1826 18 PA
McGlone Andrew 1833 39 PA
McGonigal Robert 1843 22 DE
McGonnigle Robert 1860 28 PA
McGovern Richard 1851 31 NY
McGowan James 1857 22 NY
McGowan Samuel 1824 14 PA
McGowen John 1824 35 PA
McGraw Thomas 1834 22 RI
McGuire Thomas 1844 25 Ireland
McGunigall John 1833 17 PA
McHenry William 1839 39 ME
McIlvaine Charles 1838 20 NJ
McIntire Josiah J. 1839 29 NH
McIntosh John 1826 21 b MA
McIntosh Miles 1847 27 ME
McIntyne John 1840 25 LA
McIntyre Bernard 1851 34 Ireland
McIntyre Hugh 1846 23 PA
McIntyre John 1861 30 MA
McKaig Thomas 1825 18 PA
McKay Abner 1853 25 ME
McKay William 1854 15 PA
McKean John S 1854 18 PA
McKee Michael G 1853 22 Ireland
McKeever Peter 1849 24 ME
McKelvey William 1839 22 LA
McKenney Chas 1836 21 NJ
McKennon Henry 1861 22 ME
McKenzie William 1851 29 NY
McKethen Moses L 1850 28 SC
McKever James 1840 21 MA
McKibbin George 1843 27 PA
McKim Samuel 1824 21 c RI

McKimm Samuel 1829 28 c RI
McKinney Henry 1856 24 PA
McKnight Joseph 1834 18 PA
McLain William 1847 25 MA
McLaughlin Henry 1844 21 PA
McLaughlin James E 1833 15 PA
McLaughlin William 1827 15 PA
McLean Andrew 1853 22 ME
McLean Robert 1846 22 ME
McLeane John J 1852 38 MD
McLelland John 1841 26 NY
McLennan Daniel, Jr 1855 19 ME
McLeod Hugh 1854 28 MA
McLochlen Edward 1847 29 MA
McMaines Charles 1847 29 NY
McManus William E 1853 23 NY
McMichael Hugh 1855 26 Ireland
McMillan Enoch 1858 24 PA
McMillion Alexander 1840 34 PA
McMullen John 1850 19 NY
McMullin John Smith 1827 21 PA
McMullin William L 1843 19 PA
McMurtrie Benjamin Telighman 1832 14 KY
McNamara Henry 1852 21 PA
McNeal Charles 1824 15 PA
McNeal Peter 1847 30 m PA
McNeal William 1833 19 b MA
McNeel John 1844 23 England
McNeill James 1861 31 PA
McNeill John 1853 31 MA
McNeney John 1853 21 NY
McNichols George 1860 32 PA
McNiel William 1840 28 NY
McOskar Owen 1850 18 NY
McPhee Charles 1851 27 ME
McPherson Andrew 1845 24 DE
McPherson John 1846 23 PA
McPherson John 1860 24 NJ
McPherson Thomas 1836 19 NY
McRobert Edward 1828 31 ME
McStravick John 1844 22 PA
McVay John 1838 20 DE
McVicker James 1850 24 PA
Mead Isaac 1839 22 NJ
Mead Stephen B. 1850 24 NY
Meader Jesse A 1852 17 ME
Mealey Francis 1859 24 MA
Mealy Michael 1854 21 MA
Means Lemuel G 1840 19 ME
Mears Samuel 1827 26 VA
Mecaskey Charles Augustus 1831 19 PA
Medad Levin 1826 29 y VA
Meder Calvin 1828 19 ME
Medkiff Lenard 1835 18 PA
Meekins David 1827 20 MD
Mefers George 1846 26 MA

McKinley William 1830 20 NY
McKinnon John 1841 33 MA
McLacklan James 1852 17 ME
McLane John 1839 18 PA
McLaughlin James 1851 22 NJ
McLaughlin Michael 1855 30 Ireland
McLean Alexander 1847 21 MA
McLean Archibald 1855 22 ME
McLean William 1855 26 ME
McLellan Andrew 1854 24 NY
McLenan James 1855 22 NY
McLennan John 1855 16 ME
McLeod James S 1851 23 PA
McLoon John 1834 29 ME
McManus Rch 1840 18 PA
McMenony William 1855 30 NY
McMichaels John 1840 29 PA
McMillan John 1847 23 NY
McMillon Joseph 1830 22 MA
McMullin James, Jr. 1858 18 PA
McMullin Jos N 1847 16 PA
McMurray David 1840 26 Ireland
McMurtry James 1851 18 PA
McNamara James 1853 23 NY
McNeal John 1849 20 PA
McNeal William 1840 22 c NY
McNee James 1847 17 MA
McNeil James 1856 24 Ireland
McNeill John 1841 23 PA
McNeilly William S 1861 36 DE
McNerney Henry 1854 24 PA
McNichols Samuel 1840 19 NJ
McNuny Philip 1855 19 RI
McPhale Charles 1846 21 ME
McPhee Niel 1851 29 MA
McPherson Christopher 1855 22 MA
McPherson John 1851 17 NJ
McPherson Murdo 1856 39 Scotland
McRevy George 1849 19 ME
McShea Robert 1832 27 Ireland
McVay Henry 1849 21 MA
McVey James 1858 24 PA
Mead Gilbert B 1859 22 CT
Mead James 1836 26 NJ
Meade Edward 1825 24 PA
Meagher Thomas 1854 22 NY
Mealey John 1835 27 ME
Means James K 1845 29 ME
Mearns William 1840 30 NY
Mecaskey Benjamin P. 1855 24 PA
Mecaskey William Penn 1840 14 PA
Medcalf John 1829 23 b DE
Mediera Thomas 1855 29 PA
Meechen Thomas 1851 30 NY
Meer John Jackson 1827 19 PA
Megee John S 1855 16 PA

Meguire Charles P. 1847 18 NJ
Mehlman George 1860 22 MA
Mekeel Jenifer 1832 23 c VA
Meldrum George 1860 26 MA
Mellen Amos 1859 21 b DE
Mellor George, Jr. 1840 16 PA
Melroy Richard 1859 28 NY
Melson Samuel 1833 19 VA
Melville Andrew 1837 26 NY
Melville John 1828 22 MA
Mendenhall John G 1824 19 PA
Menough John 1825 19 PA
Mercer George 1824 23 PA
Merchant Charles V. 1835 21 VA
Meredeth George 1851 25 PA
Meredith Joseph 1828 20 NJ
Meredith Samuel W. 1855 23 MD
Meridis Robert Thos. 1860 32 c VA
Mero Uriah 1826 27 b NH
Merriam William P. 1833 22 MA
Merrick William 1826 23 DE
Merrill George W 1858 19 NH
Merrill Julius 1856 23 NY
Merriman William 1854 22 PA
Merrit Oliver 1837 43 LA
Merritt Joseph 1853 22 NY
Mershon Henry 1856 18 NJ
Merwin Charles 1853 19 NY
Meservey Jotham L 1838 19 ME
Meservy John A 1855 22 ME
Mesick William 1840 22 MD
Messervy George 1849 25 SC
Messick Peter 1842 25 DE
Metcalfe Simon 1832 32 NY
Metts James M. 1861 21 PA
Metz William H 1860 17 PA
Meyer John Henry 1830 22 PA
Meyer Thomas Ambrose 1856 18 PA
Meyers John 1841 23 NJ
Meyers William H 1831 16 PA
Miany Seward 1852 39 ME
Michael John W. 1843 16 PA
Michaels Daniel 1847 21 c PA
Michellon James 1844 19 PA
Midcap David 1853 23 s DE
Middleton Charles 1840 18 NJ
Middleton John 1847 34 NY
Middleton Joseph H 1824 21 PA
Middleton Thomas K 1859 21 PA
Miers Charles 1824 19 y NY
Mifflin Conrad S 1840 18 PA
Mihen John 1855 32 MA
Milbaunn Benjamin 1855 31 b NY
Milburn James 1839 32 s DE
Miles Abraham 1854 19 MA
Miles Henry 1841 26 NY

Meguire Theodore F. 1855 25 NJ
Mehoney Jeremiah 1849 30 NY
Mekin Joseph 1858 17 PA
Melius John 1843 35 ME
Mellor George 1841 17 PA
Melon John 1859 22 VT
Melson James 1858 23 VA
Melten Zachariah 1829 57 Sweden
Melville Henry 1859 20 RI
Melvin Samuel 1856 29 PA
Menish James 1845 21 NJ
Mepeck Seth 1829 21 DE
Mercer William 1853 34 b VA
Merchant George 1833 28 MA
Meredith Jesse 1835 20 DE
Meredith Robert Thomas 1857 30 b VA
Meredith William L 1859 25 PA
Merkeel Noah 1826 22 b VA
Merrett Jeremiah 1836 20 c PA
Merrick James 1834 21 c MA
Merrill Charles 1855 20 NY
Merrill John W 1861 18 VA
Merrill Samuel 1851 19 ME
Merriman William 1860 25 PA
Merritt Francis 1854 27 NY
Merritt William 1843 43 ME
Mervine Samuel 1828 16 PA
Meservee Oliver 1830 30 MA
Meservey Thomas Haines 1847 23 ME
Meservy Rufus 1838 28 ME
Messer Frederick 1858 20 MA
Messick George R. 1857 27 DE
Metcalf Patrick 1843 30 ME
Mettee George W. 1852 34 MD
Metz Peter 1824 17 PA
Metzen John 1827 36 Germany
Meyer Joseph 1856 16 PA
Meyers Henry 1844 22 NY
Meyers John H C 1850 25
Miakiff William 1843 21 ME
Michael Isaac 1835 22 ME
Michaels Anthony 1844 16 PA
Michaels John R 1854 18 b PA
Micher George B 1861 34 MA
Midcap William 1841 24 c PA
Middleton Henry 1849 18 RI
Middleton John M 1849 33 DE
Middleton Thomas 1855 23 LA
Midelton James 1825 21 b PA
Miffin Jonathan M 1825 25 DE
Mifflin Henry R 1827 26 PA
Milbank Stephen 1844 25 b DE
Milburn Jacob 1824 22 y DE
Milby Auther 1838 08 b DE
Miles George C 1854 35 DE
Miles Isaac 1827 19 c MA

Miles John 1824 17 b MA	Miles Joshua Jones 1842 19 PA
Miles Mark 1834 15 b NJ	Miles Nicholas 1841 21 NY
Miles William 1826 22 y PA	Miles William 1829 25 c PA
Mill John 1840 23 none given	Millar George 1828 26 b DE
Millar John 1824 18 b DE	Millar Josiah 1827 23 NJ
Millard Francis 1855 23 NY	Millard George 1831 20 MA
Millay William K 1859 31 ME	Millen Alexander 1854 27 MA
Millen William J 1855 19 NJ	Miller Aaron 1834 22 c NJ
Miller Aaron J 1832 45 c DE	Miller Albert O. 1861 30 NY
Miller Alexander 1853 26 PA	Miller Amos 1827 24 y CT
Miller Andrew 1841 26 LA	Miller Annas 1847 24 DE
Miller Archibald 1859 24 Scotland	Miller Charles 1829 21 NJ
Miller Charles 1829 30 ME	Miller Charles 1841 25 NY
Miller Charles 1833 22 NY	Miller Charles 1851 21 VT
Miller Charles 1857 22 CT	Miller Charles C 1850 26 PA
Miller Charles L 1834 34 b PA	Miller Clayton 1845 14 PA
Miller David 1825 21 NY	Miller David 1826 46 PA
Miller David 1861 27 PA	Miller David R 1858 23 PA
Miller Debricks 1860 39 s PA	Miller Edward 1825 13 PA
Miller Edward 1829 17 PA	Miller Edward 1848 17 NJ
Miller Frederick 1859 31 PA	Miller George 1843 27 PA
Miller George 1847 25 NY	Miller George D. 1847 18 MA
Miller George Edward 1850 20 ME	Miller George Lewis 1856 18 b PA
Miller George W 1856 49 ME	Miller Henry 1827 24 y PA
Miller Henry 1828 19 y MD	Miller Henry 1837 18 s PA
Miller Henry 1854 18 DE	Miller Henry 1855 26 NH
Miller Isaac 1855 25 b DE	Miller Jacob 1837 21 PA
Miller Jacob 1841 21 b DE	Miller James 1828 20 Scotland
Miller James 1828 22 NY	Miller James 1842 18 ME
Miller James 1856 27 PA	Miller James B 1825 35 NY
Miller James E. 1833 26 NY	Miller James W. 1847 26 NH
Miller James, Jr 1824 34 NJ	Miller Jeremiah 1855 29 b NY
Miller John 1824 27 y PA	Miller John 1826 18 MA
Miller John 1827 20 NY	Miller John 1827 23 b DE
Miller John 1828 19 c VA	Miller John 1840 30 s MD
Miller John 1840 46 PA	Miller John 1841 30 b MD
Miller John 1846 25 DE	Miller John 1847 22 b PA
Miller John 1848 22 MA	Miller John 1848 22 Portugal
Miller John C 1828 27 England	Miller John D. 1855 24 ME
Miller John F. 1840 42 NJ	Miller John F 1860 21 VA
Miller John K 1834 18 PA	Miller John K 1840 23 PA
Miller John L 1853 20 c MA	Miller John S. 1840 22 PA
Miller John W 1841 18 PA	Miller Jonathan C 1824 18 NJ
Miller Joseph 1827 46 y NY	Miller Joshua 1832 27 c PA
Miller Levi Abraham 1837 24 PA	Miller Mark 1824 35 b DE
Miller Matthew 1843 23 NY	Miller Milford 1854 21 b PA
Miller Myer 1843 22 DE	Miller Nathaniel 1834 29 b PA
Miller Parris 1837 24 c NJ	Miller Peter 1845 35 NY
Miller Philip 1847 21 s PA	Miller Robenson 1826 23 y PA
Miller Robert 1828 35 Scotland	Miller Robert 1828 18 Ireland
Miller Robert 1835 22 NY	Miller Samuel 1840 26 b PA
Miller Samuel 1840 26 NY	Miller Samuel 1854 21 NY
Miller Samuel 1858 26 b DE	Miller Samuel J 1854 26 NY
Miller Samuel W 1847 16 PA	Miller Silas 1825 21 b NJ
Miller Stephen 1824 24 b DE	Miller Sylvanus 1860 21 PA
Miller Thomas 1826 34 Prussia	Miller Thomas 1828 30 England

Miller Thomas 1844 22 NY
Miller Thomas 1855 35 PA
Miller William 1825 22 b PA
Miller William 1831 20 PA
Miller William 1843 27 NC
Miller William 1849 21 s PA
Miller William 1856 26 b PA
Miller William B 1846 30 PA
Miller William D 1858 16 PA
Miller William H 1860 27 MD
Millet Joseph 1830 27 MA
Milligan James 1841 25 PA
Milligin William 1834 25 MD
Millikin Robert 1828 17 PA
Millins Thomas 1825 49 b NY
Mills Edward 1856 40 MA
Mills George 1855 23 MA
Mills Henry 1833 26 c NY
Mills Thaddeus 1854 31 NJ
Mills William Henry 1834 21 b MD
Millward Richard J 1850 22 PA
Milne John 1838 29 ME
Milton Edward 1856 49 MD
Milton William 1824 17 MA
Miner Alexander 1852 35 s DE
Miner John 1833 25 CT
Mingle John P 1846 21 PA
Mingo Robert 1853 21 m MA
Minna Eli 1845 26 LA
Minor Milton 1836 19 NY
Minor William 1840 32 s NY
Minson Edward 1829 21 VA
Mintzer George M 1856 19 PA
Mirkle Isaiah 1835 17 PA
Mirteo Gemez 1855 24 PA
Mitchell Andrew 1851 22 c PA
Mitchell Benjamin 1857 22 VA
Mitchell Benjamin 1851 35 MA
Mitchell Daniel 1829 22 PA
Mitchell David 1855 35 PA
Mitchell Francis 1825 28 m PA
Mitchell George 1854 19 ME
Mitchell Horace 1828 28 b DC
Mitchell James 1826 16 PA
Mitchell James F 1833 21 NY
Mitchell John 1827 23 PA
Mitchell John 1849 23 DE
Mitchell John M 1861 18 DE
Mitchell Mathieu 1848 29 Austria
Mitchell Samuel 1847 30 DE
Mitchell Samuel R H 1843 20 DE
Mitchell Stephen 1852 37 NY
Mitchell William 1853 19 s NY
Mitchell William 1857 32 PA
Mitchell William 1859 24 m NY
Moffett Thomas 1840 20 NJ

Miller Thomas 1854 17 ME
Miller Thomas 1861 28 NY
Miller William 1825 16 PA
Miller William 1842 12 c PA
Miller William 1848 22 s MD
Miller William 1852 25 PA
Miller William B 1834 23 PA
Miller William D 1831 30 Holland
Miller William H 1858 26 MD
Milles Daniel Joseph 1844 21 b DE
Millett John M 1855 24 MA
Milligan James 1830 15 PA
Milliken Leander 1857 20 ME
Milliner John 1825 20 VA
Milliore Bertto 1848 22 Naples
Mills George 1850 30 NY
Mills George 1860 24 NY
Mills John 1824 20 CT
Mills William 1850 35 ME
Millspaugh Gilbert 1856 20 NY
Milne Edward 1843 28 ME
Milner John 1825 21 PA
Milton Leonard 1841 22 VA
Milton William 1827 19 PA
Miner James 1828 23 b NY
Miners John 1855 27 CT
Mingle Michael B. 1845 16 PA
Minks James S 1838 17 PA
Minner Major 1861 19 DE
Minor Thomas 1827 37 VA
Minors William 1828 45 c DE
Mintal John 1842 35 MA
Minus Isaac 1846 16 s PA
Miron Joseph A 1849 27 PA
Mitchell Abraham 1836 18 c PA
Mitchell Augustus 1852 24 LA
Mitchell Benjamin 1844 23 NY
Mitchell Charles 1835 27 LA
Mitchell David 1850 30 Ireland
Mitchell Edward 1840 20 NY
Mitchell George 1840 23 y DE
Mitchell Henry 1837 20 PA
Mitchell Isaac 1839 20 s PA
Mitchell James 1856 33 LA
Mitchell John 1824 33 b NJ
Mitchell John 1827 29 y NY
Mitchell John 1859 25 b DE
Mitchell Lawrence 1841 25 LA
Mitchell Robert 1853 18 ME
Mitchell Samuel P 1847 23 b DE
Mitchell Simeon C 1851 25 ME
Mitchell Thomas G 1844 20 PA
Mitchell William 1853 19 s NY
Mitchell William 1859 37 b NC
Moffatt Archibald 1826 16 NJ
Moir Robert 1837 20 MD

Moist Henry, Jr. 1825 16 PA
Molay Charles A 1840 29 Germany
Moldon Samuel 1844 35 England
Moliere Charles F 1824 24 PA
Molloy James 1840 21 Ireland
Molony Edmund 1856 23 PA
Molton Noah 1824 23 ME
Monaghan Thomas 1855 25 Ireland
Moncly Thomas 1853 23 PA
Monk John 1824 17 ME
Monroe George 1848 22 NY
Monroe James 1833 21 b NY
Monroe Levering 1825 22 b DE
Monroe Peter 1855 22 ME
Monroe William 1840 19 NY
Monse James 1845 30 y DE
Montellor Gabriel 1845 22 MA
Montero Vincent 1856 27 ME
Montgomery Charles R 1860 32 PA
Montgomery George 1859 19 NJ
Montgomery James 1836 16 PA
Montgomery Robert 1844 21 NY
Montgomery Samuel 1841 19 ME
Montraville William E. 1853 27 MA
Mooday Richard 1850 46 b MA
Moody George N 1852 18 ME
Moolre James 1850 18 PA
Moon Ephraim 1824 24 MD
Mooney Abram 1837 25 PA
Mooney John 1846 24 MD
Mooney Joseph 1840 33 NJ
Moore Alfred 1837 32 PA
Moore Archibald 1843 26 NY
Moore Charles 1841 22 MD
Moore Charles P 1825 27 y NJ
Moore David 1853 26 b DE
Moore Edward 1849 53 b MD
Moore Frederick 1856 36 NY
Moore George 1829 22 b DE
Moore George W 1860 27 MA
Moore Hamilton 1847 27 ME
Moore Isaac 1833 26 b PA
Moore J B. 1853 28 ME
Moore James 1825 16 PA
Moore James 1837 14 s NY
Moore James 1847 37 Scotland
Moore James 1851 24 ME
Moore James W. 1825 25 DE
Moore James, Jr 1825 18 PA
Moore John 1843 28 m PA
Moore John 1861 27 b DE
Moore John J. 1848 25 NY
Moore John S 1824 25 NJ
Moore Joseph 1847 23 NY
Moore Lyman 1840 19 NY
Moore Mitchell 1851 25 c DE

Moist Joseph 1854 21 PA
Moldon John 1856 30 b DE
Molds John 1824 27 y PA
Mollison Lunar B 1825 24 b PA
Molloy Thomas 1854 21 ME
Molseed William 1858 25 PA
Moltzen Christian 1833 27
Monat Peter 1843 37 Scotland
Monday Abraham 1829 20 b MD
Monks Moses 1861 24 NJ
Monroe George 1852 22 PA
Monroe James 1848 20 NY
Monroe Martin 1835 35 RI
Monroe Thomas G 1826 17 PA
Monrow Henry 1839 19 s CT
Montague Charles 1847 23 CT
Montere Joseph 1841 29 s MD
Montgomery Alexander 1857 21 PA
Montgomery Elijah 1841 28 NJ
Montgomery George Collison 1827 14 PA
Montgomery James 1837 21 ME
Montgomery Robert C. 1828 16 PA
Montgomery William 1849 21 PA
Montville William 1855 25 NY
Moody George A 1860 33 VA
Moody William 1841 16 MA
Moon Daniel 1857 21 PA
Moon Jeremiah 1833 21 ME
Mooney Guy 1835 39 Great Britain
Mooney John 1847 20 MD
Moore Alexander 1843 18 NJ
Moore Alfred 1853 23 FL
Moore Benjamin F 1839 18 NJ
Moore Charles B. 1829 19 PA
Moore Daniel 1858 21 b PA
Moore David B 1833 39 NJ
Moore Edward T 1837 16 NY
Moore George 1829 28 NY
Moore George 1841 38 VA
Moore George Washington 1828 20 PA
Moore Henry 1842 25 DE
Moore Isaiah 1855 28 m PA
Moore Jacob 1854 35 b DE
Moore James 1844 29 VA
Moore James 1846 21 MA
Moore James 1848 30 NY
Moore James 1860 28 MA
Moore James W. 1850 23 DE
Moore John 1840 23 ME
Moore John 1846 22 PA
Moore John C. 1859 19 ME
Moore John Q 1847 19 PA
Moore Joseph 1845 17 PA
Moore Joseph 1855 20 PA
Moore Merrill 1857 18 ME
Moore Perry 1829 22 c DE

Moore Richard 1828 25 ME	Moore Robert D 1836 15 NJ
Moore Samuel 1829 34 NH	Moore Samuel L. 1825 22 NJ
Moore Sylvester 1837 23 s DE	Moore Sylvester 1838 25 b DE
Moore Thomas 1845 26 RI	Moore Thomas 1849 19 PA
Moore Thomas 1851 20 LA	Moore Thomas 1858 27 Ireland
Moore Thomas E. 1839 20 PA	Moore Warren 1828 28 ME
Moore William 1837 19 MD	Moore William 1837 30 y PA
Moore William 1833 22 c NY	Moore William 1856 26 MD
Moore William A. 1828 32 NY	Moore William Alfred 1837 31 b DE
Moore William Gilby 1841 16 PA	Moore William Gilly 1838 13 PA
Moore William H 1859 20 ME	Moore Wm 1839 27 NY
Moore Wm D 1854 23 c MD	Moore Zorah Babel 1859 33 b MD
Moore, Jr James 1856 26 MA	Moores Edgar 1861 34 ME
Moores George W 1860 32 VT	Moores Thomas H 1829 24 y MA
Moorhouse Samuel 1835 20 NY	Morain Peter 1844 30 y NY
Moran John 1849 20 NY	Moran Thomas 1824 18 b DE
Moran Thomas 1854 19 NJ	Morang Neilson 1841 21 ME
Morange Peter F 1847 19 NY	Moress Thomas 1848 28 PA
Morey John 1855 28 NY	Morey Stephen 1845 20 ME
Morfit John 1840 25 NY	Morford Benjamin S 1833 17 NJ
Morford George 1852 28 PA	Morford James 1852 28 PA
Morgan Benjamin 1847 24 DE	Morgan Charles S. 1844 34 VT
Morgan Charles W 1841 17 PA	Morgan Ebenezer 1826 30 CT
Morgan Edward S 1859 21 PA	Morgan Frederick 1848 19 NY
Morgan James 1825 36 PA	Morgan James 1840 24 NY
Morgan James 1837 34 MA	Morgan James 1833 20 c PA
Morgan James 1854 23 ME	Morgan James Henry 1859 34 c DE
Morgan James S 1856 40 NJ	Morgan John 1858 23 NH
Morgan John A 1847 20 MA	Morgan John C 1826 30 MA
Morgan Joseph W 1855 31 VA	Morgan Luke 1824 25 PA
Morgan Matthew 1850 21 LA	Morgan Nathaniel 1857 34 c DE
Morgan Nicholas Jr 1828 13 PA	Morgan Richard 1834 25 PA
Morgan Samuel 1850 19 MD	Morgan Thomas 1829 13 y DE
Morgan William 1825 29 MA	Morgan William 1828 29 MA
Morgan William 1830 19 c PA	Morgan William 1849 22 DE
Morgan William 1853 25 NY	Morgan William Geo 1854 26 LA
Morgridge William 1841 26 ME	Mornell James 1844 21 NJ
Morphy John 1859 24 Ireland	Morran Alexander 1849 28 NY
Morrell John F. 1827 19 PA	Morrell John F 1831 23 PA
Morrill Jacob S 1856 19 NH	Morrill Stephen 1841 25 MA
Morris Alexander 1859 39 c DE	Morris Charles 1824 22 b NC
Morris Charles 1844 15 NY	Morris Charles 1833 26 b PA
Morris Charles 1850 23 ME	Morris Charles 1852 26 MA
Morris Charles 1854 25 NY	Morris Charles 1855 50 ME
Morris Cornelia Frances 1855 25 b PA	Morris Daniel 1844 41 PA
Morris Daniel 1843 41 MD	Morris Daniel 1847 47 PA
Morris Daniel 1859 53 PA	Morris Edward 1845 18 NY
Morris Eli 1847 21 s DE	Morris Frederick 1861 21 PA
Morris George E 1861 24 MA	Morris Henry 1843 22 PA
Morris Henry 1861 18 DE	Morris Isaac 1834 23 DE
Morris James 1825 23 PA	Morris James 1827 21 b PA
Morris James 1827 18 PA	Morris James 1841 29 MA
Morris James 1847 22 ME	Morris James A 1854 25 s VA
Morris John 1834 21 NJ	Morris John 1843 29 LA
Morris John 1853 23 c DE	Morris John 1855 22 c PA
Morris John 1856 25 Austria	Morris John 1860 30 b DE

Morris John 1861 58 b VA
Morris Joshua 1827 27 b DE
Morris Michael 1841 16 NY
Morris Powel 1828 18 PA
Morris Richard 1848 37 PA
Morris Robert 1845 17 PA
Morris Robert 1861 21 IL
Morris Stephen 1848 21 DE
Morris Stephen 1860 21 I DE
Morris Thomas 1841 28 NY
Morris Thomas 1855 23 DE
Morris William 1827 20 y DE
Morris William 1831 21 DE
Morris William 1835 25 NH
Morrison Henry P 1856 23 RI
Morrison Jacob 1828 23 b NJ
Morrison John 1828 38 PA
Morrison John 1847 20 NH
Morrison Joseph 1840 21 c NJ
Morrison Robert 1860 27 ME
Morrison William Alexander 1857 29 NJ
Morrissey John H 1859 33 ME
Morse John 1825 17 ME
Morse Ralph 1850 18 ME
Morslender Daniel 1828 24 NJ
Mortimer Charles E 1860 31 ME
Mortimer Lewis L. 1850 22 m PA
Mortimer William L. H. 1841 19 PA
Morton Elliot 1830 28 ME
Morton Henry 1856 24 NY
Morton John 1831 31 none given
Morton John A 1861 18 NJ
Morton Matthias 1828 20 DE
Moseley Cornelius 1861 25 m DE
Mosely Charles 1860 28 PA
Mosely Henry 1855 22 s PA
Mosely Israel 1857 20 b DE
Moses Daniel 1852 21 b PA
Moses John 1860 25 b NJ
Moses Wellington D. 1835 20 b MA
Mosher George 1856 21 ME
Moslander Samuel L 1861 43 NJ
Moss George 1834 23 b VA
Moss James 1837 20 MA
Moss William Benjamin 1843 23 DC
Motley George W 1840 23 VA
Mott Thaddeus W 1856 21 NY
Moulder Joseph 1843 17 PA
Moulton William 1848 19 NY
Mount Joseph 1852 18 NJ
Mowatt Charles 1847 20 I MA
Mower Samuel 1829 20 NJ
Moxey Edward 1838 22 c MA
Moyer Jacob 1835 18 PA
Muckelston Thomas 1843 17 PA
Muer Edward 1836 20 MD

Morris Joseph 1856 45 NJ
Morris Littleton 1835 21 b PA
Morris Nelson 1857 22 Cape de Verdes
Morris Richard 1825 19 b PA
Morris Robert 1827 36 NC
Morris Robert 1861 25 PA
Morris Samuel W. 1844 22 NJ
Morris Stephen 1854 26 NY
Morris Thomas 1839 30 DE
Morris Thomas 1846 24 RI
Morris Thomas 1859 35 MA
Morris William 1829 24 b NY
Morris William 1837 54 NY
Morris William 1860 20 s DE
Morrison Hugh 1847 35 England
Morrison James 1856 24 RI
Morrison John 1847 34 MA
Morrison John 1849 25 MA
Morrison Peter 1857 44 Ireland
Morrison Thomas 1843 25 MA
Morriss Daniel 1826 24 PA
Morrow Artemas 1836 20 ME
Morse John 1829 27 ME
Morse Seward P 1829 24 ME
Mortimer Alfred 1824 15 PA
Mortimer John L 1858 28 MI
Mortimer William 1855 23 NY
Mortin Daniel 1846 28 ME
Morton George 1846 26 m PA
Morton John 1826 27 MD
Morton John 1845 21 AL
Morton John C 1858 22 PA
Mosbury Caleb 1856 41 NJ
Moselly Isaac 1825 25 y PA
Mosely Cornelius 1861 24 c DE
Mosely Henry 1860 26 c PA
Mosely Joseph 1857 24 c DE
Moses George 1860 23 PA
Moses Joseph 1841 14 y PA
Moses William 1841 18 m PA
Mosiman William E 1860 26 SC
Moslander William 1853 27 NJ
Moss Henry 1833 18 PA
Moss John 1851 20 NJ
Mothersead Elias 1836 34 VA
Mott George 1859 25 PA
Moulden Thomas 1858 22 m PA
Moulton Moses E 1824 19 MA
Mount John 1824 16 y PA
Mountain John 1840 17 PA
Mower Samuel 1825 16 NJ
Moxe Samuel 1831 27 NJ
Moyer Francis 1846 21 LA
Moyer Joseph 1855 19 MA
Mudgett Benjamin L 1855 19 ME
Muers John 1850 24 NY

Muhl Carsten 1829 26 Denmark
Muir Austin 1857 17 NY
Muirhead James 1850 22 m MA
Mulford Joseph 1842 25 NJ
Mulhollan William G 1861 26 England
Mullen Alexander J 1834 18 Ireland
Mullen Daniel H. 1838 17 PA
Mullen James 1830 23 PA
Mullen William 1825 21 PA
Mullica William 1852 31 PA
Mulligan Patrick 1861 22 PA
Mullin John 1827 25 Sweden
Mullowny Hugh John 1826 21 PA
Mulrain Peter 1843 29 m NY
Muncy Jesse 1851 24 NY
Mundell David 1854 19 PA
Mundy John 1838 19 PA
Munn Benjamin 1846 23 ME
Munn George 1837 27 NY
Munro George B 1852 18 ME
Munro William 1856 17 ME
Munroe James 1854 21 MA
Munroe John 1853 23 RI
Munson George W. 1841 25 CT
Munster William 1847 28 NY
Murch Edward 1850 34 ME
Murch Isaac 1831 17 PA
Murch Josiah 1826 23 DE
Murch Newell 1859 33 ME
Murchy James 1855 21 ME
Murdock Robert 1857 25 NJ
Murghentroy Joseph 1840 23 NY
Murphy Daniel J 1856 19 MA
Murphy Henry 1861 35 PA
Murphy James 1855 30 PA
Murphy John 1852 19 ME
Murphy Peter 1858 21 NY
Murphy Thomas 1845 21 NY
Murphy Thomas 1857 24 ME
Murphy Thomas B 1837 28 ME
Murray Abednego 1833 33 b PA
Murray Charles 1827 34 c MD
Murray David R. 1834 26 NY
Murray George 1854 17 PA
Murray H Thomas 1845 25 VA
Murray Henry 1841 29 c MD
Murray James 1855 19 MA
Murray John 1836 45 s MA
Murray John 1846 21 MA
Murray John P 1860 25 PA
Murray Michael 1848 30 Chile
Murray Michael 1858 24 PA
Murray Robert 1846 31 ME
Murray Stephen 1826 33 b RI
Murray William 1855 25 c DE
Murrin John Jas 1858 13 MA

Muhlig Henry 1852 29 NY
Muir James 1855 27 NJ
Mulford Enos 1858 29 NJ
Mulford Nathaniel 1837 20 NJ
Mulholland John 1857 30 PA
Mullen Charles 1842 25 NY
Mullen Henry 1858 30 MD
Mullen John 1856 18 MA
Muller Casper Otto 1825 19 PA
Mulligan James 1845 21 ME
Mulliken John 1852 24 NY
Mullin John 1852 24 NY
Mullrain John 1861 17 c PA
Mumford Littleton 1858 20 MD
Munday William G 1850 21 West Indies
Mundell John 1853 23 none given
Munhollen Thomas 1830 21 DE
Munn Charles C 1860 24 NY
Munro Alexander 1845 21 MA
Munro Luther P 1829 24 RI
Munroe James 1840 17 ME
Munroe James 1855 24 MA
Munroe Samuel 1853 27 s DC
Munson John F 1850 20 CT
Muray Samuel 1824 35 b MD
Murch Giles H 1853 25 ME
Murch Josiah 1824 19 DE
Murch Josiah 1851 50 DE
Murch William 1825 16 DE
Murdock Joseph 1834 19 PA
Mure William 1825 20 y MD
Murphey Thomas 1839 19 NJ
Murphy George W 1857 22 PA
Murphy Jacob 1861 47 ME
Murphy James H 1855 27 ME
Murphy Michael 1828 24 NH
Murphy Thomas 1828 19 ME
Murphy Thomas 1853 20 NY
Murphy Thomas 1860 17 MA
Murphy William A 1847 18 MD
Murray Alfred 1845 18 m PA
Murray David 1838 26 y PA
Murray George 1839 24 b MD
Murray George W 1854 22 s NY
Murray Henry 1838 20 b MD
Murray James 1848 27 MD
Murray James 1857 19 NY
Murray John 1835 36 GA
Murray John 1858 21 NY
Murray Masauseck 1841 59 c NJ
Murray Michael 1854 20 PA
Murray Perry 1825 34 y MD
Murray Samuel 1855 50 m MD
Murray William 1835 19 b MD
Murrey William 1824 19 ME
Murriner Benjamin 1824 19 PA

Murrow Bryant W 1850 22 SC	Murry John 1827 27 c NY
Murry John A 1829 27 y MD	Murry Samuel 1828 27 c MD
Murvin James 1847 25 CT	Musser Joseph 1859 18 KY
Mustard George H. 1847 24 DE	Mustin Theophilus D 1840 15 PA
Mustin Theophilus D 1841 18 PA	Mutier William 1855 16 PA
Myerle Charles D. 1857 25 PA	Myers Abraham 1847 18 PA
Myers Adam G 1825 24 PA	Myers Alexander 1858 23 NY
Myers Benjamin 1846 21 PA	Myers Charles 1848 35 AL
Myers Charles 1849 34 SC	Myers Charles 1858 35 PA
Myers Charles Jos. 1845 22 c MA	Myers Daniel 1841 29 b PA
Myers Edward H 1843 29 NY	Myers George 1851 30 NY
Myers Harry 1854 29 NY	Myers Henry 1843 25 LA
Myers Hugh E. 1840 23 NJ	Myers Isaac 1860 39 NJ
Myers James 1858 22 PA	Myers James 1860 20 PA
Myers James J. 1837 21 NJ	Myers James L 1857 22 PA
Myers John 1826 34 PA	Myers John 1827 24 y NY
Myers John 1829 20 NJ	Myers John 1834 24 PA
Myers John 1847 37 NJ	Myers Joseph 1833 15 c PA
Myers Samuel 1845 33 I MA	Myers Samuel 1835 22 PA
Myers Thomas A 1858 52 NH	Myhan Michael 1836 25 MA
Mynatt John 1854 21 NY	Myrtetus Charles 1827 24 PA
Mytingen John K 1858 20 PA	Mytinger John K. 1854 16 PA
Nairn Maxwell Wm 1858 26 Bahamas	Nance Richard 1847 21 MA
Nancrede Charles 1825 22 MA	Nash Edgar N. 1860 22 ME
Nash Henry 1841 21 NY	Nash Robert 1825 49 y MD
Nash Samuel M 1860 14 ME	Nason Alfred 1857 28 CT
Nassau Edward A 1856 17 PA	Natus Chester 1840 25 b NJ
Navarro John 1830 34 NY	Naylor Thomas 1844 41 PA
Naylor William 1826 22 PA	Naylor William J. 1857 55 PA
Neafs George 1849 20 NY	Neal Albert 1826 18 PA
Neal Edwin 1840 28 ME	Neal Frederick 1847 22 NJ
Neal George 1851 18 PA	Neal George 1859 37 at sea
Neal Jacob 1828 34 b NJ	Neal James O. 1843 23 DE
Neale Henry 1836 19 MA	Neall James E 1835 18 DE
Neath John 1844 33 PA	Neath John 1836 25 PA
Neath John 1832 21 PA	Neath John 1857 45 PA
Neath John 1860 45 PA	Necomb Andrew 1845 22 MA
Neddo Peter 1842 21 ME	Nedine Thomas 1847 21 c PA
Nedo Peter 1847 28 NY	Needham William 1848 21 RI
Neef Henry 1855 21 MA	Neeld John 1847 22 PA
Neeper William 1841 20 PA	Neff Samuel, Jr 1856 17 PA
Negley Cyrus C 1858 29 PA	Negus Bennet 1827 15 PA
Neil John C. 1826 45 Prussia	Neill John L 1828 26 DC
Neill Thomas P 1860 22 DC	Neill William 1846 22 ME
Neilson Marcus 1829 25 Denmark	Nellums William J. 1860 28 b DE
Nellums William J 1861 29 b DE	Nellums William James 1854 25 DE
Nelson Alexander 1841 18 NY	Nelson Andrew 1841 26 LA
Nelson Andrew 1846 26 AL	Nelson Archibald 1854 35 PA
Nelson Charles 1851 24 LA	Nelson Charles K 1853 19 ME
Nelson Christian 1844 31 MD	Nelson Edward 1848 18 MA
Nelson George 1835 33 Denmark	Nelson George W 1852 58 m PA
Nelson Hans 1844 32 Denmark	Nelson Henry 1834 36
Nelson Henry 1847 21 c MD	Nelson Isaac 1828 21 b MD
Nelson Jacob 1834 21 ME	Nelson James 1848 30 PA
Nelson John 1837 27 Sweden	Nelson John 1847 35 Sweden
Nelson John 1854 32 Denmark	Nelson John 1855 34 Denmark

Nelson John 1861 34 RI
Nelson Paul 1847 33 Denmark
Nelson Robert 1849 25 NY
Nelson Samuel A 1834 18 c PA
Nelson William 1845 31 MA
Nelson William 1850 38 VA
Nesbit Hugh 1834 23 PA
Neuman Charles 1861 29 NY
Neusom Nathaniel 1829 22 VA
New Myris H. 1856 21 ME
Newbegin Edward D. 1853 24 ME
Newby Aaron 1824 33 b NC
Newcom George 1839 28 OH
Newcomb Ezra Smith 1833 23 MA
Newell David 1856 22 MA
Newell Horace B 1852 17 RI
Newey Arthur 1856 23 MA
Newlin John L. 1856 21 PA
Newman Benjamin 1846 26 NY
Newman John 1851 20 NY
Newman Joseph 1852 40 MA
Newman William Henry 1828 15 PA
Newnam Joseph L. 1855 18 PA
Newton Charles 1840 23 PA
Newton James 1852 24 NY
Newton John 1825 34 NY
Newton Thomas 1843 22 PA
Newton William 1846 34 VT
Nice William H 1835 19 PA
Nicholas George 1845 28 Sicily
Nicholas Joseph 1833 46 c MA
Nicholas Samuel 1827 28 c DE
Nicholls Thomas 1840 31 PA
Nichols Charles B 1859 22 CT
Nichols Israel 1860 21 NJ
Nichols John 1851 28 NY
Nichols William 1854 35 NY
Nichols William S 1854 18 ME
Nicholson Charles 1861 35 b MD
Nicholson Edward 1835 24 RI
Nicholson Henry H 1860 22 PA
Nicholson John 1827 43 SC
Nicholson John H 1836 24 PA
Nicholson William 1824 18 MA
Nickels Thomas 1856 21 MA
Nickelson Thomas F. 1861 26 NJ
Nickerson Crowell 1848 42 MA
Nickerson Downs 1857 15 MA
Nickerson Edward 1837 27 RI
Nickerson Gorham 1840 29 MA
Nickerson James 1855 25 MA
Nickerson Joseph 1840 22 MA
Nickerson Josiah P 1847 20 MA
Nickerson Luther 1844 22 MA
Nickerson Philip T 1851 20 MA
Nickerson Samuel H 1848 22 MA

Nelson Nel 1855 30 Sweden
Nelson Peter 1824 23 b MD
Nelson Samuel 1826 27 NJ
Nelson Volney 1825 19 y PA
Nelson William 1845 23 MA
Nera Alexander 1840 40 y LA
Nesbitt James Campbell 1840 23 MA
Neumann Benjamin 1856 37 NJ
Nevin Andrew 1827 28 Great Britain
Newall Richard 1835 25 ME
Newbury Daniel 1853 19 ME
Newcastle George 1840 23 France
Newcomb Abner S. 1857 20 MA
Newcomb Nathaniel 1843 30 MA
Newell Harman 1846 18 PA
Newell William 1861 21 ME
Newhall Marcellus 1850 22 ME
Newman Arthur 1824 24 MD
Newman John 1840 16 MD
Newman John H. 1858 23 NJ
Newman Peter 1841 21 b MD
Newmiss William 1859 24 b PA
Newten Charles 1841 19 b PA
Newton Henry 1837 34 b MD
Newton James H 1845 19 DE
Newton Macklin 1840 44 s NC
Newton Thomas 1850 21 NY
Niblock William 1856 21 MD
Nicholas Francis 1824 21 y PA
Nicholas George 1850 22 Sicily
Nicholas Martin 1824 29 b NY
Nicholls George 1847 17 Canada
Nichols Charles 1836 23 NH
Nichols Cornelius 1838 23 MA
Nichols John 1832 33 MD
Nichols John N 1860 24 MD
Nichols William P 1859 22 DE
Nicholson Charles 1844 25 b MD
Nicholson Edward 1831 35 c RI
Nicholson Francis 1844 28 MD
Nicholson Jacob F 1859 24 NJ
Nicholson John 1837 37 MD
Nicholson Robert 1848 33 ME
Nicholson William Henry 1827 11 b PA
Nickelson Charles Henry 1849 21 c DE
Nickerson Alexander 1856 21 MA
Nickerson Cyrus 1841 19 MA
Nickerson Edmund L 1854 28 MA
Nickerson Edwin L 1855 19 MA
Nickerson Horace 1847 24 MA
Nickerson Jeptha 1847 21 MA
Nickerson Josiah 1846 21 MA
Nickerson Levi 1858 20 MA
Nickerson Moses 1851 25 ME
Nickerson Robert B 1847 16 MA
Nickerson Simeon S 1855 21 MA

Nickerson William 1846 45 MS
Nicklin Samuel 1837 20 b MD
Niles William 1843 26 PA
Ninnes Joseph 1852 19 NY
Nison James 1838 39 c PA
Nivin William R 1825 18 DE
Nixon Francis 1824 22 y PA
Nixon Stephen 1838 22 m PA
Noble Anthony 1833 32 b NJ
Noble William 1854 22 PA
Nobre John 1860 21 PA
Noey James 1840 21 b DE
Nolan James 1855 25 MA
Nolan Joseph H 1861 21 NY
Nollner Bernard 1828 27 VA
Norden Laurence 1843 26 Sweden
Norgrave Charles E 1858 31 PA
Norman Franch 1844 19 ME
Norman John 1850 15 m PA
Norris Charles 1853 23 ME
Norris William 1858 42 ME
Norstrom Axel 1851 37 Sweden
North William 1844 35 MA
Northey Joseph 1826 36 MA
Northrop David 1828 22 RI
Northrop Thomas 1859 17 ME
Norton George 1845 23 VA
Norton James S 1861 41 NJ
Norton Joseph 1826 20 NJ
Norton Timothy 1850 20 ME
Norwood William 1828 22 ME
Nowell Geo W. 1848 25 ME
Nowland Edward 1825 20 MD
Noyes Joseph 1826 33 RI
Nugent Lorenzo 1857 22 m MD
Nugent William 1833 24 c NY
Numbers John P 1831 28 DE
Nutt Daniel 1836 23 NJ
Nutten James 1860 23 b DE
Nutter William 1857 24 b DE
Nutts Edward 1852 19 s PA
Nye Charles C. 1836 23 MA
O'Brien Daniel 1841 21 NY
O'Brien Daniel 1854 26 NY
O'Brien James 1853 20 MA
O'Brien Robert 1852 26 ME
O'Bryan John Frederick 1837 17 PA
O'Connor Christopher 1827 18 PA
O'Connor John 1855 29 MA
O'Connor William 1854 20 PA
O'Donnell Henry 1832 19 PA
O'Donnill Robert 1852 22 NY
O'Hara John 1847 22 ME
O'Neal John 1827 27 SC
O'Neil Bernard 1846 23 NJ
O'Neil Luke H 1838 37 DE

Nickin Hiram 1828 25 c VA
Niles William 1845 30 PA
Niles William 1850 33 PA
Nisbon Charles W 1840 28 c CT
Nisson Christian Lewis 1840 25 NJ
Nixon Charles Wilmot 1833 49 c NJ
Nixon Henry 1829 22 m PA
Nixon William H 1858 21 MA
Noble James 1860 25 IN
Noble William H 1855 19 ME
Noel Joseph H. Nicholson 1828 22 MD
Nolan Alexander 1856 15 PA
Nolan John 1860 21 MA
Noland Maurice 1853 26 NY
Norbury Joseph 1857 20 NJ
Nordin Lawrence 1843 26 PA
Norgrave Thomas 1837 22 PA
Norman Frederick 1861 28 PA
Normoyle John 1854 40 MD
Norris William 1846 32 PA
Norrison Frank 1848 20 England
North James 1854 32 y MD
North William 1860 35 ME
Northman John S 1860 26 England
Northrop James T 1846 22 NY
Norton Benjamin 1834 23 NY
Norton Irad 1856 30 ME
Norton John 1843 18 ME
Norton Leonard 1859 20 ME
Norwood Benjamin 1853 30 I DE
Nottingham Jacob 1840 26 NJ
Nowlan Thomas 1856 19 LA
Nowlen James 1851 21 MA
Noyes Joseph, II 1826 38 RI
Nugent William 1825 27 NJ
Numbers John 1858 23 b PA
Nutkins Henry 1852 22 CT
Nutt John 1846 42 m VA
Nutter Joseph 1830 19 NH
Nutting George 1852 22 MA
Nye Charles 1845 42 ME
Nye William 1847 33 MA
O'Brien Daniel 1851 18 MA
O'Brien David 1856 18 ME
O'Brien Johbn 1860 19 MA
O'Brien William S 1855 19 AL
O'Connor Charles 1860 26 NY
O'Connor Edward 1835 22 PA
O'Connor Joseph 1857 28 NJ
O'Donnell George 1852 23 MA
O'Donnell Hugh 1843 26 VA
O'Grady John 1858 26 LA
O'Harrow Benin 1852 25 y NJ
O'Neale William 1827 20 NY
O'Neil Francis 1858 23 MA
O'Neill Charles 1841 24 b NY

O'Neill Felix 1855 32 Ireland
O'Neill James 1856 20 PA
O'Neill Owen 1849 24 NY
O'Relly Antonia 1836 32 y LA
Oakes Daniel 1855 54 ME
Oakey Henry 1838 18 NY
Oakford Benjamin 1828 25 PA
Oat Joseph Moreton 1829 20 PA
Obear William R 1834 36 MA
OBrien Robert 1839 25 Ireland
Odem James T 1845 25 NJ
Oellers Joseph L 1832 20 PA
Offutt George 1824 23 MA
Ogden Charles 1841 19 NJ
Ogden Elmer 1855 23 NJ
Ogden Hiram 1846 25 ME
Ogilby Joshua C 1833 18 PA
OHara Jeremiah 1851 28 ME
Olden Francis 1847 33 y RI
Oldgate George 1844 22 NY
Oliphant William 1848 22 NY
Oliver Charles 1854 31 b MD
Oliver James 1845 24 PA
Oliver John Ball 1826 16 PA
Oliver Joseph 1856 21 b DE
Oliver Richard H 1855 17 NJ
Oliver Robert 1859 30 b DE
Oliver Samuel 1842 21 ME
Oliver William 1856 30 PA
Oliver William 1860 23 NY
Olmstead James S 1845 22 CT
Omer Edward 1832 29 c PA
Oney Daniel 1854 16 b DE
Oney Isaiah 1858 31 b DE
ONiell Edward 1854 21 NY
Oohton Knorr Henry 1859 31 b MD
Oram John 1824 20 MA
Oran Thomas S 1855 31 MA
Ordean George 1831 33 c PA
Ormerod George 1856 22 ME
Orn Benjamin 1853 24 ME
Orr David 1851 22 PA
Ortes George 1860 26 MA
Orum Hugh 1840 28 NJ
Osborn Oliver 1851 31 PA
Osborne George 1858 22 PA
Osborne Henry 1861 50 b DE
Osgood George W 1855 23 PA
Osmond John 1828 35 RI
Oswald John 1840 29 DE
Otis Henry 1847 21 VA
Otis Stephen 1843 23 NH
Ott Joseph 1855 22 ME
Otway John Alexander 1830 20 PA
Oudinot Francis A 1846 28 PA
Outerbridge Robert 1831 25 PA

O'Neill Hubert 1854 24 Ireland
O'Neill John 1857 24 Ireland
O'Neill William 1855 23 NY
O'Ruff Peter 1837 27 y LA
Oakes John Robert 1847 23 PA
Oakey Henry 1856 25 b DE
Oakley James 1855 26 NY
Oates Frederick 1847 23 MA
Ober John S. 1848 19 ME
Odear Patley 1851 19 MA
Oden Nathaniel C. 1853 36 m MD
Offet John 1848 27 s PA
Ogden Bernard M 1835 23 PA
Ogden David 1860 26 NJ
Ogden George 1848 21 PA
Ogier Keith 1840 23 SC
Oglesby James 1828 21 y PA
Okey John 1855 18 m MD
Oldenburg John 1849 23 PA
Oliphant Thomas 1851 21 PA
Oliver Albert 1845 28 c NY
Oliver George 1841 27 b MA
Oliver John 1852 19 ME
Oliver Joseph 1848 27 PA
Oliver Lewis 1840 25 NY
Oliver Robert 1839 16 PA
Oliver Robert 1860 29 b PA
Oliver William 1835 23 b CT
Oliver William 1856 22 b PA
Olmstead Ethel 1833 19 ME
Olmstead Jeremiah 1833 24 NY
Omera Thaddaus 1842 18 NC
Oney Daniel R. 1847 37 b DE
Oney Nathaniel 1836 21 s DE
Onley Charles 1856 19 y VA
Opdyke Abraham 1843 22 NJ
Oram William 1834 25 MD
Orcutt Aaron 1844 18 ME
Ordway Albert 1861 21 ME
Ormson John 1836 20 RI
Ornton Charles 1831 14 NC
Orr Thomas 1852 35 ME
Orton Thomas N 1843 18 DE
Osborn Levi 1828 28 CT
Osborne George 1834 31 NY
Osborne Henry 1825 22 b CT
Osbourn Hiram 1825 16 PA
Osgood Stephen, Jr. 1857 32 ME
Oswald James 1854 25 VA
Osyon Hiram 1848 34 ME
Otis Isaac, Jr. 1843 17 NY
Ott Clauss 1856 21 Denmark
Ott Peter G 1861 34 PA
Otway William 1835 17 PA
Outerbridge Daniel A. 1858 25 NY
Outten Ezekiel H 1860 24 DE

Outten John 1846 23 DE
Overman Alfred 1853 19 b NC
Overstocks George 1840 29 PA
Ovington Alfred 1858 24 b NC
Ovins Joseph 1860 28 PA
Owen Charles 1858 21 MA
Owen John 1827 40 b PA
Owen John 1860 21 SC
Owen William 1854 24 ME
Owens Andrew 1847 19 MA
Owens John 1837 22 PA
Owens Levin 1833 37 b DE
Owens Theodore 1853 27 b DE
Owens William 1853 20 MA
Packer Charles H 1861 23 CT
Packward John 1861 26 m CT
Page Charles 1837 22 LA
Page John M. 1853 24 MA
Page Lysander C 1855 27 VT
Page William 1848 23 ME
Paige Thomas 1857 25 MA
Paine Daniel 1827 20 RI
Paine John 1839 18 RI
Paine Nathaniel, Jr 1847 35 ME
Paine William 1840 23 NY
Painter Cyrus 1859 22 m DE
Painter James 1861 25 b DE
Painter William 1855 21 PA
Palmer George 1848 26 NY
Palmer George W 1838 17 MA
Palmer James 1858 21 ME
Palmer John 1824 28 NY
Palmer John 1840 18 ME
Palmer John 1855 19 NJ
Palmer Joseph 1855 25 s NY
Palmer Parker 1827 16 PA
Palmer Thomas D 1848 31 MD
Palmer William 1847 21 m PA
Pape John 1848 31 PA
Parish James 1845 19 MA
Park Josiah H 1840 23 NJ
Park William 1858 27 PA
Parkam Mansfield 1855 50 c VA
Parker Alexander 1852 20 ME
Parker Arnold 1858 29 MA
Parker Charles 1845 22 ME
Parker Charles A 1858 15 c MA
Parker Elisha B 1843 19 PA
Parker George 1840 26 y DE
Parker George 1846 22 NY
Parker George 1860 b NJ
Parker Henry 1837 26 s DE
Parker Henry 1853 22 b DE
Parker Hezekiah 1836 18 m DC
Parker Howes 1826 16 MA
Parker James 1841 20 b NJ

Outten John F 1861 21 DE
Overstock George 1847 37 NY
Overton Isaac 1828 35 NY
Ovington Alfred 1859 22 b NC
Owen Asahel 1839 42 MA
Owen Emanuel 1844 23 b DE
Owen John 1856 21 ME
Owen Robert 1833 21 NY
Owen William M 1850 24 ME
Owens David 1860 23 b DE
Owens Joseph L 1827 25 MD
Owens Manuel 1859 38 b DE
Owens Washington 1843 17 PA
Oxford William 1851 20 ME
Packward John 1856 21 m CT
Page Alexander 1846 23 ME
Page Edward G 1845 23 ME
Page John S 1826 26 MD
Page Thomas 1854 29 Spain
Paige Joshua 1852 30 MA
Paige William 1842 22 PA
Paine Joel M 1845 20 ME
Paine Lewis L 1843 20 MA
Paine Wesley 1853 27 ME
Paine William 1838 29 c MA
Painter Cyrus 1861 25 y DE
Painter Samuel 1824 26 b PA
Palmer Charles 1858 19 NY
Palmer George 1861 28 ME
Palmer James 1853 30 IL
Palmer James G 1846 19 NY
Palmer John 1825 36 NY
Palmer John 1851 60 ME
Palmer John C. 1860 22 VT
Palmer Josiah 1847 25 DE
Palmer Thomas 1840 16 PA
Palmer William 1826 21 y MA
Paoli Paul 1858 22 Corsica
Paradice William 1826 18 VA
Park Charles E. 1829 22 NJ
Park William 1849 18 PA
Park William D 1860 20 PA
Parke H S 1843 18 PA
Parker Andrew H. 1841 17 ME
Parker Charles 1827 22 b PA
Parker Charles 1847 28 MA
Parker Edward J 1856 16 PA
Parker Ezekiel 1850 48 c DE
Parker George 1841 27 b NJ
Parker George 1853 32 s NJ
Parker Henry 1837 17 PA
Parker Henry 1850 38 c NY
Parker Henry S. 1840 17 PA
Parker Horace 1837 29 RI
Parker James 1827 35 b NC
Parker James 1830 29 MD

Parker James 1859 43 b MD
Parker James H. 1848 25 MA
Parker Jeremia 1828 34 y DE
Parker John 1827 20 PA
Parker John 1854 22 NY
Parker Josiah C., Jr. 1845 19 MA
Parker Levi V. 1836 17 NJ
Parker Malachi 1848 20 ME
Parker Peter 1844 27 France
Parker Robert 1849 20 b DE
Parker Samuel 1840 29 PA
Parker Simon W 1833 33 c DE
Parker Thomas J. 1857 19 PA
Parker Timothy 1847 18 ME
Parker Walter 1841 35 PA
Parker William 1828 20 ME
Parker William 1849 16 MA
Parker William 1854 21 b DE
Parker William E. 1855 25 c PA
Parker Wingate 1841 23 y DE
Parkes Charles T 1861 18 PA
Parkinson Charles 1852 23 PA
Parkinson Joseph 1853 25 NY
Parkinson William L. 1832 18 NJ
Parks Samuel 1843 25 MD
Parlow John R 1834 34 MA
Parmentier Charles 1825 16 PA
Parron Mansfield 1851 30 b VA
Parry Edward Owen 1825 18 NH
Parsells Job W 1851 27 NJ
Parsons Charles 1826 36 b NY
Parsons John 1826 24 MA
Parsons Richard 1825 18 PA
Partridge James 1850 21 c NY
Parvis Daniel 1825 22 b PA
Paschal Joseph 1826 24 y DE
Pasko John 1826 32 England
Patch Elbridge G 1855 24 MA
Paterson Benjamin 1851 30 MA
Patht Mark 1839 50 none given
Patrick Dennis 1856 26 m VA
Pattee Charles H 1855 22 ME
Patten Uriah B 1841 20 ME
Patterson Benjamin F. 1855 30 SC
Patterson David 1844 56 RI
Patterson Geo 1840 26 MA
Patterson Jacob R 1856 42 PA
Patterson James 1853 36 s MD
Patterson James G 1852 62 ME
Patterson John 1826 58 NH
Patterson John 1837 29 PA
Patterson Nicholas 1828 18 MD
Patterson Samuel 1834 49 NH
Patterson Thomas 1837 26 NJ
Patterson Thomas H. 1853 16 PA
Patterson William 1840 50 MA

Parker James H 1835 15 PA
Parker James T 1859 19 MA
Parker John 1824 21 NY
Parker John 1847 30 RI
Parker Josiah 1834 24 b NJ
Parker L. J. 1855 20 y DE
Parker Louis W 1855 21 c PA
Parker Perry 1855 32 c MD
Parker Robert 1827 21 b PA
Parker Robert 1853 23 b DE
Parker Samuel 1852 40 PA
Parker Thomas 1856 25 NY
Parker Thomas W 1852 23 MA
Parker Truitt 1829 21 m DE
Parker Wentworth 1852 24 MA
Parker William 1848 29 y DE
Parker William 1852 32 s PA
Parker William 1859 27 s DE
Parker William Henry 1843 20 PA
Parker Zachariah 1857 17 b NJ
Parkes Daniel F 1859 24 b MD
Parkinson John 1827 22 y DE
Parkinson Milby 1826 22 y DE
Parkis John 1861 22 b CT
Parks Wilson C 1846 19 DC
Parmelie Hezekiah 1857 46 CT
Parritt Thomas 1853 21 MA
Parrott William E 1840 17 MD
Parry Gustavas A 1840 19 MD
Parson Charles B 1851 16 NJ
Parsons Isaac 1852 18 MA
Parsons Joseph 1848 25 PA
Parsons Thomas 1846 23 NJ
Parvin David H 1838 30 NJ
Pary Francis 1846 26 LA
Pask John 1845 24 MA
Pass Henry 1832 25 c MD
Pate William 1832 22 MD
Paterson Saml 1828 24 b MD
Paton John 1827 27 NH
Pattan James 1834 23 NY
Patten Charles 1852 22 ME
Patterson Alexander 1859 28 KY
Patterson Cyrus 1834 27 b CT
Patterson David 1836 32 MA
Patterson George 1843 24 PA
Patterson James 1851 20 NY
Patterson James 1860 21 MA
Patterson Johbn 1855 28 ME
Patterson John 1827 23 LA
Patterson John B. 1854 18 PA
Patterson Robert 1858 30 MA
Patterson Thomas 1826 29 MD
Patterson Thomas 1833 24 MA
Patterson Walter 1835 17 PA
Patterson William 1840 26 NY

Patterson William 1837 32 PA
Patterson William 1852 27 NH
Patterson William H. 1859 24 MA
Pattingell Moses 1853 30 ME
Patton John 1835 29 PA
Patton Joshua 1842 17 ME
Paul Augustus 1840 19 c PA
Paul Daniel 1840 13 PA
Paul George 1841 27 NY
Paul John 1858 30 ME
Paul Ransom C 1858 22 ME
Paul Samuel 1848 20 NJ
Paul William 1824 13 PA
Paul William K 1849 21 PA
Paxson Thomas 1825 17 PA
Payne Charles 1853 24 NY
Payne Jerome 1848 19 NY
Payne John 1847 17 ME
Payne Joseph A. 1827 22 MA
Paynter Theodore 1856 38 PA
Peabody William 1856 30 MA
Peacock Benjamin E 1841 30 NJ
Pearce David 1827 24 b VA
Pearce James R 1846 22 c MD
Pearce Matthew 1833 39 c NJ
Pearce William 1835 22 m NY
Pearce William 1859 25 MA
Pearsall William 1855 20 RI
Pearson James 1828 22 NJ
Pearson Samuel 1861 35 MA
Pearson Thomas Jones 1850 18 NH
Pearsons William 1839 23 PA
Pease Benjamin F 1851 21 ME
Pease Charles 1835 22 NY
Pease Richard 1829 53 MA
Peasley William 1850 19 ME
Peck Abner 1840 23 PA
Peck Barnard 1849 29 NY
Peck John 1824 28 y MD
Peckham Joseph P. 1856 21 MA
Peddle Joseph 1834 20 PA
Peddle Richard F 1825 18 PA
Pedrick Joseph 1825 20 NJ
Pee Thomas 1857 22 b NJ
Peek William 1856 26 m MA
Peel Jonathan 1849 27 LA
Peets Benjamin 1859 44 MA
Peggin James 1837 37 m SC
Peirce John F 1840 16 DE
Peirson Robert 1839 23 XX
Pelasha James 1856 23 b LA
Pelham Robert 1830 44 MA
Pemberton Richard 1828 50 b MA
Pender John 1856 24 NY
Pendleton Elisha K 1844 31 ME
Pendleton Joseph T. 1844 19 ME

Patterson William 1846 23 c NY
Patterson William H. 1856 24 m DC
Patterson William, Jr 1836 23 ME
Patton John 1838 23 MA
Patton John Joseph 1852 21 PA
Patton Price 1826 15 PA
Paul Charles 1848 38 NJ
Paul David 1852 21 PA
Paul John 1824 15 PA
Paul Martin K , Jr 1850 17 ME
Paul Richard 1825 18 y PA
Paul Samuel W 1826 21 PA
Paul William 1838 38 NJ
Paull Alexander 1851 27 NY
Payne Aaron 1831 22 c MD
Payne George 1851 30 NY
Payne John 1832 22 PA
Payne John A. 1853 28 MA
Payne Thomas H 1850 25 MD
Peabody Braskley R 1847 25 MA
Peacock Arthur B 1860 23 PA
Peale George 1841 33 PA
Pearce George W. 1826 50 NJ
Pearce Joseph 1860 23 NY
Pearce Richard John 1850 28 PA
Pearce William 1854 21 NY
Pearl John 1849 23 MA
Pearson Charles 1844 56 SC
Pearson John 1828 22 NJ
Pearson Samuel C 1851 26 MA
Pearson William 1840 32 MA
Peart Charles 1829 21 PA
Pease Benjamin F 1854 21 PA
Pease Orrin 1838 18 CT
Peasley Henry 1846 23 NY
Peaty William 1848 21 NY
Peck Abraham 1834 28 c PA
Peck Francis 1853 20 m RI
Peck Joseph W 1833 24 RI
Peckworth Lewis B 1859 36 NJ
Peddle Joseph R. 1838 22 PA
Pedrick Joel S 1841 27 NJ
Pedrick Samuel 1836 17 PA
Peek James 1829 22 PA
Peeker Isaac S. 1849 26 b DE
Peet Charles W 1848 24 CT
Pegg William 1845 22 ME
Peirce George Wells 1826 14 DE
Peirce William 1830 21 MA
Peisker John 1844 28 MD
Pelett Lewis 1828 23 y LA
Peltier Louis Marie 1843 27 France
Pence Joseph 1825 25 b PA
Pender John 1859 27 Ireland
Pendleton George W 1859 25 ME
Pendleton Martin 1845 24 ME

Pendleton Phineas 1845 14 ME
Penfold Thomas 1838 21 MA
Penly James J 1861 21 ME
Penn Joseph F 1858 23 PA
Pennell Joseph P 1835 18 PA
Pennington Henry 1860 26 m PA
Pennington John 1852 18 LA
Pennington William 1829 26 c PA
Penny John 1852 24 ME
Penton William J 1859 19 NJ
Pepper John 1841 28 NJ
Perce Benjamin 1835 20 ME
Percival Benjamin, Jr. 1830 20 MA
Percy Abraham B 1852 24 ME
Percy Ezekiel D 1853 23 ME
Perfect John 1843 21 PA
Perkinpine David M. 1849 16 PA
Perkins Allen H 1861 26 m PA
Perkins Calvin D. 1841 31 ME
Perkins Edward H. 1860 22 ME
Perkins Jeremiah 1858 18 ME
Perkins Luke, Jr 1833 17 CT
Perkins Samuel 1849 21 PA
Perkins Thomas 1857 31 PA
Perkins William 1824 21 ME
Perkins William 1853 21 MD
Perkins William W 1856 25 PA
Pernell Littleton 1849 28 b PA
Perring Joseph 1851 15 ME
Perry Andrew J 1858 32 MA
Perry Charles 1827 26 CT
Perry Daniel 1859 21 b DE
Perry George 1855 22 NY
Perry Joseph 1852 22 b PA
Perry Joseph 1859 23 b DE
Perry Richard 1825 26 NJ
Perry Thomas 1846 43 NY
Perry Wilbur F 1861 27 MA
Perry William Augustus 1856 21 s NY
Persinto William 1847 28 MA
Peter John 1838 37 s LA
Peters Albert 1859 56 ME
Peters Charles 1840 24 PA
Peters George W. 1848 20 PA
Peters Henry 1858 26 MD
Peters John 1826 18 b NY
Peters John 1827 23 y MA
Peters John 1852 38 NJ
Peters John H 1854 22 ME
Peters Mark 1851 39 b NH
Peters Wharton Smith 1830 17 PA
Peterson Alexander 1850 22 LA
Peterson Andrew 1842 22 DE
Peterson Charles 1845 24 Sicily
Peterson Derick 1826 32 b NJ
Peterson Francis 1856 35 Sweden

Penfield Russel 1848 26 CT
Penicks James B. 1851 34 PA
Penn Elmer 1854 19 NJ
Pennell Albert 1858 20 MD
Pennington Henry 1847 24 c PA
Pennington Isaac N 1841 24 PA
Pennington William 1827 25 b DE
Pennoyer Henry 1861 19 CT
Penny John Smith 1827 25 NY
Peppell Philip 1837 32 m PA
Pepper Simeon 1827 16 MA
Perchard Charles 1855 30 New Foundland
Percival Joseph 1854 48 PA
Percy Ezekiel D 1852 22 ME
Perdew Elymas 1858 34 c NY
Perit John W C. 1829 14 PA
Perkins Allan A H. 1854 19 y PA
Perkins Augustus 1839 25 b MD
Perkins Edward 1857 14 PA
Perkins Henry 1861 19 ME
Perkins Joseph 1846 20 ME
Perkins Robert 1860 25 CT
Perkins Thomas 1840 31 PA
Perkins Thomas 1861 33 PA
Perkins William 1850 26 DC
Perkins William C 1861 35 MA
Perly John 1841 28 MA
Perrin Richard 1854 15 MA
Perry Alexander B 1855 40 MA
Perry Bridghum 1849 22 ME
Perry Daniel 1844 38 NJ
Perry Franklin 1846 20 NY
Perry John 1837 35 NY
Perry Joseph 1859 25 MA
Perry Nathaniel 1830 48 MA
Perry Rowland 1861 33 b DE
Perry Timothy 1826 22 MA
Perry William 1824 24 VT
Perryen David 1834 24 c DE
Peter Francis 1850 21 France
Peters Albert 1829 25 ME
Peters Charles 1844 29 Germany
Peters David 1827 38 y VA
Peters Henry 1827 30 MA
Peters James 1843 39 ME
Peters John 1826 29 y MA
Peters John 1828 19 PA
Peters John 1855 28 NY
Peters Joseph 1855 19 PA
Peters Samuel 1846 15 c PA
Peterson Abraham W 1825 21 y DE
Peterson Alexander 1861 41 b DE
Peterson Charles 1844 29 MD
Peterson Debricks 1860 31 b DE
Peterson Ewel 1828 33 Norway
Peterson George 1856 25 Norway

Peterson Henry 1825 35 b PA	Peterson Henry 1834 29 Germany
Peterson Hewett William 1839 20 ME	Peterson Isaac S 1829 18 DE
Peterson John 1824 24 PA	Peterson John 1827 19 c PA
Peterson John 1836 29 c NJ	Peterson John 1837 29 Sweden
Peterson John 1841 17 NJ	Peterson John 1830 48 LA
Peterson John 1847 30 NY	Peterson John 1859 24 Denmark
Peterson John 1861 36 Sweden	Peterson John C 1851 18 NJ
Peterson Julius 1845 20 c NY	Peterson Lawrence 1855 18 NY
Peterson Owen 1849 35 MA	Peterson Owen 1854 42 Norway
Peterson Peter 1826 31 Sweden	Peterson Peter 1826 24 y CT
Peterson Peter Payoson 1851 26 Denmark	Peterson Richard 1833 38 y DE
Peterson Thomas 1825 34 b NY	Peterson William 1830 22 DE
Peterson William 1855 22 NY	Pethick James 1854 25 NY
Petlow Micage 1843 44 b MD	Petlow Micajah 1829 29 b PA
Petrick John 1840 24 Austria	Pettit George 1846 22 NY
Pettit Joseph H 1861 15 PA	Petty Joseph 1825 25 RI
Pettyjohn Andrew J 1853 34 DE	Pettyjohn Stephen 1851 28 PA
Pew Francis E. 1861 19 NJ	Peyton Craven 1829 15 DC
Pfister Alexander M 1824 17 NY	Pharo George B. 1856 17 PA
Phelan James M 1861 22 NY	Phelan Mark 1854 16 NY
Phelan William 1861 24 NY	Phelps John 1855 23 ME
Philbrick John 1852 20 MA	Philbrook Thomas W. 1847 22 NH
Philibert Alexander 1859 17 PA	Philips Benjamin 1854 59 DE
Philips Elias 1853 29 b DE	Philips Isaac 1826 12 b PA
Philips James 1847 32 PA	Philips John 1829 17 MD
Philips John T 1859 21 DE	Phillips Benjmin 1838 39 y DE
Phillips Charles H. 1826 13 PA	Phillips Charles H 1856 21 PA
Phillips Chas. 1846 22 LA	Phillips Eber 1860 31 DE
Phillips Edward C 1855 23 DE	Phillips Elijah 1834 25 b CT
Phillips George S 1851 19 NY	Phillips George W 1859 23 NY
Phillips Gilbert H. 1861 25 MA	Phillips Harvey R 1851 30 MA
Phillips Henry T. 1859 19 MD	Phillips James 1837 31 DC
Phillips James M 1848 23 DE	Phillips John 1826 19 PA
Phillips John 1844 40 NJ	Phillips John 1841 34 RI
Phillips John 1841 33 SC	Phillips John 1841 22 NY
Phillips John 1843 35 ME	Phillips John L 1851 16 PA
Phillips John T 1860 21 MD	Phillips John Taylor 1826 16 NJ
Phillips Joseph 1852 19 ME	Phillips Joseph 1855 22 MA
Phillips Joshua 1829 22 NY	Phillips Lewis 1852 22 b PA
Phillips Louis Wilson 1847 21 m MD	Phillips Perry 1824 30 y PA
Phillips Philip 1860 28 c MD	Phillips Richard 1845 23 RI
Phillips Richard 1832 22 c MA	Phillips Robert 1830 28 PA
Phillips Samuel 1836 14 PA	Phillips Thomas 1827 22 PA
Phillips Thomas 1838 14 s DE	Phillips Thomas 1848 37 NY
Phillips Thomas 1856 32 b DE	Phillips Trusty 1846 31 b DE
Phillips Washington 1836 31 MA	Phillips William 1837 23 ME
Phillips William 1841 26 PA	Phillips William 1848 22 PA
Phillips William B 1840 15 PA	Phinney Josiah 1841 36 ME
Phinney Nathaniel 1824 25 ME	Phinney Rufus 1857 23 ME
Phippen Ebenezer 1827 25 MA	Phipple Paul 1830 14 b PA
Phoenix John 1824 35 NJ	Phoenix Robert 1859 20 NY
Picibia Peter M 1825 24 Spain	Pickard Daniel 1824 20 ME
Pickard Joseph 1855 23 ME	Pickens Dennis 1829 27 MA
Pickens Joseph H 1844 20 MA	Pickens Thomas Spencer 1828 24 VA
Pickering John, Jr 1858 19 PA	Pidge Banjamin 1845 21 GA
Pidgeon George R 1853 19 PA	Pierce Andrew 1855 28 m CT

Pierce Baker 1856 48 ME
Pierce George 1856 22 NY
Pierce James 1846 27 MA
Pierce John 1825 23 NY
Pierce Stephen B 1851 22 RI
Pierson Geo W 1855 14 PA
Pierson Thomas 1840 19 MA
Pierson William 1854 27 ME
Pifer Joseph H 1856 26 NY
Pike Burrough E 1858 33 NJ
Pike Elbridge Gerry 1826 26 MA
Pike Thomas 1847 40 NY
Pillerton James 1844 18 RI
Pillsbury Parker 1840 18 ME
Pine William 1838 26 ME
Piner Henry 1854 21 c NJ
Pinker Alexander 1861 40 PA
Pinkham Augustus 1861 19 ME
Pinkum Richard W. 1840 26 ME
Pinto Joaquim Martin 1854 27 Portugal
Piper Augustus 1827 16 PA
Pitchel Allen G. 1828 23 RI
Pitman John 1844 20 ME
Pitman Thomas H 1837 28 PA
Pittinus Peter 1851 17 PA
Pittman Robt S B 1856 22 NY
Pittson Charles 1853 32 ME
Platt John 1849 19 DE
Plemeth John 1826 27 b NY
Plumb James 1856 16 CT
Plummer George 1836 20 ME
Plummer John 1855 28 NY
Plummer Robert P 1860 28 c DE
Pogue Joseph 1847 21 DE
Pointer Samuel 1829 22 DE
Poke Edward 1837 21 m DE
Poke Leonard 1857 22 b DE
Poland James 1859 27 ME
Poland William 1851 29 OH
Polk David 1854 24 b DE
Polk Dennis 1860 49 b DE
Polk Isaac H 1859 25 b DE
Polk James 1858 20 b NJ
Polk Job T 1857 37 b DE
Polk John C 1860 26 DE
Polk Simon 1857 25 c DE
Pollard James 1838 23 b MA
Polonios Sebastian S 1840 23 Austria
Pomroy Robert 1836 16 DC
Pond Levi 1843 18 ME
Pool Charles 1855 19 ME
Pool William J 1826 18 PA
Poole Erasmus M 1857 25 DE
Poole Henry 1860 23 b NC
Poole Joseph 1824 28 PA
Poole Stephen E 1861 23 ME

Pierce Eleazar T 1837 22 ME
Pierce Howard R 1851 21 ME
Pierce James 1853 25 CT
Pierce Levi F 1848 21 NH
Piersey John 1850 26 PA
Pierson Henry H. 1832 22 NJ
Pierson William 1842 22 NJ
Pierson William 1855 23 MA
Piggott William C. 1857 17 PA
Pike Charles 1833 22 MA
Pike Jacob 1831 22 MA
Pike William 1861 18 ME
Pilling Sidney 1853 29 DC
Pine Samuel P 1855 29 PA
Pineo Otis 1835 24 NY
Pingeney Peter 1832 24 I CT
Pinkett Daniel 1855 20 b MD
Pinkham Warren 1847 40 ME
Pinse Andrew 1840 18 NH
Pinto John 1827 37 LA
Pippitt Benjamin 1841 18 PA
Pitcher Henry C 1856 18 PA
Pitman John 1845 22 PA
Pitt John 1824 21 MD
Pittman John 1844 21 ME
Pitts Daniel 1861 37 b MD
Place Leonard 1838 17 ME
Pleasants Charles 1825 17 PA
Plum Frederick W 1854 22 NJ
Plumer Francis 1841 20 NH
Plummer James 1843 45 ME
Plummer Joseph 1836 23 NJ
Pogue Henry 1830 21 c PA
Pogue Thomas 1839 21 DE
Pointing Richard 1851 34 England
Poke James 1853 24 b DE
Poland George 1855 19 ME
Poland John E 1835 30 MA
Polk Columbus 1846 36 MD
Polk Dennis 1843 37 b DE
Polk Edward 1847 22 b DE
Polk Jacob 1855 26 DE
Polk James K. 1861 23 b DE
Polk John 1837 22 c DE
Polk Richard 1857 24 m PA
Pollard Henry 1825 22 VA
Pollard John 1846 31 ME
Pomeroy Edward H 1856 34 ME
Pomroy William R 1841 21 ME
Pool Andrew J 1855 23 MA
Pool Fenton 1839 27 DC
Poole Charles 1855 21 PA
Poole Henry 1853 15 b NC
Poole John H. 1859 22 DE
Poole Joseph 1839 44 PA
Poole William 1836 25 MA

Poole William 1859 55 c VA
Poor John 1824 20 PA
Pope Cornelius 1825 30 MA
Pope John 1852 33 MA
Pope Thomas H 1846 21 ME
Porter Charles 1838 17 s PA
Porter Charles H 1847 27 NH
Porter Francis 1840 21 DE
Porter Frederick C. 1861 36 RI
Porter James 1828 17 MA
Porter James A 1825 15 DE
Porter John 1847 27 NY
Porter John 1861 40 France
Porter Matthew E 1852 34 MD
Porter Raymond 1855 24 ME
Porter Samuel R 1845 32 MA
Porter William 1845 19 MA
Porter William 1838 28 ME
Post William F 1853 25 MA
Postill James 1827 20 PA
Postless Peter 1853 25 b DE
Poston William 1829 20 DC
Pote Charles W 1829 18 ME
Potter Charles 1826 24 b MD
Potter Israel 1827 30 NY
Potter John 1844 26 b DE
Potter John 1855 39 NY
Potter Luke 1839 32 RI
Potter Thomas E 1825 12 PA
Potter William 1855 19 ME
Pottle Stephan W. 1845 37 NH
Potts Charles Hill 1846 18 PA
Potts James, Jr 1825 21 PA
Potts John T., Jr. 1860 19 PA
Potts Robert 1827 21 y PA
Potts Thomas H D 1824 13 NJ
Poulson David 1845 24 PA
Poulson Thomas 1827 27 VA
Powe Thomas 1854 35 NJ
Powel Jacob 1855 21 NJ
Powell Abraham, Jr 1842 14 PA
Powell Edward 1833 22 MA
Powell George W 1846 25 c PA
Powell James W. 1826 17 NJ
Powell John 1859 21 England
Powell Richard 1828 17 PA
Powell William M 1828 17 PA
Power David 1851 26 NY
Power Joseph 1846 30 PA
Power Thomas 1830 22 SC
Powers James 1851 26 NY
Powers John M 1856 32 Newfoundland
Powers Michael 1845 25 Ireland
Powers William 1860 24 NY
Powers Wm 1840 30 MA
Poys Nichols 1840 25 LA

Pooler Charles Francis 1853 21 ME
Pope Charles 1860 23 NY
Pope Frederick 1852 24 NJ
Pope Pliny P 1839 20 NY
Porter Benjamin S 1861 21 ME
Porter Charles 1857 20 DE
Porter David F. 1851 26 PA
Porter Francis 1835 18 DE
Porter George 1828 36 b PA
Porter James 1840 22 b MA
Porter James G 1860 24 NY
Porter John 1851 30 LA
Porter Joseph 1846 26 c PA
Porter Michael O. 1847 21 ME
Porter Richard J 1848 23 MD
Porter Simon 1853 31 ME
Porter William 1836 23 MA
Post George 1855 21 NJ
Post William M 1849 25 CT
Postles Charles 1849 27 b DE
Postley Levan 1829 31 b MD
Poston William 1846 24 NY
Potter Alexander 1858 26 c PA
Potter George 1852 22 PA
Potter James 1831 28 c NY
Potter John 1840 18 RI
Potter John A 1861 23 DE
Potter Peter 1826 27 b MD
Potter William 1853 21 s DE
Potter William Bowen 1834 35 b RI
Potts Aaron 1827 18 PA
Potts Howard N 1841 22 PA
Potts John T., Jr 1858 16 PA
Potts Robert 1825 42 NC
Potts Samual 1830 19 y PA
Poulson Charles 1838 21 s DE
Poulson Martin 1834 24 b VA
Poulson William 1825 18 y DE
Powel Emanuel 1825 32 b NY
Powel William 1855 21 b NC
Powell Arthur 1851 21 NJ
Powell George 1828 18 DE
Powell James Henry 1850 17 PA
Powell John 1829 33 b NJ
Powell Moses 1828 29 b VA
Powell Robert B. 1847 21 NJ
Powell William P 1827 21 y NY
Power John 1830 19 PA
Power Nicholas 1848 21 Ireland
Power Thomas 1851 27 MA
Powers John 1855 24 NY
Powers Joseph 1855 25 MA
Powers William 1855 21 MA
Powers William D 1828 26 VA
Poynter Robert 1847 27 DE
Prader Anthony, Jr. 1836 14 PA

Pratis Alexander 1825 17 y PA
Pratt Charles 1854 20 MA
Pratt Daniel 1853 21 b DE
Pratt Elijah 1840 17 ME
Pratt Hiram H 1846 38 MS
Pratt Lawrence 1840 28 Italy
Pratt Robert H 1845 21 ME
Pray John 1836 33 NH
Preble Joseph 1854 20 ME
Preddy George 1848 24 MA
Prentice Samuel 1825 25 MA
Prerovschi Fransef 1854 21 Austria
Prescott Lyman 1850 27 MA
Pressey Elbridge 1841 26 ME
Preston Benjamin 1826 21 NJ
Preston David 1840 20 NJ
Preston Henry H 1856 31 NY
Preston Richard 1831 19 NJ
Prettiman Curtis 1857 28 DE
Prettyman John 1832 32 DE
Prian John 1857 21 NY
Price Charles 1839 22 ME
Price Elias 1825 27 y PA
Price George 1860 17 c PA
Price Harry 1857 19 DE
Price Henry 1858 32 MD
Price Jacob 1861 18 NJ
Price James 1843 27 NY
Price John R. 1859 39 NJ
Price Joseph G. 1833 20 NJ
Price Levin 1855 27 b DE
Price Richard 1828 18 PA
Price Stephen 1831 42 c MD
Price Wallston 1836 14 c PA
Price William 1834 21 c PA
Price William 1846 29 NY
Price William 1854 19 DE
Price William 1860 27 b PA
Price William H 1840 27 NY
Pride Joseph 1830 21 y DE
Priest George 1852 27 VA
Priestley James L 1853 32 MA
Primrose Charles 1858 21 PA
Prince Abraham 1841 23 b NY
Prince Charles 1837 14 ME
Prince George 1840 33 ME
Prince Henry 1833 18 MA
Prince Timothy 1844 27 ME
Prior Volney R. 1847 17 NY
Pritchard William 1848 23 NY
Pritner John A. 1826 19 PA
Proctor Henry 1840 27 b PA
Proctor Neal 1834 33 MD
Pruett Walter, Jr 1860 16 m PA
Pudvine James 1824 16 PA
Pugh Evan 1859 21 NY

Pratt Aaron 1830 21 NJ
Pratt Charles Sinclair 1851 26 MD
Pratt David 1830 20 MA
Pratt Francis 1858 21 ME
Pratt James 1833 34 ME
Pratt Orrin 1847 30 NY
Prattis William 1855 23 b PA
Preble Elijah L. 1832 31 ME
Preble Preston P 1861 18 ME
Pree George 1861 28 NJ
Prentiss Azar Orne 1828 23 MA
Prescott James 1848 17 ME
Press William 1843 22 NJ
Presson Samuel 1834 22 VA
Preston Charles E. 1853 21 MA
Preston George 1855 45 PA
Preston John 1852 28 MA
Preston William B. 1841 23 DE
Prettyman Elisha 1825 30 b DE
Prettyman Peter 1824 22 b DE
Price Charles 1826 16 b PA
Price David 1856 16 b PA
Price Ellis 1841 25 NJ
Price George Washington 1846 23 b PA
Price Henry 1850 25 c DE
Price Isaac D 1855 21 PA
Price James 1842 22 Germany
Price John 1840 20 PA
Price Joseph 1842 25 NJ
Price Josiah 1850 37 NJ
Price Major 1836 26 c VA
Price Richard 1850 26 NJ
price Thomas C 1841 35 DE
Price William 1825 32 y PA
Price William 1841 29 PA
Price William 1853 23 b PA
Price William 1856 22 England
Price William B. 1847 25 NJ
Prickett Edward 1840 32 PA
Pride Nicholas B 1860 24 PA
Priest William 1840 25 ME
Prime Jonas 1848 19 ME
Primrose E. J. 1845 23 DE
Prince Charles 1840 19 MA
Prince Franklin 1856 22 NY
Prince George 1849 31 NY
Prince James 1837 23 ME
Prior Francis G 1855 19 PA
Prior William 1854 22 ME
Pritchet William 1827 35 MD
Procter John S 1847 34 MA
Proctor John H. 1857 34 MA
Prosser Joseph 1861 21 PA
Puddicombe William 1846 43 England
Pudvine James 1828 20 PA
Pugh George 1846 26 m PA

Pugh Napoleon B 1854 19 PA
Puines Nathaniel 1828 32 c PA
Pulman Benjamin 1836 32 s DE
Purdon James 1825 25 PA
Purdy John 1827 35 NY
Purdy John 1841 25 NY
Purnell Henry 1860 28 c DE
Purnell Israel 1860 22 b DE
Purnell James 1850 25 c MD
Purnell James 1861 26 b DE
Purnell John 1840 18 c MD
Purnell John Henry 1859 20 b DE
Purnell Thomas 1853 30 b MD
Purnell William 1852 21 c DE
Purnsley Alson J 1861 27 m PA
Purse Oliver H Perry 1859 18 PA
Pursel Nicholas 1846 23 NY
Putnam George W. 1841 21 VT
Pycraft Charles 1849 22 b MD
Quade John 1856 30 NY
Queen Charles 1824 22 b MD
Queen Henry 1834 36 b MD
Queenan John 1855 23 NJ
Quick Richard 1844 44 Ireland
Quig John 1834 16 PA
Quigley Thomas 1856 24 VT
Quim James 1846 19 SC
Quin Charles 1836 26 NJ
Quinby Daniel 1831 30 ME
Quincy Samuel D 1833 20 MA
Quinlivan Mark 1860 21 IL
Quinn Charles 1840 17 NJ
Quinn James 1858 23 PA
Quinn John 1852 21 NY
Quinn John F. 1851 24 PA
Quinn Richard 1847 25 NY
Quinn Thomas 1860 35 Ireland
Quinn William 1853 21 PA
Quinton Charles 1855 21 b MD
Raarige Jacob 1842 22 Austria
Raborg Joseph Cloud 1850 15 PA
Raburn Robert 1837 26 PA
Rackliff George 1841 20 ME
Radcliff Daniel 1847 22 VA
Radeliffe Robert 1856 33 PA
Rae John R. 1860 24 NJ
Ragan Jeremiah 1852 22 ME
Raider Reuben 1843 23 NY
Rairdon Thomas 1855 20 MA
Ralph Josiah 1854 28 MD
Ralston Augustus 1854 25 y PA
Rambo Andrew 1857 23 PA
Rambo Israel 1843 28 PA
Ramon Presley 1825 25 b DE
Ramsdell Edwin A 1853 16 NY
Ramsdell William 1852 18 ME

Pugh William 1848 27 NY
Pulk John 1859 23 NJ
Pumroy Alexander 1826 18 ME
Purdy Henry 1850 24 VA
Purdy John 1836 20 ME
Purnell Daniel 1856 21 m DE
Purnell Irwin 1841 22 b MD
Purnell Jacob 1861 21 y DE
Purnell James 1857 23 PA
Purnell James Rilley 1843 20 b PA
Purnell John H 1857 21 b MD
Purnell Peter 1859 22 b DE
Purnell William 1829 19 MD
Purney John M 1861 26 NY
Purse James 1859 43 DE
Pursel Francis 1845 24 MA
Putman Charles 1840 21 MA
Pybus Aaron 1843 28 MA
Pyne John 1837 18 PA
Quan Charles 1830 25 b NY
Queen Charles 1856 29 b DE
Queen William 1846 31 c MA
Quenton William Jas. 1859 21 b MD
Quig Daniel 1844 19 PA
Quigley Augustus 1836 25 PA
Quillin Edward 1859 22 m MA
Quimby Eliphalet 1825 21 NH
Quin John Wilson 1827 20 MA
Quince Peter Cain 1832 30 LA
Quinlan Michael J 1861 27 PA
Quinn Asa 1860 29 ME
Quinn Henry 1850 22 MD
Quinn James Peter 1844 18 PA
Quinn John 1861 21 NY
Quinn John J 1854 24 NY
Quinn Stephen 1861 24 NY
Quinn William 1844 16 PA
Quinterro Juan 1825 34 Spain
Quireson James 1827 28 c PA
Rabjohn Thomas 1847 32 PA
Raburn Robert 1827 18 PA
Racine George 1849 25 France
Rackliff John 1850 23 ME
Radcliff J Napoleon 1858 36 PA
Radney Joshua 1844 34 b RI
Rafferty Felix B. 1849 23 PA
Ragsdale Alexander 1824 34 VA
Raines Joseph 1828 19 England
Rait Robert 1860 30 NY
Ralston Augustus 1853 24 m PA
Ralston Joseph 1838 25 PA
Rambo George B 1849 30 PA
Ramelow George 1845 37 Prussia
Ramsdale William 1843 21 ME
Ramsdell Ichabod 1847 52 ME
Ramsell Oliver 1851 21 NY

Ramsey Daniel R 1848 21 MA
Ramsey David C. 1824 28 CT
Ramsey William W 1854 34 b NJ
Rand George M 1836 15 VA
Randale Hayden S. 1825 19 ME
Randall Daniel W 1859 19 MA
Randall Ephram 1846 16 s CT
Randall Gershom 1829 22 ME
Randall James 1849 33 SC
Randall John 1858 28 ME
Randall Luyden 1846 27 England
Randall Sugden 1843 23 PA
Randall Weston 1855 19 NY
Randall William 1853 26 ME
Randell James 1851 19 ME
Randolph John 1839 43 b VA
Rankin George 1850 22 TX
Rankin John 1847 28 VA
Rankin William 1856 25 MD
Rankins George F. 1855 21 ME
Rankins Samuel P 1840 30 ME
Ransey John 1849 20 NC
Ranso Charles 1844 22 MA
Rapson James 1847 27 MA
Rash Lewis 1840 24 KY
Rateau Peter Augustus 1834 42 France
Rawley Henry 1834 19 MD
Rawson Charles Kidd 1860 22 MA
Ray Charles M 1841 21 ME
Ray Horace B 1839 21 DE
Ray John 1853 25 SC
Ray John A 1855 19 ME
Ray Samuel Oscar 1838 23 m NY
Raymond Alfred 1856 24 NY
Raymond George 1827 29 y MA
Raymond James W 1847 34 MD
Raymond Joseph 1826 31 y DE
Rayne Isaac 1836 21 MA
Rea Charles 1860 21 m MA
Rea Thomas 1826 15 PA
Read Asa B 1829 21 DE
Read Daniel 1851 28 NJ
Read George 1826 30 MD
Read Hiram 1830 23 y NY
Read John H 1851 23 PA
Read Samuel J 1851 27 NJ
Read William 1840 24 ME
Read William 1852 49 b PA
Readdy John 1850 20 MA
Reading Thomas 1838 18 b MD
Reason Josiah 1861 25 b MD
Reckard Melsey M 1861 36 c DE
Records James C. 1859 25 b PA
Redding Michael 1846 37 Ireland
Redgley Joshua 1836 22 s PA
Redmond Patrick 1826 22 PA

Ramsey David 1851 36 PA
Ramsey Joseph J. 1848 22 NJ
Rand Benjamin H 1840 22 NC
Rand Peter E 1860 31 ME
Randale James 1843 28 PA
Randall Edward W 1846 19 ME
Randall George 1859 33 NJ
Randall Henry 1844 18 IL
Randall Jessee 1844 21 ME
Randall Joseph 1824 24 NJ
Randall Noble M 1860 17 ME
Randall Thomas 1853 21 NY
Randall William 1829 30 ME
Randel James 1839 22 DC
Randolph Anthony 1826 45 NJ
Randor Lewis 1833 21 c VA
Rankin John 1836 30 MA
Rankin Richard 1827 45 MA
Rankin William, Jr. 1826 18 DE
Rankins Joseph P. 1845 22 ME
Rann George C. 1852 24 MA
Ransley James 1835 25 PA
Ransom Thomas W. 1827 23 ME
Rapson William 1851 23 MA
Ratcliffe Thomas 1837 14 MD
Rawleigh Hooper 1850 22 MD
Rawlin Frederic 1851 28 ME
Ray Adam, Jr 1825 23 y PA
Ray Henry William 1827 18 ME
Ray James 1851 22 MA
Ray John A 1837 31 PA
Ray Joseph J 1855 20 PA
Ray William 1840 39 b NY
Raymond Charles H 1848 65 b NY
Raymond James 1859 32 ME
Raymond John W 1841 19 MA
Raynard Franklin 1840 22 c MD
Rayner Walter 1842 28 MD
Rea John 1839 19 PA
Read Alfred William 1852 21 NJ
Read Charles 1838 19 NJ
Read Francis F 1827 23 PA
Read George 1846 23 RI
Read John 1833 21 PA
Read Richard 1844 28 LA
Read Thackasa William 1833 14 NJ
Read William 1832 32 PA
Read Wm 1854 22 MA
Readfield Timothy G 1848 20 NH
Reagins William 1852 22 PA
Reboul Justin Alexander 1855 42 France
Reckhow John 1827 15 PA
Reddin Thomas 1834 25 PA
Reddon George 1837 30 c MA
Redman John 1852 25 NY
Redmond Robt 1835 26 MA

Redmond Thomas 1841 19 ME
Reece William 1843 22 ME
Reed Benjamin G. 1840 20 NC
Reed Benjamin S 1855 21 ME
Reed Edward 1825 13 PA
Reed Francis 1858 27 NH
Reed Frederick S 1857 23 ME
Reed George 1861 44 m DE
Reed Henry H 1855 18 MA
Reed James 1846 19 b MA
Reed James 1860 21 NJ
Reed Joseph J 1858 29 m NC
Reed Richard Henry 1856 24 MI
Reed Samuel 1846 44 b PA
Reed Theodore 1861 43 NJ
Reed William 1849 36 MA
Reed William 1860 36 b PA
Reed Zachariah 1831 19 c DC
Reeng William 1848 22 ME
Reese Anthony 1838 21 b DE
Reese John 1826 00 XX
Reese John O. 1825 19 VA
Reese Simon 1852 56 c DE
Reeve James W 1840 22 England
Reeves Edward 1844 23 NY
Reeves Jesse 1861 18 NJ
Reeves John 1854 46 NJ
Regan Peter 1859 19 OH
Reid David 1856 22 NY
Reid James 1852 20 NY
Reid William H 1860 30 MA
Reilly Charles 1853 23 MA
Reilly John 1825 16 PA
Reilly John J. 1833 33 PA
Remar Jacob 1858 28 NJ
Remington Edward 1860 21 NY
Ren Christopher 1826 20 PA
Renney David 1837 41 NY
Renny John 1847 44 NY
Repsher John 1825 15 PA
Requa Thomas 1846 21 NY
Rettig Richard H 1861 17 PA
Revell Samuel Edward 1834 16 VA
Rey Theodore 1853 31 m NJ
Reynold Ezra 1854 20 NY
Reynolds Charles 1843 26 NY
Reynolds Edward 1843 29 ME
Reynolds George 1852 22 LA
Reynolds George W. 1841 14 ME
Reynolds James R 1825 30 PA
Reynolds Joel 1851 19 VA
Reynolds Joshua 1827 14 DE
Reynolds Robert 1858 22 CT
Reynolds Thomas 1851 25 RI
Reynolds William 1844 16 NY
Reynols Samuel 1841 20 MA

Reece Joseph 1848 16 s CT
Reed Alexander 1860 22 s NC
Reed Benjamin R. 1838 23 NJ
Reed Charles 1857 19 NC
Reed Edward A. 1853 25 NY
Reed Frederick O 1838 22 ME
Reed George 1841 28 MA
Reed George M 1847 28 y ME
Reed James 1824 25 b VA
Reed James 1859 21 c PA
Reed John 1838 23 DE
Reed Lewellyn 1838 18 ME
Reed Samuel 1837 36 PA
Reed Samuel M 1860 22 ME
Reed Timothy 1836 28 s NC
Reed William 1859 34 NY
Reed William 1860 19 MA
Reeds Charles 1861 18 NJ
Rees John 1829 20 m PA
Reese James 1838 28 m MD
Reese John 1834 25 MA
Reese Richard H 1855 21 NY
Reese William 1828 33 y NY
Reeves Abram S. 1858 19 NJ
Reeves Israel 1826 24 PA
Reeves John 1826 27 b MA
Reeves Thomas M. 1853 26 NJ
Register John 1833 25 MD
Reid George 1848 29 NY
Reid James 1855 25 VA
Reilley Randolph 1855 23 none given
Reilly James 1849 28 DE
Reilly John 1843 27 Ireland
Reilly Thomas 1853 30 MA
Rementer Joseph 1829 29 PA
Remington Francis 1853 17 PA
Rendahl Olluft Petter 1851 46 Norway
Rennie Robert 1854 22 NY
Renshaw James Budden 1830 16 PA
Repsher Joseph 1851 20 PA
Reton Harman 1833 20 CT
Reuly Henry 1824 33 y PA
Revey Charles 1836 27 y NY
Reynegon John L V 1824 15 PA
Reynolds Alexander J. 1856 21 MA
Reynolds Edward 1842 17 PA
Reynolds Elisha W 1856 27 ME
Reynolds George 1858 35 DE
Reynolds James 1840 22 ME
Reynolds Jirch 1840 30 MA
Reynolds John 1851 34 NY
Reynolds Orlando 1830 18 PA
Reynolds Robert M 1841 34 NJ
Reynolds White 1846 31 y MA
Reynoldson James 1843 30 MA
Rezmond Alonzo 1825 15 PA

Rhoades Charles H 1861 30 NY
Rhoads William 1824 25 PA
Rhodes John 1825 27 b DE
Rhodes John 1854 23 NY
Rial Anthony 1824 25 y NJ
Riblett Francis 1860 15 PA
Rice David H 1846 20 MA
Rice James 1841 19 b PA
Rice Oliver P 1846 15 NH
Rice Philander L. 1844 18 ME
Rich Daniel 1840 22 ME
Rich Edward T. 1835 20 MA
Rich Leonard P. 1846 30 MA
Rich William 1855 26 b VA
Richard John 1837 29 c MA
Richardet Samuel 1825 15 PA
Richards Anson 1855 21 b DE
Richards Charles C 1850 00 XX
Richards Elias 1843 16 MD
Richards George 1840 29 NY
Richards Jeffers 1834 23 b DE
Richards John 1828 31 b NY
Richards John W 1851 21 s VA
Richards Nathan 1825 24 ME
Richards Thomas 1841 19 y PA
Richards Watson 1860 22 MA
Richards William 1851 28 MA
Richards Wilson 1851 18 ME
Richardsen John 1852 45 b PA
Richardson Adolphus 1860 28 c NY
Richardson Adolphus 1861 30 b NY
Richardson Alexander 1840 16 ME
Richardson Benjamin 1828 26 b MD
Richardson Charles 1844 19 ME
Richardson Constantine A 1848 17 MD
Richardson James 1824 45 MA
Richardson John 1853 45 b PA
Richardson Joseph T 1841 38 DE
Richardson Thomas 1845 28 NY
Richardson Thomas 1833 26 c ME
Richardson Thomas 1853 27 NY
Richardson William 1842 21 ME
Richardson William Henry 1840 17 MD
Richie Joseph Steer 1828 19 OH
Richmond Fredweick 1851 26 NJ
Richter Charles 1856 19 ME
Rickard John 1851 23 NY
Rickards William 1855 21 OA
Ricketts Cato 1856 39 b NJ
Ricketts Peter 1859 30 b PA
Ricks David 1856 39 b VA
Riddey Francis A. 1858 29 PA
Riddle Richard Kirkbride 1835 16 DE
Rideout John 1824 24 b PA
Ridgway Elihu 1846 28 l MD
Ridgway Francis 1856 39 m DE

Rhoads Thomas 1855 20 NY
Rhodes Edwin 1859 34 PA
Rhodes John 1847 27 b NJ
Rhodes Stephen C. 1829 16 RI
Rial George 1859 64 m NJ
Ricaby Robert 1851 26 NY
Rice James 1839 27 Nova Scotia
Rice Joseph 1833 22 MA
Rice Peter 1856 20 CT
Rice William 1850 23 NY
Rich Edward F. 1861 25 b PA
Rich Isaiah, Jr. 1861 34 MA
Rich Samuel 1826 22 ME
Rich Zebediah F 1834 21 ME
Richard William 1852 32 NJ
Richards Alfred 1861 22 m FL
Richards Charles C 1846 20 NY
Richards David 1854 33 DE
Richards George 1825 22 PA
Richards Henry 1824 27 DE
Richards Job 1846 36 b MA
Richards John 1847 29 NY
Richards Josiah Lawnes 1826 23 PA
Richards Paul W 1853 38 b PA
Richards Thomas F 1859 22 MD
Richards William 1837 29 s ME
Richards William Henry 1846 14 s PA
Richards Wilson 1852 19 ME
Richardson Adolphus 1853 23 b NY
Richardson Adolphus 1861 29 b NY
Richardson Adolphus B. 1851 17 PA
Richardson Andrew 1855 40 b PA
Richardson Boardman 1860 21 ME
Richardson Charles 1838 23 CT
Richardson Henry 1860 26 MA
Richardson John 1844 31 b NY
Richardson John A 1850 33 b MA
Richardson Samuel 1838 27 s MD
Richardson Thomas 1845 21 ME
Richardson Thomas 1852 21 NY
Richardson William 1829 29 VA
Richardson William 1839 26 b MD
Richardson William Henry 1855 21 b NY
Richmon Richard 1855 21 c PA
Richrdson Thomas 1827 24 y NY
Rickard John 1847 15 PA
Rickards William 1831 23 PA
Ricker Robert 1834 23 ME
Ricketts Levan 1836 22 s DE
Rickman George Dynes 1854 29 England
Ricks James P 1856 26 PA
Riddle James 1824 16 PA
Riddle Robert 1842 22 PA
Rider Joseph 1854 36 DC
Ridgway Francis 1845 25 m NJ
Ridgway Joseph 1837 20 c NY

Ridgway Peter 1847 26 DE
Ridley Dudley G 1852 20 ME
Rieves Joseph Gorman 1838 40 NJ
Rigg George 1850 32 NY
Riggs Stephen 1826 23 NC
Riggs William 1836 19 ME
Righter George A 1838 15 PA
Riley Charles 1846 19 VA
Riley Francis 1858 18 MA
Riley James 1832 25 c PA
Riley James 1858 22 England
Riley John 1857 22 MA
Riley John Thomas 1856 10 PA
Riley Josiah P 1857 20 b NJ
Riley Thomas J. 1845 24 PA
Riley William 1859 21 s DE
Rinear Charles H 1852 23 NJ
Rines John 1845 22 ME
Ring John 1853 26 NY
Ringold George W 1842 35 b MD
Rink John 1843 29 PA
Rious John D 1827 22 c NJ
Ripperger John C 1824 17 PA
Risk James 1848 22 NY
Risley John A 1845 30 CT
Ritch Nathaniel 1849 31 Austria
Ritchie Robert 1825 17 PA
Ritchie Thomas 1857 23 DE
Ritchie William L 1833 20 DE
Riter George W 1833 15 PA
Rix Aaron 1838 14 c PA
Roach Benjamin 1839 17 m PA
Roach David 1849 26 NY
Roach Joseph 1837 16 s PA
Roach Samuel 1826 18 PA
Roach William 1860 42 c PA
Robarts James 1829 15 PA
Robb John A. 1851 24 NY
Robbins Alexander 1835 17 MA
Robbins David T. 1830 26 c MA
Robbins Eli Kemp 1847 20 NH
Robbins Gabriel 1845 25 VA
Robbins John 1836 19 s VA
Robbins Kimble W. 1861 20 MA
Robbins Samuel 1837 33 MA
Robenson Benjamin 1837 20 NY
Roberts Alfred 1847 18 PA
Roberts Charles H. 1853 32 s NY
Roberts Daniel 1849 23 NY
Roberts Davins 1842 32 m MD
Roberts Even D 1852 25 NY
Roberts Griffiths 1842 20 NY
Roberts Henry 1840 23 y DE
Roberts Henry 1843 18 MA
Roberts Henry Arthur 1851 23 MA
Roberts John 1840 16 PA

Ridgway Robert M 1845 21 DE
Rier James 1829 19 MA
Rigby Richard W 1854 22 NY
Riggs Richard 1841 23 PA
Riggs Thomas 1833 22 DE
Righter George 1854 17 PA
Riley Abraham 1843 34 MD
Riley Ebenezer 1849 32 s MD
Riley George W 1851 22 PA
Riley James 1855 35 RI
Riley James Claypoole 1846 15 PA
Riley John H. 1855 22 m MD
Riley Joseph 1836 20 c PA
Riley Thomas 1861 17 PA
Riley William 1858 37 NH
Rilly George 1846 49 Greece
Rinedollar John 1837 17 PA
Ring George 1833 19 MD
Ringle Alexander 1834 25 c NJ
Ringot William Augustus 1840 21 MA
Rinker Samuel George 1825 15 PA
Ripley Joseph 1841 21 MA
Risbrough William 1834 19 PA
Risley David S 1840 40 NJ
Risley Robert E 1860 18 NJ
Ritchie Archibald A 1825 20 DE
Ritchie Samuel 1840 23 ME
Ritchie William 1840 18 NJ
Riter Alexander 1840 24 LA
Riverfield Joseph 1826 21 c PA
Roach Arthur 1837 38 c MD
Roach Charles W 1849 21 ME
Roach James 1856 42 MA
Roach Joseph 1838 18 s PA
Roach Samuel 1827 19 y PA
Roane Archibald H 1851 25 VA
Robb John 1836 22 NJ
Robb Robert 1856 20 PA
Robbins Benjamin 1846 23 ME
Robbins Edwin 1860 23 MA
Robbins Freeman 1837 31 MA
Robbins Gilbert 1858 21 RI
Robbins Kimbel 1845 38 MA
Robbins Levi 1841 34 MA
Robbins Samuel D 1846 19 ME
Roberson George 1852 16 PA
Roberts Charles 1857 24 RI
Roberts Charles T. 1833 25 I MD
Roberts David 1855 24 VA
Roberts Edward 1841 17 PA
Roberts Franklin 1854 23 PA
Roberts Henry 1825 21 PA
Roberts Henry 1841 24 PA
Roberts Henry 1833 16 DE
Roberts Jeremiah 1856 23 b NJ
Roberts John 1832 28 c NY

Roberts John C 1838 17 DE
Roberts Joseph 1825 22 VA
Roberts Richard 1838 21 LA
Roberts Robert 1834 31 c PA
Roberts Thomas 1855 34 NY
Roberts William 1836 25 MA
Roberts William 1849 24 ME
Roberts William Henry 1840 22 b PA
Robertson Duncan 1851 30 ME
Robertson George 1845 38 Scotland
Robertson George 1860 29 ME
Robertson Harris 1859 28 b DE
Robertson James 1828 22 ME
Robertson James B W. 1835 22 VA
Robertson John 1850 43 ME
Robertson John J 1840 22 PA
Robertson Samuel 1846 35 DC
Robertson William 1836 17 DE
Robertson William 1848 43 ME
Robertson Wm 1824 25 MD
Robeson John 1846 17 m PA
Robins Joseph A. 1851 27 ME
Robinsen Daniel 1838 31 c DE
Robinson Alexander 1831 23 Ireland
Robinson Alexander 1847 19 NY
Robinson Alfred 1854 31 c DE
Robinson Alphonso 1860 35 MD
Robinson Benjamin W 1852 20 DE
Robinson Burton 1836 35 s DE
Robinson Charles 1825 17 PA
Robinson Cornelius 1841 28 NJ
Robinson Edward 1839 22 NJ
Robinson Edward 1853 22 b PA
Robinson Edward 1860 29 b PA
Robinson Eli 1838 46 c MD
Robinson Elijah B. 1857 21 NJ
Robinson George 1825 21 ME
Robinson George 1849 25 PA
Robinson George W 1825 18 ME
Robinson Harris 1858 28 b DE
Robinson Henry 1840 24 MA
Robinson James 1837 26 c VA
Robinson James 1839 24 DE
Robinson James 1859 25 b PA
Robinson James S 1844 17 PA
Robinson John 1827 41 m PA
Robinson John 1845 36 MA
Robinson John 1839 16 PA
Robinson John 1833 21 PA
Robinson John 1835 18 PA
Robinson John 1852 23 ME
Robinson John 1855 23 NY
Robinson John 1857 34 PA
Robinson John 1860 21 NJ
Robinson John B. 1859 19 MD
Robinson Joseph 1828 33 c RI

Roberts John William 1834 24 b VA
Roberts Orlando L S. 1856 17 KY
Roberts Richard 1857 25 FL
Roberts Samuel Veacock 1834 18 PA
Roberts Washington 1837 17 NJ
Roberts William 1841 21 NY
Roberts William 1855 27 NY
Robertson Alexander 1858 29 PA
Robertson Edward 1824 23 b PA
Robertson George 1841 25 b DE
Robertson George 1861 16 m PA
Robertson Henry 1860 30 Scotland
Robertson James 1846 23 SC
Robertson John 1834 27 NY
Robertson John A 1853 24 NY
Robertson Robert 1829 38 NY
Robertson W. Ogden 1841 19 AL
Robertson William 1843 27 NY
Robertson William 1861 38 Sweden
Robeson George 1825 22 y DE
Robinette Theodore J 1857 17 PA
Robins Thomas 1838 21 NJ
Robinson Abner 1829 29 KY
Robinson Alexander 1836 27 Ireland
Robinson Alexander Sebastian 1833 18 PA
Robinson Alfred 1861 39 b DE
Robinson Benjamin 1846 31 Europe
Robinson Bernard 1854 24 PA
Robinson Burton 1848 23 DE
Robinson Charles 1849 25 MD
Robinson David 1832 25 b PA
Robinson Edward 1846 27 s MA
Robinson Edward 1854 23 b PA
Robinson Elephalet R. 1851 21 NJ
Robinson Eli 1841 20 m DE
Robinson Franklin 1848 19 NY
Robinson George 1834 26 Scotland
Robinson George Prince 1838 15 b DE
Robinson George William 1852 23 NY
Robinson Henry 1824 22 b NY
Robinson James 1831 26 VA
Robinson James 1839 36 NY
Robinson James 1855 23 NY
Robinson James L. 1839 25 NJ
Robinson John 1826 26 VA
Robinson John 1844 32 NH
Robinson John 1837 30 c MD
Robinson John 1841 30 PA
Robinson John 1830 18 y RI
Robinson John 1848 26 ME
Robinson John 1854 32 b DE
Robinson John 1856 25 NY
Robinson John 1859 36 b DE
Robinson John 1861 23 MA
Robinson John R 1837 19 b DE
Robinson Joseph 1850 36 b MA

Robinson Joseph 1856 24 b NY
Robinson Joshua 1833 25 b PA
Robinson Nicholas 1832 17 DE
Robinson Peter 1843 32 LA
Robinson Richard G 1825 28 VA
Robinson Robert 1832 21 NY
Robinson Samuel B. 1835 26 ME
Robinson Silas 1831 24 NJ
Robinson Thomas 1843 27 MA
Robinson Thomas 1850 25 NY
Robinson Thomas, Jr 1828 21 MD
Robinson William 1825 35 NY
Robinson William 1834 25 PA
Robinson William 1837 18 PA
Robinson William 1848 24 PA
Robinson William 1851 26 NY
Robinson William 1855 20 PA
Robinson William Henry 1840 21 b DE
Robinson Williams D 1840 27 DE
Rochfort John 1854 28 MD
Rock Matthew 1841 26 Austria
Rockwell John 1851 20 ME
Rodda Stephen 1850 30 PA
Roderick Edmund A 1861 26 PA
Rodgers Francis 1842 22 Madeira
Rodgers George W. 1853 30 NY
Rodgers James 1860 38 MA
Rodgers John 1850 25 c PA
Rodgers John 1860 28 b MA
Rodgers Preston 1845 30 b DE
Rodgers Thomas 1825 29 PA
Rodgers William 1850 19 MA
Rodick Daniel 1827 28 ME
Rodney Casar 1846 35 b NY
Rodney James 1835 17 DE
Rodney Peter 1827 30 b DE
Rodriguz Matthew J 1848 25 Azores
Rogers Abraham 1829 19 MA
Rogers Charles 1854 28 LA
Rogers Cornelius 1833 33 MA
Rogers Daniel 1830 20 NJ
Rogers David M 1835 24 CT
Rogers George 1852 32 NY
Rogers James 1855 18 England
Rogers John 1839 21 m NY
Rogers John 1835 20 DE
Rogers John R 1838 21 m NY
Rogers Lambert 1824 20 DE
Rogers Mark 1853 26 PA
Rogers Nathaniel 1826 25 MA
Rogers Richard A. 1858 34 VA
Rogers Telemachus 1825 30 VA
Rogers Washington 1840 27 MA
Rogers William B 1856 23 m MD
Rogers William W 1851 25 PA
Roland Alexander C. 1859 19 PA

Robinson Joseph S 1857 16 NJ
Robinson Juan 1843 24 LA
Robinson Peter 1842 21 DE
Robinson Prince 1858 25 b PA
Robinson Robert 1828 34 SC
Robinson Samuel 1857 22 b PA
Robinson Shortle 1854 19 MA
Robinson Stephen E 1850 24 ME
Robinson Thomas 1846 21 NY
Robinson Thomas 1850 22 PA
Robinson Walton C 1854 26 NJ
Robinson William 1825 24 b NY
Robinson William 1844 21 NY
Robinson William 1847 24 NY
Robinson William 1849 24 PA
Robinson William 1852 20 NC
Robinson William H 1846 50 MD
Robinson William Henry 1849 20 PA
Roby John 1858 30 MA
Rock John 1837 27 s MD
Rockford George C. 1847 40 NJ
Rockwood Francis 1841 21 MA
Rodell James 1846 24 ME
Rodgers charles 1856 35 m PA
Rodgers George 1858 19 MD
Rodgers James 1845 26 PA
Rodgers John 1847 44 CT
Rodgers John 1856 16 ME
Rodgers Joseph 1855 21 Ireland
Rodgers Samuel 1860 17 PA
Rodgers Thomas H 1854 22 b DE
Rodick Benjamin 1828 22 ME
Rodney Adam 1836 21 s DE
Rodney James 1829 29 y DE
Rodney Nathaniel 1833 22 c NY
Rodriguez Theodore 1855 21 SC
Roe Edward 1855 24 NY
Rogers Alden S 1826 22 MA
Rogers Charles 1854 25 MA
Rogers Daniel 1824 27 DE
Rogers David 1836 28 ME
Rogers George 1824 23 MD
Rogers Jacob Joseph 1830 16 c SC
Rogers John 1826 20 y PA
Rogers John 1832 25 c MA
Rogers John 1855 22 MA
Rogers Joseph 1838 14 s PA
Rogers Levi H 1835 22 c NY
Rogers Mulford 1837 17 MA
Rogers Raymond 1858 29 I MA
Rogers Sidney C 1845 19 MA
Rogers Thomas 1861 24 NY
Rogers William 1852 22 ME
Rogers William Henry 1851 17 PA
Roin Hugh 1840 21 PA
Roland Benjamin C. 1858 24 NY

Rolands James G 1828 21 MD
Rolins Charles 1835 17 MD
Rollins Benjn N 1856 22 ME
Rollins Edward 1855 21 NY
Rollins James R 1857 26 ME
Rollins William Henry 1856 22 b MD
Romerio Thomas 1856 22 MA
Ronaro Henry 1858 21 c NY
Roof John 1824 22 PA
Room Barzella, Jr 1824 24 NJ
Rooney Richard 1854 26 NY
Roose Peter 1828 24 Sweden
Root Stephen 1840 23 NY
Ropher John 1860 22 MA
Rose Edward S. 1848 20 DC
Rose Gideon C. 1840 24 RI
Rose John 1852 23 NY
Rose Rubin R. 1835 29 NJ
Rosenbaum Robert A 1856 20 NJ
Rosimell James 1837 14 NY
Ross Alexander H. 1843 22 PA
Ross Charles 1838 22 NY
Ross Charles C. 1842 32 Prussia
Ross Daniel 1827 37 m MD
Ross David 1850 27 NY
Ross Gilbert 1851 22 NY
Ross Hermon 1846 21 MD
Ross James 1825 20 y PA
Ross James 1856 23 MA
Ross Jesse 1851 25 VA
Ross John 1828 37 PA
Ross John 1848 20 NJ
Ross John 1850 28 NY
Ross John 1859 30 ME
Ross Michael 1836 27 s PA
Ross Nicholas 1850 35 LA
Ross Robert 1833 23 NY
Ross Robert 1852 21 NY
Ross Socrates 1858 19 NJ
Ross William 1840 22 PA
Ross William 1833 23 m NY
Ross William 1854 25 Ireland
Rossell Nathan Beakes 1835 17 NJ
Roth William H 1858 23 PA
Roulson John 1854 23 NY
Roundey Thomas F 1844 21 ME
Roundy Reuben 1840 13 ME
Rouse Oliver Perry 1860 21 SC
Rousseau Louis Van-dyke 1856 16 PA
Rowan William 1851 26 NY
Rowe Charles W 1860 23 ME
Rowe Elliott 1847 42 MA
Rowe John 1850 24 NY
Rowell John 1849 26 NY
Rowland John 1824 20 NY
Rowland Richard K. 1860 27 MA

Rolinds Benjamin J 1850 27 NY
Rollins Alexander 1861 26 VA
Rollins Daniel 1848 24 MA
Rollins Francis M 1846 22 ME
Rollins William 1855 23 b DC
Romer William L 1858 24 NJ
Romp Joseph 1843 23 m PA
Roof Horatio G 1824 22 NY
Rooke Camillus 1844 17 PA
Room William 1827 14 NJ
Roose Hugh 1848 19 MA
Root Lewis 1843 21 NY
Root William 1846 22 NY
Rose Dierk 1849 28 Germany
Rose George W 1844 17 PA
Rose Greenberry 1841 21 DE
Rose Richard 1833 22 c PA
Rose William 1857 32 NY
Rosenberg Ferdinand 1856 29 Prussia
Ross Aaron 1826 27 b MD
Ross Andrew 1851 31 PA
Ross Charles 1841 25 PA
Ross Charles M 1838 26 MD
Ross Daniel 1856 28 NY
Ross George 1861 22 NY
Ross Henry 1859 19 ME
Ross J T M 1851 27 s MD
Ross James 1837 19 NJ
Ross James 1859 41 NJ
Ross John 1824 43 VA
Ross John 1843 48 NJ
Ross John 1849 26 Sardinia
Ross John 1859 23 PA
Ross Lewis 1860 21 NJ
Ross Michel 1828 22 DE
Ross Robert 1840 21 NY
Ross Robert 1847 26 Ireland
Ross Samuel 1824 16 DE
Ross Thomas R 1842 31 DE
Ross William 1836 21 DE
Ross William 1851 20 PA
Ross William 1858 26 PA
Rossiter Benjamin 1860 19 CT
Rotheram Henry 1844 20 NY
Roundey Reuben 1841 14 ME
Rounds Theodore 1824 21 ME
Rouse Hammond 1856 23 NY
Rouse Samuel 1841 22 y NJ
Rowan Emanuel 1853 25 m PA
Rowand William D 1839 27 NJ
Rowe Edward 1856 30 ME
Rowe Francis D 1854 21 ME
Rowell Almon 1847 23 ME
Rowlan Richard 1859 25 CT
Rowland John, Jr 1825 24 DE
Rowley Albanus Billger 1846 15 NY

Rowley Elijah 1848 38 DE
Roxborough Charles 1832 16 y PA
Royal Samuel 1828 22 ME
Rozier Charles 1840 26 b PA
Ruby Robert C 1861 28 b NJ
Rudderow William D 1838 32 NJ
Rudolph William E 1851 16 PA
Rudrow Joseph 1835 26 NJ
Rue John, Jr 1828 14 PA
Rue William 1836 14 PA
Rugan George 1837 15 PA
Ruhl William M 1840 21 PA
Rumill Joseph B. 1851 21 ME
Rumrey Anson 1853 21 ME
Rushton William L 1861 16 PA
Russel Daniel 1861 23 MA
Russel Thomas A 1854 18 DE
Russell Benjamin 1836 20 NJ
Russell Edward 1843 29 MA
Russell George 1825 29 Ireland
Russell James 1828 27 b RI
Russell John 1825 17 DE
Russell John 1851 21 NY
Russell Jonathan, Jr 1826 22 NJ
Russell Richard 1847 19 MA
Russell William 1828 23 MD
Russell William 1841 21 PA
Russell William 1857 23 MA
Russell William Hayden 1827 23 MA
Russett Frederick 1851 28 MA
Russum Eli 1856 42 b MD
Rust Dennison 1824 22 MA
Ruth James W 1855 24 DE
Rutherford William 1829 32 Scotland
Ryan John 1844 32 NJ
Ryan John 1849 16 PA
Ryan John 1851 20 MA
Ryan John H. 1859 24 ME
Ryan Lewis 1835 22 c NY
Ryan Thomas 1841 30 NH
Ryan Thomas 1854 32 b DE
Ryder David C. 1840 19 MA
Ryder Ebenezer 1836 19 PA
Ryder James 1847 12 MA
Ryder Jonathan N 1861 25 MA
Ryen Henry 1855 27 Ireland
Ryon Thomas W 1858 34 CT
Saddler Emory 1837 24 s DE
Sadler Anthony 1856 42 c DE
Sadler Emory 1836 22 s DE
Sadler Paul 1850 26 ME
Sadler William H 1828 20 y PA
Sage Sylvester M 1827 23 CT
Sales Isaac 1828 29 b NY
Salmond David 1855 26 PA
Salsbury Thomas 1828 26 b DE

Rowley William H 1832 23 VA
Royal Joseph, Jr 1856 26 PA
Royal Tristian 1825 19 ME
Rubie Thomas 1848 25 NY
Ruby Robert R 1837 21 PA
Rudge Edward 1849 24 NY
Rudrow John 1852 25 NJ
Rudulph Christopher 1833 33 PA
Rue Joseph Howell 1826 17 PA
Ruffin James 1824 27 b PA
Ruggles George 1861 23 MA
Rulon Jesse C. 1861 23 NJ
Rump Joseph 1852 35 s PA
Rush John 1838 23 MA
Russel Benjamin 1861 20 ME
Russel George 1861 25 MD
Russel William 1857 23 NY
Russell David 1845 38 NY
Russell Galen C 1845 25 NH
Russell Henry F 1860 30 MA
Russell James 1843 29 NY
Russell John 1841 42 PA
Russell John 1851 19 PA
Russell Joseph 1845 26 ME
Russell Thomas S 1847 19 PA
Russell William 1834 18 PA
Russell William 1847 25 NY
Russell William 1861 19 c CT
Russell William M 1834 28 MA
Russle Daniel 1833 29 NJ
Russum Frisby 1848 32 b MD
Ruth Francis 1860 36 PA
Rutherd George W 1825 45 b LA
Rutter James 1840 18 PA
Ryan John 1837 30 m NY
Ryan John 1850 21 ME
Ryan John 1858 21 MA
Ryan John W 1824 16 PA
Ryan Robert 1851 18 NY
Ryan Thomas 1841 18 NY
Ryan Thomas 1859 22 PA
Ryder David P 1854 17 MA
Ryder George 1861 21 NY
Ryder John W 1841 28 MA
Ryder Wetman L. 1840 16 MA
Ryer John 1852 34 NY
Saddler Antony 1859 45 b DE
Saddler Thomas 1833 21 b NJ
Sadler Anthony 1857 42 b DE
Sadler George 1858 45 c DE
Sadler Thomas 1828 33 PA
Saffen David 1860 34 NY
Sagee Frank 1859 18 PA
Salisbury Isaac 1859 19 b CT
Salsbury John Adam 1834 28 b ME
Salter Charles W. 1838 17 PA

Salter Joseph 1835 53 c MD
Salter William 1855 21 NY
Salvador William H 1848 18 PA
Sambo Henry 1827 28 y RI
Sammis Henry 1828 33 CT
Sammons James 1827 23 y DE
Sammons Littleton H 1846 21 DE
Sampson Joseph 1844 20 NJ
Sampson Smith 1855 17 ME
Samson Thomas 1854 22 NJ
Samuels Samuel 1841 29 PA
Sanborn Marion W. 1846 22 ME
Sander Joseph 1834 18 PA
Sanders Charles 1855 21 b DE
Sanders John 1826 26 CT
Sanders John 1838 23 England
Sanders Richard 1838 35 s MA
Sanderson Henry P 1841 21 PA
Sanderson James S. 1854 22 NY
Sanderson Thomas W. 1853 21 MA
Sandford Alfred 1843 28 VA
Sanford John M 1860 38 NY
Sanson John 1847 37 y MA
Santon Thomas 1829 30 b NY
Santwick John 1840 46 Holland
Sap Joseph 1840 21 NJ
Sar Joseph 1847 22 LA
Sardo Vito 1845 24 Sicily
Sargeant Samuel 1828 22 ME
Sarmiento Lewis 1832 16 PA
Saulsbury Willard 1861 21 b DE
Saunders Charles 1861 23 DE
Saunders James 1834 29 c PA
Saunders John 1828 24 c DE
Saunders John 1848 33 PA
Saunders John 1859 39 b DE
Saunders Nathaniel 1854 17 b PA
Saunders Thomas 1854 25 MA
Savage Ebenezer 1848 22 DE
Savage Jacob 1857 25 s NY
Savage John H 1827 28 MA
Savage William 1832 25 MA
Savery James William 1852 20 ME
Sawtell John 1841 38 MA
Sawyer Perry 1857 20 b NJ
Sawyer William 1825 25 ME
Sayle Thomas 1824 22 NH
Sayres John Henry 1854 20 NY
Scaife John 1855 23 E. Indies
Scales George A 1840 33 England
Scamman Luther 1825 17 ME
Scarborough Robert 1858 29 MD
Schank Morgan 1841 16 NJ
Schellenger Jacob E. 1859 33 NJ
Schellinger John H 1860 17 PA
Schenck Samuel Stiles 1825 17 NJ

Salter Killey N 1859 22 NC
Salton John W. 1840 28 m MD
Sambdin Thomas 1835 18 PA
Samford Thomas Jefferson 1833 24 VA
Sammons Edward 1860 36 c DE
Sammons John 1828 22 y DE
Sample Jacob 1831 28 c PA
Sampson Orlando Thompson 1837 13 PA
Sampson William 1861 31 MD
Samuels Benjamin 1848 19 PA
Sanamond William 1825 25 Ireland
Sancts John N 1859 21 Portugal
Sanders Amos 1859 33 c MD
Sanders Emmanuel F 1860 40 PA
Sanders John 1836 32 GA
Sanders Peter 1840 40 PA
Sanderson Charles 1840 21 NY
Sanderson James 1843 24 PA
Sanderson John 1853 22 DE
Sandes Emanuel F. 1852 22 PA
Sands James 1855 25 NH
Sanner George 1854 34 MD
Sansum Paul 1853 35 NY
Santry William John 1858 20 NJ
Santz Peter 1861 32 MA
Saphro Luke 1840 22 Austria
Sard William F 1853 18 MD
Sargeant Benjamin 1847 25 MA
Sargent Oliver W. 1826 18 MA
Saucom Peter B 1859 26 I DE
Saunders Anthony 1855 23 b NY
Saunders David 1859 26 b NY
Saunders James 1854 28 Ireland
Saunders John 1831 22 RI
Saunders John 1854 25 England, G B
Saunders Joseph 1855 22 NY
Saunders Peter G 1837 22 PA
Savage Charles J 1841 18 NJ
Savage Granville 1850 19 ME
Savage John 1861 27 b CT
Savage John William Thomas 1853 21 VA
Savage William 1851 22 PA
Savin Ephraim 1841 28 ME
Sawyer Andrew H 1861 23 ME
Sawyer Salem T 1860 19 ME
Say Samuel 1824 18 PA
Sayres Drew 1861 24 c NC
Sayrs Samuel B 1861 24 NJ
Scaife John 1860 29 Madras
Scales James 1838 36 NY
Scarborough George 1847 38 c VA
Schanck Anthony 1841 21 s NJ
Schellenger Jacob E 1847 21 NJ
Schellinger George B 1861 30 PA
Schellinger Joseph 1826 35 NJ
Schenk William 1829 20 NY

Schively William H 1861 21 PA
Schmidt Hevick 1857 22 Prussia
Schofield Samuel T 1858 19 PA
Schrank George, Jr 1842 21 PA
Schultz Adolphus 1857 26 MD
Schultz John Christian 1835 35 Prussia
Schuman John 1859 19 MD
Scofield Michael 1855 24 MA
Scott Albert 1838 19 s RI
Scott Benjamin 1831 27 NJ
Scott Edmund 1832 12 c PA
Scott George 1840 25 PA
Scott George 1858 24 PA
Scott George W. 1850 22 PA
Scott Henry 1835 28 b PA
Scott Henry 1854 21 AL
Scott James 1826 35 VA
Scott James 1853 27 NY
Scott James W. 1824 22 NY
Scott John 1834 21 MD
Scott John 1846 40 ME
Scott John 1855 19 MA
Scott John M. 1825 13 PA
Scott Joshua 1845 22 b PA
Scott Malachi 1829 45 b VA
Scott Peter 1858 22 b MA
Scott Philip 1854 18 NY
Scott Samuel 1848 22 s PA
Scott Thomas 1846 23 ME
Scott William 1850 47 m PA
Scott William Frederick 1841 25 MA
Scotte Henry 1828 29 y CT
Scoutin Jeremiah 1854 19 NY
Scudder David F 1861 33 NJ
Scudder William 1848 25 s PA
Scudders William C. 1847 22 NJ
Scull Abel C. 1856 18 NJ
Scull Andrew 1857 19 NJ
Scull James 1843 23 NJ
Scull John 1860 26 NJ
Scull Samuel 1839 20 NJ
Scull William, Jr 1825 17 PA
Scully William 1852 35 Ireland
Seabury William Henry 1832 32 NY
Seal William Henry 1854 25 y DE
Seaman George 1860 25 MD
Seapy Valentine J 1855 21 ME
Searl James W 1830 21 PA
Sears Alvin 1839 18 MA
Sears Benjamin P. 1846 19 MA
Sears John 1858 25 NJ
Sears Micajah 1840 26 MA
Sears Odlen P. 1826 17 MA
Sears Thomas N. 1850 24 MA
Seaton William 1854 24 England
Seaver George 1839 21 MA

Schmedes Richard 1849 26 MA
Schofield John 1858 26 NY
Schookley Henry 1841 19 DE
Schreyer George 1829 42 PA
Schultz Eimer 1827 27 Germany
Schulz George W 1860 30 Prussia
Scofield James 1854 23 DE
Scolfield Joseph 1836 21 MA
Scott Alexander 1856 22 PA
Scott Benjamin 1856 20 PA
Scott Francis M. 1860 20 NJ
Scott George 1854 23 MA
Scott George 1860 64 I VA
Scott Henry 1834 23 NY
Scott Henry 1852 18 MA
Scott Jacob 1854 39 b PA
Scott James 1836 38 c PA
Scott James 1857 23 NY
Scott John 1827 15 PA
Scott John 1843 21 DE
Scott John 1852 29 VA
Scott John 1861 21 England
Scott Joseph 1836 18 VA
Scott Joshua 1856 28 LA
Scott Otis 1849 20 ME
Scott Peter 1859 22 TN
Scott Robert 1834 22 PA
Scott Samuel 1861 22 c VA
Scott William 1825 26 VA
Scott William 1853 21 VA
Scott William Jerome 1837 37 s PA
Scout Thomas 1854 18 PA
Scrivener Peter 1834 25 y MD
Scudder Thomas Elmer 1855 15 NJ
Scudder William H 1858 32 c NJ
Scull Aabel D. 1858 32 NJ
Scull Alfred T. 1860 21 NJ
Scull David 1843 22 NJ
Scull John 1841 30 NJ
Scull Roger 1855 18 NJ
Scull Wesley 1839 24 NJ
Scully Alexander 1830 34 MA
Scutcheon Washington 1833 21 b VA
Seal John 1847 24 s MA
Seaman George 1826 35 Prussia
Seamen Henry 1847 25 Germany
Searber George 1825 25 y VA
Sears Abraham 1840 28 MA
Sears Benjamin 1833 19 MA
Sears Hiram 1829 26 MA
Sears John 1859 27 LA
Sears O. P 1843 32 MA
Sears Thomas 1825 18 MA
Sears William A 1840 28 MA
Seaver Eben M 1856 28 ME
Seaward John Pryer 1840 16 SC

Sebart John Albert 1856 26 DC
Seckel George D 1829 19 PA
Sedgley F D 1860 30 ME
Seeds Isaac 1855 25 NJ
Seeley Haymen 1836 22 c PA
Seemann Alfred Henry 1855 30
Seger Banjamin 1855 22 ME
Selby Benj 1834 31 NY
Selby Edward 1844 25 PA
Selby Isaac 1845 22 b NY
Selby Nathan 1855 24 b DE
Selby Thomas F. 1827 24 PA
Selby William 1833 34 MA
Self George 1853 28 RI
Sellers Charles 1861 14 PA
Selman Samuel 1839 40 MA
Semple Robert 1830 20 PA
Sergeant Gilbert T 1861 39 c CT
Serls William 1827 27 b VA
Serrill Richard 1840 18 DE
Serrix George 1825 20 PA
Setegiee Augustine 1858 30 b DC
Seviking Charles 1855 22 PA
Sewall William M 1846 19 y ME
Sewell William 1843 26 c MD
Sexton James 1839 16 MD
Seyferte John Carlisle 1831 14 PA
Seymore Francis 1830 18 b PA
Seymour George 1833 19 RI
Seymour John 1851 26 PA
Seymour William 1853 21 CT
Seymour William J M 1837 16 PA
Shackelford Richard 1842 20 DC
Shackfford Henry N 1861 26 ME
Shackford Samuel 1848 26 ME
Shadd Jeremiah 1838 20 s PA
Shaddack Saml 1830 48 y MD
Shae Dennis 1853 22 MA
Shaeffer Samuel S 1858 22 PA
Shain John C 1832 18 DE
Shales William 1835 24 PA
Shankland David H 1847 17 PA
Shankland Joseph 1844 25 PA
Shankland Joseph H. 1858 45 PA
Shankland William F. 1838 16 PA
Shannon James, Jr 1847 20 NJ
Shanton Thomas 1824 15 NY
Sharkley Moses 1845 48 b DE
Sharp Henry 1832 23 b DE
Sharp James 1850 18 NJ
Sharp John L 1836 36 Ireland
Sharp Seth, Jr. 1852 29 NJ
Sharp Thomas H 1826 15 DE
Sharpe Robert 1841 19 NJ
Sharpley Samuel 1851 24 VA
Shaver Clement 1825 18 y DE

Sebastian James 1824 26 y PA
Seckel Lawrence 1824 15 PA
Sedinger James M 1860 21 NY
Seeley Harmon 1851 35 s PA
Seeman John W 1860 22 ME
Segeant Gilbert T. 1857 34 b CT
Seixas William Henry 1851 20 PA
Selby Daniel 1828 35 MD
Selby George 1826 28 b VA
Selby John K. 1825 17 PA
Selby Robert 1837 10 PA
Selby William 1840 29 MA
Seldon William 1861 34 c VA
Sellers Albert 1844 21 ME
Sellers Thomas 1847 22 ME
Seltzer Abraham 1856 36 PA
Sennett James T. 1851 21 PA
Serle John 1842 49 NY
Serrill James M 1826 23 PA
Serrill Wesley 1829 22 y VA
Service William 1824 25 Ireland
Severkink Charles 1854 22 PA
Sewall Daniel F 1860 20 ME
Sewell Charles P 1854 26 ME
Sewell William K 1856 20 PA
Seyferhelt David 1824 27 PA
Seymore Alfred 1852 18 NY
Seymour Charles 1856 22 PA
Seymour Henry 1855 22 PA
Seymour Peter 1853 45 b DE
Seymour William 1853 20 MA
Sgarallino Andrew 1859 40 Italy
Shackerly Robert M 1835 25 Great Britain
Shackford George W 1842 18 ME
Shackford William 1858 27 ME
Shadd Joseph 1827 18 y DE
Shadicks Henry 1834 29 c NY
Shaeffer James 1860 20 PA
Shafer Adam 1826 30 PA
Shaler John C 1834 18 PA
Shankland Charles 1848 18 PA
Shankland James Joseph Holland 1835 17 PA
Shankland Joseph H 1832 33 PA
Shankland Robert 1825 22 PA
Shanklin Joseph W 1840 20 PA
Shannon William 1844 16 PA
Shapley Albert 1843 35 NH
Sharp Alpheus N. B 1853 17 NJ
Sharp Isaac 1846 22 b NJ
Sharp John 1840 36 NY
Sharp Moses 1850 30 c DE
Sharp Thomas 1847 22 ME
Sharpe Benjamin R 1844 17 PA
Sharper Lewis 1829 19 c DE
Shaugnessy John 1858 22 ME
Shaw Alexander 1845 25 NY

Shaw Alfred 1858 22 ME	Shaw Cornelius L. 1858 41 NJ
Shaw Edward 1847 21 c ME	Shaw George 1827 20 NY
Shaw Henry 1861 28 NY	Shaw John 1828 19 DC
Shaw John 1852 17 PA	Shaw John 1859 27 MA
Shaw John 1860 34 NY	Shaw Jonathan 1824 42 NJ
Shaw Joseph 1856 25 NJ	Shaw Joshua 1834 38 DE
Shaw Leonard 1824 33 NJ	Shaw Martin 1854 24 ME
Shaw Mott 1857 17 NJ	Shaw Peter 1844 22 LA
Shaw Reuben 1840 19 NJ	Shaw Reuben 1854 25 MA
Shaw Richard 1849 20 PA	Shaw Robert A 1857 22 c LA
Shaw Thomas B 1824 19 PA	Shaw Thomas H. 1861 31 NJ
Shaw William 1828 23 PA	Shaw William 1860 29 England
Shaw William Crowther 1833 14 PA	Shawberry Samuel 1844 21 ME
Shay Peter 1855 19 CT	Shea Daniel 1860 20 MA
Shea Richard 1856 29 MA	Sheain John 1824 37 Ireland
Sheal Bryan 1859 24 NY	Shearer William 1825 15 PA
Shearman Isaiah 1832 15 MA	Shedaker William 1837 26 PA
Sheed Charles M. 1840 22 PA	Sheehan John 1841 15 PA
Sheehan John 1847 15 PA	Sheehan John A 1856 21 NY
Sheer Edward H. 1861 21 PA	Sheer Thomas 1843 15 PA
Sheeran James 1860 15 PA	Sheeran Thomas 1861 19 PA
Sheets Jacob 1844 19 PA	Sheets John W 1861 32 NJ
Sheldon Fethian S. 1846 22 NJ	Sheldon John 1860 28 NY
Sheldon Wm B 1854 28 ME	Shelley Edwin 1851 20 CT
Shellhorn John 1859 26 NJ	Shellnitz Peter 1854 21 MA
Shelly Nathan M 1851 18 MA	Shenter John 1833 18 c PA
Sheperd John 1861 22 y DE	Shephard Benjamin 1858 46 m PA
Shephard John 1825 25 NY	Shepherd John Hornsey 1849 32 MA
Shepherd John Mansfield 1826 16 MA	Shepherd Samuel 1856 28 England
Shepherd Stephen 1847 58 y PA	Sheppard Cumberlan 1858 48 NJ
Sheppard Daniel 1833 24 NJ	Sheppard George 1845 25 PA
Sheppard Isaac 1845 35 c MA	Sheppard Peter 1860 25 b MD
Sheppard Thomas 1849 20 y LA	Sheppard Thomas 1857 27 NY
Sheppard William 1831 22 b PA	Sherborn George 1844 27 PA
Sherborna Peter 1852 51 Sweeden	Sherer Archibald 1849 22 ME
Sheridan John 1846 31 NY	Sheridan William 1850 22 MD
Sherman Charles 1845 24 ME	Sherman Edward S. 1844 30 MA
Sherman Isaac W. 1841 17 ME	Sherman Peter 1836 29 NY
Sherman Thomas 1829 27 MA	Sherratt Henry 1854 19 England
Sherry William 1856 21 m PA	Sherwood Nixon 1825 22 MD
Shetzline William 1859 31 PA	Shewell Livington 1825 17 PA
Shibe John 1853 25 PA	Shibels Webster 1851 45 ME
Shields George 1858 28 b PA	Shields James 1860 26 NY
Shields John 1857 23 MA	Shields Robert M 1844 19 PA
Shields Thomas 1845 25 ME	Shields William 1861 23 NJ
Shiner Christopher David 1833 36 England	Shiner John 1838 22 PA
Shininghame Peter 1851 23 MD	Shires George 1850 20 MA
Shirkey William J. 1836 28 PA	Shirkey William J. 1837 29 PA
Shober Anthony J. N 1829 19 PA	Shockley George 1844 33 DE
Shockley James 1841 16 DE	Shockley John 1855 22 b DE
Shockley Nehemiah 1829 25 DE	Shockley Tilghman 1860 29 b DE
Shoels Henry 1846 23 VA	Shoof William H 1855 22 MA
Shook Samuel 1843 31 NY	Short Augustus 1846 24 c PA
Short John 1857 22 b DE	Short Leonard 1824 24 DE
Short Philip J 1857 26 c DE	Shorter John 1838 22 s MD
Shourds Benjamin 1852 16 PA	Showers David 1854 30 b DE

Shropshire William 1853 25 NY
Shubert Garrett B 1843 14 PA
Shugart Bernard 1838 18 PA
Shultz James 1860 24 PA
Shurrenson David 1832 40 Denmark
Shute Isaac C. 1858 29 NJ
Shute Thomas 1856 31 ME
Sickels William D. 1845 12 PA
Sickles William D 1857 25 PA
Sides Samuel 1859 23 NH
Silliman Wyllys 1824 15 PA
Silva Joseph 1849 26 b PA
Silva Peter 1850 24 b RI
Silver John 1825 32 MA
Silvester Alexander 1837 28 NY
Silvester John 1855 21 NY
Simkins Jeremiah B 1861 26 NJ
Simmins William C 1849 24 PA
Simmons Benjamin S. 1843 33 c DE
Simmons Charles 1833 26 b NC
Simmons Charles Henry 1845 25 Prussia
Simmons Emor 1853 21 RI
Simmons Henry 1861 29 b DE
Simmons Isaac H 1834 22 PA
Simmons McKenzie 1838 19 s VA
Simmons Peter 1844 33 b NJ
Simmons Simon 1861 34 ME
Simmons William 1824 21 y NY
Simms John 1824 24 NY
Simon John 1837 19 PA
Simonson Peter 1837 30 c NJ
Simpkins Hiram 1861 24 NJ
Simpler George W 1854 27 DE
Simpler John C 1854 21 DE
Simpson Alexander 1840 30 PA
Simpson Charles 1852 25 NY
Simpson Edward 1836 21 b MD
Simpson Emery 1847 43 b MD
Simpson George 1847 23 CT
Simpson George 1850 20 ME
Simpson James 1825 18 PA
Simpson James 1850 32 Nova Scotia
Simpson James 1858 21 DE
Simpson John 1844 21 Ireland
Simpson John 1853 24 b NY
Simpson Peter 1834 43 Sweden
Simpson Robert G 1833 21 PA
Simpson Samuel S 1861 22 NJ
Simpson William 1840 16 NY
Simpson William George 1848 16 DE
Sims John 1844 35 NY
Sims John 1848 45 NJ
Sims Michael 1827 23 b MA
Sims William 1853 20 NJ
Simson Martin D. 1860 23 NY
Sinclair Charles 1841 25 PA

Shryock John 1833 18 PA
Shufelt John 1841 21 NY
Shults Richard M B 1826 15 PA
Shultz John C 1859 59 Prussia
Shuster Peter A. 1842 26 PA
Shute Nathan C. 1856 23 NJ
Shutty Charles 1825 17 PA
Sickels William D. 1854 22 PA
Siddons Francis (Frank) 1855 19 MA
Sigler Samuel 1853 28 VA
Silloway Francis W. 1852 19 MA
Silva Joseph 1860 21 c MA
Silver Joaquin J 1856 30 Portugal
Silver Joseph 1842 22 LA
Silvester Charles H 1855 30 ME
Silvie Lewis 1827 34 LA
Simkins John 1840 21 NJ
Simmons Augustus 1855 20 s NY
Simmons Charles 1838 27 ME
Simmons Charles 1852 21 NY
Simmons Edward 1847 18 c OA
Simmons Henry 1851 22 DE
Simmons Horatio S 1852 17 MA
Simmons McKenzie 1840 22 s VA
Simmons Nathaniel 1847 24 c NY
Simmons Richard 1851 21 PA
Simmons Thomas D 1854 35 England
Simmons William 1855 28 b DE
Simon John 1831 14 PA
Simonds Benjamin 1826 23 NH
Simonton John M. 1850 20 ME
Simpkins Joseph J. 1859 29 NJ
Simpler James 1824 21 DE
Simpson Alexander 1826 24 MA
Simpson Benjamin 1841 25 ME
Simpson David 1825 19 PA
Simpson Edward 1850 25 PA
Simpson Eugene 1859 22 c NY
Simpson George 1856 32 b NJ
Simpson Jacob P 1850 21 PA
Simpson James 1840 19 PA
Simpson James 1856 54 MA
Simpson James G 1856 20 PA
Simpson John 1833 20 DE
Simpson John K 1851 28 ME
Simpson Robert Alexander 1831 14 PA
Simpson Samuel 1840 19 b MA
Simpson Stephen 1845 27 c NC
Simpson William 1855 21 NY
Sims Hazard 1833 27 b NY
Sims John 1848 40 NY
Sims John W. 1854 15 NJ
Sims Richard C 1857 18 NJ
Simson George 1849 23 DE
Simson Walter 1852 25 NJ
Sinclair James 1849 29 SC

Sinclair John 1841 23 LA
Singer Henry L 1844 17 PA
Singer William E 1840 17 PA
Singleton Godfrey 1853 23 b MA
Sinnott Joseph 1857 30 Ireland
Siple Philip 1843 34 PA
Sipple Garret 1832 19 c DE
Sirles Augustus C. 1852 27 PA
Sirrick Jacob 1825 19 PA
Sisty Benjamin Franklin 1844 12 PA
Sizar Augustus 1855 25 CT
Skaate Abraham 1833 34 NY
Skeen Solomon 1854 21 PA
Skellinger William 1829 15 PA
Skidmore Caleb 1832 20 MA
Skillin Joseph 1852 37 Ireland
Skillington Harden 1826 20 DE
Skimmers George 1833 28 MA
Skinner Charles N 1855 17 PA
Skinner Lewis 1824 30 NJ
Skinner Thomas 1851 20 NY
Skolfield Clement 1825 28 ME
Slade Eugene C 1840 23 PA
Slater James 1850 29 ME
Slater Joseph Sidney 1845 20 PA
Slater William 1847 17 MA
Slaughter William 1827 24 b VA
Slee Samuel J 1854 26 England
Sleeper Manasseh, Jr 1844 19 ME
Sleeper Oliver 1859 40 ME
Slimmer Lloyd 1844 33 MD
Sloan Paul W 1854 29 b PA
Slocum George 1852 24 NY
Small Abel B 1858 25 PA
Small Charles H 1851 22 ME
Small Cyrus 1824 26 NJ
Small Edward A 1847 23 MA
Small Francis 1837 46 MA
Small John 1844 24 MA
Small Joshua 1847 35 MA
Small Roland 1837 14 MA
Small William 1844 32 VA
Smalley Henry 1857 21 MA
Smalley Jeremiah 1840 28 NJ
Smallwood James 1843 22 b MD
Smallwood Thomas S 1861 22 NJ
Smart David 1849 21 England
Smick Chambless 1850 26 NJ
Smiley Samuel 1853 25 NY
Smith Abbot 1852 21 ME
Smith Abraham 1824 26 b NY
Smith Alexander 1839 21 MA
Smith Alfred F 1836 16 PA
Smith Allen L 1846 21 ME
Smith Andrew 1856 38 NY
Smith Anthony Ferdinand 1824 15 PA

Sinclair William J. 1845 49 Scotland
Singer Michael 1855 26 NY
Singers William 1825 33 Scotland
Singleton John 1841 41 Great Britain
Sinnott William 1846 35 NY
Sipple Benjamin 1853 22 b DE
Sipple Theodore 1861 22 b DE
Sirow Andrew 1855 31 c NJ
Sisson George 1841 28 DC
Sitler Daniel, Jr. 1840 25 MD
Sizer Samuel 1859 29 PA
Skaats Abraham 1827 27 NY
Skeleinger James 1837 18 PA
Skelly Cornelius 1824 15 PA
Skidmore Joseph 1835 35 NY
Skilling Theodore 1836 18 m PA
Skimmeny Paul 1853 23 PA
Skinner Charles A 1855 21 CT
Skinner John C 1831 19 NJ
Skinner Lewis 1829 24 PA
Skipper Thomas 1851 24 ME
Skolfield John 1841 55 ME
Slade William H 1846 26 NC
Slater John 1848 21 NY
Slater Thomas 1861 23 NY
Slaughter Jeremiah 1851 21 MD
Slee Richard 1852 22 NY
Sleeper Irvin 1859 18 ME
Sleeper Oliver 1845 28 ME
Slifer Harvey 1838 22 PA
Sloan Charles 1847 30 c PA
Sloan Robert 1861 19 NY
Slusmon William 1861 10 PA
Small Augustus 1859 38 France
Small Cornelius 1852 20 MA
Small Daniel 1840 15 ME
Small Enoch 1850 21 ME
Small Henry T 1826 15 PA
Small Joseph 1835 21 MA
Small Nathan 1837 19 MA
Small Timothy 1859 36 ME
Small William 1841 27 MA
Smalley Hosea D 1857 27 NJ
Smalley Joshua 1842 28 MA
Smallwood Samuel 1861 24 NJ
Smart Charles 1856 41 NY
Smellege John 1827 18 ME
Smiley James 1842 21 NJ
Smiley Uriah 1850 23 OH
Smith Able C. 1841 45 NJ
Smith Abraham C 1860 27 m SC
Smith Alfred 1837 23 s PA
Smith Allen 1825 20 MA
Smith Amos G 1837 23 b RI
Smith Andrew J 1859 24 PA
Smith Asa 1838 32 MA

Smith Asa 1838 17 MA
Smith Benjamin 1825 25 NJ
Smith Benjamin 1835 38 NY
Smith Benjamin F 1860 18 ME
Smith Benjamin Newlin 1854 39 b PA
Smith Besenert 1860 36 Norway
Smith Charles 1844 22 c NY
Smith Charles 1836 29 MA
Smith Charles 1841 24 NJ
Smith Charles 1843 22 NJ
Smith Charles 1833 26 c NJ
Smith Charles 1850 28 NY
Smith Charles 1854 34 Prussia
Smith Charles 1855 17 MA
Smith Charles 1856 22 ME
Smith Charles A 1840 28 PA
Smith Charles G 1845 23 ME
Smith Charles L. 1837 17 MO
Smith Charles P 1857 23 NJ
Smith Charles W 1857 26 NJ
Smith Clemment 1843 23 DE
Smith Crosby 1841 18 NY
Smith Daniel 1854 34 PA
Smith David 1824 18 b NH
Smith David 1834 28 MD
Smith David 1847 20 b NY
Smith David S 1828 19 VT
Smith Dennis 1853 30 b DE
Smith Edward James 1859 15 PA
Smith Edward W 1851 21 MD
Smith Elisha L 1857 30 MA
Smith Enoch, Jr 1840 28 NJ
Smith Ferdinand 1828 21 PA
Smith Francis 1825 25 y VA
Smith Francis 1837 18 NC
Smith Francis M 1837 18 PA
Smith Franklin 1825 13 DE
Smith Fuller 1829 24 NJ
Smith George 1826 30 b NY
Smith George 1837 23 MD
Smith George 1841 30 b DE
Smith George 1843 24 ME
Smith George 1847 21 MA
Smith George 1848 25 c DE
Smith George 1851 20 MA
Smith George 1855 21 b PA
Smith George 1861 43 PA
Smith George A 1851 21 MA
Smith George F 1861 27 NY
Smith George T. 1861 20 MA
Smith George W 1850 23 NJ
Smith George W 1860 23 NY
Smith Gideon 1826 25 ME
Smith Hamilton 1827 27 y NY
Smith Henry 1828 22 NY
Smith Henry 1843 20 DE

Smith Austin L 1858 19 IL
Smith Benjamin 1827 22 RI
Smith Benjamin 1853 23 CT
Smith Benjamin H 1860 40 NY
Smith Benjamin, Jr 1859 24 NJ
Smith Charles 1844 24 NJ
Smith Charles 1840 40 NC
Smith Charles 1841 21 LA
Smith Charles 1841 23 m NY
Smith Charles 1843 30 PA
Smith Charles 1847 32 MA
Smith Charles 1851 21 NH
Smith Charles 1854 20 VT
Smith Charles 1855 27 m MD
Smith Charles 1860 21 PA
Smith Charles D 1840 40 NY
Smith Charles G. 1859 15 NJ
Smith Charles Orlando 1855 22 PA
Smith Charles S 1856 26 RI
Smith Christopher 1855 21 VA
Smith Cornelius Daniel 1830 27 NY
Smith Daniel 1846 19 NY
Smith Daniel C 1837 35 NJ
Smith David 1825 24 PA
Smith David 1845 20 c DE
Smith David M 1851 26 ME
Smith David T 1839 18 NJ
Smith Edward 1833 27 NY
Smith Edward W 1824 20 PA
Smith Elijah 1838 24 m VA
Smith Enoch 1839 19 NJ
Smith Ferdinand 1824 17 PA
Smith Ferdinand 1830 21 PA
Smith Francis 1836 31 b NY
Smith Francis 1861 32 NJ
Smith Francis N B. 1854 21 ME
Smith Frederick 1846 30 Prussia
Smith Gabriel Jones 1829 36 VA
Smith George 1828 26 VA
Smith George 1837 24 PA
Smith George 1841 35 NH
Smith George 1847 27 NY
Smith George 1847 18 m PA
Smith George 1850 32 NY
Smith George 1853 34 NY
Smith George 1856 26 NY
Smith George A 1836 27 MA
Smith George B 1841 23 VA
Smith George T 1828 19 ME
Smith George W 1835 17 PA
Smith George W 1855 32 PA
Smith George W. 1861 20 NY
Smith Griffin 1861 23 NJ
Smith Henry 1826 30 NC
Smith Henry 1844 22 NY
Smith Henry 1852 28 b NY

Smith	Henry	1854	26	b	PA	Smith	Henry	1854	25	MA
Smith	Henry	1855	24	b	NY	Smith	Henry	1858	23	LA
Smith	Hobart	1840	14		PA	Smith	Horace	1843	18	PA
Smith	Hubbard	1856	23		ME	Smith	Hugh	1861	20	NJ
Smith	Hugh J	1855	24		PA	Smith	Ira E	1849	25	CT
Smith	Isaac	1825	22		MD	Smith	Isaac	1828	23	MD
Smith	Isaac	1841	19	m	PA	Smith	Isaac B	1840	16	PA
Smith	Isaiah F	1836	14		PA	Smith	J Plitt	1848	16	PA
Smith	Jacob	1828	20		MD	Smith	Jacob	1841	33	DE
Smith	Jacob	1830	31	c	MA	Smith	James	1825	21	NY
Smith	James	1826	26	b	MD	Smith	James	1827	25	b PA
Smith	James	1834	17		NY	Smith	James	1840	23	PA
Smith	James	1840	48		Germany	Smith	James	1836	20	RI
Smith	James	1838	28		MD	Smith	James	1833	18	LA
Smith	James	1830	36		NJ	Smith	James	1846	35	c MD
Smith	James	1847	38		NY	Smith	James	1849	19	NY
Smith	James	1849	22		NY	Smith	James	1850	30	MA
Smith	James	1850	29		NY	Smith	James	1850	26	NJ
Smith	James	1851	17		NY	Smith	James	1851	25	VA
Smith	James	1853	37		PA	Smith	James	1853	22	NY
Smith	James	1854	17		PA	Smith	James	1855	22	PA
Smith	James	1860	23	b	MD	Smith	James	1860	21	ME
Smith	James	1861	24		ME	Smith	James	1861	25	MA
Smith	James	1861	28		MA	Smith	James D.	1856	35	NY
Smith	James H	1848	19		ME	Smith	James H	1858	20	ME
Smith	James Nicol	1826	37		DE	Smith	Jefferson	1846	29	NJ
Smith	Joel B	1848	28		ME	Smith	John	1824	32	c NY
Smith	John	1825	28	b	NY	Smith	John	1826	36	PA
Smith	John	1827	49		Austria	Smith	John	1827	21	NY
Smith	John	1828	20	y	ME	Smith	John	1829	35	b PA
Smith	John	1829	26		MA	Smith	John	1829	33	b MD
Smith	John	1829	17	c	PA	Smith	John	1829	26	PA
Smith	John	1831	42		VA	Smith	John	1834	27	CT
Smith	John	1834	24	y	PA	Smith	John	1842	23	MA
Smith	John	1844	23		MA	Smith	John	1845	25	PA
Smith	John	1845	44		MA	Smith	John	1845	22	c PA
Smith	John	1840	27		CT	Smith	John	1840	24	NY
Smith	John	1840	19		MA	Smith	John	1840	20	PA
Smith	John	1836	26	s	NY	Smith	John	1837	27	MD
Smith	John	1838	29		NJ	Smith	John	1841	29	DE
Smith	John	1841	23		MD	Smith	John	1841	26	NY
Smith	John	1843	25		Scotland	Smith	John	1832	23	c NY
Smith	John	1833	23	c	ME	Smith	John	1833	22	c PA
Smith	John	1833	35		MD	Smith	John	1830	30	y MJ
Smith	John	1835	16		MD	Smith	John	1835	22	MD
Smith	John	1835	32		CT	Smith	John	1835	18	PA
Smith	John	1846	00		XX	Smith	John	1847	23	MA
Smith	John	1847	29		LA	Smith	John	1848	19	RI
Smith	John	1849	27		LA	Smith	John	1849	30	ME
Smith	John	1849	27		PA	Smith	John	1849	30	NY
Smith	John	1849	23		NY	Smith	John	1849	33	MA
Smith	John	1850	23		PA	Smith	John	1850	23	NY
Smith	John	1851	26		LA	Smith	John	1851	28	NY
Smith	John	1852	20		NY	Smith	John	1852	27	NY
Smith	John	1852	23		NY	Smith	John	1852	25	y NY
Smith	John	1853	21		NY	Smith	John	1853	41	MA

Smith John 1854 28 Holland
Smith John 1855 24 PA
Smith John 1855 24 MA
Smith John 1856 29 RI
Smith John 1856 41 MA
Smith John 1859 18 b NY
Smith John 1860 22 ME
Smith John 1861 27 NJ
Smith John B 1838 18 MA
Smith John Frederick 1852 29 MA
Smith John H 1860 18 PA
Smith John J 1848 23 NY
Smith John Laty 1844 22 PA
Smith John T 1845 23 PA
Smith John T 1851 14 PA
Smith John W 1859 20 MA
Smith Jonathan 1860 27 NJ
Smith Joseph 1826 43 b NY
Smith Joseph 1829 63 MD
Smith Joseph 1839 18 MA
Smith Joseph 1852 21 NY
Smith Joseph 1854 26 PA
Smith Joseph 1858 28 NY
Smith Joseph K 1840 25 NY
Smith Joseph P 1845 25 NJ
Smith Joshua 1837 30 RI
Smith Josiah 1852 19 ME
Smith Lemuel 1840 27 MD
Smith Lewis 1840 24 MA
Smith Lyman 1845 30 ME
Smith Michael 1849 23 NY
Smith Moses S 1844 36 b MD
Smith Nicholas 1841 15 ME
Smith Peola 1827 25 b PA
Smith Peter 1830 39 c NY
Smith Philip 1860 26 c MD
Smith Reuben 1841 24 MA
Smith Richard 1837 27 LA
Smith Richard L 1839 20 PA
Smith Robert 1832 24 NY
Smith Robert 1853 22 NJ
Smith Robert J 1855 34 VA
Smith Robert Noah 1856 28 RI
Smith Russel 1841 27 NY
Smith Samuel 1829 18 ME
Smith Samuel 1849 25 NY
Smith Samuel 1853 20 b VA
Smith Samuel 1860 18 NY
Smith Samuel N 1837 20 PA
Smith Shepherd 1828 24 c PA
Smith Solomon G 1855 25 y PA
Smith Stephen 1826 12 PA
Smith Thomas 1824 29 LA
Smith Thomas 1826 31 NC
Smith Thomas 1827 35 y NY
Smith Thomas 1839 23 LA

Smith John 1855 26 NY
Smith John 1855 28 s DE
Smith John 1856 29 VT
Smith John 1856 19 VA
Smith John 1857 27 ME
Smith John 1860 36 c DE
Smith John 1861 23 ME
Smith John A. 1851 20 CT
Smith John E 1860 35 MD
Smith John G 1841 26 ME
Smith John Henry 1830 19 PA
Smith John L , Jr. 1834 17 MA
Smith John S 1852 19 NJ
Smith John T 1849 31 PA
Smith John Thomas 1834 25 NY
Smith Jonathan 1824 33 MA
Smith Joseph 1825 16 PA
Smith Joseph 1828 49 c PA
Smith Joseph 1842 22 MA
Smith Joseph 1848 18 PA
Smith Joseph 1853 23 MA
Smith Joseph 1855 25 c NY
Smith Joseph H 1824 21 PA
Smith Joseph M 1830 21 PA
Smith Joseph W 1851 22 c CT
Smith Joshua 1841 21 ME
Smith Lawrence A 1857 27 MA
Smith Lewis 1844 20 CT
Smith Lewis 1850 27 MA
Smith Marrion 1856 18 GA
Smith Moses A 1852 50 ME
Smith Nelson 1858 26 b DE
Smith Omer 1853 19 ME
Smith Peter 1840 24 MA
Smith Philip 1841 30 NJ
Smith Philip B 1847 30 NJ
Smith Richard 1840 37 MD
Smith Richard 1851 23 NJ
Smith Robert 1828 31 b MD
Smith Robert 1850 29 MA
Smith Robert H 1845 26 DE
Smith Robert James 1824 19 DE
Smith Rowen 1827 17 PA
Smith Samuel 1824 17 MD
Smith Samuel 1833 24 ME
Smith Samuel 1851 24 MD
Smith Samuel 1859 24 NY
Smith Samuel J. 1835 20 NY
Smith Samuel R 1845 18 DE
Smith Snell W 1857 19 ME
Smith Spencer 1856 20 s PA
Smith Taylor 1840 21 MA
Smith Thomas 1825 21 b MD
Smith Thomas 1826 19 MD
Smith Thomas 1840 28 NY
Smith Thomas 1830 25 c NY

Smith Thomas 1835 23 y ME
Smith Thomas 1847 22 NY
Smith Thomas 1850 20 NY
Smith Thomas 1851 22 SC
Smith Thomas 1854 19 DE
Smith Thomas 1855 25 NY
Smith Thomas 1857 21 SC
Smith Thomas C 1846 22 NJ
Smith Thomas Jones 1827 15 PA
Smith Thomas R 1849 18 PA
Smith Washington 1835 24 c MD
Smith William 1824 24 c NJ
Smith William 1825 29 y NY
Smith William 1826 32 SC
Smith William 1828 27 DE
Smith William 1828 33 c NY
Smith William 1829 23 y VA
Smith William 1834 31 c MD
Smith William 1845 27 ME
Smith William 1836 24 MA
Smith William 1837 23 s NY
Smith William 1837 22 PA
Smith William 1841 27 NY
Smith William 1843 21 ME
Smith William 1832 39 m PA
Smith William 1846 34 c MA
Smith William 1847 24 MA
Smith William 1848 22 MA
Smith William 1852 25 b DC
Smith William 1853 32 ME
Smith William 1854 21 MA
Smith William 1854 23 NY
Smith William 1854 22 ME
Smith William 1855 32 m MA
Smith William 1855 29 NY
Smith William 1856 31 m MA
Smith William 1860 22 PA
Smith William 1861 30 b DC
Smith William B. 1824 48 Germany
Smith William H 1855 23 NY
Smith William Henry 1853 21 s PA
Smith William R. 1860 21 NY
Smith William W 1837 21 ME
Smith Willim T 1845 24 DE
Smithers Caleb 1860 23 DE
Smothers Amos 1840 21 y PA
Smothers Clayton D 1834 18 c PA
Smothers Richard 1829 16 NJ
Smuthers James 1833 29 c MD
Smyth Thomas J. 1835 24 Ireland
Snell Barney 1853 20 MA
Snellbaker George W 1828 28 NJ
Snively James 1828 26 y MD
Snow Adam C 1824 25 ME
Snow Azel 1840 36 MA
Snow David C 1840 29 MA

Smith Thomas 1847 27 c NY
Smith Thomas 1847 32 m NY
Smith Thomas 1851 19 MA
Smith Thomas 1854 21 NY
Smith Thomas 1854 29 NY
Smith Thomas 1856 25 NY
Smith Thomas 1858 23 ME
Smith Thomas H. 1847 24 c DE
Smith Thomas M 1842 47 VA
Smith Thomas, Jr. 1828 26 PA
Smith Wester S. 1857 25 ME
Smith William 1824 27 s MA
Smith William 1825 20 PA
Smith William 1826 26 DE
Smith William 1828 35 y PA
Smith William 1828 15 PA
Smith William 1834 19 PA
Smith William 1845 29 m PA
Smith William 1840 24 PA
Smith William 1836 40 y MD
Smith William 1837 19 MA
Smith William 1838 20 s NJ
Smith William 1841 30 NH
Smith William 1832 22 NC
Smith William 1833 35 PA
Smith William 1846 18 DE
Smith William 1848 29 NY
Smith William 1849 31 b RI
Smith William 1853 31 NY
Smith William 1853 26 MA
Smith William 1854 27 NY
Smith William 1854 22 NY
Smith William 1854 23 PA
Smith William 1855 28 NJ
Smith William 1855 18 NY
Smith William 1859 21 b DE
Smith William 1861 33 NY
Smith William A. 1860 24 NH
Smith William G 1837 21 PA
Smith William H 1856 33 s PA
Smith William L 1824 18 PA
Smith William S 1859 26 NJ
Smith Willim R 1837 24 MA
Smith Wm Henry 1846 24 ME
Smothers Alexander 1826 17 y NJ
Smothers Amos 1855 38 m PA
Smothers James 1833 22 MD
Smothers Theodore 1826 21 DE
Smyth Charles Byard 1837 31 NY
Snaden John 1841 25 MD
Snell Job 1837 21 NJ
Snively James 1825 26 b MD
Snodgrass Abner 1839 23 PA
Snow Anthony 1848 22 ME
Snow Charles 1853 32 Sweden
Snow Edmund 1840 21 MA

Snow Frank E. 1861 21 MA
Snow James 1861 39 VA
Snow Thomas 1858 25 ME
Snow William 1839 21 VA
Snow William 1848 27 PA
Snyder Charles 1857 22 PA
Snyder George 1833 24 PA
Snyder Peter 1834 21 PA
Soasser Peter 1859 22 m ME
Somers Alferd 1860 18 NJ
Somers Edward 1856 20 NY
Somers Gabe/Job 1861 24 NJ
Somers Henry S 1857 18 NJ
Somers James 1854 23 NY
Somers Job C 1861 21 NJ
Somers John 1848 26 MA
Somers Joseph 1828 31 NJ
Somers Maurice 1851 19 NJ
Somers Thomas B 1859 18 NJ
Somerville Benjamin 1838 20 b VA
Songer John 1848 21 PA
Sonntag Samuel 1848 18 OH
Sor Peter 1840 37 Hanover
Sorrell William 1845 28 NY
Soule Isaac 1846 45 MA
South Thomas 1854 22 NC
Southwell James 1843 21 DE
Southwick Martin 1835 26 MA
Southwick Willis W 1828 19 VA
Southworth Edward B 1845 41 MA
Sowels Henry 1840 54 I DC
Spafford Daniel 1835 34 MA
Spain Richard A 1858 32 NJ
Spalding James 1834 28 MD
Spalding Thomas B. 1833 26 c NY
Spangles Henry 1851 31 PA
Sparhawk Charles 1827 28 MA
Sparks Henry 1840 41 PA
Sparling George 1839 25 MA
Sparrow Caleb 1860 24 MA
Spates John 1839 26 ME
Speal Henry 1832 23 PA
Spear Charles F. 1856 19 ME
Spear Rutherford 1848 21 ME
Spears Robert 1853 30 ME
Spears William 1856 22 ME
Spellacy David 1852 24 MA
Spelman James 1834 26 b MA
Spenar Mark Antony 1856 21 b DE
Spence Joseph 1857 40 NY
Spencer George 1856 21 ME
Spencer Henry 1857 27 NY
Spencer James 1833 32 b PA
Spencer John 1829 23 b MD
Spencer John 1856 30 DE
Spencer Joseph 1840 20 b DE

Snow Henry A 1860 24 ME
Snow Sylvanus A 1850 20 MA
Snow William 1825 32 MA
Snow William 1847 28 VA
Snowden Thomas 1844 22 DC
Snyder Charles S. 1827 17 PA
Snyder Jacob 1856 32 PA
Snyder Thomas Francis 1833 19 PA
Solomon James 1856 28 c VA
Somers Daniel 1855 19 I MA
Somers Frederick S 1858 35 Germany
Somers George E 1859 33 m DE
Somers Isaac Edward 1852 23 NY
Somers Jesse S 1861 30 NJ
Somers John 1840 20 NJ
Somers John 1856 26 MD
Somers Lewis H 1852 19 NJ
Somers Thomas 1854 30 b DE
Somerset David 1837 25 s PA
Somes Robert 1840 29 MA
Songer Thomas H. 1843 25 DE
Sophay James 1825 20 b PA
Sor Peter 1848 45 Hanover
Souder George 1846 22 NY
Soule John 1829 21 ME
Southard John 1825 24 NJ
Southwick F L. 1853 27 MA
Southwick Robert 1825 14 VA
Southwort Henry 1836 15 ME
Souville Charles Julius 1844 14 PA
Sowerwalt Anthony 1824 37 y PA
Spain Benjamin R 1849 18 PA
Spain Richard A. 1860 35 NJ
Spalding John E 1840 24 DC
Spaller Frederick 1836 45 PA
Spannagel John H 1856 21 MA
Sparks David 1829 17 PA
Sparks William C 1849 19 NJ
Sparr John 1833 23 c MD
Sparrow Joseph F. 1840 15 MA
Speakman Robert 1851 22 NY
Spear Charles 1841 24 ME
Spear James 1856 17 ME
Spear William, Jr 1855 35 ME
Spears William 1830 34 NJ
Speed Robert 1848 27 ME
Spellman William Henry 1840 26 b NC
Spelmen William 1846 22 PA
Spence John 1850 22 NY
Spencer Edward T 1849 32 s DE
Spencer George W 1857 37 MD
Spencer James 1826 24 b PA
Spencer James 1854 34 b RI
Spencer John 1832 27 b DE
Spencer John H 1855 38 b DE
Spencer Joseph 1833 18 c PA

Spencer Joseph A 1860 23 m NY
Spencer Theodore M 1857 222 VT
Spenns William 1855 29 PA
Spinlove James 1824 17 PA
Splen Charles 1851 16 England
Spollett George H 1854 30 ME
Sponza Thomas 1848 26 Austria
Sposs Matteo 1852 28 Sicily
Sprague Jeremiah 1855 37 b MD
Sprague Timothy B 1853 17 ME
Sprigg Daniel 1842 28 m MD
Springer Alfred 1843 22 NJ
Springer Henry 1828 17 PA
Springman James H 1856 22 PA
Sproat James 1841 28 NY
Spud Horace 1858 28 ME
Squire Charles 1837 23 NY
Squires James P. 1838 18 NH
St John Charles 1841 22 CT
Stacey William 1852 31 ME
Stackhouse Robert 1837 21 PA
Stackpole William 1837 31 ME
Stafford John Sany 1834 26 c DC
Stafford Nicholas 1826 21 RI
Stafford William J 1850 20 MD
Staines Jacob B. 1836 32 s PA
Staley Ephraim 1844 23 PA
Stallknecht Soeren Christian 1851 33 none give
Stamford Charles Raymond 1842 31 VA
Stang Frederick 1843 25 NY
Stanhope George W 1853 24 ME
Stanley Edward 1859 24 NH
Stanley William 1860 24 NY
Stansbury Samuel 1833 27 VA
Stanton Isaac 1855 22 NJ
Stanton Samuel 1840 21 NJ
Stanwood Isaac 1836 38 MA
Staples Crawford 1851 19 ME
Staples John E 1859 28 ME
Staples William B L 1852 28 ME
Stark Alexander 1848 21 MA
Starkey Albert 1828 18 NJ
Starkey Thomas 1840 30 b NC
Starr Thomas 1829 17 DE
Staunton William 1845 29 c RI
Stearns Charles P 1860 18 ME
Stearns William 1853 22 CT
Steel Archer 1858 19 PA
Steel Charles C 1845 22 PA
Steel Henry 1842 25 PA
Steel Joel 1826 28 ME
Steel Judson C 1847 24 ME
Steel Richard 1840 29 ME
Steel William 1840 26 MD
Steel William 1859 26 DE
Steele Franklin 1859 14 PA

Spencer Nelson 1859 20 NY
Spencer Thomas 1831 37 b DE
Spikes James 1847 22 MA
Spinney Joseph 1844 29 NH
Spoffard Josiah 1858 19 ME
Spong John 1840 21 Austria
Spooner Joseph C. 1838 20 PA
Sprague Geos W 1857 26 ME
Sprague John Oakman 1846 21 ME
Spremin Francis 1841 23 France
Spring James 1846 28 NY
Springer Charles 1824 31 PA
Springer Stephen T. 1850 28 RI
Springs James S. 1833 25 b MD
Spruance John 1851 24 y DE
Spurling George N. 1834 16 ME
Squire Stephen 1828 18 NJ
Sreves William L 1855 28 m PA
Stacey Samuel 1843 26 ME
Stackes James 1840 26 y DC
Stackhouse Robert 1843 26 PA
Staddon John 1855 29 PA
Stafford Luke 1824 29 MA
Stafford William 1851 22 MA
Stagg John 1835 18 PA
Staley Ephrahim 1848 26 PA
Stallknecht Christian 1841 24 PA
Stam William S 1859 27 PA
Stan Frisbey 1827 28 y MD
Stanhope Frederick A. 1853 21 ME
Stanley Benjamin P 1859 27 ME
Stanley Jacob 1856 45 b NY
Stannah William W 1851 24 NY
Stanton Charles 1844 44 NY
Stanton James G 1824 26 MA
Stanway Charles 1845 25 SC
Stanwood Sprague 1850 17 ME
Staples John 1855 29 ME
Staples Leonard 1834 23 ME
Stark Alexander 1848 21 MA
Stark Eleazer 1854 23 NJ
Starkey James 1835 23 NJ
Starnes Charles R 1858 22 NY
Staunton Thomas E 1853 16 VA
Steadman Jesse 1840 24 RI
Stearns Harry M 1860 21 ME
Stedley Joshua 1840 19 MA
Steel Charles 1844 18 DE
Steel Christopher W 1825 21 PA
Steel James 1853 21 ME
Steel John 1831 45 CT
Steel Peter 1834 34 DE
Steel Thomas R. 1850 15 PA
Steel William 1840 21 DE
Steele Charles 1861 29 b NY
Steele Henry C 1856 24 RI

Steele John 1854 23 MA
Steelman Joseph 1844 29 NJ
Steelman Mark 1852 18 NJ
Steelman Samuel 1861 22 NJ
Steelman Thomas J 1861 23 NJ
Steffe George 1853 19 PA
Stell Matthew F 1839 14 PA
Stellwagen Edmund V 1827 14 PA
Stephen Jonathan 1832 26 c PA
Stephens Henry 1852 30 LA
Stephens Jesse 1835 22 c PA
Stephens John H 1860 20 KY
Stephens Matthew 1861 30 NJ
Stephens William 1847 25 PA
Stephenson John 1840 29 MA
Sterling Elisha 1829 26 CT
Sterns John 1852 31 PA
Stetson David L 1838 20 ME
Stetson Joseph, Jr 1828 18 ME
Steven Brown 1847 36 France
Stevens Alexander G. 1836 21 ME
Stevens Benjamin 1855 21 NY
Stevens Charles W. 1830 21 PA
Stevens Daniel 1844 21 NJ
Stevens Frederick 1848 44 CT
Stevens James 1851 25 PA
Stevens James 1853 30 LA
Stevens Jessy 1844 35 b DE
Stevens John 1834 21 b ME
Stevens John 1843 30 ME
Stevens John 1853 22 I PA
Stevens John F 1859 23 PA
Stevens Joseph 1845 34 Portugal
Stevens Richmond 1826 24 MA
Stevens Robert E. 1854 17 PA
Stevens Samuel 1840 27 DC
Stevens Thomas 1841 19 DE
Stevens Thomas 1855 20 ME
Stevens William 1855 21 NY
Stevenson Charles 1844 23 PA
Stevenson John 1828 41 c NY
Stevenson John A , Jr 1861 23 PA
Stevenson Samuel C 1849 30 Ireland
Stevenson William 1835 25 c VA
Stevenson William L 1824 36 NJ
Steward David 1850 26 NY
Steward Henry 1859 26 b NY
Steward John 1856 45 NY
Steward Mitchell 1837 28 s MD
Stewart Charles 1846 29 NY
Stewart Charles E 1854 16 MD
Stewart George 1855 18 MA
Stewart Henry 1843 33 PA
Stewart James 1845 22 PA
Stewart James 1840 29 PA
Stewart Jeremiah 1843 21 ME

Steele Robert 1860 26 NY
Steelman Manleif W 1854 36 NJ
Steelman Nicodemus 1827 28 NJ
Steelman Smith H 1852 14 NJ
Steen Charles 1854 19 NJ
Steinson John 1853 26 SC
Stelle Henry 1827 19 PA
Stensel Louis 1851 21 MA
Stephens H. S 1844 22 PA
Stephens Hirams 1837 19 NJ
Stephens John 1853 29 NY
Stephens Joseph 1846 25 MD
Stephens Thomas 1853 22 MD
Stephenson James 1827 25 c PA
Stephenson John H 1824 23 SC
Sterling Henry 1843 40 MD
Stetson David 1826 19 MA
Stetson James P 1849 20 ME
Steuart William 1835 20 b MD
Stevens Albert O. 1858 23 ME
Stevens Alonzo W 1860 26 NY
Stevens Charles 1838 23 NY
Stevens Daniel 1825 19 b MD
Stevens Edward 1845 25 ME
Stevens Henry 1839 35 MA
Stevens James 1851 19 MA
Stevens James S 1861 23 DC
Stevens John 1826 20 NJ
Stevens John 1840 32 NY
Stevens John 1851 29 PA
Stevens John B 1858 19 VA
Stevens Joseph 1831 25 ME
Stevens Joseph G 1846 23 MA
Stevens Robert 1829 22 y NJ
Stevens Rufus H. 1840 17 ME
Stevens Samuel 1858 24 c RI
Stevens Thomas 1855 26 NY
Stevens William 1840 39 b MD
Stevenson Alexander 1832 13 PA
Stevenson James 1848 20 MD
Stevenson John 1856 33 b MD
Stevenson Samuel 1846 26 NJ
Stevenson Thomas 1825 24 DC
Stevenson William 1856 21 b PA
Stevinson Joseph 1834 19 PA
Steward Henry 1825 30 y MD
Steward James 1824 20 y DE
Steward Mervin 1843 18 NY
Steward Thomas 1851 23 MA
Stewart Charles 1857 39 PA
Stewart David 1828 19 b MD
Stewart Henry 1840 27 MA
Stewart Henry 1847 23 MA
Stewart James 1845 22 MA
Stewart James 1837 14 PA
Stewart John 1824 40 none given

Stewart John 1829 22 b NY
Stewart John 1851 20 DE
Stewart John 1858 19 PA
Stewart Paul C., Jr. 1834 16 PA
Stewart Robert Douglass 1828 38 Scotland
Stewart William 1826 20 PA
Stewart William 1841 23 ME
Stewart William 1850 23 NY
Stewart William 1852 24 s DC
Stewart William 1854 22 b DE
Stewart William C 1841 23 DE
Stewart William C 1854 35 DE
Stickney Horatio 1859 22 ME
Stickney William H 1849 18 ME
Stiddam Jonas 1838 19 DE
Stieringer Frederick 1856 19 NJ
Stiles Samuel 1861 19 NJ
Still Edward 1840 24 VA
Still Richard R. 1837 21 s PA
Stillbrg Anthony 1860 21 m NJ
Stillman Uriah 1842 23 NJ
Stilwell Richart 1835 39 NJ
Stimpson McClure 1830 27 MA
Stinger Daniel W 1827 37 NJ
Stinhauer George W 1840 18 RI
Stinson John 1861 23 VT
Stinson William 1852 19 PA
Stith Antonio 1855 26 b PA
Stith Antonio 1860 37 b PA
Stitt William 1847 18 PA
Stockbridge Isaac 1839 25 ME
Stockley Weymouth 1838 24 c DE
Stockton John H E. 1848 15 MD
Stockwell Isaac 1846 22 MA
Stoddard Simon 1844 35 c RI
Stoddart Isaac 1846 22 RI
Stokely George 1856 23 b DE
Stokely James 1856 26 PA
Stokely John 1841 20 b VA
Stokely Wm H 1855 29 b MD
Stoker William 1830 22 PA
Stokes Thomas Perkins 1835 18 PA
Stokley Willim D. 1828 17 PA
Stomes Lewis 1858 23 NJ
Stone Elisha 1833 23 c PA
Stone James 1845 24 ME
Stone Lawson B. 1836 18 PA
Stone Oscar P 1853 27 NY
Story Jeremiah 1828 15 PA
Stotesbury James 1824 14 PA
Stott William D. 1861 33 England
Stout Benjamin 1853 24 m PA
Stout Joseph 1848 20 s PA
Stout William 1834 29 Scotland
Stover Martin S 1840 25 ME
Stow Christopher 1860 22 NJ

Stewart John 1848 52 b PA
Stewart John 1852 32 DE
Stewart John 1858 39 PA
Stewart Robert Douglass 1825 35 Scotland
Stewart Thomas 1856 30 NY
Stewart William 1840 24 PA
Stewart William 1850 22 MA
Stewart William 1850 42 MA
Stewart William 1854 35 NH
Stewart William C 1845 25 NY
Stewart William C. 1849 30 DE
Stickley Thomas 1853 21 NY
Stickney William 1854 21 NY
Stidams George 1841 25 DE
Stiddams William 1847 22 DE
Stiles James 1860 21 b PA
Still Abraham V. 1854 29 b NJ
Still James 1854 27 NY
Still Solomon 1858 22 NY
Stille Edward C 1832 23 PA
Stilwell Charles 1828 24 NJ
Stimble Daniel H 1830 19 DE
Stimson Stephen D 1840 24 NJ
Stinger Simpson 1837 18 PA
Stinson Christopher 1848 19 ME
Stinson William 1838 57 MA
Stinson William 1855 21 England
Stith Antonio 1859 30 b PA
Stith James 1837 32 m VA
Stockbridge Benjamin 1844 36 ME
Stockley George 1847 25 VA
Stockman William 1849 18 MA
Stockton Thomas 1855 23 b DE
Stockwill Joseph 1840 22 NY
Stoddard William H 1841 32 RI
Stokely Arthur 1826 18 y NJ
Stokely George 1858 25 c DE
Stokely Jeremiah 1855 19 b NJ
Stokely John 1859 28 m DE
Stoker Robert 1847 18 RI
Stokes J Darrieux 1852 18 PA
Stokley Thomas H 1832 19 PA
Stokley Wm H 1861 34 MD
Stone Dexter B 1854 22 MA
Stone Hiram 1824 18 NJ
Stone John 1843 22 NH
Stone Leonard 1834 20 ME
Story Andrew 1841 32 VA
Story Wm Henry 1848 16 PA
Stotesbury William 1824 15 PA
Stout Bengiman 1824 21 b DE
Stout Joseph 1842 14 c PA
Stout William 1824 16 PA
Stover Dennis P 1853 18 ME
Stow Amos, Jr. 1859 24 MA
Stow Isaac 1829 24 PA

145

Stow John 1838 20 NH
Stow William H 1826 23 PA
Stowell James 1826 25 ME
Straatman Gerhard 1828 45 PA
Strain John 1851 48 NY
Strain Shadrack 1854 33 b VA
Stranakan John A 1845 13 PA
Strange Franklin 1857 24 ME
Stratton Andrew 1852 23 y PA
Stratton Charles 1857 25 NY
Stratton Isaiah 1839 20 m PA
Stratton Robert 1832 20 y PA
Straughen John 1858 18 NJ
Street Anderson Parker 1852 33 s DE
Street George 1833 17 PA
Street Jeremiah 1836 19 c DE
Street Samuel 1827 28 PA
Streeton George W. 1840 26 PA
Stretch David 1855 48 PA
Stricker Adam 1826 21 PA
Stricker George 1824 16 PA
Strike Jane Harriet 1855 15 PA
Strikes Samuel 1853 18 y PA
Strikes William 1848 20 s PA
Stringer John T 1853 24 b PA
Stringer Mingo 1836 53 s NC
Stringer William 1856 31 MA
Strong Adney B 1855 30 NJ
Strong Peter G 1845 45 PA
Strong Thomas N. 1850 28 RI
Strooper Daniel 1846 26 c MA
Stroud John 1827 21 b NY
Stroud Joshua 1828 16 ME
Stroup Nathaniel M 1861 19 DE
Strouse Jacob 1825 22 PA
Strout Daniel J 1856 20 ME
Stuard John 1853 42 s NJ
Stuart Alexander 1837 25 ME
Stuart Allan 1854 45 MD
Stuart Charles 1836 36 MD
Stuart Charles 1861 28 NY
Stuart Hatch 1848 19 ME
Stuart Jacob 1837 23 s ME
Stuart James 1839 32 PA
Stuart James 1850 24 ME
Stuart Samuel 1852 22 NY
Stuart Wallace Horton 1838 17 Scotland
Stubblebine Sebastian 1835 21 PA
Stubbs Andrew 1856 22 PA
Stubbs Asaph 1851 26 ME
Stubbs Charles, Jr 1861 14 PA
Stubbs James 1844 20 PA
Studley Baxter 1848 26 MA
Studley Francis K 1850 17 MA
Studley Luther 1837 19 MA
Studley Oliver 1830 34 MA
Stultz Franklin 1859 20 OH
Sturdivant Horatio M. 1848 15 PA
Sturdivant Joseph 1836 29 Ireland
Sturgeon Abraham 1836 36 VA
Sturges John 1824 22 PA
Sturgis William H 1834 25 PA
Sturtevant Charles F 1856 16 NY
Sturvis Harry 1851 29 NY
Subers Burriss 1843 14 PA
Sullivan Cornelius 1842 26 Ireland
Sullivan Daniel 1856 30 MA
Sullivan David 1860 24 PA
Sullivan Heenry 1852 16 NY
Sullivan Jeremiah 1854 27 MA
Sullivan John 1826 14 PA
Sullivan John 1841 23 NY
Sullivan John 1853 25 PA
Sullivan John 1854 19 NY
Sullivan John 1858 19 PA
Sullivan John 1861 24 Ireland
Sullivan John A. 1840 23 PA
Sullivan John J 1858 28 WI
Sullivan Michael 1855 16 PA
Sullivan Thomas 1849 18 ME
Sullivan Thomas 1852 28 b PA
Sullivan William 1843 19 PA
Sullivan William 1851 25 b NJ
Sully William C 1829 19 VA
Sully William C 1854 43 SC
Sulsey David H 1826 22 NJ
Sumers Caleb 1858 21 m DE
Sumers George 1847 22 c DE
Sumers Henry 1825 36 MD
Summer Martin 1841 18 PA
Summerfield William 1856 29 PA
Summers Henry 1849 21 PA
Summers James M 1829 20 PA
Summers James M 1858 50 PA
Summers Solomon 1834 29 b VA
Sumner Francis M. 1847 19 ME
Sumner Michael 1835 27 MA
Sumner Samuel J G 1824 23 c PA
Sumners James W 1838 21 PA
Sunderland Edward 1847 27 NY
Sunman Frederick 1850 27 NC
Sunman Frederick 1855 31 Sweden
Suplee John 1827 26 PA
Surington Samuel 1827 19 b NY
Surling Robert 1826 29 Sweden
Sutherland Adam 1837 27 Scotland
Sutherland Andrew M. 1841 24 Sweden
Sutherland Rillis 1841 19 NC
Sutherland Robert 1859 30 VT
Sutton David 1849 25 MA
Sutton John 1827 24 DC
Sutton John 1830 29 y LA

Sutton Samuel 1845 39 NY
Suzel Peter 1827 40 b NY
Swaim Jacob 1861 19 NJ
Swain Henry, Jr. 1829 23 NJ
Swain John 1840 23 PA
Swain Theophilus H 1825 15 PA
Swallow William N. 1828 19 NJ
Swan James 1836 17 MD
Swan Samuel 1839 22 s NY
Swancott David 1854 20 SC
Swedar John 1856 25 France
Sweed Joseph 1843 42 CT
Sweeny James 1852 23 PA
Sweet Charles W 1844 20 ME
Sweething Joseph 1860 45 b NY
Sweney Charles 1856 19 NY
Sweney John Archibald 1833 14 PA
Swenson Gustavus C 1843 24 Sweden
Swett Franklin S 1852 19 ME
Swett James 1855 42 MA
Swift Asaph 1840 51 MA
Swift Charles H 1857 18 MA
Swift Francis 1836 26 CT
Swift Joseph P 1824 21 CT
Swift Silas 1828 18 ME
Swing Jeremiah 1840 23 NJ
Sykes Stephen 1850 31 m GA
Sykes William Annalls 1824 28 DE
Sylva Joseph 1833 26 Portugal
Sylvester Josiah 1827 15 MA
Sylvester Robert 1856 45 NY
Symmes Washington 1846 27 MA
Symonds Fenton 1833 27 MA
Syms Henry 1840 22 NY
Tabbert Zenas W 1856 25 ME
Taber Samuel 1859 39 MA
Tackling Thomas 1856 22 b MD
Talbot George 1848 18 ME
Tallen Thomas 1843 23 MD
Tallman Edward, Jr 1827 23 RI
Tallman Joseph 1855 22 PA
Tan Charles 1833 21 MA
Tank Henry 1840 30 Germany
Tanner Benjamin, Jr 1837 14 PA
Tapsico Williamson 1824 21 b PA
Tarbox Samuel 1837 27 MA
Tarlton John 1828 38 NH
Tarlton John 1852 46 MD
Tarr Levin Sturgus 1846 17 PA
Tasker Alexander 1856 22 b MD
Tasker Alexander 1860 26 b MD
Tate Charles 1834 15 c PA
Tate Henry 1856 23 NY
Tate Thomas 1860 24 England
Tatem Joseph Rush 1846 12 PA
Taxis George H 1856 13 PA

Sutton Thomas 1851 17 MD
Swaim Aaron B. 1860 20 NJ
Swaim John 1841 23 PA
Swain James 1827 19 NJ
Swain John 1849 22 MA
Swaine Charles E. 1836 34 NY
Swan Conrad 1840 23 c PA
Swan Joseph 1858 21 b PA
Swan Thomas 1849 24 GA
Sweattmon James C 1824 26 NJ
Swedes David 1825 16 PA
Sweeney John 1859 25 NY
Sweeny William 1839 24 PA
Sweet Jonathan 1827 25 RI
Sweetman Michael 1860 22 NY
Sweney James L 1847 21 PA
Swenson Christian Andrew 1852 23 ME
Swenzon Martin 1859 43 Sweden
Swett Isaiah F 1853 21 ME
Swett Theophilus 1848 21 ME
Swift Charles 1840 17 MA
Swift Edward 1847 16 PA
Swift James 1849 24 NY
Swift Samuel 1824 22 PA
Swim Albert 1849 20 MA
Sykes Jacob Henry 1829 28 y DE
Sykes Thomas 1847 23 NY
Sylva Abraham 1844 42 b LA
Sylvester Horace 1840 20 MA
Sylvester Robert 1835 22 MD
Symmes Peter 1842 24 m NY
Symnres Andrew 1858 22 NJ
Symonds Thomas S 1855 22 MA
Syphers William 1838 21 DE
Taber Nicholas Vincent 1826 16 MA
Tabor John C 1842 44 MA
Taite Charles 1860 33 NY
Talbot William 1827 25 c MD
Talley John 1848 22 DE
Tallman John D. 1824 17 PA
Tallman Thomas P 1853 25 PA
Tando Stephen 1825 22 CT
Tanner Benjamin, Jr 1845 22 PA
Tapseco George 1859 3m PA
Tarbert Samuel 1856 23 b CT
Tarey Foster 1861 43 NJ
Tarlton John 1845 35 MD
Tarr John 1849 17 PA
Tarry James 1841 24 MA
Tasker Alexander 1859 23 b MD
Tassie George 1852 35 MA
Tate Charles L 1851 19 ME
Tate Solomon, Jr 1830 22 c PA
Tatem John R 1854 16 PA
Taubman Edward 1857 23 NY
Tayler John 1837 40 c MA

Taylor Aaron 1847 33 ME
Taylor Albert 1858 24 MA
Taylor Alfred 1846 28 PA
Taylor Charles 1840 32 NY
Taylor Charles B. 1834 18 NJ
Taylor Charles R. 1825 16 PA
Taylor Cyrus 1856 30 b DE
Taylor Edward M 1855 21 PA
Taylor Elisha 1854 49 ME
Taylor Eugene H 1850 17 PA
Taylor George 1847 20 SC
Taylor George 1859 30 NJ
Taylor James 1824 22 PA
Taylor James 1829 35 y ME
Taylor James 1839 22 NY
Taylor James 1850 45 MA
Taylor John 1824 19 VA
Taylor John 1836 14 PA
Taylor John 1830 26 MD
Taylor John 1860 31 SC
Taylor John W 1841 26 OH
Taylor Joseph 1852 23 DE
Taylor Lewis 1857 21 b MD
Taylor Matthew 1854 18 PA
Taylor Phineas 1852 20 PA
Taylor Roland L 1849 23 MA
Taylor Samuel H 1861 36 PA
Taylor Simon 1844 22 c NJ
Taylor Thomas 1850 22 MA
Taylor Thomas 1855 28 m VA
Taylor Thomas 1855 22 MA
Taylor William 1826 26 MA
Taylor William 1843 32 CT
Taylor William 1846 21 VA
Taylor William 1846 15 PA
Taylor William 1861 21 ME
Taylor William H. 1856 18 CT
Taylor William H 1859 26 ME
Taylor William S 1855 24 b DC
Taylor William Wilson 1837 17 PA
Teaf John 1854 25 PA
Teal George W 1847 34 NJ
Teal William B 1827 18 NJ
Teare Charles 1853 32 NY
Teemar David 1856 17 b VA
Telles Justin 1849 26 LA
Temple Asa P 1861 36 MA
Temple James 1861 30 b DE
Temple Norris 1828 20 PA
Teresea Joseph 1843 29 y FL
Terral Michael 1860 55 VA
Terrel Charles 1841 24 PA
Terry James 1849 27 MA
TerWal John Johnson 1833 33 Holland
Teston Edward 1827 18 PA
Teukesbury Leonard 1824 16 ME

Taylor Abednago 1843 28 DE
Taylor Alexander 1859 55 ME
Taylor Banjamin F 1825 16 PA
Taylor Charles B. 1831 23 VA
Taylor Charles H 1857 20 PA
Taylor Currie 1859 21 b MD
Taylor Daniel G. 1851 25 Scotland
Taylor Elias 1851 19 DE
Taylor Ephraim A. 1840 13 MA
Taylor Francis 1845 38 PA
Taylor George 1856 22 ME
Taylor Henry 1835 23 b NJ
Taylor James 1825 16 PA
Taylor James 1837 19 y PA
Taylor James 1850 20 MD
Taylor James 1858 22 PA
Taylor John 1840 28 MD
Taylor John 1843 22 VA
Taylor John 1848 21 NJ
Taylor John S. 1856 43 England
Taylor Joseph 1847 56 PA
Taylor Joseph 1853 34 b MD
Taylor Lewis J. 1858 22 VA
Taylor Nehemiah 1850 18 NY
Taylor Reuben C 1857 26 MA
Taylor Samuel 1839 23 NY
Taylor Silas 1830 21 MD
Taylor Simon 1860 29 m DE
Taylor Thomas 1855 36 DE
Taylor Thomas 1855 22 RI
Taylor Thomas 1857 27 MA
Taylor William 1844 40 MA
Taylor William 1835 21 c PA
Taylor William 1846 45 PA
Taylor William 1858 26 NY
Taylor William H 1843 25 NY
Taylor William H 1857 22 NY
Taylor William K 1847 30 ME
Taylor William T 1854 23 VA
Teademan Anton 1841 21 PA
Teal Eli M 1847 22 NJ
Teal Jacob 1829 17 NJ
Teamer William 1855 48 s VA
Teasdale Thomas Joseph 1841 20 PA
Tell William 1854 29 AL
Tellier Francois 1837 37 none given
Temple George 1841 21 LA
Temple John 1847 23 b DE
Tennent Lewis H. 1861 23 c DE
Terner William 1849 24 PA
Terregood Paul 1855 23 b DE
Terrigood Paul 1860 28 c DE
Terry Prince T 1833 41 b RI
Tester Charles S 1841 21 DE
Teston James Madison 1826 17 PA
Tevis William Morris 1853 20 PA

Tevombly Charles W 1855 25 ME
Thackara James 1827 15 PA
Thackary Richard 1855 24 England
Thatcher John 1840 17 MA
Thayer George Henry 1847 37 MA
Theobald Frederick E. 1856 22 ME
Thiell Henry 1841 29 PA
Thnke Carl 1848 29 MD
Thom Alexander 1855 32 NY
Thomas Armstead 1838 22 b PA
Thomas David 1848 33 MA
Thomas Elliott 1861 20 PA
Thomas George 1834 23 b ME
Thomas Henry 1831 25 c NY
Thomas Henry 1840 21 m PA
Thomas Henry 1841 22 m PA
Thomas Henry 1853 25 b DE
Thomas James 1858 28 c VA
Thomas John 1824 37 b NJ
Thomas John 1827 24 VA
Thomas John 1840 19 PA
Thomas John 1835 25 c PA
Thomas John 1847 23 m PA
Thomas John 1849 24 b MD
Thomas John 1853 32 MD
Thomas John 1854 38 b NY
Thomas John 1858 43 Austria
Thomas John 1861 21 NJ
Thomas Joseph 1853 24 MA
Thomas Joseph S 1851 40 PA
Thomas Lemuel 1830 28 MD
Thomas Lewis 1828 33 b MD
Thomas Owen 1834 16 MD
Thomas Peter 1829 24 b NY
Thomas Robert 1826 29 DE
Thomas Robert 1859 26 b MD
Thomas Samuel 1857 23 b DE
Thomas Samuel E 1846 41 MD
Thomas Thomas 1832 32 c MD
Thomas Westley 1831 21 c MD
Thomas William 1828 55 NY
Thomas William 1839 22 ME
Thomas William 1835 20 PA
Thomas William 1854 26 MD
Thomas William 1857 25 DE
Thomas William 1858 42 c PA
Thomas William 1860 43 m DC
Thomas William 1861 24 c CT
Thomas William H 1856 20 PA
Thompson Alexander 1843 21 c MA
Thompson Amos C. 1851 23 NH
Thompson Arthur 1826 14 ME
Thompson Benjamin 1839 22 s PA
Thompson Charles 1843 25 MA
Thompson Charles 1854 25 LA
Thompson Charles 1856 29 b NJ

Thacher Lothrop 1853 35 MA
Thackara William 1824 15 PA
Tharp James 1844 30 DE
Thatcher Lewis 1827 31 ME
Thayer Samuel 1853 29 ME
Theodore John 1840 22 NY
Thing Abraham L 1840 21 ME
Tholburn John 1828 21 MA
Thomas Alexander 1843 22 b PA
Thomas Charles 1845 23 NY
Thomas Edward 1846 12 PA
Thomas Emery 1838 27 c MD
Thomas George 1850 21 PA
Thomas Henry 1834 25 b MD
Thomas Henry 1838 21 y PA
Thomas Henry 1843 28 c PA
Thomas James 1832 21 c PA
Thomas John 1824 34 NY
Thomas John 1825 18 b VT
Thomas John 1842 25 Austria
Thomas John 1836 28 s NY
Thomas John 1846 55 b PA
Thomas John 1847 27 PA
Thomas John 1850 20 MA
Thomas John 1854 55 b DE
Thomas John 1856 25 MD
Thomas John 1860 38 b NY
Thomas Joseph 1840 38 NY
Thomas Joseph S 1844 36 PA
Thomas Joshua 1827 24 y PA
Thomas Lewis 1827 33 b MD
Thomas Llewellyn 1861 17 NY
Thomas Peleg 1834 21 MA
Thomas Peter 1847 23 France
Thomas Robert 1828 33 VA
Thomas Samuel 1844 23 NY
Thomas Samuel 1861 19 PA
Thomas Theodore 1825 28 PA
Thomas Washington G. 1858 27 VA
Thomas William 1826 19 NJ
Thomas William 1828 24 b MA
Thomas William 1830 18 c PA
Thomas William 1847 28 c PA
Thomas William 1855 26 ME
Thomas William 1857 21 DE
Thomas William 1859 21 b NY
Thomas William 1861 52 m PA
Thomas William H 1852 23 VA
Thomason John 1841 19 NH
Thompson Alfred 1861 19 NJ
Thompson Andrew 1829 24 PA
Thompson Augustus F. 1842 23 NY
Thompson Charles 1844 21 ME
Thompson Charles 1849 27 NY
Thompson Charles 1855 37 Sweden
Thompson Charles 1861 28 NJ

Thompson	Charles William	1843	25	PA		Thompson	Christopher	1827	33	Sweden
Thompson	Cyrus	1848	30	PA		Thompson	David	1860	31	c NY
Thompson	Davis E.	1847	17	PA		Thompson	Demetrius F.	1858	21	NY
Thompson	Edward	1827	33	PA		Thompson	Edward	1845	24	ME
Thompson	Edward	1840	26	c PA		Thompson	Edward	1861	26	NY
Thompson	Ennis	1824	30	SC		Thompson	Enos	1851	20	ME
Thompson	George	1844	20	PA		Thompson	George	1836	22	y NY
Thompson	George	1836	18	c NY		Thompson	George	1837	19	m PA
Thompson	George	1835	43	Greece		Thompson	George	1856	29	Sweden
Thompson	George H.	1834	27	MA		Thompson	George W.	1844	21	MD
Thompson	George W.	1847	34	DE		Thompson	George Washington	1857	19	NJ
Thompson	Hans	1850	30	Denmark		Thompson	Harman	1825	21	PA
Thompson	Harrison A.	1861	25	NJ		Thompson	Hemmingway H.	1861	26	CT
Thompson	Henry	1841	22	DE		Thompson	Henry	1843	25	NY
Thompson	Henry	1835	19	c PA		Thompson	Henry	1848	21	m DE
Thompson	Henry	1848	20	MA		Thompson	Henry	1850	23	MA
Thompson	Henry B.	1861	24	PA		Thompson	Henry W.	1858	17	ME
Thompson	Isaac	1855	25	England		Thompson	Isaac W.	1856	24	b DE
Thompson	James	1824	38	MD		Thompson	James	1842	25	MO
Thompson	James	1845	40	NY		Thompson	James	1845	24	NC
Thompson	James	1845	33	ME		Thompson	James	1840	24	b PA
Thompson	James	1841	22	SC		Thompson	James	1833	19	b MD
Thompson	James	1853	18	MA		Thompson	James	1854	21	NY
Thompson	James	1854	25	MA		Thompson	James	1856	32	MA
Thompson	James	1859	22	MA		Thompson	James	1859	22	ME
Thompson	James	1861	25	b MD		Thompson	James	1861	18	NY
Thompson	James F.	1860	27	DC		Thompson	James L.	1855	28	MA
Thompson	James L.	1855	19	ME		Thompson	James M.	1861	24	PA
Thompson	Jesse A.	1850	28	NJ		Thompson	John	1825	43	ME
Thompson	John	1827	22	y PA		Thompson	John	1828	20	ME
Thompson	John	1828	35	Norway, Sweden		Thompson	John	1829	16	PA
Thompson	John	1829	21	ME		Thompson	John	1844	19	NY
Thompson	John	1844	23	Sweden		Thompson	John	1845	25	NY
Thompson	John	1845	25	NY		Thompson	John	1841	25	PA
Thompson	John	1841	22	NY		Thompson	John	1841	32	PA
Thompson	John	1843	30	MA		Thompson	John	1833	29	ME
Thompson	John	1835	17	y NY		Thompson	John	1835	21	c PA
Thompson	John	1847	19	ME		Thompson	John	1847	27	MD
Thompson	John	1849	19	CT		Thompson	John	1850	22	MD
Thompson	John	1851	23	NY		Thompson	John	1855	21	s VA
Thompson	John	1858	27	IL		Thompson	John	1859	26	ME
Thompson	John	1860	21	b PA		Thompson	John E.	1861	17	MD
Thompson	John H.	1856	45	m PA		Thompson	John H.	1859	22	MA '
Thompson	John H.	1861	24	PA		Thompson	John Henry	1831	24	MA
Thompson	John Lister	1841	17	PA		Thompson	John William	1854	25	b MA
Thompson	Joseph	1848	19	MA		Thompson	Joseph B.	1861	25	b NJ
Thompson	Nathaniel	1850	25	DE		Thompson	Noah	1855	31	b PA
Thompson	Peter	1849	25	MD		Thompson	Peter	1852	26	PA
Thompson	Peter	1854	25	Sweden		Thompson	Peter	1855	27	Sweden
Thompson	Ralph	1827	28	England		Thompson	Richard	1828	22	NJ
Thompson	Richard	1846	25	ME		Thompson	Richard	1851	19	NJ
Thompson	Richard	1853	21	m PA		Thompson	Richard	1853	20	ME
Thompson	Richard M.	1855	25	ME		Thompson	Robert	1851	24	NY
Thompson	Robert	1854	23	MA		Thompson	Robert	1854	43	NY
Thompson	Samuel	1847	25	MA		Thompson	Samuel A.	1830	22	ME
Thompson	Samuel A.	1851	24	ME		Thompson	Shadrack	1825	18	b MD

Thompson Shedrick 1845 38 b PA
Thompson Stephen 1840 24 c PA
Thompson Thomas 1841 22 NY
Thompson Thomas 1848 20 LA
Thompson William 1826 46 MD
Thompson William 1831 25 b RI
Thompson William 1845 30 NY
Thompson William 1840 37 NY
Thompson William 1838 21 PA
Thompson William 1833 19 b MD
Thompson William 1835 16 PA
Thompson William 1847 28 MA
Thompson William 1849 36 MA
Thompson William 1851 21 ME
Thompson William 1852 22 NY
Thompson William 1853 21 NY
Thompson William C 1828 25 MA
Thompson William H. 1855 39 NJ
Thompson William J. 1857 22 I MA
Thomson Charles 1824 23 NJ
Thomson Charles D. 1854 24 DE
Thomson David 1840 33 MD
Thomson James 1826 17 PA
Thomson John 1826 22 PA
Thomson John H. 1860 45 m PA
Thorn Adam 1860 25 b DE
Thorn George 1831 21 c NY
Thorn Jacob 1843 37 b DE
Thornton Arnold 1840 40 RI
Thornton Henry 1830 27 c NY
Thornton John R 1828 21 PA
Thornton William H. 1861 19 VA
Thorogood Perry 1855 27 b DE
Thorp John 1847 21 CT
Thorp Richard W 1840 32 NY
Threfall Robert 1859 42 ME
Thurber Luther T 1830 31 NY
Thurston William H 1849 22 NH
Tibbet Jason 1832 18 ME
Tibbetts Samuel W 1840 29 MA
Tice Charles A 1860 19 NJ
Tice Elbridge G M 1854 22 NJ
Tice Theophilus 1859 36 NJ
Tidd Alanson L 1850 21 ME
Tilden Charles B 1826 19 MD
Tilden J Wilson 1848 21 PA
Tilden John L. 1859 29 PA
Tilden Thomas 1849 15 PA
Tile Peter 1826 29 b DE
Tilghman Charles 1829 19 c PA
Tilghman George 1855 49 b MA
Tilghman John 1824 16 y PA
Tilghman John 1847 28 b PA
Tilghman Mingo 1836 23 b DE
Till Andrew 1845 28 c DE
Till John Wesley 1857 24 b DE

Thompson Solomon 1847 26 ME
Thompson Thomas 1840 25 PA
Thompson Thomas 1843 26 NY
Thompson William 1825 25 DE
Thompson William 1829 44 Norway
Thompson William 1845 28 NY
Thompson William 1845 19 m DE
Thompson William 1836 22 s NJ
Thompson William 1832 35 c NY
Thompson William 1835 39 MD
Thompson William 1846 24 MD
Thompson William 1847 26 ME
Thompson William 1850 29 NH
Thompson William 1851 33 PA
Thompson William 1852 25 VA
Thompson William 1854 50 PA
Thompson William H 1850 17 ME
Thompson William H. 1857 26 m NY
Thomson Amos 1824 21 c PA
Thomson Charles 1852 23 MA
Thomson Charles J 1860 17 PA
Thomson George 1855 62 b PA
Thomson John 1825 23 NY
Thomson John 1849 25 NY
Thorlburn John 1845 39 NY
Thorn David C 1852 24 NJ
Thorn Henry 1842 25 MD
Thorn Julius A 1851 19 PA
Thornton Christopher 1837 33 RI
Thornton James 1828 17 PA
Thornton Thomas 1850 26 MA
Thornton William J 1859 25 NJ
Thoroughgood Wallace 1861 34 b DE
Thorp Oliver 1847 25 ME
Thorpe Stephen 1840 22 MA
Throckmorton William Richards 1840 17 PA
Thurston Robert 1827 52 [England]
Thyer Nathaniel 1842 29 MA
Tibbetts John W 1850 23 ME
Tibbetts Robert 1853 19 ME
Tice Edward 1851 22 NJ
Tice Theo 1839 19 NJ
Tickner Henry 1841 27 NY
Tiehl William 1835 43 Pomerania
Tilden Isaac 1841 22 ME
Tilden John L 1845 15 PA
Tilden Mingo 1840 25 c DE
Tildin Nursa 1847 24 b PA
Tilghman Benjamin 1857 27 b NJ
Tilghman Edward 1833 22 c NJ
Tilghman Henry 1852 28 b DE
Tilghman John 1825 21 NJ
Tilghman John 1857 26 MD
Tilghman William 1856 39 b PA
Till Andrew 1858 41 b DE
Till John Wesley 1860 27 c DE

Tillard Francis 1846 39 France
Tiller William 1859 22 none given
Tillison William 1835 22 c PA
Tilmohn Isaac 1834 32 b NJ
Tilton Mayhew 1845 30 MA
Tilton William 1853 21 b DE
Tindall John H 1860 21 m DE
Tine William 1836 15 s PA
Tingle Alfred 1850 24 c DE
Tingle George W 1841 35 MD
Tingle Levin D. 1855 23 DE
Tingle Solomon 1848 25 s DE
Tinsley Wright 1828 21 Ireland
Tippitt Thomas 1829 23 MD
Titcomb Robinson 1860 25 ME
Tizaro William 1849 36 ME
Tobbert Stillman 1856 22 ME
Tobey George 1829 26 ME
Tobey Thomas 1853 28 b PA
Tobin James 1840 36 MD
Todd George 1835 13 b PA
Todd James A 1861 26 ME
Todd John 1847 38 PA
Todd Robert 1839 24 NY
Todd Washington L. 1840 16 PA
Tolbert Alexander 1844 27 b MD
Tole Owen 1853 21 NY
Tolle Joseph R 1860 25 ME
Tolman John 1855 22 MA
Tolson Andrew 1827 27 y DC
Tomas John 1838 34 NJ
Tombelson Isaac 1855 39 m MD
Tomkins John 1827 16 PA
Tomlin Levi 1825 23 NJ
Tomlinson George W. 1824 19 PA
Tomlinson Walker 1850 23 PA
Tompkins Jacob 1824 20 DE
Tompkins Richard T. 1849 29 VA
Tompson John 1855 21 s PA
Toner Isaac 1847 25 ME
Tonge Thomas 1841 16 NY
Tonkins Joseph 1827 19 PA
Tootle Charles 1858 24 b DE
Topkin Robert 1860 31 VA
Torbert Edwin J 1858 16 MD
Torr William 1855 38 NY
Torrey Charles 1843 25 ME
Touro George 1861 29 Italy
Tovens John 1825 22 PA
Towers William 1858 23 MD
Town Benjamin 1826 21 PA
Town Charles 1858 41 PA
Town Simeon 1831 24 ME
Townsend Daniel 1839 28 MD
Townsend Elias S 1851 27 DE

Tiller Frederick 1824 16 PA
Tilley Charles E 1855 43 NY
Tilman Joseph 1842 16 b DE
Tilton John H 1858 17 PA
Tilton William 1833 25 b MA
Timmins James 1854 26 MA
Tindall William T. 1853 39 ME
Tingle Abraham 1835 21 b DE
Tingle Annias H. 1861 22 DE
Tingle Isaac 1845 26 c DE
Tingle Nathaniel 1840 24 DE
Tinker Dyer 1850 17 ME
Tinson William 1831 21 b DE
Tisdall James Vincent 1849 16 PA
Titus Benjamin 1845 19 PA
Tjepkes Albert 1827 44 none given
Tober Frederick Theodore 1844 22 MD
Tobey Oakes A 1854 24 s MA
Tobin Bernard 1854 19 Newfoundland
Tod George C 1826 36 PA
Todd Henry 1830 33 s DE
Todd John 1825 27 ME
Todd John 1848 18 y PA
Todd Wallace B 1855 22 CT
Todd William H 1841 30 MA
Toland,Jr Robert 1845 15 PA
Tolbert Henry 1852 28 b PA
Toliver George 1827 27 c KY
Toller Thomas 1849 19 NC
Tolman Joseph 1846 21 MA
Tolton John 1840 31 MD
Tombelson Isaac 1843 27 m MD
Tome Jacob 1857 40 PA
Tomkins William A. 1852 20 PA
Tomlinson Ezekiel G 1858 17 PA
Tomlinson Isaac 1841 25 NJ
Tompkins Gardiner 1846 34 MA
Tompkins Jacob 1828 21 NY
Tompkins Thomas 1857 24 NY
Toner Edward 1852 34 MA
Toner Richard 1854 24 NY
Tonkin William 1825 22 DE
Toothaker Gilbert 1852 22 ME
Topham George W. 1840 43 RI
Topping Silas 1847 23 ME
Tornchick Lorenzo 1842 22 Austria
Torrent John 1827 25 LA
Torrey Davis 1849 23 ME
Tourtelot Alfred 1837 15 France
Towel David 1843 20 NJ
Towl Peter 1859 46 b VA
Town Charles 1834 17 c PA
Town Richard 1827 15 PA
Townsend Allen 1838 26 b DE
Townsend Edmund 1853 28 NJ
Townsend Enock J 1857 28 NJ

Townsend George 1845 28 PA
Townsend Henry 1851 27 NY
Townsend Jeremiah 1855 19 b DE
Townsend Richard H. 1859 20 NJ
Townsend Shamgar C 1861 20 NJ
Townsend Theodore F 1857 19 NJ
Townsend William 1842 13 b DE
Townsend Willit C. 1861 35 MA
Toy Savory 1859 30 NJ
Tracy Erastus P. 1853 24 CT
Trainor Barney 1854 17 ME
Trask John 1835 26 MA
Trask Osborn 1855 18 ME
Trautwine William H 1843 24 PA
Travelli Charles 1835 14 PA
Travers Robert H. 1835 21 PA
Travers Vincent P. 1831 25 MD
Travers William Henry 1834 19 MD
Travilla John 1825 16 PA
Travis Benjmin 1833 22 c MD
Traynor William 1854 23 ME
Treadwell William 1824 25 c NY
Treat John F 1851 23 ME
Tree Lambert, Jr. 1830 20 PA
Tremells William 1824 14 PA
Treon Henry 1846 21 PA
Tresse Thomas K 1824 31 PA
Trinder William 1847 33 SC
Tripp James 1825 33 MA
Tripp John 1827 21 ME
Trkle Francis 1825 22 VA
Troy Joseph 1830 20 c MD
Troyard Julian 1856 18 LA
True James 1842 26 VA
Trueman James 1846 16 GA
Truett William 1840 24 DE
Truitt James R. 1845 26 DE
Truitt William W 1846 21 PA
Trull Phineas Alvin 1860 21 ME
Truss James 1836 27 MA
Trusty Anthony S 1860 21 m NJ
Trusty John 1861 20 m NJ
Trusty Perry 1825 23 b DE
Trusty Perry 1847 16 c PA
Trusty William 1860 26 b NJ
Tryater Thomas 1828 32 c MA
Tubbs Henry H 1839 19 DE
Tucker Andrew L 1845 21 PA
Tucker Franklin 1847 21 ME
Tucker Harden 1847 16 ME
Tucker James 1856 17 b PA
Tucker John 1824 25 PA
Tucker Joseph 1834 20 ME
Tucker William 1845 31 NY
Tucker William E 1856 26 PA
Tufts Charles H 1860 41 MA

Townsend George 1858 21 b DE
Townsend James 1851 26 NH
Townsend John 1861 21 NJ
Townsend Robert M 1827 28 MD
Townsend Swain, Jr 1839 20 NJ
Townsend William 1829 32 c MD
Townsend William L 1836 24 DE
Toy Caleb 1825 24 PA
Tozer Jacob D 1861 28 NJ
Trader Samuel 1836 23 VA
Trask Charles 1854 27 NJ
Trask Nathan 1828 24 MA
Trathen John 1848 40 MA
Travaise William 1835 38 VA
Travers John 1848 21 NY
Travers Robert H 1855 41 PA
Travers William 1835 26 VA
Travilla John 1824 16 PA
Travilla John H 1844 23 PA
Travis John 1849 25 IL
Treadwell Timothy 1834 49 c NY
Treanor Francis 1841 23 PA
Tredwell Henry 1852 36 c NY
Trefethen Joseph 1842 27 NH
Tremmell Isaac 1825 22 PA
Tresse Augustine 1845 24 PA
Trigwell William 1845 24 PA
Tripp Ezekiel 1834 27 ME
Tripp James J 1860 24 NY
Tripple James M 1859 18 PA
Trott William T 1855 28 b PA
Troy Richard 1852 23 NY
Truax Jacob W 1841 24 NJ
Trueitt Solomon L 1841 24 DE
Truett Abner, Jr 1825 21 y DE
Truitt Ferdinand 1861 21 DE
Truitt Solomon 1852 20 b DE
Trulear Charles 1825 22 y VA
Trump George F 1852 25 PA
Trusty Abraham 1845 18 b DE
Trusty Henry 1828 27 y MD
Trusty Major 1836 23 s DE
Trusty Perry 1841 34 b DE
Trusty William 1857 25 b NJ
Truxton James H 1861 23 c DE
Tubbs Calvin F 1829 19 DE
Tucker Alfred 1846 18 c MD
Tucker Benjamin 1836 26 c PA
Tucker George B 1844 44 NY
Tucker Henry 1826 18 y PA
Tucker Jcob 1837 23 MA
Tucker John H 1858 24 PA
Tucker Justice 1856 30 ME
Tucker William 1849 23 ME
Tuckey Edward 1824 25 MD
Tulledge William 1849 25 PA

Tullidge William R 1857 20 NY
Tullman John 1841 22 PA
Tumbelston Robert 1837 18 PA
Tunnell Alexander 1853 25 b DE
Turley Arnill 1826 15 PA
Turley Joseph 1858 20 NY
Turley Thomas N. 1853 19 PA
Turnell Henry 1852 23 RI
Turner Allen 1840 25 VA
Turner Ezekiel 1856 18 ME
Turner George 1838 21 c PA
Turner Henry 1829 25 CT
Turner Henry 1854 23 MA
Turner Isaac 1849 17 ME
Turner James 1849 20 b NY
Turner James 1852 20 ME
Turner James 1856 17 NY
Turner John 1826 25 b NJ
Turner John 1840 23 NY
Turner John 1848 22 MA
Turner John F 1843 23 MD
Turner John M 1825 18 PA
Turner Joseph 1855 26 b DE
Turner Minns 1840 26 s DE
Turner Robert A 1850 22 NY
Turner Samuel 1827 56 NY
Turner Samuel P 1843 18 c DE
Turner Wesley 1857 23 b DE
Turner William 1856 24 NY
Turner William W. 1829 38 PA
Turpin Edwin 1848 21 m MD
Tuttle Charles 1844 21 ME
Twells Samuel G F. 1861 18 IN
Twombley John C. 1854 23 NH
Tybring William 1840 18 NY
Tyler Solomon 1837 33 VA
Tyler William E 1839 27 MA
Tynes James H 1837 29 c VA
Tyre Nathanial 1828 21 y NC
Tyson Joseph W 1827 15 PA
Ulary Edward 1825 19 PA
Underdown John Francis 1848 29 PA
Underwood John 1855 26 MD
Uoerea Eugene 1861 33 France
Upshur Robert L. 1832 19 VA
Upton Richard 1835 22 VA
Uran James 1853 21 ME
Usher Joseph 1855 47 SC
Ussher William B 1859 17 PA
Vail James 1855 19 NY
Valentine James 1837 19 MA
Vallance Samuel 1824 24 PA
Valleau Fauconnier 1861 40 PA
Valleau John M 1846 21 PA
Van Charles 1855 20 b DE
Van John Pennell 1855 21 c DE

Tullis John 1854 21 MA
Tully Lewis 1848 23 PA
Tunison Anthony 1841 26 c NJ
Tupper William 1851 43 MA
Turley John K 1853 15 PA
Turley Joseph 1859 21 PA
Turnbull Robert 1825 34 SC
Turner Abraham Dyer 1840 26 MA
Turner Allen H 1840 36 m RI
Turner Frank 1858 23 MD
Turner George 1841 38 ME
Turner Henry 1849 24 NY
Turner Isaac 1828 27 b NY
Turner James 1829 26 MA
Turner James 1850 18 PA
Turner James 1854 21 NY
Turner John 1826 21 b PA
Turner John 1834 25 b MA
Turner John 1836 29 NY
Turner John 1856 21 NJ
Turner John K 1851 21 PA
Turner Joseph 1833 22 MD
Turner Joshua 1854 23 s VA
Turner Nathan 1854 22 MA
Turner Samuel 1824 54 NY
Turner Samuel J 1854 22 MD
Turner Thomas 1856 23 NJ
Turner William 1826 39 PA
Turner William H 1847 28 RI
Turney Thomas 1829 24 MD
Turpin William 1858 39 s DE
Tuzo James 1853 37 b NY
Twiford William 1849 30 b VA
Twyman James 1826 29 PA
Tyler Nathaniel 1831 24 c PA
Tyler Solomon 1854 24 PA
Tyler Woodward 1840 38 MA
Tyng William A 1853 23 RI
Tyson Ezekiel 1825 18 PA
Uhlhorn Diederick 1830 34 Germany
Umstead Mary Elizabeth 1860 30 c VA
Underhill William 1854 18 NY
Undril John 1844 23 NY
Updite Jonas 1861 22 DE
Upton Daniel K 1840 21 MA
Upton Ryland 1846 18 ME
Usher Isaac 1841 25 PA
Usher Simon 1854 24 NY
Uxley Elisha 1850 19 PA
Valentine James 1826 31 NY
Valiant John 1828 28 SC
Valleau Fauconier 1835 13 PA
Valleau John 1856 33 NY
Valleau John Ming 1837 13 PA
Van Elias 1853 37 c DE
Van John Purnell 1860 24 b DE

Van William Henry 1851 24 b DE
Van Blunk Charles M 1824 21 PA
Van Dine Charles 1824 24 PA
Van Houser John 1840 22 b NY
Van Pelt George 1852 30 NY
Van Schaick George W 1845 26 NY
Van Stavoren George W. 1824 18 PA
Van Winkle Samuel 1856 20 NY
Vanapereu Charles 1834 22 LA
Vanbrakle Henry 1847 20 b PA
Vance Henry 1859 23 c NJ
Vandalson Abraham 1837 29 NJ
Vandeabeck John 1827 17 y PA
Vanderpool Ira 1837 25 NJ
Vandoser John 1834 18 NC
Vandworken David 1858 53 NY
Vanhorn George W 1850 22 NY
VanMater Charles E. 1856 22 NJ
VanOsten Robert L. 1848 16 PA
Vansant David M. 1835 20 PA
VanSipe Lewis 1855 20 MI
Vanzant Charles B. 1860 24 NJ
Varnel John 1829 30 DE
Varney Samuel, Jr 1854 23 MA
Vass Ebenezer 1842 20 NY
Vaughan Henry V. H. 1830 21 PA
Vaughan William W 1859 24 DE
Vaughn William H. C 1856 23 KY
Veacock Samuel S 1824 21 PA
Veazie Jacob 1852 47 MA
Velie George I. 1860 28 NY
Venables John 1846 20 b DE
Venace Joseph 1861 19 MA
Venman Charles 1834 22 MA
Venohn Frederick 1825 23 Prussia
Vent John S. 1843 20 DE
Vernam Thomas 1845 24 NY
Vernon William 1834 17 PA
Verrell Davil 1853 19 ME
Vevers George 1850 24 NY
Viall James W 1834 24 PA
Vice Thomas 1835 21 PA
Vickars Dagwartly 1826 18 DE
Vickers Henry W 1851 21 PA
Vickers Noah 1840 25 b DE
Vickers William N 1856 22 DE
Vickery Lebeus 1860 20 ME
Vieth Herman 1851 36 PA
Viguers William T. 1856 18 PA
Vinal Louis 1855 22 Denmark
Vincent Davis 1845 25 DE
Vincent John 1831 23 PA
Vincent John Chalklet 1834 32 MD
Vine John 1850 24 NY
Vinyard William Charles 1837 22 PA
Virden George 1828 22 b DE

Van William Henry 1861 35 m DE
Van Cleff John S 1856 17 NY
Van Dyke William 1844 21 NY
Van Osten Edward 1854 16 PA
Van Reynegon James 1840 20 PA
Van Schaick John 1825 42 NY
Van Winkle Nehemiah 1828 22 m NJ
Van Wyck Thomas 1829 18 PA
VanBeek Alexander Symington 1855 19 PA
VanBruble Archibold 1860 21 m PA
Vance Nathaniel M 1859 15 NJ
Vandam James B 1858 28 MD
Vanderlin Samuel B. 1826 21 PA
Vandevere Thomas B 1825 20 DE
VanDusen Matthew, Jr. 1832 21 PA
Vandyke Christopher 1828 24 Netherlands
Vanhorne William 1826 25 Sweden
Vanmeter John 1846 21 NJ
Vanpelt William 1847 23 NY
Vansant Henry H. 1861 21 NJ
VanWezel Jacob 1852 23 NY
Varnam Roland 1856 21 ME
Varney John S 1845 20 MA
Vartz William 1851 21 NY
Vaughan Daniel D 1841 24 MD
Vaughan James D 1843 21 DE
Vaughn Benjamin 1829 26 b NY
Vaux George W. 1860 31 PA
Veale Thomas 1856 24 MA
Veazie James 1851 17 ME
Venables James 1840 21 MD
Venables John 1847 20 b DE
Vened Thomas 1828 36 y VA
Venn Thomas 1861 23 DE
Vent James A 1845 32 DE
Venus William John 1854 19 NJ
Verney James W 1852 20 ME
Veroon Heny 1826 28 b RI
Very Benjamin F 1842 20 MA
Vevers James 1850 19 NY
Vice Martin 1833 22 PA
Viciss Cornelius 1844 36 Holland
Vickers Henry 1846 15 PA
Vickers Jonathan 1857 19 PA
Vickers Solomon 1835 22 PA
Vickers William N. 1861 00 XX
Victor John 1828 28 y LA
Viguers Isaac 1826 17 PA
Vile Charles 1845 23 NH
Vincent Alexander 1840 26 b NY
Vincent George W 1858 38 PA
Vincent John 1855 19 ME
Vincent Stephen 1854 40 b DE
Vinters Enoch 1828 23 b VA
Violet Charles 1853 32 England
Virge John 1845 24 NY

Virgin Joseph 1855 32 b MD
Vodry Nathan 1834 24 b MD
Voight Joseph 1860 17 PA
Voltarea Bernard 1849 28 LA
VonPhul George 1833 21 PA
Vose Alfred 1846 29 ME
Waas George 1825 17 NY
Waddel James 1825 27 England
Wade Samuel 1836 20 PA
Wade Thomas 1856 21 MA
Wadsworth Lewis O. 1858 27 ME
Waffal Dayton 1857 24 NJ
Wagner John 1825 40 PA
Wagner Martin 1861 44 MA
Wagner Samuel M 1833 22 PA
Wainwright James E. 1834 19 MD
Wait George 1857 22 c DE
Waitt John W 1828 27 MA
Wakefield Samuel A 1852 22 ME
Wakeman Levi H 1839 24 NY
Waldron Charles 1837 23 NH
Wales Levin 1841 30 b MD
Waley John 1838 18 PA
Walker Alexander 1853 30 ME
Walker Benjamin 1830 17 PA
Walker Caleb 1849 34 VA
Walker Daniel 1837 23 DE
Walker Ezekiel 1854 26 NY
Walker George 1856 44 PA
Walker Henry 1846 25 NY
Walker John 1828 45 PA
Walker John 1835 22 DE
Walker John 1851 28 c DE
Walker John 1853 19 SC
Walker Joseph 1828 32 DE
Walker Joseph 1852 27 ME
Walker Joseph 1858 25 m PA
Walker Robert 1850 24 SC
Walker Samuel 1856 20 MA
Walker Thomas 1831 16 PA
Walker William W 1825 23 PA
Wall Abraham 1855 21 ME
Wall Andrew 1855 26 ME
Wall James 1848 21 NY
Wall Richard 1844 17 DC
Wallace Charles E. 1843 20 ME
Wallace Edward G 1852 45 Scotland
Wallace George Walker 1841 29 PA
Wallace Henry 1851 32 m PA
Wallace James 1835 21 PA
Wallace James 1853 18 MD
Wallace Jerome 1829 22 MA
Wallace John 1856 23 b PA
Wallace Joseph 1847 26 ME
Wallace Richard 1834 30 c DE
Wallace Thomas 1855 24 ME

Vleit Andrew J 1851 25 NJ
Voice Theodore 1850 22 b NJ
Vokes Thomas Frank 1850 22 CT
Von Vlit Charles 1856 26 Holland
Vorn Charles 1853 25 b DE
Voudy George 1839 29 ME
Wachter Daniel M. 1850 25 MD
Waddon William 1850 21 NY
Wade Samuel 1848 31 LA
Wadsworth Lewis O 1853 23 ME
Waer Thompson 1837 14 PA
Wager Henry 1843 14 PA
Wagner John A 1849 27 PA
Wagner Richard D. H. 1835 18 PA
Wainwright Henry G. 1861 24 NJ
Wainwright John W 1824 22 NY
Waite George 1845 18 ME
Wakefield Gilbert 1856 24 ME
Wakefield William 1836 22 ME
Waldgrave Henry 1845 18 ME
Waldron James B 1826 28 NJ
Wales William 1837 23 LA
Walker Alexander 1829 26 y PA
Walker America 1855 25 b VA
Walker Benjamin 1854 16 ME
Walker Charles T 1848 24 MA
Walker Emery 1858 26 s ME
Walker Ezekiel 1855 27 England
Walker George Douglass 1852 31 ME
Walker Jesse 1840 30 DE
Walker John 1841 21 MA
Walker John 1847 42 MA
Walker John 1853 22 NJ
Walker John F , Jr 1847 18 PA
Walker Joseph 1843 17 NY
Walker Joseph 1854 25 b PA
Walker Richard Clark 1836 25 MA
Walker Robinson 1829 18 PA
Walker Samuel 1859 48 MA
Walker William 1851 23 England
Walker Wm B 1837 17 PA
Wall Addison 1851 25 ME
Wall Henry H 1854 27 PA
Wall Michael 1827 22 MA
Wall Robert 1849 21 PA
Wallace Edward 1833 32 b MD
Wallace Francis 1858 28 b NJ
Wallace Hannibal 1828 15 PA
Wallace James 1845 28 PA
Wallace James 1846 18 NY
Wallace James 1858 26 IL
Wallace John 1837 23 PA
Wallace John Jas 1853 22 ME
Wallace Joseph 1860 21 NH
Wallace Samuel 1853 38 VA
Wallace Thomas 1855 22 Ireland

Wallace William 1829 22 ME
Wallace William B. 1843 21 NY
Waller William 1837 20 PA
Wallop Thomas M. 1826 20 VA
Walls Ephraim 1842 31 ME
Walls Lott 1855 19 ME
Walls Stokley 1847 19 DE
Walmsley Asbury 1854 28 b DE
Walnut Samuel 1852 26 ME
Walsh Daniel 1847 18 PA
Walsh James F. 1853 18 SC
Walsh Maurce 1847 36 NY
Walsh William 1850 19 MA
Walston Levin 1836 21 DE
Walten Dennis 1843 19 m DE
Walter Henry F 1824 33 b NY
Walter William 1843 19 MD
Walters Augustus 1833 23 PA
Walters Dniel 1839 40 b PA
Walters James 1830 20 c PA
Walters Jesse A. 1856 24 NJ
Walters John 1848 15 LA
Walters Peter 1846 26 b DE
Waltham Andrew 1861 39 b DE
Walton Alfred 1843 21 PA
Walton Christian Fred 1841 26 NY
Walton Franklin 1837 20 PA
Walton George 1846 32 ME
Walton James 1849 37 MD
Walton William H 1827 21 c PA
Waples Henry 1859 25 b DE
Waples John 1841 21 b PA
Waples Moses 1838 23 DE
Warburton William F 1858 16 NY
Ward Charles 1856 19 PA
Ward Edwin 1825 13 PA
Ward George 1854 27 b DE
Ward James 1856 23 NY
Ward John 1846 20 MA
Ward John 1854 22 NY
Ward John P. 1849 28 PA
Ward Patrick M. 1855 22 Ireland
Ward Richard 1836 20 DE
Ward Thomas 1841 26 NY
Ward Tobias 1861 40 NJ
Warden Joseph 1855 21 b NJ
Warden Thomas 1856 43 PA
Wardwell Jeremiah 1837 22 ME
Ware Wilmon Whilden 1838 21 NJ
Warington John H 1853 16 DE
Warner Henry 1841 20 MD
Warner John 1858 21 PA
Warner Lars O 1836 49 Denmark
Warner Thomas 1844 24 PA
Warner William 1844 26 NY
Warner William 1860 44 PA

Wallace William 1846 24 MD
Wallace William James 1824 20 PA
Wallin Abijah 1841 16 NJ
Walls Alfred 1847 21 DE
Walls James 1841 23 ME
Walls Samuel 1861 17 DE
Wally William 1834 38 b MD
Waln William 1861 21 DE
Walpole John B 1827 17 PA
Walsh Edward 1847 27 ME
Walsh John A R 1832 18 NY
Walsh Thomas 1830 21 MS
Walsh William 1855 23 NewBrunswick
Walstrom Charles G 1859 28 Sweden
Walter Edward 1855 30 b DE
Walter Rees Price 1842 14 PA
Walters Adam 1840 29 s MD
Walters Daniel 1826 21 b MA
Walters Henry 1861 21 ME
Walters James 1858 22 NY
Walters John 1844 29 MA
Walters Madison 1824 16 PA
Walters William 1846 24 NY
Walthum James Henry 1852 21 b DE
Walton Benjamin F. 1857 31 VA
Walton Franklin 1844 26 PA
Walton George 1843 21 DE
Walton James 1830 26 MD
Walton Leopold N 1840 16 PA
Wansley Asbury 1856 29 s DE
Waples James W. 1858 53 DE
Waples Jonthn C 1836 23 DE
Waples William 1835 26 b DE
Ward Charles 1855 24 LA
Ward David 1849 26 NY
Ward George 1826 21 b DE
Ward George 1856 17 NC
Ward Jesse 1855 19 MI
Ward John 1848 23 NY
Ward John K 1830 31 MD
Ward Martin 1859 21 MD
Ward Peter 1855 19 England
Ward Samuel W. 1855 38 m MD
Ward Thomas 1850 48 PA
Wardell Samuel 1859 19 NJ
Warden Joseph N 1847 28 NY
Wardlin James 1847 34 NY
Ware John 1846 21 PA
Wareham John 1837 31 NY
Warn Eduard 1839 22 PA
Warner John 1833 17 PA
Warner John Henry 1856 23 b PA
Warner Robert 1852 23 NY
Warner Thomas 1858 38 PA
Warner William 1838 37 NY
Warrance Frederick George 1827 19 PA

Warrel Henry 1834 22 West Indies
Warren George 1856 23 DC
Warren Henry W 1861 24 DC
Warren John 1858 26 VA
Warren Joseph C 1836 22 NH
Warren Richard 1858 24 NY
Warren Thomas 1855 21 b PA
Warren William E 1854 22 ME
Warwick John 1856 20 NJ
Warwrick John 1849 38 NY
Washburn William F. 1845 24 MA
Washington George 1825 27 DE
Washington John 1828 22 c MA
Washington John A. 1846 28 VA
Wass Enos D 1840 19 ME
Wass Robert M 1840 19 ME
Wass Walter B 1854 18 ME
Waterford Jeremiah 1847 22 b DE
Waterman Cato 1835 50 c NY
Waterman Knight 1856 16 RI
Waters Caeser 1847 29 b DE
Waters Ebenezar 1836 22 s MD
Waters Frank 1856 22 MA
Waters Henry 1840 21 KY
Waters Jacob 1858 22 b PA
Waters James 1837 23 y MD
Waters John 1848 24 NY
Waters Purnell 1856 24 b VA
Waters William 1843 42 NY
Waters William 1846 24 b DE
Waters William 1858 23 c DE
Watkins Charles 1850 22 NY
Watkins George 1836 24 s PA
Watkins John J. B 1846 18 y MA
Watkins Sewall W 1838 20 MA
Watkins William David 1840 16 s PA
Watrous Justus 1856 21 CT
Watson Andrew 1841 18 PA
Watson David 1824 32 NJ
Watson George 1842 23 MA
Watson Henry 1861 34 DE
Watson Isaiah P 1827 17 PA
Watson James 1853 27 NY
Watson James 1860 22 SC
Watson James S. 1857 23 m PA
Watson John 1827 31 England
Watson John 1851 39 m NY
Watson Joseph 1852 20 DE
Watson Peter 1847 21 c DE
Watson Robert 1836 26 PA
Watson Simon 1826 39 b DE
Watson William 1826 23 PA
Watson William 1856 22 MA
Watt Charles 1846 18 PA
Watt Richard 1856 23 PA
Watters William 1840 22 s MD

Warren Edward 1832 26 MA
Warren George Henry 1848 25 m DC
Warren Isaac S 1851 23 NY
Warren Joseph 1852 26 b DE
Warren Joseph S. 1847 54 OH
Warren Samuel 1838 33 ME
Warren William 1839 19 England
Warron Nimrod 1824 22 b PA
Warwick Robert 1854 22 b NJ
Wasgatt Asa 1847 17 ME
Washington George 1825 23 b VA
Washington George 1860 28 m MD
Washington John 1838 18 c DE
Wass Chipman 1841 35 ME
Wass Raymond 1858 19 ME
Wass Uriah N 1840 25 ME
Waterford Jeremiah 1846 24 c PA
Waterhouse Josiah 1838 30 ME
Waterman Charles A 1859 15 PA
Waterman William G 1849 25 PA
Waters Charles 1857 20 b NJ
Waters Emery 1836 21 s MD
Waters George 1824 22 VA
Waters Henry 1852 29 NY
Waters James 1836 23 y MD
Waters John 1838 35 NJ
Waters Nathan 1854 24 b DE
Waters Robert 1834 18 c CT
Waters William 1832 24 b MD
Waters William 1847 23 NY
Watford Joseph 1842 28 PA
Watkins George 1840 24 s PA
Watkins James W. 1828 28 MD
Watkins Samuel 1859 29 b VA
Watkins William 1848 25 NY
Watkis Henry M 1852 30 SC
Watrus Jason N. 1860 26 OH
Watson Andrew 1849 17 ME
Watson Elias 1860 24 b DE
Watson Henry 1827 52 c NY
Watson Henry 1861 22 MD
Watson Jacob 1837 38 NJ
Watson James 1855 47 Scotland
Watson James Lee 1854 19 b PA
Watson John 1824 17 MD
Watson John 1827 38 VA
Watson John Henry 1859 22 b PA
Watson Michael 1826 23 ME
Watson Richard 1847 22 VA
Watson Robert 1860 25 ME
Watson Thomas 1834 25 y DC
Watson William 1843 33 VA
Watson William 1860 28 GA
Watt James 1840 24 PA
Watters George 1841 21 PA
Watton Ezekiel 1825 22 ME

Watts Alexander 1827 22 y PA
Watts James 1827 25 c VA
Watts Robert 1856 16 VA
Watts Simon 1852 30 ME
Watts William 1825 19 ME
Watts William 1860 24 OH
Wattson Edwin 1836 15 PA
Wattson John 1850 27 NY
Wayland Mathew H 1854 28 ME
Wayne Josiah T. 1846 18 PA
Weatherby Cavalier 1840 29 NJ
Weaver Anderson 1833 30 b ME
Weaver Daniel 1828 38 RI
Weaver George E. 1845 28 b DE
Weaver John 1825 24 RI
Weaver Joseph 1839 17 PA
Webb Charles 1848 22 ME
Webb Edwin 1829 22 CT
Webb Gideon L 1852 47 NJ
Webb Henry C. 1840 30 NJ
Webb John L H 1832 41 DE
Webb Sylvester 1855 23 b DE
Webber Aron 1829 37 ME
Webber Daniel 1859 27 MA
Webber John J N. 1842 13 NY
Webber Joseph 1858 33 MD
Webber William 1827 18 ME
Weber Henry 1848 15 HesseDarmstadt
Webster Benjamin F. 1843 33 ME
Webster Daniel 1840 23 NJ
Webster George 1834 18 CT
Webster George 1853 19 MD
Webster James 1840 25 ME
Webster John 1857 27 LA
Webster Samuel 1838 23 MA
Webster Thomas H. 1841 24 b DC
Webster William W 1856 23 b MD
Weden James 1829 21 c RI
Wedlock Richard 1844 20 NY
Weeden Charles 1824 26 y RI
Weeks Alfred 1853 34 MA
Weeks Joseph Alonzo 1854 19 NY
Weeks William, Jr. 1849 22 NJ
Weilbye Lars 1841 30 Denmark
Weir Neal 1846 23 NY
Welch James H. 1854 31 VA
Welch John 1855 24 ME
Welcourn George 1831 22 c MD
Welden Warren H 1846 19 MA
Weldon David 1861 23 NJ
Weldon John 1829 23 NJ
Welland John W 1846 38 NY
Weller John 1840 21 PA
Wellington Joseph 1842 22 NY
Wellman Henry 1858 21 RI
Wells Edward A. 1861 17 NY

Watts Daniel J 1858 22 MA
Watts John 1844 24 DE
Watts Samuel 1832 56 b DC
Watts Thomas 1861 32 Scotland
Watts William 1855 23 s PA
Watts William 1860 28 m VA
Wattson Henry 1849 19 PA
Way Abraham 1840 29 NJ
Wayne Charles H 1855 20 PA
Weaber John 1844 27 MA
Weatherton Gabriel 1824 28 y MD
Weaver Charles 1826 16 PA
Weaver Edward 1840 24 b DE
Weaver Jacob 1845 18 NJ
Weaver John 1834 20 DE
Webb Alonzo 1856 19 ME
Webb Edward 1826 45 y VA
Webb Francis 1838 38 NY
Webb Henry 1828 34 MD
Webb John 1855 20 b NY
Webb Robert 1841 22 PA
Webber Alfred 1854 23 MA
Webber Benjamin 1828 44 MA
Webber George H 1855 24 ME
Webber Joseph 1854 25 MD
Webber Robert 1840 38 LA
Weber Frederick 1844 21 Denmark
Weber Louis 1849 18 Germany
Webster Daniel 1845 23 PA
Webster Elijah 1861 33 b MD
Webster George 1844 28 CT
Webster Henry 1836 22 c MD
Webster John 1852 25 LA
Webster John Lee 1824 33 b PA
Webster Stephen 1844 36 ME
Webster William H 1828 15 PA
Wedderborg Alexander 1827 20 MA
Wedge William 1827 16 MD
Weed Hezekiah H. 1859 20 ME
Weeden John E. G 1837 21 RI
Weeks Charles 1826 31 y NY
Weeks Robert 1847 25 PA
Weickbrodt Alexander 1859 23 Parma
Weir Nathan Wilson 1847 28 Scotland
Weirs Alexander 1849 38 England
Welch John 1843 20 PA
Welch John 1859 21 MA
Welden Obed B 1835 15 MA
Weldon Charles Henry 1857 18 NJ
Weldon George M 1859 20 DE
Weldon Zenas 1826 44 MA
Wellar Henry 1855 20 s NY
Weller William 1833 24 MA
Wellington Manuel 1838 24 c MD
Wells Aquilla 1825 29 NJ
Wells Frederick 1859 26 NY

Wells George 1858 35 CT
Wells Henry 1841 35 MA
Wells Jacob 1853 39 s DE
Wells Jeremiah S. 1858 27 IL
Wells John 1853 28 b DE
Wells Robert 1856 28 c NJ
Wells William 1861 24 MD
Welser Ferdinand M. 1827 15 PA
Welsh Charles W. 1854 19 y PA
Welsh Edward Y 1835 17 PA
Welsh Francis 1843 22 MD
Welsh George 1833 19 CT
Welsh Harris 1840 20 PA
Welsh James 1847 18 MA
Welsh James 1860 22 NY
Welsh John 1838 13 PA
Welsh John 1856 27 m NY
Welsh Michael 1854 28 NY
Welsh Thomas 1856 28 NY
Welsh Wm 1854 32 PA
Wendell Charles 1830 26 MA
Wentworth Stephen 1847 40 NH
Wepquish William 1850 19 I MA
Wescott Broderick 1861 19 NJ
Wescott John W 1856 21 PA
Wessels John H 1859 49 MD
West Alexander 1861 46 SC
West Benjamin 1841 23 NY
West David 1840 29 DE
West John 1826 26 b VA
West John 1840 31 MD
West John 1861 28 RI
West Joshua, Jr 1844 17 England
West Nathaniel F 1860 21 c NJ
West Nathaniel G 1860 33 c VA
West thomas 1847 28 b VA
West William 1827 31 MA
West William 1847 27 MA
West William R 1854 23 NJ
Westcott Andrew 1855 20 ME
Westcott James G 1858 21 PA
Wester Benjamin C 1841 17 PA
Westerdyke George 1856 25 Holland
Weston John 1824 29 MD
Weston Reuben 1846 19 ME
Westphal Augustus 1828 16 PA
Wetherill George 1827 20 PA
Wethington Joseph 1852 44 b PA
Weymouth Charles 1845 22 MA
Wharff Charles 1825 14 MA
Wharton Benjamin B 1837 17 DE
Wharton Elisha 1841 26 DE
Wharton Isaac W. 1835 23 PA
Wharton James 1854 18 PA
Wharton John H 1847 22 DE
Wharton Robert 1844 19 ME

Wells George 1861 22 NJ
Wells Isaac 1847 27 DE
Wells James S 1859 27 c NY
Wells John 1828 31 b MD
Wells John Eastburn 1829 22 PA
Wells Samuel 1850 22 Sicily
Wellser Ferdinand 1836 24 PA
Welsh Augustus 1843 17 ME
Welsh Edward 1836 26 PA
Welsh Edwin A E. 1828 20 MD
Welsh Francis 1856 28 MD
Welsh George 1846 21 NY
Welsh James 1840 45 NY
Welsh James 1849 25 MA
Welsh John 1825 14 PA
Welsh John 1853 22 MA
Welsh Matthew 1855 18 ME
Welsh Samuel Morrow 1827 17 PA
Welsh William 1839 17 PA
Wenban James 1841 26 NY
Wentworth John 1855 22 NH
Wentzel John William 1849 24 NY
Wescot John P 1839 27 PA
Wescott Dayton 1827 22 NJ
Wessel James Clement 1826 17 MD
Wessels Luke 1859 24 NY
West Arthur 1834 24 c VA
West Daniel 1824 26 ME
West Francis 1858 28 b NJ
West John 1829 24 m VA
West John 1847 26 NY
West John W 1853 27 ME
West Luther 1841 21 ME
West Nathaniel G 1847 20 s VA
West Peter 1859 25 b DE
West Washington 1835 34 MD
West William 1836 21 y DE
West William H 1842 18 PA
Westacoth George Henry 1851 23 England
Westcott Edmund Rork 1855 24 PA
Westcott Richard 1861 31 Great Britain
Westerdyke George 1853 23 NY
Westergaard Nels 1834 28 Denmark
Weston John 1829 46 MA
Weston William 1829 18 DC
Wetherill Alexander 1854 27 PA
Wetherill James 1855 26 PA
Wetsel George 1827 24 NY
Weymouth Samuel 1829 25 NH
Wharton Benjamin A 1853 18 MD
Wharton Charles D 1849 20 PA
Wharton Henry Williams 1827 16 MD
Wharton James 1825 25 VA
Wharton John 1856 23 m PA
Wharton Lemuel F 1849 25 DC
Wharton William 1830 22 DE

Wharton William 1856 18 m PA
Wheaton Elijah T 1856 56 PA
Wheelbank Waymus 1861 28 b DE
Wheeler Charles 1860 50 b DE
Wheeler Edward James 1861 29 b MD
Wheeler Enoch 1834 20 PA
Wheeler James R. 1847 26 VT
Wheeler Joseph 1838 25 s MD
Wheeler Richard A 1831 21 PA
Wheeler Thomas 1846 22 PA
Wheeler William 1853 21 MD
Wheeling John H 1859 17 LA
Whelan John 1856 22 PA
Whelan Thomas 1860 18 PA
Wheller William 1851 21 RI
Whidden Robert Kirk 1852 25 MA
Whillden Robert 1827 25 PA
Whilldin Oliver 1824 22 NJ
Whilldin Zimri 1837 22 MA
Whipple George A. 1855 21 MA
Whipple John 1837 25 ME
Whitaker Alexander 1861 26 b DE
Whitaker James C 1833 20 PA
Whitaker Levi 1841 28 NJ
Whitall James C. 1848 16 NY
Whitcomb Friend 1855 22 CT
White Aaron 1851 31 b PA
White Alexander 1851 31 b NY
White Allen 1847 32 c NC
White Andrew 1855 55 Cape Breton Is
White Benjamin 1828 29 c NY
White Charles 1853 13 LA
White Charles 1861 30 ME
White Cornelius 1824 22 b DE
White David 1839 20 MA
White David H 1846 18 DE
White Edward W 1855 26 PA
White Francis 1835 43 MD
White George 1859 23 b DE
White George 1860 24 c DE
White George N 1854 30 MD
White Harrison Dickson 1847 28 b DE
White Henry C 1846 17 DE
White Isaac 1828 29 c DE
White Isaac 1853 25 PA
White Isaac H 1846 17 PA
White James 1847 28 NY
White John 1824 24 MD
White John 1845 27 NJ
White John 1840 24 c NC
White John 1838 19 b DE
White John 1833 35 MD
White John 1846 31 MS
White John 1851 22 NY
White John 1854 43 MD
White John 1857 20 b DE

Wheatley Stephen 1856 33 m MD
Wheelbank Jesse 1854 27 b DE
Wheeler Charles 1848 29 NY
Wheeler Clement G. 1838 21 MD
Wheeler Edward W 1861 26 NJ
Wheeler George L. 1851 23 PA
Wheeler John J. 1855 18 KS
Wheeler Melanethon 1851 27 NY
Wheeler Samuel 1841 21 PA
Wheeler William 1831 27 MD
Wheeler William W. 1827 21 MD
Wheelton John 1840 32 DE
Whelan Michael A 1839 27 MD
Wheling Matthew 1845 19 NY
Whetland Robert 1852 27 NY
Whilden Joseph 1838 19 NJ
Whilldin Jonathan 1824 18 PA
Whilldin Washington 1846 18 PA
Whipper William James 1855 20 b PA
Whipple John 1824 28 b NH
Whipple William P. 1824 18 ME
Whitaker Frederick 1845 25 MA
Whitaker John 1861 22 c DE
Whitaker William J 1854 19 b DE
Whitcom John 1827 35 MA
White Aaron 1830 23 c PA
White Alexander 1837 25 c DE
White Alexander 1852 32 m MD
White Andrew 1836 31 NJ
White Arthur 1854 35 LA
White Caleb 1852 26 DE
White Charles 1860 29 NY
White Charles Francis 1849 18 LA
White Daniel 1843 21 ME
White David 1849 35 b DE
White Edward 1841 34 NY
White Felix B. 1838 16 PA
White George 1855 21 MA
White George 1859 22 MA
White George 1861 26 m DE
White George V. 1851 25 RI
White Henry 1840 32 b MD
White Henry L 1854 20 PA
White Isaac 1828 13 MD
White Isaac H 1836 25 NJ
White James 1835 22 MA
White James A 1855 27 ME
White John 1829 24 y PA
White John 1840 28 MD
White John 1836 23 PA
White John 1841 18 PA
White John 1835 18 VT
White John 1851 31 b PA
White John 1852 21 MD
White John 1856 19 NY
White John 1860 45 Ireland

White John 1861 20 NJ
White John M 1856 19 b NJ
White Joseph 1838 42 LA
White Joseph 1856 36 PA
White Levin 1827 29 b MD
White Luke 1858 20 b PA
White Michael 1841 49 Ireland
White Nelson 1834 25 c PA
White Parker 1850 30 c VA
White Randall 1835 23 c NH
White Robert 1828 41 MA
White Robert 1849 27 NY
White Samuel 1850 17 ME
White Samuel F 1826 22 NJ
White Stephen 1845 29 NJ
White Thomas 1829 23 c RI
White Thomas 1853 30 MA
White Welcome 1854 18 MA
White William 1842 21 b VA
White William 1841 30 b VA
White William 1830 29 NJ
White William 1846 33 NY
White William 1848 26 LA
White William 1851 16 PA
White William 1855 23 b LA
White William 1861 26 CT
White William Washington 1832 22 MD
Whitebread Charles 1840 28 PA
Whitecar Thomas 1824 14 PA
Whitehead John E 1837 22 PA
Whitehurst Edward 1852 23 PA
Whitemore William 1851 33 NY
Whitlock Thomas 1832 38 NY
Whitman Nathan, Jr 1835 16 PA
Whitmore Alfred A 1851 18 SC
Whitmore Isaac 1840 20 ME
Whitney Francis 1842 23 Nova Scotia
Whitney Villeroy G 1861 28 CT
Whittaker George 1854 21 y DE
Whittecar Richard 1838 23 NJ
Whittington Richard 1853 19 MD
Whittle Robert 1843 17 PA
Whitton Elijha 1860 48 m PA
Whorlow William C. 1843 24 DE
Wickerson Israel 1847 15 MA
Wickham Michael 1845 35 PA
Widdifield William 1852 35 LA
Widger James 1854 26 PA
Wiggins Gabriel 1856 43 b NC
Wiggins Nathaniel 1836 21 PA
Wiggins William 1833 22 c NC
Wiggish Nathaniel 1840 23 b DE
Wilbanks William 1854 25 b DE
Wilbert John F 1861 21 NJ
Wilcox George 1851 25 CT
Wilcox Josiah 1838 17 ME

White John C 1843 18 NY
White Joseph 1837 16 PA
White Joseph 1848 19 England
White Lawson W 1860 22 ME
White Lewis 1833 29 b DE
White Martin 1826 35 y DE
White Milton 1860 52 ME
White Nevison 1830 22 b MA
White Philip 1859 24 b DE
White Richard 1859 23 b NY
White Robert 1841 21 NY
White Samuel 1845 46 ME
White Samuel 1855 24 NY
White Seth 1858 33 NJ
White Thomas 1824 24 y PA
White Thomas 1843 20 MA
White Thomas 1859 45 England
White William 1825 21 b MD
White William 1837 25 MD
White William 1843 20 VA
White William 1846 30 VA
White William 1847 26 m VA
White William 1850 28 NY
White William 1854 25 NY
White William 1856 25 NY
White William F 1824 34 DE
Whitebread Charles 1845 20 PA
Whitebread Charles 1830 20 PA
Whitehead Francis 1831 20 PA
Whitehead Parker 1854 27 b MD
Whitekar John H 1845 23 ME
Whitford Silas C 1833 24 RI
Whitman Adam J 1827 20 ME
Whitmarsh James 1847 22 MA
Whitmore Elijah 1840 15 MA
Whitney Alfred 1824 18 NY
Whitney Oliver 1840 25 ME
Whitney William 1854 21 NY
Whittaker William 1844 26 MD
Whittington George W. 1848 29 m MD
Whittle Robert 1841 15 PA
Whitton Benjamin 1858 21 ME
Whoopor William 1851 36 PA
Whyte Edward H. 1836 23 MA
Wickham Marine T 1834 22 PA
Wickham Michael 1830 23 PA
Widen Daniel 1828 46 Sweden
Widows Lewis 1847 20 PA
Wiggins John 1832 16 c PA
Wiggins Thomas 1860 21 PA
Wiggis Lemuel 1837 26 c DE
Wilbank Peter 1834 22 b DE
Wilber Garret 1840 23 NJ
Wilcox Alexander 1853 21 ME
Wilcox John 1855 17 ME
Wilcox Nathan 1829 26 CT

Wilcox Silas 1853 25 ME
Wilcox William 1855 27 ME
Wiley Charles 1849 36 PA
Wiley Robert 1855 22 PA
Wilkie John 1852 18 ME
Wilkins Benjamin 1841 20 NJ
Wilkins George 1856 23 m PA
Wilkins Jacob 1853 21 PA
Wilkins James 1829 25 PA
Wilkins John 1839 21 RI
Wilkins Wm. N 1836 24 MD
Wilkinson John 1824 18 NH
Wilkinson Lemuel 1844 25 NJ
Wilkinson Walter Scott 1850 20 PA
Wilkinson William H. 1856 24 MD
Willard John 1860 40 b NY
Willcox Green 1829 19 CT
Willde Andrew 1860 25 Denmark
Willets James S. 1861 56 NJ
Willets Nicholas B 1850 22 NJ
Willett Charles 1854 30 ME
Willetts Albert C 1861 25 NJ
Willey Simeon 1848 15 ME
Williams Aaron 1838 36 b NJ
Williams Alexander 1858 22 b NY
Williams Alfred 1859 18 s MA
Williams Andrew 1853 28 NY
Williams Benjamin 1854 17 PA
Williams Charles 1827 30 PA
Williams Charles 1836 19 MA
Williams Charles 1839 24 s NY
Williams Charles 1835 29 MA
Williams Charles 1846 20 NY
Williams Charles 1848 22 NY
Williams Charles 1855 24 NJ
Williams Charles 1856 35 MD
Williams Charles 1860 39 b MD
Williams Charles J. 1856 24 England
Williams Daniel 1837 22 NY
Williams David 1861 27 c DE
Williams Edmund C 1838 30 NH
Williams Edward 1854 22 NY
Williams Edwin 1848 40 PA
Williams Ephregm 1853 22 VA
Williams Evan 1824 35 PA
Williams Francis 1841 25 LA
Williams Francis 1858 22 DE
Williams Frank 1856 17 MA
Williams George 1825 19 b NJ
Williams George 1826 19 b PA
Williams George 1842 39 NY
Williams George 1836 27 s NJ
Williams George 1832 26 MD
Williams George 1846 19 VA
Williams George 1850 24 MA
Williams George 1859 51 c NJ

Wilcox William 1845 22 CT
Wild Robert 1841 30 NY
Wiley Jonathan L 1856 22 NJ
Wilkes Henry 1838 21 y NJ
Wilkie William 1853 22 b ME
Wilkins Charles 1849 31 NJ
Wilkins Henry 1856 18 b NY
Wilkins James 1827 24 y MA
Wilkins Jesse M 1854 16 PA
Wilkins John 1843 18 ME
Wilkinson Daniel 1846 23 NY
Wilkinson John 1851 17 NY
Wilkinson Robert 1826 23 MD
Wilkinson William 1858 21 Ireland
Willar George 1840 26 Austria
Willard Thomas 1839 21 CT
Willday Perry 1851 27 NY
Willeson James 1855 20 NY
Willets John 1857 20 NJ
Willett Aaron 1835 12 c PA
Willett Joseph W 1854 22 CT
Willey Jacob 1857 17 ME
Willey William 1834 20 NH
Williams Alexander 1854 20 NY
Williams Alfred 1855 26 b DE
Williams Amos 1861 27 b DE
Williams Benjamin 1846 32 PA
Williams Benjamin V 1841 21 y PA
Williams Charles 1845 25 MA
Williams Charles 1838 10 y NJ
Williams Charles 1843 29 SC
Williams Charles 1835 23 y NY
Williams Charles 1848 37 MA
Williams Charles 1855 23 NY
Williams Charles 1856 30 MA
Williams Charles 1858 23 NY
Williams Charles Edward 1843 15 PA
Williams Cyrus 1855 18 PA
Williams David 1856 36 MA
Williams David J. 1844 22 PA
Williams Edward 1850 22 MA
Williams Edward C 1845 28 MA
Williams Edwin 1854 23 VA
Williams Esau 1827 35 b DE
Williams Evin 1838 49 Wales, England
Williams Francis 1848 24 NY
Williams Frank 1856 19 ME
Williams George 1824 41 b VA
Williams George 1826 33 b DE
Williams George 1834 38 b NH
Williams George 1840 48 PA
Williams George 1837 24 b MA
Williams George 1833 20 ME
Williams George 1846 25 NY
Williams George 1853 21 NH
Williams George 1860 29 b PA

Williams George 1860 28 MA
Williams George Washington 1847 23 c DE
Williams Hemford 1836 22 c DE
Williams Henry 1827 21 y LA
Williams Henry 1844 16 PA
Williams Henry 1836 23 DE
Williams Henry 1846 26 ME
Williams Henry 1849 23 PA
Williams Henry 1851 17 NY
Williams Henry, II 1824 28 y PA
Williams Isaac 1837 25 NJ
Williams Isaiah 1827 24 ME
Williams Jacob 1849 21 MD
Williams James 1828 25 PA
Williams James 1842 23 VA
Williams James 1840 23 b CT
Williams James 1837 41 CT
Williams James 1847 20 VA
Williams James 1847 24 NY
Williams James 1850 43 b NY
Williams James 1851 27 NY
Williams James 1856 21 MA
Williams James Edward 1827 23 ME
Williams James H. 1851 21 DE
Williams John 1824 37 y MD
Williams John 1824 25 Germany
Williams John 1825 27 b PA
Williams John 1826 24 NY
Williams John 1827 23 y PA
Williams John 1828 21 MD
Williams John 1829 25 b MD
Williams John 1829 23 b NJ
Williams John 1834 27 b NY
Williams John 1842 17 LA
Williams John 1844 21 b MA
Williams John 1844 25 MD
Williams John 1845 67 b NC
Williams John 1836 21 MA
Williams John 1837 44 RI
Williams John 1838 22 s PA
Williams John 1841 25 DE
Williams John 1841 21 PA
Williams John 1841 24 s NY
Williams John 1843 21 MA
Williams John 1843 39 MA
Williams John 1833 27 c PA
Williams John 1833 40 c MD
Williams John 1830 18 NY
Williams John 1846 28 NY
Williams John 1846 24 m PA
Williams John 1848 32 b VA
Williams John 1849 22 PA
Williams John 1850 24 PA
Williams John 1852 25 b DE
Williams John 1852 22 b NY
Williams John 1853 35 PA

Williams George M 1856 15 PA
Williams Hector 1853 29 NY
Williams Henry 1824 28 y MD
Williams Henry 1842 32 LA
Williams Henry 1836 23 c NJ
Williams Henry 1837 27 NY
Williams Henry 1849 40 NY
Williams Henry 1850 16 NY
Williams Henry 1852 21 MA
Williams Isaac 1828 19 y PA
Williams Isaac 1839 37 s DE
Williams Jacob 1827 17 b NY
Williams Jacob W. 1855 24 b DE
Williams James 1829 24 M DC
Williams James 1844 22 PA
Williams James 1837 27 NY
Williams James 1833 24 NY
Williams James 1847 22 MA
Williams James 1850 27 PA
Williams James 1851 20 MA
Williams James 1852 36 b NJ
Williams James 1859 24 m NC
Williams James H. 1843 21 DE
Williams Jefferson 1834 23 MD
Williams John 1824 21 c NY
Williams John 1825 23 ME
Williams John 1825 33 b DE
Williams John 1826 28 b DE
Williams John 1828 20 MA
Williams John 1828 23 MA
Williams John 1829 44 y NY
Williams John 1831 36 MD
Williams John 1834 45 NY
Williams John 1844 19 VA
Williams John 1844 22 DE
Williams John 1845 24 NY
Williams John 1840 22 MA
Williams John 1837 22 b PA
Williams John 1837 21 s MA
Williams John 1841 20 b VA
Williams John 1841 23 PA
Williams John 1841 28 MD
Williams John 1841 28 MA
Williams John 1843 65 c MA
Williams John 1843 29 ME
Williams John 1833 26 b PA
Williams John 1830 23 RI
Williams John 1846 28 NY
Williams John 1846 19 b DE
Williams John 1847 29 NY
Williams John 1849 26 NY
Williams John 1850 19 ME
Williams John 1850 22 ME
Williams John 1852 23 SC
Williams John 1853 28 s NY
Williams John 1853 25 NY

Williams	John	1854	24	b	MD	Williams	John	1854	69	b	PA
Williams	John	1854	24	b	PA	Williams	John	1854	36		PA
Williams	John	1854	22	b	DE	Williams	John	1854	26		England
Williams	John	1855	46	b	PA	Williams	John	1855	45		MA
Williams	John	1856	25	s	MD	Williams	John	1856	31	b	NY
Williams	John	1857	40		Ireland	Williams	John	1857	20		RI
Williams	John	1857	33		NY	Williams	John	1858	40		ME
Williams	John	1858	25	m	NY	Williams	John	1858	25		Norway
Williams	John	1859	29	l	LA	Williams	John	1859	26		NJ
Williams	John	1859	22		MD	Williams	John	1860	34		NY
Williams	John	1861	22		CT	Williams	John C	1837	22		MD
Williams	John E.	1861	21		OH	Williams	John F	1860	27		NY
Williams	John H.	1855	22		NY	Williams	John H.	1856	26	b	PA
Williams	John H.	1861	21		NJ	Williams	John P	1854	19	b	NJ
Williams	John S	1857	24	b	PA	Williams	Joseph	1829	44	c	PA
Williams	Joseph	1840	25	c	NY	Williams	Joseph	1848	35		NY
Williams	Joseph	1850	22		CT	Williams	Joseph K	1842	22		PA
Williams	Joseph K.	1848	26		PA	Williams	Joseph M	1846	19		PA
Williams	Lawrent	1841	35		MA	Williams	Levin	1829	21		DE
Williams	Lewis	1849	23	b	NY	Williams	Littleton	1837	24	m	DE
Williams	Luke	1835	41	b	MD	Williams	Luke	1855	17		PA
Williams	Millaway	1833	24		NJ	Williams	Moses	1840	19	m	MD
Williams	Moses	1857	31	b	DE	Williams	Moses	1858	30		NY
Williams	Oliver	1847	25		NY	Williams	Peter	1834	23	y	NY
Williams	Peter	1855	43		LA	Williams	Peter	1861	30		NY
Williams	Peter J	1849	34		MD	Williams	Reynear	1840	24		DE
Williams	Richard	1826	21		PA	Williams	Richard	1832	34	s	RI
Williams	Richard	1830	23	m	NJ	Williams	Robert	1824	36	b	ME
Williams	Robert	1828	23	c	PA	Williams	Robert	1829	25		NY
Williams	Robert	1842	33	m	NY	Williams	Robert	1841	30		PA
Williams	Robert	1841	47		MD	Williams	Robert	1846	28		DE
Williams	Robert	1852	16		PA	Williams	Robert	1861	35	b	MD
Williams	Samuel	1824	29	b	DE	Williams	Samuel	1848	23	b	NY
Williams	Samuel	1849	40		CT	Williams	Samuel	1850	15		PA
Williams	Samuel	1852	25		SC	Williams	Stephen	1845	21		PA
Williams	Stephen	1855	48	s	DE	Williams	Thomas	1825	16		MA
Williams	Thomas	1846	28	b	RI	Williams	Thomas	1851	23	b	MD
Williams	Thomas	1852	22		PA	Williams	Thomas	1853	24	b	MD
Williams	Thomas	1855	24		NY	Williams	Thomas	1859	21	s	NJ
Williams	Thomas, Jr.	1833	24		SC	Williams	William	1824	26		Wales
Williams	William	1826	27		PA	Williams	William	1827	25	y	VA
Williams	William	1837	34	b	PA	Williams	William	1838	18	s	NJ
Williams	William	1839	28	s	NY	Williams	William	1830	36		Wales
Williams	William	1830	18		DE	Williams	William	1846	40		NY
Williams	William	1846	22	c	DE	Williams	William	1846	22	c	DE
Williams	William	1846	45	s	NY	Williams	William	1850	29		NY
Williams	William	1850	21	b	DE	Williams	William	1853	35		MA
Williams	William	1854	20		MA	Williams	William	1854	33	b	PA
Williams	William	1855	40		VA	Williams	William	1857	36	b	DE
Williams	William	1859	22		PA	Williams	William	1860	18		NY
Williams	William H.	1857	26	b	PA	Williams	William H	1861	32	b	DE
Williamson	Charles	1843	17		PA	Williamson	Charles	1850	36		PA
Williamson	Charles	1857	23		MD	Williamson	Chas	1845	34		PA
Williamson	Christian	1854	25		NY	Williamson	Christopher F.	1841	24		NY
Williamson	David	1857	22		DE	Williamson	Elbrige	1852	23		ME
Williamson	Frederick	1849	26		Prussia	Williamson	George	1826	24		Scotland

Williamson George 1845 21 NJ
Williamson Ishmael 1860 22 c PA
Williamson James 1833 32 c ME
Williamson John 1825 23 PA
Williamson John 1848 23 MA
Williamson John B 1825 17 PA
Williamson Peter 1845 25 PA
Williamson Thomas 1839 22 NY
Williamson Washington 1829 25 PA
Williamson William 1834 24 b NJ
Williamson William H 1857 28 b PA
Willims John 1837 21 MA
Willis Charles 1834 29 NJ
Willis John 1828 27 c PA
Willis Mathew 1847 26 PA
Willison William 1852 18 PA
Willmot Joseph 1852 40 NY
Wills Daniel 1837 21 NJ
Wilmer Henry 1858 24 b MD
Wilsey John R 1837 23 NY
Wilson Abijah 1835 29 NY
Wilson Alexander 1836 17 m PA
Wilson Andrew 1840 21 MD
Wilson Andrew 1855 18 MA
Wilson Archibald 1851 29 PA
Wilson Benjamin 1849 22 PA
Wilson Charles 1838 14 PA
Wilson Charles 1841 23 MA
Wilson Charles 1851 26 NY
Wilson Charles 1860 39 LA
Wilson Charles B 1848 21 b MA
Wilson Christian 1852 27 NY
Wilson Daniel 1838 22 MA
Wilson David 1861 30 ME
Wilson Edward 1848 22 MA
Wilson Edward L 1861 20 c DE
Wilson Evan 1835 18 c PA
Wilson George 1827 27 MA
Wilson George 1834 34 MA
Wilson George W 1848 22 PA
Wilson Henry 1842 19 b NY
Wilson Henry 1841 31 NY
Wilson Henry 1847 25 PA
Wilson Henry 1852 20 ME
Wilson Henry 1859 40 b VA
Wilson Henry W 1850 22 MD
Wilson Horace 1837 34 c MD
Wilson Horace 1858 30 c PA
Wilson Isaac 1852 22 b DE
Wilson Ivan 1845 24 m PA
Wilson James 1829 23 PA
Wilson James 1845 23 DE
Wilson James 1841 25 b PA
Wilson James 1846 28 ME
Wilson James 1849 27 NY
Wilson James 1852 29 ME

Williamson Isaac D. 1858 20 NY
Williamson James 1825 21 DE
Williamson James 1855 15 PA
Williamson John 1845 20 NY
Williamson John A 1854 26 Ireland
Williamson Patrick 1861 27 Ireland
Williamson Peter B 1843 23 MD
Williamson Thomas 1855 23 NY
Williamson William 1827 27 PA
Williamson William 1860 22 NY
Willims John 1837 21 c DE
Willims Malwin 1836 21 c PA
Willis James R. 1859 23 ME
Willis Joseph 1853 33 b MA
Willis Thomas 1859 27 NJ
Willits Joseph 1836 16 PA
Wills Aaron 1826 35 PA
Wills Josiah 1824 22 NJ
Wilmer John 1841 15 PA
Wilsey John R 1847 33 NY
Wilson Alexander 1840 30 Sweden
Wilson Andrew 1828 37 NJ
Wilson Andrew 1836 28 none given
Wilson Andrew J 1841 18 ME
Wilson Augustus 1844 20 PA
Wilson Charles 1836 22 s NJ
Wilson Charles 1841 21 MA
Wilson Charles 1848 28 PA
Wilson Charles 1860 22 s LA
Wilson Charles 1861 28 Prussia
Wilson Charles C 1858 23 c PA
Wilson Cornelius 1827 29 NJ
Wilson David 1824 27 b MD
Wilson Edward 1828 28 c MA
Wilson Edward H. 1853 19 ME
Wilson Evan 1845 24 c PA
Wilson George 1826 29 MD
Wilson George 1829 21 DE
Wilson George A 1835 16 PA
Wilson Greenesbury B. 1851 22 DE
Wilson Henry 1840 21 y PA
Wilson Henry 1847 40 MA
Wilson Henry 1850 17 PA
Wilson Henry 1854 25 NY
Wilson Henry 1860 21 c NY
Wilson Henry, Jr 1860 28 PA
Wilson Horace 1841 43 MD
Wilson Isaac 1851 27 SC
Wilson Isaac 1859 30 c DE
Wilson James 1828 26 m NY
Wilson James 1834 25 c MD
Wilson James 1837 28 MA
Wilson James 1833 26 b MD
Wilson James 1847 23 MD
Wilson James 1851 16 NH
Wilson James 1858 42 c PA

Wilson James 1861 21 m DE
Wilson James B. 1849 31 NY
Wilson James C. 1848 23 VA
Wilson James S 1847 47 Ireland
Wilson Job 1836 20 PA
Wilson John 1826 18 ME
Wilson John 1827 24 PA
Wilson John 1828 29 ME
Wilson John 1844 19 NY
Wilson John 1840 25 NY
Wilson John 1838 25 ME
Wilson John 1841 22 NY
Wilson John 1847 30 PA
Wilson John 1848 19 NY
Wilson John 1855 22 NY
Wilson John 1857 21 c NY
Wilson John 1859 27 b PA
Wilson John H 1859 25 m MD
Wilson John Henry 1853 28 ME
Wilson Joseph 1860 22 NY
Wilson Levin 1843 14 PA
Wilson Luther F 1838 36 MA
Wilson Orion M. 1859 28 PA
Wilson Peter 1839 24 NY
Wilson Robert 1825 40 b VA
Wilson Robert 1844 20 PA
Wilson Robert 1856 23 NY
Wilson Samuel 1837 21 b PA
Wilson Samuel 1855 38 NY
Wilson Samuel P 1849 24 DE
Wilson Solomon 1835 25 c MD
Wilson Stephen M. 1858 22 c PA
Wilson Thomas 1845 23 GA
Wilson Thomas 1851 25 NY
Wilson Thomas A 1854 19 MD
Wilson Thomas R 1855 27 b PA
Wilson William 1827 20 PA
Wilson William 1828 27 NY
Wilson William 1836 18 s PA
Wilson William 1850 42 NY
Wilson William 1851 26 s VA
Wilson William 1853 23 PA
Wilson William B 1859 38 NJ
Wilson William E 1855 18 PA
Wilson William H 1840 23 MA
Wilson William T C 1852 23 DE
Wiltbank John C 1860 23 DE
Wiltbank Samuel Stones 1844 16 PA
Wilton William 1844 19 PA
Wimer Andrew 1836 22 PA
Winch Samuel 1846 37 MA
Winchell Thomas H. 1852 25 NY
Winchester Henry 1859 50 c MD
Winder James 1861 21 b DE
Windrow Henry 1846 23 NY
Wing George 1828 22 MA

Wilson James A 1853 22 ME
Wilson James B 1857 18 b DE
Wilson James D 1845 19 DE
Wilson Jeremiah 1861 29 b VA
Wilson John 1826 22 MA
Wilson John 1826 22 MD
Wilson John 1827 23 MD
Wilson John 1829 18 PA
Wilson John 1840 36 NY
Wilson John 1837 16 PA
Wilson John 1841 27 NY
Wilson John 1843 28 LA
Wilson John 1847 21 MA
Wilson John 1850 22 MA
Wilson John 1856 24 b PA
Wilson John 1859 21 c PA
Wilson John Alexander 1842 31 Sweden
Wilson John H 1860 23 c DE
Wilson Joseph 1836 19 ME
Wilson Joshua 1824 28 y NJ
Wilson Lewis 1855 21 b NY
Wilson Martin 1841 27 PA
Wilson Parry 1836 22 s NJ
Wilson Peter 1854 23 NY
Wilson Robert 1834 18 b PA
Wilson Robert 1849 21 PA
Wilson Robert H 1840 29
Wilson Samuel 1843 23 b PA
Wilson Samuel C. 1857 23 Norway
Wilson Silas 1834 22 PA
Wilson Stephen 1852 21 CT
Wilson Thomas 1827 15 PA
Wilson Thomas 1845 23 NC
Wilson Thomas 1861 23 b MA
Wilson Thomas L. 1856 25 PA
Wilson, Thomas, Jr 1853 27 b NY
Wilson William 1828 25 NJ
Wilson William 1840 34 PA
Wilson William 1838 34 MD
Wilson William 1851 28 LA
Wilson William 1852 21 RI
Wilson William 1855 27 NY
Wilson William D 1838 15 PA
Wilson William Edward 1844 34 c PA
Wilson William S 1855 27 PA
Wiltbank Elsy 1830 22 b DE
Wiltbank Robert 1857 19 DE
Wilton Henry 1855 22 NY
Wiltse John 1829 27 NJ
Wimer Henry 1831 16 PA
Winchell Jerome 1851 23 ME
Winchenbark Pelham 1858 52 ME
Wincroft Charles 1856 23 b PA
Windle William 1828 17 DE
Winebery James 1849 25 b PA
Winkler George 1850 30 PA

Winn John 1861 21 NY
Winnemore Edward 1844 16 PA
Winnemore William Perry 1855 18 PA
Winsell Smith 1843 18 NJ
Winslow Caleb S 1826 24 MA
Winslow Francis B 1834 21 MA
Winslow James A. 1860 28 LA
Winslow John 1861 36 s MA
Winslow Oliver E 1853 21 ME
Winslow William 1840 24 RI
Winter Charles 1838 45 NY
Winter John 1852 25 ME
Winterbotham John 1835 20 DE
Winters Abraham C 1835 39 PA
Winters Jacob 1833 27 Prussia
Winters Richard 1840 28 NY
Winton Joseph L 1853 23 NY
Wisdom William A 1857 29 PA
Wise Jacob 1844 47 MD
Wise John Holmes 1839 25 MA
Wise William 1828 23 DE
Wiseman James 1856 23 NJ
Wisener James 1854 24 MA
Witham Albion R P. 1849 24 ME
Witham Robert 1854 28 PA
Withers William 1840 23 MA
Witt Henry A 1829 20 MA
Wittman James 1824 23 b MD
Wolf Ceaser 1841 28 c DE
Wolf Micheal 1829 35 NY
Wolfe William 1855 27 LA
Wolfe William Thomas 1857 16 DE
Wolford William 1856 26 c DE
Wollohon Elias 1827 19 NJ
Woner James 1825 20 NY
Wood Charles 1843 27 GA
Wood David 1828 20 NJ
Wood Edmund 1854 17 CT
Wood George H. 1860 22 NY
Wood Isaac 1841 22 PA
Wood Isaac H 1839 24 PA
Wood John 1843 26 NY
Wood John A. 1860 29 NY
Wood John C 1853 30 ME
Wood Josiah 1857 57 c VA
Wood Meshack 1825 30 b VA
Wood Obed 1857 22 ME
Wood Samuel 1860 25 NJ
Wood Thomas 1851 23 NY
Wood William 1852 22 MA
Wood William H 1840 18 PA
Woodbury Ebenezar 1838 32 MA
Woodbury John 1824 35 MA
Woodcock Nathan 1854 19 ME
Woodhall William 1846 17 NY
Woodhull Pollis 1824 21 NY

Winn Richard 1851 33 MD
Winnemore Edward 1860 32 PA
Winpenny William 1850 16 PA
Winser Thomas 1838 21 NC
Winslow Edward 1841 22 NH
Winslow Francis B 1836 21 MA
Winslow John 1840 22 Austria
Winslow Jonathan H. 1856 28 MA
Winslow Prince C 1853 20 ME
Winslow William C 1828 24 NY
Winter Charles 1849 22 LA
Winter William 1858 22 s MA
Winterlunn William Henry 1832 25 NH
Winters Isaac 1828 23 PA
Winters James A 1851 24 b VA
Winters William 1831 36 c NY
Wisdom William 1848 18 ME
Wise George 1830 23 VA
Wise John Francis 1837 25 MD
Wise Moses Graves 1827 35 MA
Wise William 1844 19 RI
Wiseman Thomas 1827 22 MD
Wiske John 1826 39 Prussia
Witham John G. 1846 24 ME
Witheat Henry 1837 28 NY
Witherspoon John S 1851 23 ME
Wittington Shedrick 1831 24 c PA
Wolcott Charles 1844 34 c DE
Wolf George L 1858 23 PA
Wolf William C. 1855 42 PA
Wolfe William B 1846 21 DE
Wolff John 1835 21 c NY
Wollford Stephen 1833 28 c DE
Woltz Noel 1861 22 ME
Wood Augustus P 1825 16 PA
Wood Cicero 1848 14 m NC
Wood Edmond L. 1840 20 NY
Wood Eli 1829 20 NJ
Wood George W 1859 28 NY
Wood Isaac 1859 45 b DE
Wood James 1847 28 Germany
Wood John 1860 31 NY
Wood John C. 1836 36 NY
Wood John S. 1824 26 CT
Wood Luther W 1848 23 MA
Wood Moses 1859 22 m NY
Wood Richard G 1837 26 MD
Wood Thomas 1833 23 c PA
Wood William 1846 26 VA
Wood William 1858 23 ME
Wood William J 1861 26 PA
Woodbury James 1857 19 ME
Woodbury Peter J 1858 26 MA
Wooderd Peter 1826 33 b PA
Woodhouse Thomas 1851 25 NY
Woodland Henry 1837 27 s DE

Woodland Henry 1841 28 b NJ
Woodman Charles 1842 21 MA
Woodman John C 1840 20 ME
Woodred John W 1852 24 b PA
Woodruff Horace 1839 24 NJ
Woodruff Theodore W. 1854 26 NY
Woods Bernard 1849 18 ME
Woods Lewis H. 1857 26 NY
Woods Peter 1859 22 England
Woods Samuel 1847 32 Ireland
Woods William E 1847 22 CT
Woodside Joseph George 1834 15 PA
Woodward Thomas 1826 19 PA
Woodward William H 1861 30 ME
Wooley Adam 1836 24 PA
Woolley Adam 1844 31 PA
Woolsey Charles E 1836 20 NY
Wooster Benjmin 1833 27 ME
Wooster James 1848 21 ME
Wooters John 1846 21 DE
Wording Dean W 1849 24 ME
Workman Ebenezer 1825 17 PA
Works George C 1824 15 PA
Worstell Wm R. Dickerson 1840 27 OH
Worthline Charles Fairfield 1858 18 PA
Wortinger Henry 1848 30 Denmark
Wournell William 1853 24 MA
Wray George 1825 18 PA
Wright Arthur 1833 24 RI
Wright Asa 1826 38 VA
Wright Charles 1848 27 c MA
Wright Cornelius 1845 26 b DE
Wright Daniel 1851 21 c DE
Wright Edward D 1836 15 s PA
Wright Edwin 1846 18 NY
Wright George 1853 20 AL
Wright Henry 1855 36 b MD
Wright Isaah 1846 22 c DE
Wright James W 1853 37 VA
Wright Jayne 1846 24 NY
Wright John E 1848 22 CT
Wright Joseph 1829 29 ME
Wright Joseph, Jr. 1851 16 MA
Wright Robert 1824 24 NJ
Wright Silas 1860 27 NY
Wright Thomas 1842 21 NY
Wright Thomas A , Jr 1853 16 PA
Wright Thomas W 1861 20 MA
Wright William 1840 39 y VA
Wright William 1847 22 ME
Wrightly William 1834 27 PA
Writely William 1841 33 PA
Wunder Edward 1843 19 PA
Wurtz Algernon 1855 28 s PA
Wyllie Henry 1850 23 MA
Wynkoop George 1843 16 PA

Woodlin Elisha 1847 25 DE
Woodman Henry 1852 35 England
Woodnutt James Mason 1826 18 NJ
Woodrow John 1855 26 MA
Woodruff Newton 1839 27 NJ
Woodruff William 1829 24 b VA
Woods Henry 1853 25 b NY
Woods Nicholas 1859 25 NY
Woods Peter B. 1841 33 b VA
Woods William 1849 25 NY
Woodside Israel Lewis 1842 16 PA
Woodward Charles F. 1858 28 NY
Woodward William 1829 17 PA
Woodwod William H 1859 28 ME
Woolford George 1844 26 b DE
Woolman Frederick P 1861 18 NJ
Woolverton John 1858 19 PA
Wooster David 1857 43 ME
Wooster William 1835 29 c MD
Wooters Vincent 1850 21 DE
Wordinger Henry 1837 20 PA
Workman John 1840 28 RI
Worrell John R 1854 22 PA
Worth Grubb 1824 17 PA
Wortinger Henry 1841 24 Denmark
Wortman John 1854 21 ME
Wrapson James 1858 39 England
Wright Abraham 1860 22 b DE
Wright Asa 1824 22 MA
Wright Charles 1827 19 PA
Wright Charles S 1858 18 MA
Wright Cornelius 1859 38 b DE
Wright David 1831 15 b NJ
Wright Edwin 1845 17 NY
Wright George 1849 18 PA
Wright Henry 1845 19 PA
Wright Henry P 1860 18 CT
Wright James 1828 28 PA
Wright James, Jr. 1855 24 ME
Wright John 1858 22 RI
Wright John F. 1840 20 CT
Wright Joseph L 1854 19 PA
Wright Reece 1828 28 y PA
Wright Robert 1855 21 NY
Wright Stewart 1844 16 NJ
Wright Thomas 1846 51 c DE
Wright Thomas Davis 1830 48 c DE
Wright Walter 1858 22 m DE
Wright William 1846 26 b DE
Wright William 1847 22 ME
Wrigley Joseph 1858 22 NY
Wrixon John 1855 21 NY
Wurden Henry 1834 25 c DE
Wyatt George 1827 27 PA
Wyman Hiram P 1852 21 ME
Yargaw Frederick 1861 41 Prussia

Yargow Frederick 1852 32 PA
Yates George W 1838 18 PA
Yates Samuel 1857 21 NJ
Yates William 1851 23 NY
Yats Isaac H. 1861 27 NJ
Yeager Thomas B 1858 17 PA
Yeakle Christian 1850 30 PA
Yendell Samuel H. 1837 34 MA
Yhost George 1824 16 PA
Yocum Daniel P 1852 28 DE
Yocum William 1825 16 PA
York Benjamin 1838 21 ME
York John F. 1848 23 ME
York William 1840 25 DE
Yorke Edward A 1852 38 PA
Young Alexander 1853 25 NJ
Young Caleb 1854 24 b DE
Young Daniel 1837 21 ME
Young Dennis 1858 39 c PA
Young Frederick T 1852 15 PA
Young George P. 1837 24 PA
Young Henry 1848 30 CT
Young Isaac 1860 23 MA
Young James 1834 34 b MD
Young James 1843 31 NY
Young James Henry 1853 25 NY
Young James M 1834 19 PA
Young John 1850 18 ME
Young John 1855 26 b MD
Young Joseph 1825 22 ME
Young Nathan 1825 19 b DE
Young Nathl 1828 22 DE
Young Richard 1847 28 NY
Young Robert 1844 28 ME
Young Robert 1848 18 LA
Young Samuel, Jr. 1824 16 PA
Young Thomas 1833 19 MA
Young Thomas 1860 18 PA
Young Watson R 1845 23 MA
Young William 1826 27 y MD
Young William 1833 30 ME
Young William 1852 46 ME
Young William 1858 42 Scotland
Young William 1861 17 ME
Young Wm. Henry 1840 31 PA
Youngs James 1838 22 NY
Yuill James 1848 19 MA
Zane William 1836 21 PA
Zelbirth Amos Preston 1861 21 m PA
Zodorich Peter 1843 40 Austria

Yater Zenas 1851 27 ME
Yates Isaac 1840 21 ME
Yates Warwick 1840 27 ME
Yats Enock 1861 21 NJ
Yeager Joseph 1843 22 PA
Yeager Wm. T. 1852 14 PA
Yellitch Nicholas 1840 24 Austria
Yeomans James 1854 38 MA
Yocum Daniel 1844 23 DE
Yocum Isaac D 1833 19 PA
Yon Luden 1849 28 NC
York Jeremiah 1860 24 b DE
York Thomas 1859 19 MA
Yorke Edward A. 1838 24 PA
Yorke Samuel H 1836 21 PA
Young Andrew Smith 1840 20 PA
Young Charles 1844 29 NY
Young Dennis 1854 35 b MD
Young Eleazer B. 1850 21 ME
Young George 1834 22 PA
Young Henry 1847 29 PA
Young Hiram 1861 17 NJ
Young Isaiah 1837 25 s DC
Young James 1839 17 s DE
Young James 1854 30 PA
Young James Henry 1856 22 b PA
Young John 1841 19 PA
Young John 1854 27 I MA
Young John H 1824 15 PA
Young Nahum B 1859 19 ME
Young Nathaniel 1833 26 b DE
Young Reuben C 1857 16 NJ
Young Richard H L 1857 23 NJ
Young Robert 1836 28 MA
Young Robert 1856 29 b DE
Young Stephen 1845 24 PA
Young Thomas 1852 24 MA
Young Thomas C 1860 21 NJ
Young William 1825 27 b NY
Young William 1827 20 MA
Young William 1849 24 ME
Young William 1853 37 Scotland
Young William 1858 25 b DE
Young Williamk S. 1825 19 NJ
Youngas James 1858 23 ME
Youngs John W 1826 17 NJ
Zane Eli 1849 23 NJ
Zebley Edward 1851 18 PA
Zener William 1837 19 PA
Zuliani Andrew 1849 21 Austria

Introduction to Supplement

Seamen's Protection Certificate Applications
Port of Philadelphia
1796-1861

This supplement adds some 640 names to the two earlier indexes to Seamen's Protection Certificate Applications filed in the Port of Philadelphia. One earlier index covers the years 1796-1823; the other 1824-1861. This supplement spans the entire period of 1796-1861.

After the publication of the earlier indexes, two additional boxes of applications which had been separated from the bulk of these records were located by an archivist. There is no obvious explanation for their having been separated from the main files. They are not all from one area, nor from one era. They are not all young nor old, black or white. They seem typical of the records organized earlier.

These 640 records have now been filed by year and alpha by surname with the those organized earlier.

Data in this index is given in the same order as in earlier indexes: seaman's name, year of application, age at time of application, color, state or country of birth. Please see page 5 for a more detailed explanation.

Name	Year	Age	State	Country
Acco, Nain	1811	27 b	NJ	
Adams, Joseph	1850	18	CT	
Alden, James C.	1857	19	NY	
Allen, Jervis	1846	0		
Allen, John	1806	38	DE	
Allen, William	1850	49	ME	
Alln, Isaac	1850	25	RI	
Anderson, James	1838	24	NY	
Anderson, Robert	1861	28	PA	
Anderson, William	1850	25	MA	
Andrews, Edward	1857	22	PA	
Arey, William	1857	22	ME	
Argerett, George	1838	25 y	GA	
Ashmead, Thomas E.	1857	17	PA	
Ashton, Henry	1857	20 b	MA	
Atkins, John	1838	21		Ireland
Ayres, Walter B.	1861	26	NJ	
Bacon, William	1850	29 c	DE	
Bailey, Ezra	1850	12	ME	
Baker, Joel A.	1827	19	MA	
Baker, Joseph	1838	25	ME	
Bantorn, Charles	1840	19 s	PA	
Barber, William	1838	24 c	MD	
Barbour, James	1844	26	NJ	
Barge, William	1846	0		
Barret, Matthew B.	1861	22	NY	
Barron, John	1857	25	NY	
Baxter, Abraham	1857	25 b	MA	
Bayard, Stephen Henry	1850	19 m	MD	
Bayne, Peter	1857	50 m	PA	
Bell, Joseph	1797	21	DE	
Berry, Henry W.	1857	17	ME	
Berry, John Henry	1840	25 b	RI	
Bird, Edward	1840	22 b	PA	
Bisco, Allen	1857	31 b	DE	
Bishop, William	1861	22	MD	
Black, Richard H.	1857	18 c	PA	
Bohanan, Joseph	1838	21	ME	
Bolten, John	1838	32	NY	
Borlase, William J.	1850	23	MA	
Botley, James	1857	20 b	MA	
Bowen, Charles B.	1857	32	RI	
Bowen, John	1828	0		
Bowen, Richard S.	1861	23	MA	
Bowen, William	1838	22	PA	
Boyd, James	1861	28	DC	
Bradfield, James	1861	22	MA	
Bradley, Albert C.	1861	22	CT	
Bradley, Hugh	1817	0		
Bradley, John Joseph	1838	21		England
Bradshaw, George	1838	27	VA	
Brice, Henry	1857	26	NC	
Brittan, James H.	1861	20	NY	
Britton, Isaac	1854	20 b	PA	
Brooks, John	1838	23 c	PA	
Brooks, Noah	1861	25 b	MD	
Brooks, William	1838	23 y	DC	
Broom, Thomas	1822	23	PA	
Brown, Charles	1838	28 b	PA	
Brown, James	1857	27	NY	
Brown, John	1857	26 m	NY	
Brown, John	1838	25 b	NJ	
Brown, John	1857	32	NY	
Brown, Stillmon	1838	23	ME	
Brown, Thomas	1838	29 c	DE	
Brown, Thomas	1801	26 b	VA	
Brown, Titus A.	1857	22 m	PA	
Brown, William	1850	39 c	PA	
Browne, James	1803	35		
Brunswick, John C	1838	23 c	DE	
Bryson, Robert	1838	19		England
Buckley, William M.	1850	30	PA	
Buell, Samuel F.	1844	20	VT	
Burchell, John	1861	32	MA	
Burke, William	1825	28	PA	
Burns, James	1850	23	PA	
Burns, William	1850	25	MA	
Burrill, Edward M.	1857	17 m	VA	
Butler, William	1838	46	PA	
Caesar, Glaucester	1798	0 b		
Callanan, William	1850	29	MA	
Campbell, Daniel	1838	25 c	DE	
Campbell, Joseph J.	1850	22	NJ	
Card, Samuel	1861	22	ME	
Carey, James M.	1838	19	DE	
Carlisle, Joseph	1861	35 s	PA	
Carll, William	1822	25	ME	
Carmichael, Samuel	1804	0		
Carson, Joseph	1839	45	MA	
Cash, Michael	1850	38	ME	
Cassady, Edward J.	1854	25	PA	
Casson, Nathan	1827	24 b	DE	
Cate, Daniel, Jr.	1839	25	ME	
Chace, Cyrus A.	1861	27	NY	
Chalkley, Moses	1838	34 b	DE	
Chambers, Christopher	1833	29 b	PA	
Chambers, David	1857	35 b	DE	
Chandler, Edward T	1857	26	ME	
Chase, Eldridge	1861	27	MA	
Chew, John	1857	42 c	MD	
Christian, Charles	1857	46		Prussia
Clark, James F.	1861	15	MA	
Clark, Jeremiah	1850	25 c	DE	
Clark, John S.	1844	16	PA	
Clark, John Severing	1838	23	PA	
Clark, Stephen	1857	31 b	MD	
Coffin, Charles	1861	22 l	MA	
Comery, Isaac	1838	18	ME	

Name	Year	Age	State
Connor, Ebenezer	1850	53	ME
Conway, Daniel	1861	21 b	DE
Conwell, William	1850	15	DE
Conyers, William	1800	21	PA
Cooley, Thomas	1850	36 c	MA
Cooper, Atwill	1838	30 s	DE
Cooper, George H	1838	12	PA
Cooper, Isaac	1847	18 b	MD
Cooper, John	1850	21	ME
Cooper, William	1857	25 b	NY
Cooper, William	1861	26 b	MD
Copeland, Richard	1840	23 b	PA
Corey, James M.	1838	19	DE
Cornish, William	1850	26	ME
Corson, Amos S.	1838	21	NJ
Craft, Edward	1839	24	PA
Crane, John L.	1861	19	ME
Cresee, Smith	1861	18	NJ
Crocker, Francis W.	1857	48	MA
Crosby, Edward	1838	40	MA
Crowell, Edwin	1861	27	MA
Cummings, James	1828	0	
Cunningham, James	1857	18	PA
Cunningham, James F.	1861	28	NY
Curry, Wesley	1838	23 c	DE
Dalton, Thomas	1857	22 m	CT
Danenhower, Charles	1857	16	PA
Davis, Charles	1857	17	ME
Davis, Henry	1828	0	
Davis, Levin	1822	19 y	VA
Davison, Isaac	1838	31	PA
Dawson, James	1861	29 b	PA
Deamer, James	1822	15	PA
DeGrate, Alfred H.	1857	30 b	MA
Denny, James	1835	26 b	VA
Depass, Henry	1850	38 b	MD
Derby, Josiah G	1857	37	NY
Derrickson, Jacob	1857	30 b	DE
Devons, Thomas	1857	16	ME
Dexter, Sumner	1838	23	MA
Dickinson, William	1850	45	ME
Dill, Eliza	1857	29 b	PA
Doan, Joseph	1797	20	PA
Donahoe, Matthew	1861	19	DC
Donahue, Patrick	1861	27	NY
Dorman, James	1839	24	ME
Dorn, James	1855	24	NH
Dorsey, Benjamin	1838	22 c	MD
Douglass, William	1857	21 m	PA
Drain, Solomon	1861	23 m	DE
Duane, Charles	1850	24	NY
Duffell, Samuel	1861	22	NJ
Duncan, John	1858	31	TN
Dwier, William W. W.	1850	20	PA
Earley, Dennis	1850	22	MD
Eaton, Henry H.	1850	38	ME
Eckard, Henry G.	1857	18	PA
Edwards, Bertine	1850	25	NJ
Elliott, William	1838	21	MD
Ellis, Albert	1861	17	MA
Ellis, Charles E.	1857	28	ME
Ellis, Peter	1857	28 b	MD
Ellis, Spencer P.	1861	23	MA
Ellison, Swan P	1857	24	NY
Emery, Isaac H.	1861	24	ME
Ennis, Frederick	1850	35 b	MD
Ettridge, Isaac	1850	21	DE
Evans, David	1850	24	ME
Evans, James	1850	29	MD
Evans, Richard	1797	23	PA
Eveington, William	1838	24	NC
Everett, Isaac	1838	25	MA
Fenna, Robert B.	1861	39	NY
Fetherston, Thomas V.	1850	24	ME
Fields, James	1855	21	PA
Fillmore, John	1850	21	ME
Finn, John G.	1857	14	MO
Fitzgerald, Enoch	1850	24	ME
Fitzmaurice, John	1861	18	RI
Fletcher, Stephen	1838	60 b	VA
Flint, Benjamin	1857	20	MA
Ford, James	1861	23	NY
Fowler, James	1857	33	NY
Fowler, Simeon E.	1838	23	ME
Frazer, Caleb	1838	28 y	MD
Frederick, John	1844	33	NY
Freeburger, John Seaborn	1835	17	PA
Freeman, Frederick	1857	21 m	MA
Frost, George W.	1857	19	ME
Fuller, Martin	1850	29	CT
Fullman, William	1844	14 y	PA
Fulton, William J.	1857	19	PA
Gale, Coltson	1838	28	VA
Gardner, Jonathan	1800	23	MA
Gardner, William	1839	22	NY
Garwood, William P.	1838	19	PA
Gehret, Adam	1857	24	PA
George, James T.	1850	19	AL
Gerden, Thomas	1846	0	
Gibbs, Shadrack F.	1861	23	MA
Gibson, Henery	1857	19	MD
Giles, William	1828	0	
Gilliams, John	1861	15	PA
Gilman, John S	1835	17	NJ
Gitten, Robert	1850	26	NY
Glasgow, John	1838	25 s	NJ
Godfrey, Edward	1838	27	MA
Godfrey, Harrison	1856	15	NJ

Name	Year	Age	State
Godwin, Samuel M	1861	21	NC
Golder, Jacob M.	1857	27	NY
Gorham, Stephen	1861	38	MA
Gorman, John B.	1850	23	DC
Gorwaız, Joseph	1850	19	MA
Gould, Ephraım	1861	29 b	NJ
Graham, Robert	1850	21	PA
Gran, Thomas S.	1857	31	MA
Grant, Joseph	1857	23 b	NY
Green, James	1796	24	MA
Green, John	1828	0	
Griffin, Anthony	1838	19 s	ME
Griffin, Wıllıam	1797	32	PA
Gumbs, William T.	1857	20 b	NY
Hall, Henry	1838	25	NJ
Hall, James M.	1828	0	
Hall, John	1850	34	MA
Hall, William	1850	25	MD
Hallowell, Christopher	1857	22	PA
Halstead, Leonard	1847	47	NY
Hamilton, Richard	1861	31	CT
Hamilton, Samuel	1861	18	PA
Hand, George	1850	24 b	RI
Hand, Joseph	1847	23	NJ
Harding, William	1838	24 s	DE
Harman, Lemuel	1847	22 c	DE
Harper, George	1850	32 c	DE
Harrington, Wıllıam L.	1861	22	ME
Harris, George	1857	26 b	DE
Harrıs, John	1850	23	MD
Harrıs, Peter	1838	19	PA
Hays, Perry	1838	38 c	DE
Hazard, James O.	1861	20	DE
Hebbern, James Henry	1838	15	DE
Heffeerson, John	1828	0	
Helms, Job	1844	21	PA
Henckley, James S.	1861	18	MA
Henry, Samuel	1857	16	PA
Herbert, William	1838	22	MA
Hern, Ephraım	1857	23 b	VA
Hevelo, George	1857	21 b	DE
Hewıtt, James	1838	16	NJ
Hickman, John	1857	18	DE
Hicks, Charles H. W.	1850	20 c	DE
Highat, John	1825	40	PA
Hıll, Frederick	1861	27 b	MD
Hill, James	1847	32	NH
Hıll, St.Vestin	1838	19 y	DE
Hıll, Thomas	1861	26	PA
Hodge, Sidney A.	1861	29	NY
Hoffa, Abraham M.	1838	29	PA
Holden, Henry	1850	27	ME
Holmes, John	1857	36	PA
Hooper, John	1838	35 b	DE
Hopkins, John	1820	23 b	
Housman, John Allen	1838	19	PA
Howard, John	1857	40	NJ
Howard, Walter	1861	27	MA
Hudland, Henry	1859	35 b	MD
Hughes, Henry	1861	60	NY
Hughes, Robert	1850	17	ME
Hughes, Thomas	1857	23 b	PA
Hull, David	1828	0	
Humphreys, Davıd M.	1861	22	ME
Humphreys, Frederıck Clinton	1838	14	MA
Hurt, William	1850	28 c	DE
Ingersoll, Joseph N.	1861	24	NJ
Jacks, William G	1857	24 b	NH
Jackson, George	1861	23 b	NJ
Jackson, Henry	1835	42 c	NY
Jackson, John	1857	22 b	MD
Jacob, Antony Benjamin	1850	23 c	DE
Jarvis, James	1857	22 b	NY
Jenkins, Edgar	1861	23	MA
Jewell, Henry Weber	1847	28	Englan
Johnson, Charles	1857	22 b	NY
Johnson, Davıd H.	1861	21	DE
Johnson, Henry	1838	21 b	MD
Johnson, John	1833	25 b	PA
Johnson, John	1828	0	
Johnson, John	1857	20	NY
Johnson, John A	1857	22	NY
Johnson, Lott	1850	25 c	VA
Johnson, Orrick	1850	25	VA
Johnson, Robert	1838	26 s	NY
Johnston, John	1861	18	IL
Jones, John	1850	23	NY
Jones, William	1833	24 b	PA
Jordan, Henry	1800	28 b	NY
Kassenaus, Crıstoffel	1800	24	VA
Keeler, Daniel	1858	20	MA
Keen, William	1838	23	NY
Kehail, Arthur	1861	27	ME
Kelley, David G.	1839	0	
Kelley, Zeno	1861	25	MA
Kelly, Edwin	1838	17	PA
Kempsy, Robert	1850	22	NY
Kenıston, Edward C.	1861	18	ME
Kennedy, George W	1861	21	NJ
Kidd, Robert	1838	20	MD
Kıff, William Henry	1850	17	ME
Kılloch, William	1857	38	ME
Kline, George W.	1857	18	PA
Kyle, John	1861	20	PA
Lambert, Charles R.	1850	23	PA
Langham, John, Jr.	1857	16	Englan
Lawton, Russell James	1850	24	RI
Lee, Sydney Smıth, Jr	1857	20	DC

Name	Year	Age		Name	Year	Age		
Leighton, Aaron	1861	32	ME	McNeall, Joseph	1807	22	NC	
Leighton, George W.	1861	21	ME	McNeilly, James	1861	21	DE	
Leighton, William	1861	19	PA	Mehlman, Solomon	1838	23	MA	
Leo, James W.	1861	30	NY	Melville, John	1828	0		
LeRoy, Daniel	1838	28	NY	Mendham, Robert	1850	19	PA	
Lewis, Joseph A.	1857	23 b	ME	Meyers, Jno. H. C.	1850	25		Germany
Lewis, Raymond	1850	24	CT	Middleton, Charles	1840	18	NJ	
Lewis, William	1857	20	DE	Miers, Gerard	1838	21		Germany
Lewis, William	1838	18	ME	Miller, Edward	1850	18	ME	
Liddle, James W.	1850	21	PA	Miller, Garnson	1850	37 b	NJ	
Linden, William	1850	21	ME	Miller, George A.	1861	29	ME	
Lindon, James	1797	0	PA	Miller, John	1828	0		
Lines, Thomas	1847	18	NJ	Miller, Robert	1835	41 c	NJ	
Little, Henry F.	1861	15	PA	Mills, Frederick	1838	24	NY	
Lloyd, William	1847	19	NY	Minus, Richard	1857	26 b	DE	
Locke, William	1850	22	MA	Mires, Benjamin	1838	27 s	PA	
Lockhart, Charles	1838	27	W. Indies	Moore, Charles W.	1850	22	MA	
Logan, Andrew	1850	23	PA	Moore, Nathaniel	1844	39	PA	
Lopez, Bartholomew	1808	34	MS Terr.	Morris, Edward	1838	22	DE	
Lorimer, John	1857	30	Scotland	Morris, John	1839	32	DC	
Lousen, Christopher	1857	24	NY	Morris, William	1838	22 b	PA	
Lowber, Caleb G.	1856	21 b	DE	Morse, William	1838	19	MA	
Lowrey, William	1804	0		Morslander, David Y.	1850	20	NJ	
Lucas, John	1846	0		Mosley, Robert	1850	25 m	DE	
Lyons, John	1844	19	MD	Mullen, John F.	1857	23	MA	
Macartney, William	1838	32	PA	Mullen, Lawrence	1806	0		
MacKeither, Moses	1840	21	SC	Mullin, John	1828	0		
Mansfield, Wm.	1828	0		Murphy, John	1861	40		Ireland
Manwaring, George A	1854	25	CT	Murray, Andrew	1838	23	MA	
Marks, John	1857	25	NY	Murray, Isaac	1839	29 c	MD	
Martin, Elijah A.	1861	21	NJ	Murray, John	1850	21	RI	
Martin, Ephraim	1800	26	MA	Murray, John	1850	28	NY	
Martin, George	1828	0		Myers, Charles	1850	28 c	MA	
Martin, James	1861	23	Ireland	Nelson, Andrew	1846	0		
Mason, James	1838	27	DE	Nelson, William	1838	34	NY	
Mason, Jonathan	1847	22 b	DE	Newcome, Samuel S.	1861	32	MA	
Mason, Joseph Sharp	1850	15 m	PA	Nicholls, John	1850	29	MD	
Masterman, Cornelius	1857	21 b	NY	Nickerson, Eleazar	1861	21	MA	
McBratnie, John	1850	23	NY	Nickerson, Joel S.	1861	16	MA	
McBride, John	1846	0		Norton, Jeremiah B	1857	27	ME	
McCarter, Warren B	1857	17	PA	Null, C. Remington	1857	17	NJ	
McClain, Leander	1850	21	ME	Nutting, John	1827	22	MA	
McCormick, Wm.	1850	17	LA	O'Leary, Henry	1857	37	PA	
McCosker, James	1850	20	DE	OConnor, William	1822	42	PA	
McCullough, Thomas	1857	26	NJ	Oliver, James	1850	23		Corfu
McCully, John	1838	27	PA	Oney, James	1850	22	CT	
McDonald, Francis	1861	25	ME	Ormson, James	1809	0		
McDowell, William	1827	20	PA	Ormson, James	1808	22	PA	
McFarland, Alphonso	1850	16	ME	Orr, James	1806	0		
McGlathry, James D	1844	17	ME	Orskins, William	1861	35	DE	
McKenzie, John	1857	29	ME	Otis, Lorenzo	1822	30 b	MA	
McLane, James	1838	37 b	NY	Painter, Samuel	1861	21 b	DE	
McMillen, John	1850	26	ME	Palmer, Thomas	1861	24	ME	
McMitchel, James	1828	0		Parker, Charles	1857	23 c	PA	

Name	Year	Age	State
Parker, Charles	1850	21	NY
Parker, Charles F.	1861	28	MA
Parker, Miles	1857	21 c	PA
Parkinson, William L	1838	23	NJ
Parsell, Thomas	1797	23	NY
Pascal, James	1838	23	MD
Passon, John	1857	25 l	Chili
Patterson, William D.	1838	21	MA
Payne, John	1838	24	VT
Peabody, Andrew E.	1850	19	ME
Penosey, Charles	1838	60	LA
Peters, George	1803	30	PA
Peters, Smith	1838	21	MA
Peterson, John	1857	24 b	NJ
Pilbrow, James	1850	16	PA
Pinkham, Handy	1850	21	ME
Pointer, Nathan	1850	28 b	DE
Port, Joseph H.	1861	23	MA
Porter, John	1850	18	ME
Powers, Henry R.	1861	30	ME
Pratt, Dennis	1850	22	MA
Prescott, John	1838	22	NY
Price, George	1857	37	ME
Price, George T.	1861	24	DE
Pride, Selby	1861	26 l	DE
Priest, George	1853	27	VA
Pultz, Norman S.	1861	21	NY
Rankin, John	1796	0	
Ray, Saml. M.	1839	24	MA
Redman, John E	1856	21	ME
Renck, Thomas P	1857	24	NY
Richards, Richard	1857	26 b	NY
Richards, Thomas F	1838	29	ME
Ricketts, Samuel D.	1861	20	DE
Riddle, Richard K	1838	18	DE
Riggin, Charles W.	1850	21	DE
Riley, David	1838	19	MA
Roberts, Edward	1799	26 y	MD
Roberts, William	1850	24	ME
Robertson, George	1850	17	MA
Robins, John C	1850	29	VA
Robinson, Edward	1850	26	NY
Robinson, John	1857	22	CT
Robinson, Richard	1857	27	MA
Rone, Thomas	1857	28 b	MA
Rook, James	1857	39 s	MA
Ross, Charles M.	1838	26	MD
Ross, George	1857	16	PA
Rousseau, Louis VanDyke	1861	21	PA
Rowan, Edward N.	1856	25	PA
Roy, William	1838	26	NY
Royal, Jarvis	1844	27	NJ
Royal, Joseph	1848	22	PA
Rutenhusen, Charles	1857	30	
Ryan, William	1861	23	PA
Ryan, William	1850	18	VA
Sampson, William	1857	28 c	MD
Samuels, Robert	1857	22 b	NY
Sanford, John	1839	21	RI
Scott, John	1850	23	NY
Scott, William	1856	27 b	PA
Scull, Elisha	1861	27	NJ
Searell, Charles T	1861	21	MA
Seaton, William	1850	22	MA
Seewald, Harry	1861	24	OH
Sessor, Oscar	1861	24 m	NY
Shankland, Alexander T.	1861	41	PA
Shankland, Alexander T.	1838	19	PA
Sharp, George A	1857	16	PA
Shippey, Nathaniel	1797	22	RI
Shirley, William	1850	21	NY
Shockley, James	1861	36 b	DE
Shockley, John	1861	30 b	DE
Sias, Nathaniel C.	1850	17	MA
Silver, Aaron	1857	45	LA
Simpson, James	1850	21	ME
Small, Augustus	1850	27	LA
Smith, Charles Carroll	1857	18	PA
Smith, Charles E.	1857	22	CT
Smith, Edward	1857	34 b	NY
Smith, George H.	1861	24	RI
Smith, George W	1839	23	NJ
Smith, Henry	1857	29	RI
Smith, Jacob S.	1861	21	NJ
Smith, James	1850	29	NY
Smith, James	1797	32	PA
Smith, James	1850	50	ME
Smith, John L	1850	38	MD
Smith, Joseph	1838	16	PA
Smith, Richard L.	1838	19	PA
Smith, Sidney	1838	20	MA
Smith, William	1846	0	PA
Smith, William	1850	39 c	MA
Spencer, George	1857	21	NJ
Spencer, Mark A.	1861	23 b	DE
Sprague, Benjamin	1850	24	ME
Stafford, Robert	1844	22	PA
Stanwood, Amasa C	1850	23	ME
Staves, William	1850	20	MA
Steelman, Deristus B.	1861	29	NJ
Steelman, John B.	1861	28	NJ
Sterling, John	1850	22	ME
Stevens, Charles L.	1861	22 m	NJ
Stevens, Edward J.	1838	18	MD
Stevens, John	1857	23 b	CT
Stevens, William	1861	40 m	VA
Stevenson, Asael	1850	27	DE
Stevenson, John S.	1857	23 b	MA

Name	Year	Age	State/Country
Stewart, William	1861	30 m	DC
Stout, James Wilson	1850	18	PA
Stout, William	1861	53	PA
Stratton, John	1857	35	NJ
Stute/Stule, Jeremiah	1857	18	NJ
Sullivan, James	1838	30	MA
Sullivan, John	1857	21	ME
Summers, Henry	1828	0	
Sutton, Richard	1850	22	ME
Swan, William	1797	26 b	
Sweeten, William Tully	1850	35	NJ
Sylvester, Robert H	1838	24	MD
Taylor, James	1819	19	NY
Taylor, Joseph	1797	33	DE
Taylor, Thomas W.	1850	23	NJ
Teir, Mark	1838	43	NY
Thiesen, Abraham	1838	15	PA
Thomas, Charles	1850	21 b	NJ
Thomas, Frankling	1838	27 s	MA
Thomas, William	1850	18	NY
Thompson, Edward R.	1850	58	PA
Thompson, Francis	1850	40 b	NY
Thompson, George W	1828	0	
Thompson, John S.	1861	29	NJ
Thompson, Lewis	1857	21 b	PA
Thompson, Robert	1857	20	PA
Timmins, Francis J.	1850	0	
Todd, Sylvester	1838	23 s	MD
Todovich, Peter	1840	37	Austria
Toler, Sander	1838	19	NC
Town, Daniel	1827	29	MD
Tronbear, Charles	1828	0	
Truitt, Thomas J	1861	28 b	DE
Turner, James	1850	29	NY
Turner, Joseph	1861	35	RI
Uval, Levin	1838	29 b	MD
Wade, William	1838	21	ME
Walker, John S.	1838	23	NH
Walker, William A.	1857	22	PA
Wallace, John	1839	21	MA
Walsh, William	1850	22	NY
Ward, Charles J	1857	25	Ireland
Warren, Charles	1857	29 b	NY
Watson, Henry	1847	18	DE
Watson, Isaac	1861	26	DE
Watson, James	1850	14	PA
Watters, Able	1827	24 b	MD
Weaaver, Edward	1811	0	
Webster, John	1850	29	ME
Weessman, Andrew	1850	22	MD
Welsh, Philip	1838	21	PA
West, Robert	1850	24	ME
Wharton, James H.	1861	20	DE
Whattley, William	1857	22 m	MA
Wheaton, Edmund W.	1861	23	NJ
Wheaton, Elijah T.	1838	34	NY
Whidden, Joseph P.	1850	16	ME
Whildin, Zenas S.	1861	32	MA
White, Henry	1850	54 c	PA
White, Lewis	1838	28 c	DE
White, Samuel	1861	59	PA
White, Thomas	1801	21	PA
Widmer, Francis	1822	28	PA
Wilbour, David W.	1844	19	RI
Wild, George	1850	20	MA
Wild, Robert	1846	0	NY
Willett, Edward W.	1846	0	
Willey, James	1850	18	ME
Williams, Bill	1857	22 m	MD
Williams, Charles	1857	36 b	NY
Williams, Francis	1822	17	PA
Williams, Geo. Henry	1857	26 b	NY
Williams, James	1850	32 b	NY
Williams, Jeremiah	1850	22 b	PA
Williams, John	1844	21	PA
Williams, John	1850	21	PA
Williams, John F.	1857	23	CT
Williams, John H A.	1838	23	England
Williams, William	1850	22	ME
Williamson, Elbridge	1850	23	ME
Williamson, Thomas Dent	1838	12	CT
Wilson, Henry	1850	28	LA
Wilson, Henry	1857	20 b	NY
Wilson, James	1838	24	MA
Wilson, Richard	1850	19	NY
Wilson, Thos	1840	36	
Wilson, William	1838	23	PA
Wilson, William	1844	19 c	PA
Winch, Samuel	1850	40	MA
Winchenpaw, Augustus	1838	21	ME
Winchester, Jacob	1850	37	MD
Wingrove, William	1838	43	NY
Wood, Alfred	1850	43 b	MD
Woodland, Moses	1857	31 b	DE
Woodsum, Oliver	1838	17	NH
Woodward, John	1828	0	
Wright, John	1857	22 c	NY
Yates, Madison	1850	33	ME
Young, Benjamin H.	1827	28	CT
Young, John	1861	31 b	MD
Yule, Robert	1850	25	ME

NOTE

There is a great deal more information on the original applications than is provided in the indexes. You may find

- city and/or county of birth
- date and court of naturalization
- dates and courts of manumission or freedom
- name of witness
- relationship of witness to seaman
- height, and color of hair and eyes
- signature of seaman, if literate

Often times the notary who executes the application makes interesting observations about the seaman. In the case of an application for a duplicate "protection" the whole story of how the original one was lost may be told. These are particularly interesting in the early years when the British were impressing our seamen. Date and court of naturalization of father is given when son claims citizenship on that basis. Indenture records appear. Fascinating stories are found in these records, adding flesh to the dry bones of family research.

I will provide a photocopy of an original application filed in the Port of Philadelphia, 1796-1861, for $20.00

I will sort the database by state/county/country for $20.00 per hour.

Your request with the name and date of the seaman or other research specifications and your check should be sent to:

**Ruth Priest Dixon, CGRS
10450 Lottsford Road, Mitchellville MD 20721
(301) 925-7297 Email RDGENE@AOL.com**